新興宗教與宗教對話

——以當代臺灣新興宗教的實踐觀為例證

莊政憲 著

蘭臺出版社

「新興宗教」 和「宗教對話」，均是國際宗教學界所關注的重要研究課題。流覽中外文專業資料，關於新興宗教和宗教對話的論著皆可謂數不勝數，浩如煙海，但將二者關聯起來予以研討的理論專著卻如鳳毛麟角，實在罕見。讀者打開的這部新著便是為彌補這方面的缺憾而做出的一種學術嘗試。

　　這部新著是作者在其博士學位論文基礎上修改完善而成的。作者莊政憲生於長於寶島臺灣，他本科學習自然科學，碩士階段轉讀中國哲學，又經多年的社會工作，終下決心來北京大學攻讀宗教學博士學位。大約是在四年前的一個春光明媚的午後，政憲同學剛修完博士班的多門課程，就趕著與我相約，商討論文選題。他關懷社會現實，傾心實證方法，十分感興趣於新興宗教研究，我則向他建議，捕捉國際著名宗教學家齊相探討的某個重大現實問題，設法將新近的理論傾向和方法論觀念引入新興宗教研究。望著窗外燕園裏漸露枝頭的嫩葉，我們期待這種學術嘗試能為日後同類課題研討帶來些許新意與活力。此後，不記得有過多少回交談，也不記得改過多少次方案，政憲同學才定奪了其博士論文的探索主題，即著眼於國際學術界關於宗教對話研究的新近理論動向——宗教實踐論，試以當代臺灣新興宗教的實踐觀為例，以期印證「二者之間的呼應關係」。

　　確定上述選題及其學術立意後，政憲同學便奔波於海

峽兩岸。歷經查閱文獻、研讀專著、請教專家、探訪實地等諸多環節，他選取了八個臺灣新興宗教組織作為研究典型，一方面廣泛搜集整理文字材料，另一方面進行了大量深度訪談。根據這兩方面的實地調研資料，他又廣為參考國內外專家學者的新近研究成果，從宗教實踐觀、社會實踐觀、宗教他者觀、宗教對話觀等多重視角，較為細緻而深入地探討了當代臺灣新興宗教的社會實踐活動及其重要現實意義，並就如何推進臺灣新興宗教研究、應對全球苦難問題、跨宗教對話的實踐願景等，提出了一些有參考價值的學術見地。

　　中國讀書人向以「文章千古事」為治學座右銘。這部新著雖是用心竭力之作，但還遠談不上成熟完美，無論在實證考察、理論闡釋，還是二者的切合上均留有大量探討餘地。好在政憲同學就此交叉課題的學術探索剛剛起步，他將持久努力，潛心鑽研。這種學術情懷令我感筆，故以辛卯年初秋的「序言」相勉，期待他早日收穫更多更好的學術成果。

張志剛

北京大學人文特聘教授、哲學系、宗教學系博士生導師
北京大學宗教文化研究院院長
辛卯年初秋記於北大燕園

宗教倫理的理想與實踐
—— 樂見宗教研究社群的新秀誕生

當代的宗教學家保羅‧尼特（Paul F.Knitter）、漢斯‧昆（Hans Küng）、約翰‧麥奎利（John Macquarrie）分別提出「宗教對話」、「宗教和平」、「宗教實踐」、「宗教責任」、「宗教合作」來承擔「全球苦難」等全球宗教倫理論述，引起宗教學界及宗教實務界的關注。學界關心的是宗教的終極價值的命題與核心議題的再詮釋，實務界則把焦點放在宗教團體到底能為人類和平的建構，全球苦難的化解，做出多少貢獻。

本書中，作者則企圖結合宗教學者的「理想」與新興宗教領袖的具體作為「事實」，用宗教哲學家的理想主張當作「量尺」（scale），用此衡量（measure）臺灣地區八個新興宗教領袖，對這些理想論述的回應，理解該教派實踐此全球宗教倫理的實際程度。

作者著力甚多於臺灣新興教派的社會調查，調查前反覆與本人討論深度訪談問題，不辭辛勞的南北奔波，收集新興教派領袖對尼特等學者主張的回應。

發現臺灣地區部分新興宗教領袖在化解全球苦難的方法，對跨宗教對話的立場，具相當深厚的「東方宗教」色彩。對於全球苦難的化解，著重於信仰者的身體與精神苦難的消除，認為宗教本來就是應該滿足信徒的「身、心、

靈」，信徒在參與宗教儀式活動中，就是修德，而修德即是修行的重要法門。至於全球苦難中的「地球」整體的苦難，和宗教團體的信仰差異，引起的宗教、政治「暴力」衝突的苦難，大部分新興教派皆避而不談。換言之，臺灣地區的新興宗教對於「在地」信徒個人苦難的消除，重視的程度遠甚於「全球」集體災難與暴力困境的化解。

　　由於本研究只對新興宗教領袖調查，沒有辦法對照傳統宗教領袖是否也只重視信徒個別苦難的消除，而這也是本研究未來可繼續發展的主軸問題焦點。甚至應該分析與詮釋傳統與新興宗教在全球倫理的具體作為，與理想形成不同差異時，論述此落差的內在因素。

　　莊君是北京大學宗教文化研究院院長張志剛教授的高足，也是臺灣第一位拿到北大宗教哲學領域的博士。余在2009年接受北大邀請，擔任講座期間，忝為其研究計畫的審核者，曾勉勵他為臺灣人爭光，也為華人宗教學界在世界宗教學界盡一份心力。今天，他終於拿出亮眼的研究成果，既為自己，也為華人宗教學術史留下可貴且可敬的紀錄。所以，本人非常樂於推薦本書給讀者，希望大家能認識當代宗教哲學家「高瞻遠矚」的全球宗教倫理呼籲，也可明白本地新興宗教領袖的視野。當然，也在本書的閱讀過程，肯定臺灣優秀的年輕研究新秀的用心，期待他未來有更傑出作品問世。

張家麟 2011.9寫於台北

目　錄

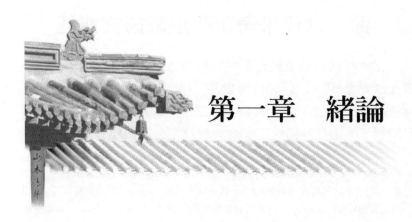

第一章　緒論

「新興宗教」與「宗教對話」，可謂當代宗教研究的兩大重要領域。對於這兩個領域的研究，雖然已有許多相關著述發表；但是將兩者關聯起來加以探討，這在中文學術界尚未明顯發現。因此，本書嘗試性地以「當代臺灣新興宗教的實踐觀」作為切入點，力求把這兩個重要領域關聯起來。本書除了參酌過去的研究成果外，亦分別於2009年以〈當代臺灣新興宗教的「宗教對話」〉為題以及2010年以〈當代臺灣新興宗教的「社會實踐觀」〉為題，實地拜訪八個新興宗教領袖，通過深度訪談回饋的資料，並結合當代新興宗教與宗教對話的理論和研究來撰寫此書。因此，本書一開始關於緒論部份：首先，針對「當代臺灣新興宗教研究概況」依歷史進程，作簡略描述；同時，對「當代宗教對話理論發展動向」作趨勢性探討。其次，針對本書的研究動機、研究目的、關注焦點、研究基本假設以及研究方法等，作基本闡述。最後，再針對本書的思路與結構作整體介紹。

第一節　當代臺灣新興宗教研究概述

　　當代臺灣宗教運動暨新興宗教的發展軌跡，大致與臺灣整體社會變遷【1】、政治結構轉變【2】以及傳統宗教式微【3】有關。戒嚴時期，【4】由於政治凌駕宗教之上，因此在威權體制的控制與限制下，宗教團體除了配合政府政策外，很難有生存和發展

【1】李亦園，〈宗教問題的再剖析〉，《臺灣的社會問題》，臺北：巨流圖書公司，1984年，頁385-412；瞿海源，〈解析新興宗教現象〉，宋文里、徐正光合編，《解嚴前後臺灣新興社會運動》，臺北：巨流圖書公司，1989年，頁229-244；林本炫，〈「新興宗教運動」的意義及其社會學意涵〉，《世界宗教學刊》，2004年6月，第3期，頁11-12。

【2】瞿海源，〈臺灣與中國大陸宗教變遷的比較研究〉，林本炫編譯，《宗教與社會變遷》，臺北：巨流圖書公司，1993年，頁397；林本炫，〈國家、宗教與社會控制──宗教壓迫論述的分析〉，《思與言》，1996年6月，第34卷第2期，頁21-65；瞿海源，〈解嚴、宗教自由、與宗教發展〉，中央研究院臺灣研究推動委員會編，《威權體制的變遷：解嚴後的臺灣》，臺北：臺灣史研究所籌備處出版，2001年，頁249-276；張家麟，〈當代臺灣新興宗教研究趨勢之分析〉，《當代臺灣宗教發展》，臺北：文景書局，2005年，頁4-7。

【3】董芳苑，〈臺灣新興宗教概觀〉，《認識臺灣民間信仰》，臺北：長春文化事業公司，1986年，頁319-344；顧忠華，〈巫術、宗教與科學的世界圖像：一個宗教社會學的考察〉，《國立政治大學社會學報》，1998年，第28期，頁89。

【4】《臺灣省戒嚴令》，正式名稱為《臺灣省警備總司令部佈告戒字第壹號》，於1949年（民國38年）5月19日由中華民國臺灣省政府主席兼臺灣省警備總司令陳誠頒佈的戒嚴令，內容為宣告自同年5月20日零時起在臺灣省全境（當時包含臺灣本島、澎湖群島及其他附屬島嶼）實施戒嚴，至1987年（民國76年）7月15日由總統蔣經國宣佈解嚴為止，共持續了38年又56天之久。在臺灣歷史上，此戒嚴令實行的時期又被稱為「戒嚴時代」或「戒嚴時期」。資料來源：http://zh.wikipedia.org/wiki/臺灣省戒嚴令。

空間。然而，隨著政治體制轉變，解嚴之後，加快了臺灣自由化與民主化進程，再加上《人民團體法》的制定，[5] 促使人民有更多自由發聲空間，於是人民團體紛紛成立，因而各個宗教團體——不論是傳統宗教或新興宗教，也趁著這一趨勢從地下走到地上，而以一般基金會形式、社會團體形式，或者直接以宗教財團法人、宗教社團法人身份重新問世，正式在政府許可下取得合法的生存、發展空間以進行宗教傳佈及實踐。[6] 是故，隨著時間進程，再加上臺灣整體社會變遷所造成的社會分化，進而創造了當代臺灣宗教運動以及新興宗教發展機會。[7]

---

[5] 《人民團體法》其前法為《非常時期人民團體組織法》，於1942年1月2日制定20
條、1942年2月10日公佈。1989年1月20日修正《非常時期人民團體組織法》為《動
員戡亂時期人民團體法》，並修正全文為67條，於1989年1月27日公佈。1992年7月
27日將《動員戡亂時期人民團體法》修正為《人民團體法》。其後陸續修定，並於
2002年12月11日公佈實施，全文為65條。臺灣自1987年解嚴之後，臺灣的政治體
制與社會逐漸朝向自由化與民主化邁進；同時，隨著1989年《動員戡亂時期人民
團體法》的制定，重新賦予臺灣宗教自由之新的法律基礎，從而開啟宗教團體可以
自由登記的空間。資料來源：http://www.moi.gov.tw/files/civil_law_file/人民團體
法。

[6] 依據內政部公佈的人民團體（civic associations）統計名詞定義解釋，所謂「社會
團體」（social associations）指的是：以推展文化、學術、醫療、衛生、宗教、慈善、
體育、聯誼、社會服務或其他以公益為目的，由個人或團體組成之團體。而在「社
會團體」中，傳統宗教或是新興宗教，通常以登記為學術文化團體（academic &
cultural associations）、宗教團體（religious associations）以及社會服務及慈善
團體（social services and charity associations）等形式呈現。資料來源：內政部統
計處。

[7] 瞿海源，〈臺灣的新興宗教〉，《二十一世紀》，2002年10月，第73期，頁103-108；
林本炫，〈「新興宗教運動」的意義及其社會學意涵〉，頁11-12；丁仁傑，《社會分
化與宗教制度變遷：當代臺灣新興宗教現象的社會學考察》，臺北：聯經出版社，

根據內政部統計資料顯示，截止2010年，登記在內政部為全國性的宗教，共計有佛教、藏傳佛教、道教、基督教、天主教、回教、理教、天理教、軒轅教、巴哈伊教、天帝教、一貫道、天德教、摩門教（耶穌基督後期聖徒教會）、真光教團、統一教、亥子道、中國儒教會、太易教、彌勒大道、中華聖教總會、宇宙彌勒皇教、先天救教、黃中、山達基教會、玄門真宗、天道等二十七個。【8】其中，除傳統的佛教、藏傳佛教、道教、基督教、天主教、回教外，其餘的二十一個皆可稱之為「新興宗教」。【9】

　　關於當代臺灣新興宗教的研究，過去是以「個案研究」作為主要的研究方式。同時在這些研究成果裏，側重於新興宗教的「現象描述」，少數作有關新興宗教的「現象解釋」。【10】

　　2004年，頁9-12；高師寧，《新興宗教初探》，北京：中國社會科學出版社，2006年，頁70-71。

【8】此項資料是由內政部於2003年編印之《宗教簡介》內容，將目前各宗教、教派之源流及發展經過作簡要介紹，兼及其教規或教義思想，原本共計有二十六個宗教類型；至於「天道」，則是於2009年順利登記成為第二十七個宗教。因此，截止目前登記在內政部為全國性的宗教共計有二十七個。資料來源http://www.moi.gov.tw/dca/02faith_001.aspx

【9】張家麟，〈新宗教申請案行政裁量許可權〉，《宗教論述專輯第八輯：宗教法治建立與發展篇》，臺北：內政部，2006年，頁125。原本張家麟只計算二十個，若再加上「天道」則共計二十一個。

【10】關於新興宗教運動的「現象描述」，包括：教徒的生命經驗、宗教教義的實踐、宗教靈修的經驗、宗教團體的發展經驗、宗教志工、投入宗教團體的動機與經驗、宗教組織、宗教信仰、宗教儀式等。至於「現象解釋」，則包含：新興宗教的起源、宗教發展、政教關係、宗教和社會互動、社會動員、女性主義等。張家麟，〈當代臺灣新興宗教研究趨勢之分析〉，頁31。

此外，由於傳統的宗教研究是以神學、哲學為主流；然而，現代的宗教研究因受社會科學影響，從各學科領域來解讀宗教，因此當代臺灣新興宗教的研究也逐漸引入宗教人類學、宗教社會學、宗教歷史學、宗教政治學、宗教心理學以及宗教法學等理論概念，來豐富新興宗教的研究成果。【11】

接下來，茲就時間進程，加上臺灣整體社會環境和政治結構變遷，將此研究概況分成：1987年解嚴以前、1987年解嚴至1989年《動員戡亂時期人民團體法》的制定、1990年（《動員戡亂時期人民團體法》的制定之後）至1999年、2000年（新千禧年）至2010年等四個階段來加以說明，分別簡述如下：

一、1987年解嚴以前

臺灣早期投入宗教研究的學者主要以中央研究院院士或研究員居多，在二十世紀八○年代，以李亦園、瞿海源、宋光宇、林美容等作為主要研究學者代表。【12】同時，由行政院國家科學委員會人文社會處所支持的「臺灣社會變遷基本調查計畫」，【13】第一期計畫在1984年至1985年期間展開，該項計畫是

【11】張家麟，〈當代臺灣新興宗教研究趨勢之分析〉，頁26-27、34。

【12】張家麟，〈當代臺灣新興宗教研究趨勢之分析〉，頁7。

【13】「臺灣社會變遷基本調查計畫」是由行政院國家科學委員會人文社會處長期支助的一項全臺抽樣調查研究計畫，以提供社會變遷研究資料檔為主要目的。由已故國科會人文社會科學發展處處長華嚴及時兼任國科會研究員葉啟政推動。第一期計畫在1984-1985年進行，由中央研究院民族學研究所教授楊國樞主持。第二期計畫為期五年，自1990-1994年共進行十項調查；第三期為期五年，自1995-1999年共進行十項調查；第四期為期五年，自2000-2004年共進行十項調查；第五期為期五年，自2005-2009年共進行十項調查。第二、三期計畫由中央研究院社會學研究

由中央研究院民族學研究所教授楊國樞主持，其中亦針對「宗教信仰」項目進行問卷調查。解嚴之前，截止1986年，依據內政部統計處資料顯示，當時在中央政府所轄宗教團體數只有14個，而社會團體數只有734個。【14】

　　至於臺灣最早從事新興宗教研究的學者，可以說是董芳苑；其於1983年著作《臺灣民間信仰之認識》一書中，提出了新興宗教出現的原因，並對新興宗教給予界定。【15】至1984年時，李亦園亦在其文章〈宗教問題的再剖析〉一文中指出，社會急遽變遷所造成的信仰系統及道德倫理系統的分離，是新興宗教興起的原因。【16】之後，到了1986年，瞿海源在〈探索新興宗教現象及相關問題〉一文中，也指出新興宗教具有的基本特徵，並對臺灣「新興宗教現象」做了一番初步描述。【17】

所研究員瞿海源主持。第四期及第五期第一次計畫由中央研究院社會學研究所研究員章英華主持。第五期的第二次、第五次計畫以及第三次、第四次計畫則分別由研究員傅仰止和張笠雲主持。直到目前「臺灣社會變遷基本調查計畫」仍由中央研究院社會學研究所研究人員主持。資料來源http://www.ios.sinica.edu.tw/sc/cht/scDownload2.php

【14】按照內政部統計應用名詞解釋，「人民團體」包含著「職業團體」、「社會團體」和「政治團體」三大類。而在「社會團體」之中，又包含著：學術文化團體、醫療衛生團體、宗教團體、體育團體、社會服務及慈善團體、國際團體、經濟業務團體、宗親會、同鄉會、同學校友會、其他公益團體等十一類。資料來源：內政部統計處。

【15】董芳苑，《臺灣民間信仰之認識》，臺北：永望文化公司，1983年。

【16】李亦園，〈宗教問題的再剖析〉，《臺灣的社會問題》，臺北：巨流圖書公司，1984年。

【17】瞿海源，〈探索新興宗教現象及相關問題〉，《中國時報》，1986年2月1日。之後收錄於《氾濫與匱乏長篇》，臺北：允晨文化公司，1988年。註15-17亦參考自張家麟，〈當代臺灣新興宗教研究趨勢之分析〉一文。

在此期間，關於新興宗教研究著述發表方面，只有12份著作資料；（參見附錄三）包含：7篇期刊論文、4篇著作文章以及1本專書。另外，新創刊的學術研究期刊，則有：《哲學與文化》於1961年5月創刊，《思與言》於1963年2月創刊。

二、1987年解嚴至1989年《動員戡亂時期人民團體法》的制定

解嚴之後到《動員戡亂時期人民團體法》制定期間，截止1989年，依據內政部統計處資料顯示，當時在中央政府所轄宗教團體數增長至23個，成長率為64.3%（相較於1986年時的14個）；而社會團體數則增至為952個，成長率為29.7%（相較於1986年時的734個）。同時臺灣首個大學宗教研究所—— 輔仁大學宗教研究所，亦於1988年正式成立。

在此期間，關於新興宗教研究著述發表方面，只有5份著作資料；（參見附錄三）包含：1篇碩博士論文、3篇著作文章以及1本專書。另外，新創刊的學術研究期刊，則有：《東方宗教研究》於1987年9月創刊，《歷史月刊》於1988年2月創刊，《臺灣社會研究》於1988年3月創刊，《鵝湖學誌》於1988年5月創刊。

三、1990年（《動員戡亂時期人民團體法》的制定之後）至1999年

二十世紀九〇年代，隨著《動員戡亂時期人民團體法》頒佈，重新賦予宗教自由新的法律基礎，亦為宗教團體開闢自由登記空間。因此，截止1999年，依據內政部統計處資料顯

示，當時在中央政府所轄宗教團體數增長至269個，成長率為1,821.4%（相較於1986年時的14個）；而社會團體數則增至為3,279個，成長率為346.7%（相較於1986年時的734個）。在此期間，大學的「宗教學系」以及「宗教研究所」相繼成立，包括有：輔仁大學宗教學系、華梵大學東方人文思想研究所、真理大學宗教學系、玄奘大學宗教研究所等。【18】同時「臺灣社會變遷基本調查計畫」第二期（1990-1994年）及第三期（1995-1999年）計畫，皆由中央研究院社會學研究所研究員瞿海源主持，其分別在第二期第五次（1994年）針對「宗教」項目以及第三期第五次（1999年）針對「宗教文化」項目進行問卷調查。此外，由於1996年臺灣發生多起「宗教事件」，【19】引發當時臺灣社會各界對新興宗教現象的特別關注。於是中央研究院為深入並系統性地探究臺灣新興宗教現象，委託瞿海源作為研究計畫主持人，召集當時的學者及博士生進行為期近四年的「臺灣新興宗教現象與相關問題研究」。【20】在此研究期間，總共完成48個新興宗教團體的研究調查【21】以及53篇研究論

【18】輔仁大學宗教學系成立於1992年、華梵大學東方人文思想研究所成立於1993年、真理大學宗教學系成立於1996年（2008年8月更名為「宗教文化與組織管理學系」），玄奘大學宗教研究所成立於1997年。

【19】例如：宋七力的宋七力顯相協會、清海的禪定學會和妙天的印心禪學基金會等宗教事件。

【20】當時參與計畫的學者包括：瞿海源、黃光國、楊惠南、章英華、鄭志明、顧忠華、郭文般、林本炫、陳杏枝、游謙，以及三位當時的博士生鍾秋玉、陳家倫、姚麗香等。瞿海源，〈臺灣的新興宗教〉，頁113。

【21】在該項研究計畫中將48個新興宗教團體分成六大類型，分別是：新興佛教（12個）、本土新宗教（12個）、新興基督教（3個）、日本新宗教（12個）、印度新宗教

文。【22】並且內政部亦開始著手邀集國內專家學者的研究成果，定期彙編出版《宗教論述專輯》。《宗教論述專輯第一輯：社會服務篇》於1994年出版，並於次年（1995年）出版《宗教論述專輯第二輯：社會教化篇》。

在此期間，關於新興宗教研究著述發表方面，共計70份著作資料；（參見附錄三）包含：38篇期刊及研討會論文、11篇碩博士論文、4篇著作文章以及17本專書。另外，新創刊的學術研究期刊，則有：《中國文哲研究通訊》於1991年3月創刊，《臺灣史料研究》於1993年2月創刊，《宗教哲學》於1995年1月創刊，《臺灣宗教學會通訊》於1999年4月創刊。而新成立的跨宗教交流、合作及研究團體，則包含有：「世界宗教博物館」於1992年成立，「中華民國宗教與和平協進會」於1994年成立，「臺灣宗教學會」於1999年成立。

四、2000年（新千禧年）至2010年

從2000年（新千禧年）開始，臺灣宗教暨新興宗教活動與研究，更加蓬勃發展。截止2010年，依據內政部統計處資料顯示，在中央政府所轄宗教團體數則增長至884個，成長率為6,214.3%（相較於1986年時的14個）；而社會團體數則增至為9,248個，成長率為1,159.9%（相較於1986年時的734個）。在此期間，於大學新成立的「宗教學系」以及「宗教研究所」，包

（5個）及其他（2個）。瞿海源，〈臺灣的新興宗教〉，頁105。

【22】此研究成果於2001年2月23-24日召開的「宗教與社會變遷研討會」中發表9篇論文初稿，以及於2002年3月29-30日召開的「新興宗教現象研討會」中發表10篇論文初稿。瞿海源，〈臺灣的新興宗教〉，頁113。

含有：政治大學宗教研究所、真理大學宗教學系碩士班、慈濟
大學宗教與文化研究所、玄奘大學宗教學系、中原大學宗教研
究所、南華大學宗教研究所、東海大學宗教研究所、佛光人文
學院宗教學系暨宗教研究所、長榮大學哲學與宗教學系等。【23】

　　由於在這些系所裡開設了宗教研究相關的「宗教人類
學」、「宗教社會學」、「新興宗教」、「新興宗教專題」等
課程，使得宗教研究人員不斷增多，並大大增加宗教學相關領
域和新興宗教研究。同時「臺灣社會變遷基本調查計畫」，第
四期（2000-2004年）及第五期（2005-2009年）計畫亦分別於
這段期間展開，其中第四期第五次（2004年）及第五期第五次
（2009年）均針對「宗教與文化」項目進行問卷調查。而在
這為期十年的調查計畫中，第四期及第五期第一次計畫皆由中
央研究院社會學研究所研究員章英華主持，至於第五期的第二
次、第五次計畫以及第三次、第四次計畫則分別由研究員傅仰
止和張笠雲主持。

　　此外，教育部顧問室於2003年委請鄭志明彙編《五十年來
臺灣宗教研究期刊資料彙編──新興宗教》，其中蒐集了18篇
的研究論文。內政部於2005年亦委請張家麟擔任「新宗教建立
衡量指標之研究」計畫主持人，並且內政部彙編出版的《宗教
論述專輯》，亦於2001年出版《宗教論述專輯第三輯：宗教法
制與行政管理篇》，2002年出版《宗教論述專輯第四輯：宗教

【23】政治大學宗教研究所成立於2000年，真理大學宗教學系碩士班成立於2000年，慈
　　濟大學宗教與文化研究所成立於2000年，玄奘大學宗教學系成立於2000年，中原
　　大學宗教研究所成立於2000年，南華大學宗教研究所成立於2001年，東海大學宗
　　教研究所成立於2001年，佛光人文學院宗教研究所成立於2001年、宗教系成立於
　　2002年，長榮大學哲學與宗教學系成立於2007年。

教育及宗教資源分配運用》，2003年出版《宗教論述專輯第五輯：新興宗教篇》，2004年出版《宗教論述專輯第六輯：民間信仰與神壇篇》，2005年出版《宗教論述專輯第七輯：宗教組織與管理篇》，2006年出版《宗教論述專輯第八輯：宗教法制建立與發展篇》，2007年出版《宗教論述專輯第九輯：各國宗教發展與法制》。截止目前，《宗教論述專輯》共出版九輯，其中第五輯「新興宗教篇」，總計蒐集了九篇關於新興宗教的個案研究。此外，南華大學於2004年6月出版的《世界宗教學刊》第三期中亦專刊介紹了新興宗教的相關研究論文及報告。

　　在此期間，關於新興宗教研究著述發表方面，共計128份著作資料；（參見附錄三）包含：84篇期刊及研討會論文、28篇碩博士論文、12篇著作文章以及4本專書。另外，新創刊的宗教學術研究期刊，則有：《輔仁宗教研究》於2000年5月創刊，《臺灣宗教研究》於2000年10月創刊，《成大宗教與文化學報》於2001年12月創刊，《新世紀宗教研究》於2002年9月創刊，《世界宗教學刊》於2003年4月創刊，《心鏡宗教季刊》於2004年6月創刊。而新成立的跨宗教交流、合作及研究團體，則包含有：「中華世界和平超宗派超國家協會」於2001年成立。

　　依據內政部公佈的資料顯示，截止2010年，在內政部登記的全國性宗教，共計有二十七個宗教組織或團體；其中，「新興宗教」就占了二十一個。

表1-1：中央政府所轄宗教團體數及社會團體數（1977-
2010）【24】

	宗教團體數	年成長率（%）	社會團體數	年成長率（%）	社會團體數（不包括宗教團體數）	年成長率（%）
1977	16	0	486	0	470	0
1978	16	0	512	5.3	496	5.5
1979	16	0	527	2.9	511	3
1980	10	-37.5	562	6.6	552	8
1981	20	100	567	0.9	547	-0.9
1982	16	-20	596	5.1	580	6
1983	14	-12.5	650	9.1	636	9.7
1984	14	0	689	6	675	6.1
1985	14	0	711	3.2	697	3.3
1986	14	0	742	4.4	728	4.4
1987	17	21.4	734	-1.1	717	-1.6
1988	17	0	822	12	805	12.3
1989	23	35.3	952	15.8	929	15.4
1990	32	39.1	1,007	5.8	975	5
1991	65	103.1	1,388	37.8	1,323	35.7
1992	87	33.8	1,536	10.7	1,449	9.5
1993	109	25.3	1,740	13.3	1,631	12.6
1994	135	23.9	2,011	15.6	1,876	15
1995	171	26.7	2,275	13.1	2,104	12.2
1996	158	-7.6	2,390	5.1	2,232	6.1
1997	232	46.8	2,668	11.6	2,436	9.1
1998	244	5.2	2,897	8.6	2,653	8.9
1999	269	10.2	3,279	13.2	3,010	13.5
2000	323	20.1	3,964	20.9	3,641	21
2001	355	9.9	4,407	11.2	4,052	11.3
2002	397	11.8	4,930	11.9	4,533	11.9
2003	455	14.6	5,467	10.9	5,012	10.6
2004	524	15.2	5,997	9.7	5,473	9.2
2005	574	9.5	6,565	9.5	5,991	9.5
2006	633	10.3	7,150	8.9	6,517	8.8
2007	683	7.9	7,796	9.0	7,113	9.1
2008	750	9.8	8,542	9.7	7,792	9.5
2009	827	10.3	9,252	8.3	8,425	8.1
2010	884	6.9	9,248	-0.04	8,364	-0.72

資料來源：本研究整理自內政部統計處公佈的統計資料

【24】資料來源：內政部統計處http://www.moi.gov.tw/stat/index.aspx。本表亦參考自瞿
海源〈臺灣的新興宗教〉一文中之「表2、向中央政府登記的宗教團體及社會團體數
（1989-2000）」改制而成。

從上述表中清楚顯示，截止1986年，在中央政府所轄宗教團體數只有14個，而社會團體數只有734個。但隨著1987年解嚴及1989年《動員戡亂時期人民團體法》制訂，截止1989年，在中央政府所轄宗教團體數增長至23個，成長率為64.3%；而社會團體數則增至為952個，成長率為29.7%。

　　隨著《動員戡亂時期人民團體法》頒佈之後，開啟社會團體自由登記空間，而宗教團體也趁此趨勢急速成長。截止1999年，在中央政府所轄宗教團體數增長至269個，成長率為1,821.4%（相較於1986年時的14個）；而社會團體數則增至為3,279個，成長率為346.7%（相較於1986年時的734個）。從上述統計數據中亦可以清楚看到，在1990-1999年這十年期間，宗教團體平均年成長率高達30.65%，而社會團體平均年成長率亦達到13.48%。

　　然而，由於1996年臺灣發生多起的宗教事件，因此當年宗教團體年成長率則呈現負成長現象（-7.6%）。之後，隨著新千禧年到來，截止2010年，在中央政府所轄宗教團體數則增長至884個，成長率為6,214.3%（相較於1986年時的14個）；而社會團體數則增至為9,248個，成長率為1,159.9%（相較於1986年時的734個）。同時在2000-2010年這段期間，宗教團體平均年成長率仍高達11.48%，而社會團體平均年成長率亦維持在10.00%的高成長率。【25】

【25】根據內政部統計處的資料顯示：2009年時，宗教團體數為827個，社會團體數為9,252個。至2010年時，宗教團體數則增長至884個，但社會團體數為卻減為9,248個。從統計表中得知，其主要原因乃在於社會團體數中的「學術文化團體」從原來的2,060個減為1,964個，「國際團體」從原來的176個減為141個，以及「其他」從807個減為686個。至於社會團體總數中的「醫療衛生團體」、「宗教團體」、「體育

第二節　當代宗教對話理論發展趨勢探討

　　各宗教之間的對話現已成為當代宗教發展的必要趨勢，亦是化解各民族、文化、宗教衝突以增進相互理解、學習與合作的重要關鍵。當代著名的英國宗教學家約翰‧麥奎利（John Macquarrie）曾指出：

> 當代世界上一個鼓舞人心的事實，是各大宗教傳統之間正在對話，這對話不僅正變得更加普遍廣泛，而且正變得更加嚴肅認真。在以往，這些宗教各走各的路，彼此甚少接觸，即便有所接觸，也是以辛酸和對立為特點的。然而，在我們這個通訊便捷和交通迅速的正在縮小的世界上，我們不得不日益靠近之際，在各種宗教之間也就產生了一種願望，要得到相互的友誼和理解。事實上，這可以大大有助於各族人民之間的和平。【26】

　　此外，《全球倫理宣言》的主要倡議者漢斯‧昆（Hans Küng）亦提出呼籲：

> 沒有一種國際的世界倫理，則沒有人類的共同生活；沒有宗教之間的和平，則沒有各國之間的和平；沒有宗教之間的對話，則沒有宗教之間的和平。【27】

團體」、「社會服務及公益慈善團體」、「經濟業務團體」等，均呈現增長趨勢。資料來源：內政部統計處〈中央政府所轄人民團體1977-2010〉。

【26】麥奎利，〈世界宗教之間的對話〉，《世界宗教文化》，1997年冬季號，第12期，頁1。轉引自張志剛，《宗教哲學研究：當代觀念、關鍵環節及方法論批判》，北京：中國人民大學出版社，2003年，頁374。

【27】漢斯‧昆，周藝譯，《世界倫理構想》，北京：三聯書店，2002年，頁180。

從麥奎利和漢斯‧昆等人的話語裡，我們可以清楚看出存在於各大宗教傳統之間的一個「不爭的事實」以及「根本性問題」。【28】誠如約翰‧希克（John Hick）所言：「直到相當晚近的時代為止，世界上各種不同宗教中的每一種，基本上都在不瞭解其他宗教的狀況下發展著」。【29】換言之，各大宗教傳統無不「自稱為真」；彼此關於真理的說法，不僅不同而且相互衝突。如此，則呈現出各大宗教信仰在真理觀上的多樣性與多元化等「不爭的事實」。因此，如何解釋各宗教在真理問題上的諸多衝突與相互矛盾的主張，便成為一個不可回避的「根本性問題」。【30】

宗教學倡議者馬克思‧繆勒（Max Müller）在其著名的「宗教學四講」的演說中指出：「只懂一種宗教的人，其實什麼宗教也不懂」。【31】希克和漢斯‧昆等人亦皆強調，如果缺乏對各宗教的基礎研究，便不會出現宗教間的對話。因為，存在於各民族間的觀念分歧，往往就在於各民族間的宗教分歧。因此，為要化解不同民族間的衝突而展開的民族對話或文化對話，必然涉及到宗教對話；亦即，必須以宗教對話為核心來進行。換句話說，唯有從本源深處認識到本民族與其他民族的一致性，才能根本消除民族間的觀念衝突，從而消彌民族間的災難性衝突。【32】誠如，列奧納德‧斯威德勒（Leonard Swidler）

【28】張志剛，《宗教哲學研究：當代觀念、關鍵環節及方法論批判》，頁375。

【29】希克，何光滬譯，《宗教哲學》，北京：三聯書店，1988年，頁262。

【30】張志剛，《宗教哲學研究：當代觀念、關鍵環節及方法論批判》，頁375-376。

【31】繆勒，陳觀勝等譯，《宗教學導論》，上海：上海人民出版社，1989年，頁11。

【32】何光滬，〈宗教對話問題及其解決設想〉，《國外社會科學》，2002年，頁2-9。

所強調的：「對話不是爭辯」；對話中的每一方都必須盡可能以開放、同情的態度傾聽另一方，以便能達到確切地、設身處地理解另一方的立場和目的。【33】而這也正是保羅‧尼特（Paul F. knitter）極力倡議並呼籲的：

> 許多宗教人士也正意識到要以一種更加動態的、對話的方式理解他們自己。因為，不同宗教的信徒們越來越強烈地感到的挑戰是，他們需要在其他宗教的更大共同體中尋找和發展他們個人的身分。……如今，一個人似乎必須在宗教間成為宗教徒。【34】

尼特認為，我們總是通過父母、老師、社會以及宗教信仰所提供的某種文化或宗教透鏡來看待真理，如此導致了我們在認識真理上的局限性。因此，如何看到自身受限下的透鏡以外更多的真理？答案很簡單——亦即，借用他人的透鏡。因為它將使我們轉入到諸宗教的對話共同體這一主題上，藉此我們能夠看到我們自己的透鏡所看不到的事物。【35】

然而，即使宗教間對話的重要性已普遍為大家所認同並接受；不論是各大傳統宗教、新興宗教抑或者是宗教學者，亦都曾試圖通過各種方式和可能性來開展並促成宗教間的對話。甚至，亦帶來了某些對話成果。但是，對於跨宗教對話的適當切入點或者共同基礎究竟為何？各宗教間應當如何進行「真正的」跨宗教對話？截止目前仍無有具體定論。同時，關於這方

【33】斯威德勒，劉利華譯，《全球對話的時代》，北京：中國社會科學出版社，2006年，頁7-8。

【34】尼特，王志誠譯，《宗教對話模式》，北京：中國人民大學出版社，2004年，頁12。

【35】尼特，《宗教對話模式》，頁13。

面的議題亦已發展成為宗教學者們或者是各宗教領袖們所無法規避的難題。若依現行宗教對話的理論發展動向來看，總體而言，存在著以下四種基本態度——即，宗教排他論（religious exclusivism）、宗教兼併論（religious inclusivism）、宗教多元論（religious pluralism）以及宗教兼容論（religious compatiblism）等四種。【36】接下來，茲就這四種宗教對話態度的主要代表人物和其基本主張，分別簡述如下：

　　首先，就「宗教排他論」而言：其主要的代表人物為卡爾・巴特（Karl Barth）。「宗教排他論」的基本主張認為：在宗教意義上的真理是終極的與唯一的。因此，在現存的諸多宗教信仰中只可能有一種是絕對真實的；換句話說，只有委身於該種宗教傳統，才能找到終極真理，達到信仰目的。依目前看

【36】排他論（exclusivism），又可譯為「排他主義」或「相斥主義」；兼併論（inclusivism），一般譯為「兼容論」、「兼容主義」或「相容主義」；多元論（pluralism），又譯為「多元主義」；至於兼容論（compatiblism），則亦可譯為「兼容主義」。張志剛認為，在上述這四種概念裡，關於exclusivism和pluralism的譯法在意思上比較準確，至於inclusivism，相對來說比較有問題。因為，根據現有的研究資料及文獻顯示，如果把 inclusivism作為主要以卡爾・拉納（Karl Rahner）為代表的當代天主教神哲學家之宗教對話立場的話，那麼，這種立場雖然對其他宗教有所開放，但實質上仍是屬於一種相當強硬的對話立場，也就是說，其固執著天主教會才是所有信仰者的唯一歸宿。然而，在中文裏的「兼容」或「相容」等詞，顯然弱化了這種對話立場的特徵。因此，張志剛主張，將inclusivism譯為「兼併論」或許比較貼切，更能反映出拉納等人的主要意旨。至於第四種概念compatiblism，張志剛則用「兼容論」或「兼容主義」來予以表示，這是以漢斯・昆為主要的代表人物，雖然早期，漢斯・昆是拉納的主要追隨者，兩人同屬「兼併論」的主張；但隨著日後其立論與主張，特別是積極倡議「全球倫理」的構想及其實踐，遂而逐漸與「兼併論」區別開來，進而形成「兼容論」之一家體系。張志剛，《宗教哲學研究：當代觀念、關鍵環節及方法論批判》，頁388，注1。

來，「宗教排他論」可以說是各大宗教，尤其是一神論宗教──猶太教、伊斯蘭教及基督教，所共有的正統立場；同時我們亦可以從這幾大一神論宗教傳統的教義、經典中找到根據或者從其神學和哲學的論證中得到印證。【37】

　　其次，就「宗教兼併論」而言：其主要的代表人物是卡爾‧拉納（Karl Rahner）。「宗教兼併論」的基本主張認為：只有一種宗教信仰是絕對真實的，能使人得到真正啟示和根本拯救。但是，作為一種新的傾向，宗教兼併論者又力圖擺脫狹隘的排他論立場。因此，宗教兼併論者認為，既然只有一種宗教是絕對真實的，而神或上帝又是無所不在、無所不能，那麼，恩典、啟示、拯救等無疑具有普世性，並可通過不同宗教信仰而以多種方式表達出來。甚至可以說，啟示與拯救的大門是向所有人敞開，不論你是否知道、是否承認唯一的上帝或信仰。【38】一般說來，「宗教兼併論」是被視為天主教神學家和哲學家自梵蒂岡第二屆大公會議以後所採取之宗教對話的基本立場。【39】

【37】張志剛，《宗教哲學研究：當代觀念、關鍵環節及方法論批判》，頁387-400。利文斯頓，何光滬譯，《現代基督教思想》下卷，成都：四川人民出版社，1992年，頁632。

【38】張志剛，《宗教哲學研究：當代觀念、關鍵環節及方法論批判》，頁400-414。拉納，朱雁冰譯，《聖言的傾聽者：論一種宗教哲學的基礎》，北京：三聯書店，1994年，頁82、120、182。

【39】梵蒂岡第二屆大公會議可謂是現代天主教史上的里程碑，此次重要會議是在教皇約翰二十三世的提議主持下召開的。同時，這次會議的主要目的之一就是為了改善天主教與其他基督教教派、尤其是與其他宗教間的關係，進而推動具有普世性的宗教對話。張志剛，《宗教哲學研究：當代觀念、關鍵環節及方法論批判》，頁400-401。

再次，就「宗教多元論」而言：其主要的代表人物是約翰・希克（John Hick）。「宗教多元論」的基本主張認為：世界各大宗教信仰是十分不同的，她們都是我們稱之為上帝的「終極實在」在生活中同等有效的理解、體驗與回應的方式；如同彩虹一般，我們也可以將人類各種不同宗教文化解釋為對神性之光（divine light）的折射。【40】因此，宗教多元論的出發點並非抽象的理論而是具體的現實——亦即，世界上宗教信仰的多樣性。【41】

最後，就「宗教兼容論」而言：其主要的代表人物是漢斯・昆。「宗教兼容論」的基本主張認為：第一，就宗教史而言，應當承認多種真正的宗教並存，她們的目標可謂殊途同歸；第二，就某個真正的宗教而言，既應積極承認其他宗教的真理性，又不該無保留地認可其真實性，這樣才能在堅持信念的前提下截長補短、友好競爭；第三，就宗教真理而言，任何一種宗教都不佔有全部真理，只有神或上帝才擁有全部真理。因此，諸種真正的宗教都在「朝覲途中」，不應爭執「我的真理」或「你的真理」，而應觀念開放，相互學習，分享真理。【42】

【40】希克，王志成、思竹譯，《信仰的彩虹：與宗教多元主義者的批判》，南京：江蘇人民出版社，1999年，〈序言〉，頁2。

【41】張志剛，《宗教哲學研究：當代觀念、關鍵環節及方法論批判》，頁414-426。希克，《信仰的彩虹：與宗教多元主義者的批判》，頁16。希克，王志成譯，《宗教之解釋：人類對超越者的回應》，成都：四川人民出版社，1998年，頁11-13、276-292。John Hick. *Philosophy of Religion.* Third edition, pp.121.

【42】Hans Küng (1988). *Theology for the Third Millennium：an Ecumenical View.* William Collins Sons & Co., Ltd. and Doubleday, pp.253-256. 引自張志剛，《宗

雖然，漢斯‧昆早期是拉納的主要追隨者，兩人同屬「兼併論」主張；但隨著日後其立論，特別是積極倡議「全球倫理」的構想及其實踐，遂而逐漸與「兼併論」區別開來，形成「兼容論」一家體系。【43】同時，由於漢斯‧昆本人不僅致力從學理上闡發「兼容論」，並且積極付諸宗教對話實踐。

　　因此，由其負責起草的《全球倫理宣言》（Global Ethic Declaration），於1993年芝加哥的「世界宗教議會」（Parliament of World's Religions）第二次大會裡正式通過；截止目前，這份宣言亦被稱之為有史以來第一個為各宗教所認同的最低限度的倫理綱領。【44】然而，在後續的行動方案中，

　　教哲學研究：當代觀念、關鍵環節及方法論批判》，頁426-443。漢斯‧昆，鄧肇明譯，《為什麼我還是個基督徒》，香港：基督教文藝出版社，1989年，頁25-26。漢斯‧昆，楊德友譯，〈什麼是真正的宗教：論普世宗教的標準〉，劉小楓編，《20世紀西方宗教哲學文選》，上海：三聯書店，1991年，頁6-29。

【43】張志剛認為：「兼容論」與「兼併論」雖然僅「一字」之別，但二者立場卻有本質差異。照漢斯‧昆的說法，任何人在宗教真理問題上都沒有霸權，所以只能消除「本宗教優越感」，不像兼併論者那樣貌似開放寬容，實則抱有征服或同化其他宗教的企圖，轉而彼此尊重、相互學習、分享真理、友好競爭，才可能打通對話管道。雖然，在當代天主教神哲學界，漢斯‧昆身為後學，曾長期追隨拉納，立足於天主教立場，通過宗教對話來推進普世教會運動。這讓我們有理由把他前期的對話觀念歸於拉納，或把兩人看做梵二會議後天主教官方對話立場——兼併論的代表。但就思路和觀點而言，漢斯‧昆從一開始就有別於拉納。拉納始終潛心於神哲學思辨，其兼併論旨在維護權威，傳揚正統，強化本教信眾的立場；而漢斯‧昆則從現實問題出發，敢於觸動權威，回應外界挑戰，以其開放的護教論來說服內外讀者。張志剛，《宗教哲學研究：當代觀念、關鍵環節及方法論批判》，頁465。

【44】漢斯‧昆，何光滬譯，《全球倫理：世界宗教議會宣言》，成都：四川人民出版社，1997年，〈序〉，頁2-3。張志剛，《宗教哲學研究：當代觀念、關鍵環節及方法論批判》，頁437。

由於漢斯・昆等人缺乏全球倫理實踐方面之某種共同的基礎和實際的實踐作為；【45】以至繼《全球倫理宣言》發表之後，長期致力於宗教實踐對話的美國著名宗教學家、協和神學院（Union Theological Seminary）教授、沙勿略大學（Xavier University）榮休教授保羅・尼特（Paul F. Knitter），又嘗試提出了第五種新的宗教對話觀念——即，「全球負責的和相互關聯的對話模式」（a globally responsible and correlational model for dialogue）以進行諸宗教對話。【46】就其理論實質內容而言，這種新的對話模式可謂「宗教實踐論」（Religious Practicalism）；【47】其倡議，所謂「全球負責的和相互關聯的諸宗教對話模式」即意味著：促進人類和地球福祉的全球責任或者關切，可以而且必須成為所有多信仰對話的首要背景、基礎、出發點或者目標。【48】

　　尼特「宗教實踐論」實蘊含三個重要核心概念——「全球責任」、「相互關聯」以及「實踐與合作對話」。這意味著：第一，宗教對話應該承擔全球性的倫理責任：「全球責任」不僅是追求社會正義，同時也是追求人類和生態的正義和福祉；第二，宗教對話應當在承認宗教多元性的前提下進行：藉由一種「相互關聯的」諸宗教對話模式以肯定宗教的多元性，並促使

【45】尼特，王志成、思竹、王紅梅譯，《一個地球多種宗教：多信仰對話與全球責任》，北京：宗教文化出版社，2003年，頁111、122之注30。

【46】尼特，《一個地球多種宗教：多信仰對話與全球責任》，頁22。

【47】張志剛，《宗教哲學研究：當代觀念、關鍵環節及方法論批判》，北京：中國人民大學出版社，2009年，增訂版，頁388-389。張志剛，〈論五種宗教對話觀〉，《世界宗教文化》，2010年4月，第2期，頁1。

【48】尼特，《一個地球多種宗教：多信仰對話與全球責任》，頁52。

各宗教之間產生真實的對話關係；第三，宗教對話應當著手於真理實踐、促進宗教間相互合作：藉由相互合作、共承責任，以解決全球人類和生態的苦難，進而促進宗教間真誠與和諧的對話。【49】因此，「宗教實踐論」的最終目標，即是藉由宗教間實踐性的合作對話，以解決當今全球苦難的問題、謀求全球人類和生態的正義與福祉。

第三節　本書研究動機、目的與基本假設

一、本書研究動機

　　本書研究動機主要包含以下四個部份：第一，當代臺灣新興宗教的特殊性；第二，對於宗教對話的一種期待；第三，當代臺灣社會獨特的宗教發展現象和宗教研究環境；第四，過去相關研究的缺乏以及對於人類和生態的普世關懷。分別敘述如下：

（一）當代臺灣新興宗教的特殊性

1. 當代臺灣對於新興宗教的界定與西方學界既有的界定不同

　　本書中關於「當代臺灣新興宗教」的界定，【50】在時間點

【49】張志剛，《宗教哲學研究：當代觀念、關鍵環節及方法論批判》，增訂版，頁389。

【50】董芳苑，〈臺灣新興宗教概觀〉，頁320-321；瞿海源，〈解析新興宗教現象〉，頁229-244；鄭志明，〈臺灣「新興宗教」的現象商議〉，《宗教哲學》，1995年10月，

上是指戰後（1945年之後）出現在臺灣的宗教團體，在地域上
是限定在臺灣地區的宗教團體，而在類型上則包含有：第一，
來自於臺灣本土創立的新興宗教；第二，來自於中國大陸和國
外傳入的新興宗教；第三，來自於臺灣當地原傳統宗教轉化而
成的新興宗教。【51】

　　因此，在時間點上和內容上，是有別於西方學界對於「新
興宗教」既有的界定。在西方社會，一般大眾通常是以cult來稱
呼；但對學術界而言，則較常用「新興宗教」（new religion）
或「新興宗教運動」（new religious movement）來稱之。關於
cult一詞，可譯為「膜拜」或「膜拜團體」，基本帶有負面意
味。亦即，這些新興宗教團體並非屬於正統宗教，乃至質疑其
是否為「真宗教」。【52】

　　但是，所謂的「新興宗教」或「新興宗教運動」，和cult在
含意上是有所區別的。

　　第一，cult並不都會發展成為新興宗教；第二，cult多半是
指出身於既定傳統的某些新教團，她們和傳統宗教之間仍保有
某種關係存在。因此，新興宗教的涵蓋面或者外延則要顯得大
的多，除了包含cult所指謂之外，還意指與特定的宗教傳統完全
決裂，並創造了某種傳統宗教中所沒有的新教團。【53】

　　因此，學術界自二十世紀七〇年代以後已逐步採用了「新

第1卷第4期，頁85-87；張家麟，〈當代臺灣新興宗教研究趨勢之分析〉，頁15-16。

【51】在此，「原傳統宗教的轉化」則包含有：原傳統宗教的轉型、復興和新興化。

【52】林本炫，〈「新興宗教運動」的意義及其社會學意涵〉，頁4。

【53】高師寧，〈新興宗教〉，張志剛主編，《宗教研究指要》，北京：北京大學出版社，
2005年，頁193。

興宗教」或「新興宗教運動」等概念來取代原有的cult稱謂，並將「新興宗教」界定為：十九世紀中後期以來隨著世界現代化進程出現的，脫離了傳統宗教的常規並提出了某些新的教義、新的禮儀之宗教團體和宗教運動。【54】

2. 當代臺灣新興宗教蓬勃發展，新興宗教信眾人數眾多

跟據內政部統計資料顯示，截至2010年，登記在內政部為全國性的二十七個宗教當中，就有二十一個是屬於「新興宗教」；同時臺灣新興宗教的信眾人數，約占臺灣總人口的9.9%（227.7萬人），將近十分之一。【55】是遠超過基督教（2.6%，59.8萬人）、天主教（1.3%，29.9萬人）和回教（0.2%，4.6萬人）等傳統宗教的信眾人數（4.1%，94.3萬人）。

3. 當代臺灣新興宗教適合作為宗教與社會互動關係的研究

從當代臺灣新興宗教的理論發展來看，茲不論是社會變遷

【54】高師寧，《新興宗教初探》，頁7、12。

【55】對於臺灣整體宗教信眾人數分佈情況來看，根據內政部宗教輔導科於2006年4月份的報告中指出，在臺灣2,300萬的總人口中，宗教信眾人數基本集中在佛教（35%，805萬人）和道教（33%，759萬人），約占總人口的68%（1,564萬人）；若再加上基督教（2.6%，59.8萬人）、天主教（1.3%，29.9萬人）和回教（0.2%，4.6萬人）等宗教的信眾人數，則臺灣傳統宗教的信眾人數比例，約占臺灣總人口的72.1%（1,658.3萬人）。如再進一步扣除18%（414萬人）無宗教信仰的人數，同時排除「傳統宗教復興」的新興宗教信仰人數，則臺灣新興宗教的信眾人數，約占臺灣總人口的9.9%（227.7萬人），將近十分之一。雖然，在臺灣絕大多數的宗教信仰者信奉佛教或道教，但是有很多人自認為既是佛教徒也是道教徒；亦即，其統計資料有某種重複性。若再加上傳統宗教復興的現象——新興佛教與新興道教，其實，當代臺灣新興宗教的信眾人數比例應該更高。資料來源《2006年度國際宗教自由報告——臺灣部分》。http://www.state.gov/g/drl/rls/irf/2006/71337.htm

理論、社會需求理論、合緣共振理論、宗教世俗化理論、宗教
市場理論、靈驗和悸動宣傳效果理論、邊陲性擴張理論等，【56】
每一種關於新興宗教的理論都有其切入面向來說明當代臺灣新
興宗教興起和發展緣由，然而卻無法以遍概全，因為這些理論
之間都有其相互關聯存在。同時，由於新興宗教成立時間相較
傳統宗教為短；因此，在傳統社會裡，其興起與發展必然面臨
「本土化」與「認同」問題。換句話說，其必須面對與傳統宗
教、主流社會、一般大眾以及政府之間的關係等問題。

　　首先，從「與傳統宗教的關係」來看：在此，暫且不論新
興宗教與傳統宗教彼此間關於教義上的差異，抑或不落入正統
與異端的爭論之中；對於新興宗教而言，由於自詡以所謂「承
繼道統」的姿態出現，亦即以一種所謂「綜攝性的教派主義
（syncretic sectarianism）── 合一教」【57】的身份問世，因此，

【56】依目前當代臺灣新興宗教的理論發展部份，基本上以下列七種理論作為代表：
　　一、社會變遷理論（李亦園，1984）；二、社會需求理論（宋光宇，1998：68-70）；
　　三、合緣共振理論（鄭志明，1999：176-189）；四、宗教世俗化理論（董芳苑，
　　1986：319-344；吳寧遠，1996：259-265；顧忠華，1998：89）；五、宗教市場理論
　　（林本炫，1993：279；林本炫，1996：31）；六、靈驗、悸動的宣傳效果理論（瞿海
　　源，1993：397）；七、邊陲性擴張理論（丁仁傑，2004：50）等七種。前六項分別參
　　考自張家麟，〈當代臺灣新興宗教研究趨勢之分析〉，頁17-22。

【57】丁仁傑指出，華人宗教史中至少有五個基本範疇：儒教、佛教、道教、民間信仰和
　　「合一教」。前四個基本範疇，大致在唐宋時期就已各自確立其基本形式和內
　　容，至於「合一教」則是在明清以後開始大為盛行，其有別於儒釋道三教，但卻綜
　　攝融合了儒釋道三教的內容，並吸收了民間信仰元素之新的獨立教團，學術界一
　　般稱之為「民間教派」，其在傳統中國社會中往往無法取得官方的正式認可。「合
　　一教」以「新道統」自居，其出現是特定歷史文化脈絡中的產物，既是一種新興宗
　　教，又是一種傳統宗教。美國學者Berling指出，明清時代的這些民間教派，雖然被

經常被傳統宗教視之為異端或異教而加以排斥。此外，由於新興宗教較沒有傳統宗教所堅持固守的「正統」之「包袱」，因而較能跳脫教義與真理的局限和框框，而具有較高的「包容性」與「整合性」。其次，從「與主流社會的關係」來看：由於新興宗教經常倡議所謂的「末世思想」，並以改造社會和世界為己任。因此，其亦經常與主流社會的價值及思想間存在著某種程度的緊張和對立關係。再次，從「與一般大眾的關係」來看：由於一般社會大眾所關切的不單只是心靈的平和與來世的超脫（拯救），其更關切的是此世的安康與福祉。因此，社會大眾的認同感，亦成為該宗教是否為大家所接受、認同的判准。在臺灣，長期從事社會公益與慈善的宗教團體，由於經年累月不間斷的投入與付出，深獲臺灣民眾的普遍認同和支持，進而委身於該組織之中，出錢出力，奉獻社會。所以，新興宗教團體要融入社會，為社會大眾所接受，除了教主個人的魅力性，信教的靈驗、悸動性，教義的易接受性、融合性、超越性以及說服性外，更重要的是在於其「實踐性」──亦即，其對信仰、教義、真理的實踐性。最後，從「與政府的關係」來看：依宗教發展的歷史軌跡，政府的態度，對於新興宗教的存續與發展，亦扮演相當關鍵性角色。

當時的人稱之為異端，但本質上卻是文化發展邏輯中的主流性發展。因此，一種所謂的「綜攝性的教派主義」（syncretic sectarianism）──以融合的態勢而回歸內在正統並成立新的宗教組織，正是華人社會自明清以來產生新興教派的方式。丁仁傑進一步歸納出「合一教」具有的四項基本特徵，如下：一、自居正統的自我認定；二、涵蓋萬教的既包容又批判的立場；三、對傳統始終保持著忠誠的態度；四、一以貫之的對傳統的重新詮釋。丁仁傑，《社會分化與宗教制度變遷：當代臺灣新興宗教現象的社會學考察》，頁373-430。

（二）對於宗教對話的一種期待

　　誠然，「宗教信仰」是一種「終極關切」。【58】然而，不單只是知道、瞭解，還必須相信，進而實踐。對於虔誠的信仰者而言，不只是認同的問題，還牽涉到所謂的「堅持」與「委身」；亦即，堅持其所相信的宗教抑或真理是最好的、最終的、唯一的，同時具有融合性及整合性。因此，對於各宗教自身所認定的真正的「宗教徒」或者「信仰者」，必會致力信奉並委身於該宗教所教導的教義、真理之中，以求身體力行或知行合一。原本，這是一件美善之事，亦即追求人類和生態的正義與福祉，欲將人類和生態從危機與苦難之中解脫出來。但是，由於太過「堅持」或「執著」，遂導致無法「放下」，進而產生唯我獨尊的真理觀，將「他者」視之為異端或異教而予以「排斥之」或者是「包含之」等「宗教排他主義」或「宗教兼併主義」的立場出現。

　　隨著樞軸時代（軸心時代）的開啟，【59】確立了世界各大

【58】保羅・蒂利希（Paul Tillich）認為：宗教，就這個詞的最廣泛和最根本的意義而言，就是指一種「終極的關切」（ultimate concern）。也就是說，在人類精神生活裡，宗教重新發現了它的真正所在，由之出發，宗教賦予人類精神的所有機能以要旨、終極意義、判斷力和創造的勇氣。蒂利希，陳新權、王平譯，《文化神學》，北京：工人出版社，1988年，頁7、9。

【59】「軸心時代」的概念，是卡爾・雅斯貝斯（Karl Jaspers）在其著名的著作《論歷史的起源與目標》（The Origin and Goal of History）中所提出的，意指大約從西元前800年到西元前200年，人類重要的個體出現。通過他們的洞見，人類的意識得到了極大的擴展與發展，一場從早期宗教到拯救或解脫宗教的運動開始。雅斯貝斯，朱更生譯，《論歷史的起源與目標》，卡爾・雅斯貝斯，《卡爾・雅斯貝斯文集》，西寧：青海人民出版社，2003年，頁133。希克，《宗教之解釋：人類對超越者的回應》，頁33-34。

宗教多樣性存在的事實，並帶來諸拯救多元化的可能性，【60】
因此，「諸宗教、諸拯救、宗教的差異在上帝自身裡」，【61】
儼然成為諸宗教相互對待的一種「宗教多元主義」的基本心態
與共識。相互尊重，所有宗教都來自於一個共同根源，不論是
「人格神」，例如：耶和華（Yahweh）、黑天（Krishna）、濕
婆（Shiva）、安拉；或者是非人格性的「絕對概念」，例如：
梵、涅盤、空、法、法身、道等。【62】

　　但是，只停留在經典、教義層面的對話，並不能真正解決
人類和生態不斷面臨的危機與苦難事實；【63】抑或只是諸宗教各
自於自身的信仰與教義的實踐中，試圖各憑本事、各自努力，
以解決人類和生態之苦難與危機，亦誠屬不能。因此，如何跳
脫各自宗教的藩籬與框框，在諸宗教這更大的共同體中成為
「諸宗教的宗教徒」，【64】以尋求出共同的願景，卻已成為各宗
教所無法規避並且必須面對的核心課題。因此，「諸宗教」不
單只是相互尊重而已，而是需要共創多贏的局面，相互攜手合
作，以謀求真正人類和生態的正義與福祉。換句話說，諸宗教
必須思考、同時轉變，並且回應當今全球所面臨的苦難問題；
從過去以理論對話為主，轉向從實踐對話著手之「宗教兼容主

【60】希克，《宗教之解釋：人類對超越者的回應》，頁33-34、36-38。

【61】S. Mark Heim（2001）. *The Depth of Riches: A Trinitarian Theology of Religious Ends.* 轉引自尼特，《宗教對話模式》，頁248。

【62】希克，《宗教之解釋：人類對超越者的回應》，頁281-292。張志剛，《宗教哲學研究：當代觀念、關鍵環節及方法論批判》，頁423-425。

【63】漢斯·昆，《全球倫理：世界宗教議會宣言》，〈序〉，頁1-4。尼特，《一個地球多種宗教：多信仰對話與全球責任》，頁95。

【64】尼特，《宗教對話模式》，頁12。

義」，甚至是「宗教實踐主義」的立場來展開對話。回歸到最基本的「人性」、「聖典」以及「本源」之中，【65】通過解放性的實踐，【66】共同為全球人類及生態所遭受的危機與苦難負起責任來。而這也正是本書研究主題切入的重點之一，同時也是對於宗教對話的一種期待。

（三）當代臺灣社會獨特的宗教發展現象與宗教研究環境

1. 當代臺灣多元的社會環境，促使宗教團體及社會團體快速增長

　　依內政部統計資料顯示，解嚴之前，截至1986年，在中央政府所轄宗教團體數只有14個，而社會團體數只有734個。但隨著解嚴及《動員戡亂時期人民團體法》制訂，截至1989年，在中央政府所轄宗教團體數增長至23個，而社會團體數則增至為952個。由於《動員戡亂時期人民團體法》頒佈之後，開啟社會團體自由登記空間，因而宗教團體也趁此趨勢急速成長。截至1999年，在中央政府所轄宗教團體數增長至269個，而社會團體數則增至為3,279個。單就1990-1999年這短短十年期間，宗教團體平均年成長率高達30.65%，而社會團體平均年成長率亦達到13.48%。之後，隨著新千禧年到來，截至2010年，在中央政府所轄宗教團體數則增長至884個，而社會團體數則增至為9,248個。在2000-2010年這段期間，宗教團體平均年成長率仍高達11.48%，而社會團體平均年成長率亦維持在10.00%的高成長率。

【65】漢斯・昆，〈什麼是真正的宗教：論普世宗教的標準〉，頁15-16。

【66】尼特，《一個地球多種宗教：多信仰對話與全球責任》，頁136。

2. 當代臺灣宗教團體與政府之間具有良好的互動關係

　　過去，由於威權統治時期，新興宗教經常處於「妾身未明」或被冠以對政府具有「思想或政治威脅」的標籤而予以打壓。然而，隨著解嚴以及臺灣民主與自由化的進程，第三部門【67】也隨之興盛與發展；其象徵著公民社會的興起，同時扮演著對政府監督、制衡、協助與合作的角色。對於宗教團體而言，不論是傳統宗教或是新興宗教，均屬於第三部門；一方面監督政府職能，一方面參與政府社會與福利政策制訂，同時承辦政務執行等相關施政計畫，進而成為政府委託的單位之一，以協助政務推展。因此，新興宗教團體一但在政府取得合法登記身份之後，不單增加其社會公信度，亦有利於教務推展。所以，在臺灣，新興宗教團體經常以社會團體的名義向政府申請成立合法的正式組織；同時積極邀請政府部門成為其舉辦教務、活動時的指導單位和共同主辦單位，以及承辦政府所委託有關政策推行的相關業務，以增加其公信力與知名度。反之，對於政府而言，其亦樂於與宗教團體或民間組織發展良好互動關係，補助並委託其承辦國家社會與福利相關業務，以利政務推行，並且給予績優、有功團體予以頒發「興辦公益慈善及社會教化事業」的獎項以茲鼓勵表揚。

【67】第一部門是指政府部門，又稱公部門；第二部門是指企業部門，又稱私部門；第三部門是指非政府部門，是以非政府組織（Non-Government Organization; NGO）/非營利組織（Non-Profit Organization; NPO）為主的民間組織。

（四）過去相關研究的缺乏以及對於人類和生態的普世關懷

　　從當代臺灣新興宗教研究現狀來看，可以說，對於社會苦難、社會責任和社會實踐等方面的學術研討，尚未引起足夠重視。以往的相關研究成果大多是關於「賑災」【68】和「救劫」【69】為主。至於宗教對話的研究與其活動，則主要是在宗教學者、學術機構和各大傳統宗教的主導下進行；並且側重於宗教對話理論的探討，傳統宗教的經典、教義和組織方面的比較研究。研究主題大多涉及：宗教間（儒家和基督宗教、佛教和基督宗教）的對話、宗教內（佛教內、基督宗教內）的對話、科學與宗教對話、文明衝突與宗教對話、全球倫理與宗教對話、生命教育與宗教對話……等；較少探討與「新興宗教」有關的宗教對話以及與「社會實踐」相關的宗教對話。因此，在這些研究成果當中，關於新興宗教的宗教對話部份，只有鄭志明發表的〈新興宗教的宗教對話〉這篇論文；【70】至於社會實踐相關的宗教對話部份，亦只有三篇著述發表，其分別是：〈社

【68】林本炫，〈震災中的新興宗教——以天帝教和創價學會為例〉，《臺灣宗教學會通訊》，2000年1月，頁86-89。

【69】楊弘任，〈另類社會運動：一貫道的聖凡兼修渡人成全——以寶光建德天一官員義區與天祥聖宮學界區為例〉，《清華大學社會人類學研究所碩士論文》，1997年；鄭志明，〈臺灣新興宗教的救劫運動〉，《宗教哲學》，2000年9月，頁141-160；陳杏枝，〈新神佛降臨救世：一個本土新興宗教團體的研究〉，《臺灣宗教研究》，2005年4月，頁125-164。

【70】鄭志明，〈臺灣新興宗教的宗教對話〉，《成大宗教與文化學報》，2001年12月，第1期。

會關懷與宗教對話──天主教角度〉【71】、〈民間宗教的社會關懷與宗教對話〉【72】以及〈從宗教對話談醫療合作〉【73】等。然而，不論是「新興宗教」或者是「宗教對話」，均是當代宗教研究關切的兩大領域；因此，本書則試圖通過「當代臺灣新興宗教的實踐觀」作為切入點，將這兩個重要領域關聯起來，並藉此以提供學術界和宗教界在學理上及實踐上之研究的參考與反思。

二、本書研究目的與關注焦點

　　本書研究目的，即希望藉由對當代新興宗教與宗教對話現況的研討，反思當代臺灣新興宗教與宗教對話的理論與研究，並從中獲得新的洞察；同時通過對當代臺灣新興宗教的「宗教實踐觀」來回應「全球苦難」問題及尼特「宗教實踐論」的主張，從而將「新興宗教」與「宗教對話」這兩個領域關聯起來。因此，本書焦點將不會涉入太多篇幅在各個新興宗教之間或新興宗教與傳統宗教之間關於經典、教義、組織和儀軌方面的比較與對話，而會聚焦在以下幾個層面：

　　第一：當代臺灣新興宗教對於「人類苦難」和「生態苦難」問題的社會責任與社會實踐；

【71】狄明德，〈社會關懷與宗教對話：天主教角度〉，《臺灣宗教學會通訊》，1999年7月，第2期，頁39-44。

【72】鄭志明 ，〈民間宗教的社會關懷與宗教對話〉，《臺灣宗教學會通訊》，1999年7月，第2期，頁36-38。

【73】林高章 ，〈從宗教對話談醫療合作〉，《臺灣醫界》，1998年4月，第41卷第4期，頁45。

第二：當代臺灣新興宗教與傳統宗教的縱向歷史關係以及
　　　與其他宗教的橫向互動關係；

第三：當代臺灣新興宗教的跨宗教合作與對話；

第四：從尼特「宗教實踐論」的三個核心概念：「全球責
　　　任」、「相互關聯」及「實踐與合作對話」，解
　　　析當代臺灣新興宗教的「宗教實踐觀」，包括：
　　　「社會實踐觀」、「宗教他者觀」和「宗教對話
　　　觀」；藉此針對「全球苦難」議題做出回應與解
　　　答，從而將「宗教對話」與「新興宗教」這兩個
　　　重要領域關聯起來。

三、本書研究基本假設

　　對於新興宗教而言，為要融入或適應於臺灣當地社會之
中，必會涉及所謂的「本土化」與「認同」問題。亦即，其必
須處理好與傳統宗教、主流社會、一般民眾以及政府之間的關
係。因此，為瞭解決此課題，本書亦嘗試對當代臺灣新興宗教
的生存與發展問題，提出兩項基本的研究假設：

第一：重視社會實踐：就宗教史的發展來看，新興宗教在
　　　其發展初期，必定重視社會實踐；藉此以解決社
　　　會苦難問題，獲得主流社會與社會大眾的認同。

第二：重視宗教對話：就現代語言來看，新興宗教在其發
　　　展初期，必定重視宗教對話；藉此以增進各宗教
　　　相互間的瞭解與認同。

　　換言之，通過本書的研究，試圖論證「重視社會實踐」與

「重視宗教對話」這兩項研究假設,能否作為檢驗當代臺灣新興宗教生存與發展的兩項基本特徵。同時,探討這兩項基本特徵是否亦能呼應尼特「宗教實踐論」之核心主張與假設。

第四節　本書研究方法、思路與結構

一、本書研究方法

　　本書研究方法將結合文獻考察、深度訪談以及個案研究等交互運用的方式進行。

（一）文獻考察

　　本書將通過當代臺灣新興宗教關於其自身願景、宗旨、教義、經典以及信仰與社會實踐等方面的相關文獻來深入考察。同時,結合宗教學者關於新興宗教與宗教對話的理論和研究進行探討。

（二）深度訪談

　　就深度訪談來看,若以1945年作為時間的基準點來看當代臺灣新興宗教的發展時,雖然截止目前,其發展時間只有60幾年,但若從其當初創立的發源地,甚或是此新興宗教與傳統宗教之間存在著歷史性的承襲關係來看時,則時間的計數就需更往前推溯。在此,姑且不論其當初的發源地或是其具有的歷史性,僅就在臺灣的發展期間,單單一個新興宗教團體,有的甚至是經歷了兩到三代;因此,這實非研究者只憑文獻(有時

文獻並無法一一記載），甚至幾年親身參與其中所能深切了悟的。同時對於信仰與教義的理解與實踐，亦會隨著教齡、經歷與體驗的不同而有所差異，而這差異又是文獻所沒有或無法記載的。是故，本書則通過對選取個案進行深度訪談的方式，一來補充文獻可能的考察不足；二來藉由對選取個案的創教宗主、宗教負責人或代表者進行深度訪談，有別於「定量」的問卷調查，以期更能代表該宗教的立場，對所要研究的問題給予更具代表性和深度的回應。（參見表1-2）

（三）個案研究

本書共選取八個新興宗教作為研究典型。個案選取是基於當代臺灣新興宗教之三種類型的基礎上考量的，以期更能兼顧所具代表性立場。首先，在來自於臺灣本土創立的新興宗教部份：則選取了「彌勒大道」作為研究個案代表；其次，在來自於中國大陸和國外傳入的新興宗教部份：則分別選取了「一貫道」和「天帝教」作為從中國大陸傳入的研究個案代表，同時選取了「摩門教」、「天理教」和「統一教」分別作為從美國、日本、韓國等國外傳入的研究個案代表；最後，在來自於臺灣當地原傳統宗教的轉化部份：則分別選取了「玄門真宗」和「真佛心宗」作為研究個案代表。【74】（參見表1-3）

【74】在選取的這八個研究個案當中，除了「真佛心宗」以外，其餘七個均屬於登記在內政部為全國性的二十七個宗教之中。至於真佛心宗，由於創會宗主本人亦是「中國儒教會」的副理事長，因此，亦將其列為研究的個案代表之一。

表1-2：當代臺灣新興宗教研究個案深度訪談名冊

當代臺灣新興宗教類型	宗教名稱	訪談時間	受訪者
臺灣本土創立的新興宗教	彌勒大道-財團法人彌勒大道總會基金會	2009年9月23日，下午	汪慈光院長
		2010年8月30日，下午	汪慈光院長
中國大陸傳入的新興宗教	一貫道-中華民國一貫道總會	2009年9月18日，上午	蕭家振秘書長
		2010年8月20日，上午	蕭家振秘書長
中國大陸傳入的新興宗教	天帝教-中華天帝教總會	2009年9月26日，下午	詹敏悅秘書長
		2010年8月18日，下午	詹敏悅秘書長
國外傳入的新興宗教-美國	摩門教-財團法人耶穌基督後期聖徒教會	2009年9月18日，下午	梁世威會長（中臺北支聯會）蔡福安會長（桃園支聯會）
		2010年8月23日，上午	梁世威會長（中臺北支聯會）
國外傳入的新興宗教-日本	天理教-財團法人中國天理教總會	2009年9月24日，上午	三濱善朗廳長
		2010年8月19日，下午	三濱善朗廳長
國外傳入的新興宗教-韓國	統一教-財團法人統一教臺灣總會	2009年9月24日，下午	李恪訓會長
		2010年8月18日，上午	李恪訓會長
臺灣當地原傳統宗教轉化的新興宗教	玄門真宗-中華玉線玄門真宗教會	2009年9月25日，下午	陳桂興宗主
		2010年8月26日，下午	陳桂興宗主
臺灣當地原傳統宗教轉化的新興宗教	真佛心宗-中華真佛心宗教會	2009年9月21日，下午	陳政淋宗主
		2010年8月21日，上午	陳政淋宗主

資料來源：本研究整理

表1-3：當代臺灣新興宗教的類型、名錄與研究個案

當代臺灣 新興宗教類型	在內政部登記為 全國性的新興宗教	在內政部登記 為全國性宗 教，同時被本 文選取的研究 個案代表	未在內政部登 記為全國性宗 教，但被本文 選取的研究個 案代表
臺灣本土創立 的新興宗教	亥子道、彌勒大 道、中華聖教會、 宇宙彌勒皇教、黃 中	彌勒大道	
中國大陸傳入 的新興宗教	理教、軒轅教、天 帝教、一貫道、天 德教、太易教、先 天救教、天道	一貫道、 天帝教	
國外傳入的 新興宗教	天理教、巴哈伊 教、摩門教、真光 教團、統一教、山 達基教會	摩門教、 天理教、 統一教	
臺灣當地 原傳統宗教轉 化的新興宗教	中國儒教會、玄門 真宗	玄門真宗	真佛心宗

資料來源：本研究整理

二、本書思路與結構

本書共分成七章，基本思路與結構分別概述如下：

第一章緒論。本章首先針對「當代臺灣新興宗教研究概況」依歷史進程，作簡略描述；同時，對「當代宗教對話理論發展動向」作趨勢性探討。其次，針對本書研究動機、研究目的、關注焦點、研究基本假設以及研究方法等，作基本闡述。最後，再針對本書思路與結構作整體介紹。

第二章「宗教實踐論」的核心概念及其思想脈絡。本章首先針對「全球苦難」與「全球責任」作事實陳述與理論回應。其次，針對跨宗教的實踐對話——負起「全球責任」的諸宗教實踐對話，作行動闡釋。最後，再針對「宗教實踐論」的意涵、核心概念及其思想脈絡作論理上梳理。

　　第三章當代臺灣新興宗教的「苦難觀」。本章首先針對當代臺灣新興宗教的「苦難觀」進行分析，藉以瞭解當代臺灣新興宗教對於苦難的成因、解決、責任與根源的態度。其次，從「全球苦難」問題來看尼特的「宗教實踐論」與當代臺灣新興宗教的「宗教實踐觀」之間的關係。

　　第四章當代臺灣新興宗教的「社會實踐觀」。本章首先針對當代臺灣新興宗教「承擔社會責任」的層面，包括：承擔社會責任的「態度」、「能力」、「定位」等幾個面向深入探討。其次，對於當代臺灣新興宗教「進行社會實踐」的層面，則分別從社會實踐的「動機和目的」、「實施名義」、「施行方式」、「具體作為」、「結果和影響」以及「立論依據」等幾個面向進行分析。第三，從尼特「宗教實踐論」之「全球責任」觀點解析當代臺灣新興宗教的「社會實踐觀」。最後，分析當代臺灣新興宗教發展的關鍵以及論證「重視社會實踐」能否作為解釋當代臺灣新興宗教生存與發展的基本特徵。

　　第五章當代臺灣新興宗教的「宗教他者觀」。本章首先針對當代臺灣新興宗教與傳統宗教的「縱向歷史」關係深入探討：一、先從教會（傳統/主流宗教；church）、教派（denomination）、分派（sect）、新派（cult）等概念的定義及其相互關係的釐清著手；二、從上述觀點出發，反思是否適用於解釋華人社會以及當代臺灣社會之宗教發展與分裂情

況；三、最後再總結出當代臺灣新興宗教與傳統宗教間的歷史縱向關係。其次，對於當代臺灣新興宗教與其他宗教的「橫向互動」關係，則分別從：「對待其他宗教的態度」、「與其他宗教的交流經驗」以及「處理與其他宗教關係的立論依據」等幾個面向進行分析。最後，從尼特「宗教實踐論」之「相互關聯」觀點解析當代臺灣新興宗教的「宗教他者觀」。

　　第六章當代臺灣新興宗教的「宗教對話觀」。本章首先梳理軸心時代與諸宗教對話之意涵。其次，分析當代臺灣新興宗教之跨宗教對話的「切入點」。第三，說明當代臺灣新興宗教之「跨宗教合作」情況；亦即，關注在「對於當代臺灣新興宗教而言，是否認同藉由跨宗教合作能解決全球人類和生態的苦難」之問題的處理上。第四，說明當代臺灣新興宗教之「跨宗教對話」情況；亦即，關注在「對於當代臺灣新興宗教而言，是否認同藉由跨宗教合作可以促進宗教間的對話」之問題的處理上。第五，梳理當代臺灣新興宗教之跨宗教合作與對話的「立論依據」。第六，從尼特「宗教實踐論」之「實踐與合作對話」觀點解析當代臺灣新興宗教的「宗教對話觀」。最後，再論證「重視宗教對話」能否作為解釋當代臺灣新興宗教生存與發展的基本特徵。

　　第七章結論。在結論的部份，首先通過「全球苦難」問題看尼特的「宗教實踐論」與當代臺灣新興宗教的「宗教實踐觀」之間的異同；其次，從回應「全球苦難」問題之解決方案看尼特的「宗教實踐論」——全球責任論、相互關聯論、實踐與合作對話論，與當代臺灣新興宗教的「宗教實踐觀」——社會實踐觀、宗教他者觀、宗教對話觀之間的異同；第三，總結「重視社會實踐」與「重視宗教對話」這兩項假設能否作為解釋當

代臺灣新興宗教生存與發展之兩項基本特徵的問題；最後，則通過「跨宗教對話的實踐願景——從終極關切到全球責任」為整本書劃上句點。

此外，於本章最後，亦檢討和反思本書的貢獻與限制之處，並提出對未來研究的展望。

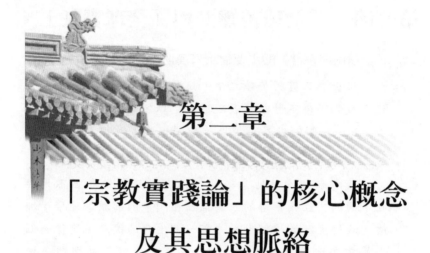

第二章

「宗教實踐論」的核心概念
及其思想脈絡

關於「宗教實踐論」，實包含三個層面。一是「苦難」的層面：意指關注「全球苦難」的事實；二是「責任」的層面：意指藉由「全球倫理」與「全球責任」的倡議以解決全球苦難的問題；三是「實踐對話」的層面：亦即，通過「全球負責的和相互關聯的對話模式」以開展諸宗教的實踐對話；相互尊重、共承責任、攜手合作，以謀求全球人類和生態的正義與福祉，而這也正是「宗教實踐論」的核心關切所在。因此，本章重點包括以下部份：首先，針對「全球苦難」與「全球責任」作事實陳述與理論回應；其次，針對跨宗教的實踐對話──負起「全球責任」的諸宗教實踐對話，作行動闡釋；最後，針對「宗教實踐論」的意涵、核心概念及其思想脈絡作論理上梳理。

第一節　「全球苦難」與「全球責任」

《全球倫理宣言》的主要倡議者漢斯‧昆曾明確指出：

> 這世界正處於苦難之中。這苦難是如此普遍、如此緊迫；我們不得不歷數其表現形式，以便明白這種痛苦的深度。……我們的世界正經歷著一場根本的危機：一場發生在全球經濟、全球生態和全球政治中的危機。【75】

> 我越來越清楚地意識到，只有當這個世界上不再存在不同的、互相矛盾的、甚至互相鬥爭的倫理學地帶，那麼，我們生活的這個世界才有一個生存的機會，這樣一個世界需要這樣一種基礎倫理；這樣一個世界共同體無疑不需要一種統一的宗教或統一的意識型態，但是，她卻需要一些相互有關係的、有約束力的準則、價值、理想與目標。【76】

> 若無一種倫理方面的基本共識，任何社會遲早都會受到混亂或專制的威脅。若無一種全球性的倫理，就不可能有更美好的全球性秩序。【77】

漢斯‧昆深切瞭解，儘管諸宗教存在著種種差異與分歧，但對於在人類行為、道德價值與基本道德信念方面，諸宗教早已具有其共同之處；因此藉由「全球倫理」的倡議，希望促使所有人──信教者與不信教者，一起將這種倫理化為自己的道

【75】漢斯‧昆，《全球倫理：世界宗教議會宣言》，〈導言〉，頁3、7。

【76】漢斯‧昆，《世界倫理構想》，〈前言〉，頁4。

【77】漢斯‧昆，《全球倫理：世界宗教議會宣言》，〈序〉，頁1。

德，並按這種倫理來行動。同時由於這一全球的倫理是普遍承
認的，亦即，藉由對話找到的一個基礎，並在這個基礎上共同
規劃出具體的行動方案來。【78】所以，漢斯‧昆強調：

> 宗教間對話所包含的不只是一種理智、學術上的興
> 趣……，對話有一個完全不同的基礎和動機，當它產生於
> 這樣一種認識，即認識到千百萬下層人、邊緣人的苦難，
> 他們甚至被剝奪了最低的人權和尊嚴。……宗教間對話的
> 貫徹，一如「行動的對話」與「生活的對話」，對具體地
> 方的具體人有非常具體的現實。……各宗教之間的對話必
> 須著手處理「全球倫理」和「全球責任」的問題，……只
> 有當世界各宗教共同體都能一起認識到一個最低限度的價
> 值觀、規範、基本原則和理念基礎時，世界才會有更大的
> 和平與正義。【79】

【78】尼特，《一個地球多種宗教：多信仰對話與全球責任》，頁109-110。

【79】尼特，《一個地球多種宗教：多信仰對話與全球責任》，〈前言〉，頁3-4。斯威德勒
本人亦曾積極提出對於「全球倫理」實踐的行動方案建議，其呼籲我們必須採取
以下的直接行動：一、每一個同某種宗教或意識形態有關或無關的學術機構，都
需要敦促其所有不同學科的專家運用他們的創造力，並與其他同宗教有關和無關
的機構的學者合作，制定或表述一種全球倫理；二、每一種大宗教和倫理集團，
都需要委託其專家學者在同所有其他宗教和倫理集團對話的情況下，將其研究與
思考從其宗教或倫理集團角度集中闡明一種全球倫理；三、那些著意於跨宗教的
跨意識型態倫理學領域的學者，需要組成一些聯合性的「工作小組」，專門進行這
項緊要的工作，而那些已經存在的這類組織，更需要把精力集中於這項工作；四、
除此之外，還需要有一個主要的、永久性的「全球倫理研究中心」，她應有一些出
自世界各大宗教和倫理集團的最好的專家全職工作，也許要經年累月連續工作，
專門從事這一課題及其錯綜複雜的多種枝節的精確研究。漢斯‧昆，《全球倫理：
世界宗教議會宣言》，頁142-144。

藉此我們瞭解到，由於全球人類彼此相互依存的事實，致使人類中的任何一個重要環節或部份出現問題時，都將使全球陷入一種社會的、經濟的、核武的、環境的或者是其他的災難之中。如此就產生了一種迫切的需要，亦即，需要把這些對話的精力不僅集中在人們如何理解世界及其意義方面，而且要集中在人們應該如何行動方面——在對自己、對他人、對自然的關係中應該如何行動方面。因此，《全球倫理普世宣言》的倡導者斯威德勒呼籲：

> 人類越來越迫切地需要為形成並非佛教的、基督教的、馬克思主義的等等獨家所有的倫理，而是迫切地需要為形成全球倫理進行對話。……關鍵的一步是一份《全球倫理普世宣言》的形成。【80】

　　對於漢斯・昆和斯威德勒的倡議與呼籲，尼特亦感同身受，並以實際行動回應。尼特曾在二十世紀九〇年代中期回顧提到：在過去幾十年裡，有「兩個他者」深深影響其神學思想和生活，那就是「苦難的他者」（suffering Other）與「宗教的他者」（religious Other）。

> 全世界廣大的人民正忍受著可怕的、不公正的和不必要的苦難。最近，我已經開始不僅理解甚至感受到人的苦難，還有一切眾生，包括我們的地球母親的苦難。人類的和生態的苦難已經成為一個他者，他甚至比宗教的他者更令我不安。【81】

【80】斯威德勒，《全球對話的時代》，頁319。漢斯・昆，《全球倫理：世界宗教議會宣言》，頁141。

【81】尼特，《一個地球多種宗教：多信仰對話與全球責任》，頁3。

因此，「苦難」對於尼特而言，不單指「人類的苦難」，亦包含了「地球、生態的苦難」；尼特進一步引用大量資料和結論，以描繪出一幅「全球苦難」臉譜來。其中包括：一、由於「貧窮」所造成的饑餓、疾病……等「身體的苦難」；二、由於「濫用」地球資源、破壞生態環境所造成的「地球的苦難」；三、由於錯誤與不公正的「傷害」所造成的「精神的苦難」；四、由於武裝、軍事「衝突」所造成的「暴力的苦難」。【82】尼特同時強調，在我們生活當中的三個倫理洞見：一、作為個體的人和作為共同體的人都擁有一種「全球責任」——即有責任增進受威脅的人類和地球的福祉和生命；二、這樣一種責任不可能由個體或單個的共同體各自貫徹，全球責任必定是共同的責任，它必定是一項共同的事業；三、如果在倫理價值、觀念和行動方針方面沒有某種共同的一致，那麼這一共同的事業就不可能。因此，尼特呼籲，我們需要以「全球倫理」為旨歸的全球對話，以貫徹我們的「全球責任」。【83】而「全球責任」必定是所有宗教間對話的一個重要部分，甚至是關鍵所在。【84】

【82】尼特，《一個地球多種宗教：多信仰對話與全球責任》，頁93-108。

【83】尼特，《一個地球多種宗教：多信仰對話與全球責任》，頁112。

【84】尼特亦不諱言，在其《一個地球多種宗教：多信仰對話與全球責任》這本書中的副標題，即是借用了漢斯‧昆在當年宣導「全球倫理構想」方案時的書所使用的標題：「全球責任」。關於此書（Hans Küng (1991). *Global Responsibility: In Search of a New World Ethics.* New York: Crossroad.），漢斯‧昆於1990年，以德文版出版，標題為《世界倫理方案》。1991年，此書英文版問世，標題則改為《全球責任：探求新的世界倫理》。至於中文版標題則譯為《世界倫理構想》。此書中文版由周藝翻譯，其相關的訊息如下：漢斯‧昆著，周藝譯，《世界倫理構

尼特為了將「苦難的他者」與「宗教的他者」的聲音結合在一起，其試圖提出了將「全球責任」和「宗教多元主義」相結合之「宗教實踐論」的諸宗教神學與對話模式以進行跨宗教對話，從而解決全球人類和生態的苦難問題。換句話說，當今世界各宗教傳統中的人們，若要理解和實踐他們的信仰生活，就必須既和「宗教的他者」又和「苦難的他者」對話。

　　　　將「宗教間的對話」與「全球責任」相連結，其必要性不僅為一種截然不同的對話，而且為一種更有效的對話提供了契機。換言之，苦難的他者的聲音已滲透宗教的他者的聲音，並且讓我更可理解宗教的他者的聲音。……當不同的宗教人士一起傾聽苦難者和受壓迫者的聲音，一起答應那些人的需要時，我發現他們能彼此信賴並感受到在彼此差異性中的真理和力量。苦難的他者好像成了不同宗教世界之間信賴和理解的仲介或者通道。【85】

　　因此，尼特認為，所謂的解放神學也必須是宗教間的對話神學，而宗教間對話或神學亦必須包括解放神學。因為，「解放性的諸宗教神學」是以苦難的人類和大地的拯救與福祉為出發點，並為之作出貢獻；而「對話性的解放神學」則是能夠為了提升人類和地球的生命而學習並接受許多宗教的潛能。【86】於是，藉由這一人類共同的經驗——「苦難」，尼特倡議將其作為跨宗教對話的新語境和契機（kairos）；【87】進而通過呼籲「全

想》，北京：三聯書店，2002年。

【85】尼特，《一個地球多種宗教：多信仰對話與全球責任》，頁17、19。

【86】尼特，《一個地球多種宗教：多信仰對話與全球責任》，頁20-21。

【87】尼特認為，「苦難」這一共同的語境或出發點可以被理解為宗教相遇中新的解釋

球苦難」的事實以落實「全球責任」的實踐。

　　我在談論的現實是普遍的、跨文化的，不管人願不
願意都已衝擊到每一個宗教徒，並要求他們做出宗教的回
應。所有這些問題以及我所指的語境，共同的是「苦難」
這一可怕的現實——這苦難正在耗竭生命、危及人類和地
球的未來。……因此，作為不同宗教道路的追隨者，我們
全都可以並且確實經驗到一種共同的關切、共同的責任，
即作為宗教人士對人類和生態普遍的苦難與非正義作出回
應，因為它們正威脅著我們人類和我們的星球。【88】

第二節　跨宗教的實踐對話——負起「全球責任」的諸宗教實踐對話

　　漢斯・昆和斯威德勒等人皆強調，宗教對話不應只停留
在神學、哲學、經典、教義、組織和儀規等層面；而更應落實

學之凱羅斯（kairos）；亦即，這樣一個處境，它給全球每個角落同時投下陰影和
光明，並在此過程中使得宗教間新的相遇既必要又可能。它之所以被稱之為「凱
羅斯」，是因為它是一簇獨特的事件，它們既構成新的機遇也構成新的責任；它
之所以是「解釋學的」，是因為它使不同宗教道路的追隨者不僅能夠感到彼此需
要，也能夠彼此理解和彼此判斷。由於，這是一個由關切和問題構成的全球處
境，這些關切和問題超越了文化和宗教的種種差異，因而觸動所有的人。佛朗西
斯・舒斯勒・菲奧倫莎（Francis Schussler Fiorenza）把這一處境稱為「解釋學鑰
匙」，其認為諸宗教可以通過它來交流，跨越它們的宗教和文化界限，達到一種前
所未有的相互理解。尼特，《一個地球多種宗教：多信仰對話與全球責任》，頁95、
116之注5。

【88】尼特，《一個地球多種宗教：多信仰對話與全球責任》，頁93、19。

在倫理、生活和責任的實踐層面。而這也正是尼特「宗教實踐論」所堅持主張的──藉由採取一種「全球負責的和相互關聯的對話模式」以進行諸宗教對話之關鍵所在。換句話說，促進人類和地球福祉的全球責任或者關切，應當成為所有多信仰對話的首要背景、基礎、出發點或者目標。

　　然而，儘管漢斯・昆和斯威德勒等人皆積極倡議「通過全球苦難呼籲全球倫理」、「藉由宗教對話實現全球倫理」。但是，尼特認為，除非諸宗教在對話中能做出他們各自的貢獻，否則這樣的理想將不可能實現。因為，即使尼特對於全球倫理的主張深表贊同，但仍感到其提議上的不足與草率，主要原因乃在於漢斯・昆和斯威德勒等人並沒有充分考慮到後現代主義者和後自由主義者們的警告──亦即，如何才能從多元化的文化背景中為全球倫理尋求出某種共同的基礎，並付諸行動；甚至尼特認為這是危險的──由於這種國際方案依賴於諸如德國和美國等國的財政支持，因而也會受其意識型態相關的影響，以致被這些主導地位的國家利益所收買。

　　此外，尼特亦指出，漢斯・昆和斯威德勒等人在其「全球倫理」後續的實踐方案中，除了號召宗教與文化領袖建立新的研究中心、舉行新的會議、在諸宗教間制定出確立全球倫理的理論協議外；卻缺乏與基層之間經常保持這種類似的聯繫和努力，並獲得他們的支持，而最終將致使全球倫理的理想在學術山頂的稀薄空氣中衰竭。【89】

　　因此，尼特極力倡導「解放性的實踐」（liberative praxis）。藉由「全球苦難」開啟跨宗教對話之新契機的同時，

【89】尼特，《一個地球多種宗教：多信仰對話與全球責任》，頁111、122之注30。

尼特進一步強調，通過「解放性的實踐」以作為諸宗教對話的優先原則。尼特認為，將實踐做為對話的基本部份，甚至是首要部份，它反映出一種認識論——真理，尤其是對我們真正重要的真理，總是實踐性的。因為我們對真理的探索、認識和檢驗都受這些實踐性關切的激發和引導；實踐既要求我們我們做出真理判斷，又為作出這些判斷提供啟發和清醒的意識。因此，對所有的宗教和宗教人士來說，真理都具有實踐性和轉變性；通過實踐，我們得以認識佛陀、耶穌和穆罕默德的真理，而在這種實踐中我們的生活和世界都將被改變。

　　但是，這世界本身並不允許不同文化和宗教的人進行真正的對話；除非這世界被改變，否則我們不可能真誠地彼此交談。因為，對話必須將我們的傳統與我們對自己和世界的經驗關聯起來；亦即，必須忠於我們自己的身分和傳統，必須真正朝其他傳統的多元性開放，必須抵制困擾我們世界的控制。因此，在身分、多元性和抵制都應該構成宗教間相遇的內容和動力時，我們必須給予抵制控制和關心人類與生態的苦難以優先權。換句話說，我們必須把優先權給與那些受難者的聲音，否則我們的對話就沒有表達世界本身或者說對其作出回應。由於受害者及其苦難在宗教間對話中的臨在既打破對話又為之重新確定路線，受害者的在場所傳達的苦難現實可以為宗教間對話提供一個共同的基礎，這不僅是因為苦難的普遍性，也由於其對我們經驗來說具有直接性。因此，尼特認為，走向真理的對話必須包括真正的他者——不僅是在文化上、宗教上不同的人，而且是社會上、政治上被排斥的人。通過確保在我們所有宗教間的相遇中，窮人、苦難者和那些關心受難的地球的人出席對話並在對話中擁有特許的地位，我們就能防止對話被限制。尼

特強調，理解苦難者所說的話，領會使他們受奴役、使我們的地球受折磨的壓迫性結構，這不僅僅是一個理論問題，它只能來自實踐。沒有這樣的實踐，我們就不能聽到特許的受害者的聲音，我們的對話將被扭曲或限制。藉此，宗教間的對話將通過「全球責任」的共同實踐而得到更新與修正。【90】

　　所以，「神學總是第二步的」，沒有這樣的實踐，我們在很大的程度上是盲目的；但是有了這樣的實踐，我們眼中自會產生一桿我們想也沒想過的天平秤。通過同情（compasssion）–轉變（comversion）–合作（collaboration）–理解（comprehension）——與苦難者一道受苦，一起對他們的苦境作出回應，和他們站在一起並為他們而工作，如此各宗教之間就能更深層次地相互接納與理解。【91】換言之，誠如愛德華・施雷貝克（Edward Schillebeeckx）所言：「通過正行，我們又能夠用新的言語來宣信和表達一個可信的和有活力的正信」。【92】因為當宗教徒在投身於關心窮人和受壓迫者的實踐基礎上來反思他們的宗教遺產時，他們將發現自己從舊的財產中帶出了新的財產；他們用新的眼光和心靈去看、去聽和去理解他們自己的和彼此的經典和信念。

【90】尼特，《一個地球多種宗教：多信仰對話與全球責任》，頁137、139、141、144-146、149、155-157。

【91】尼特，《一個地球多種宗教：多信仰對話與全球責任》，頁227-236。

【92】Edward Schillebeeckx（1990）. *The Church： The Humamn Story of God.* New York： Crossroad, pp. 83. 轉引自尼特，《一個地球多種宗教：多信仰對話與全球責任》，頁235。

在聽到和親眼看到四聖諦和關於因緣緣起的涅槃經驗如何指引佛教徒、如何使他們充滿能耐，改造了斯里蘭卡的鄉村生活之後，基督徒能夠逐漸以種種真正新的和富有成果的方式來欣賞和運用這樣一種信念和經驗。在見證了基督徒關於未來的設想和對復活的基督意識如何激勵基督徒去改革社會，永不失去希望之後，佛教佛將能更好地理解基督徒對於天國和復活耶穌的信仰。在美國，把地球從技術和消費主義的摧毀中拯救出來是基督徒和印地安人的共同責任，這一責任使得基督徒能夠前所未有的理解和學習印第安人肯定世界的靈性。【93】

　　因此，尼特力倡「解放性的實踐」──亦即，宗教對話必須著手於實踐，也就是從解放被統治者、被壓迫者或苦難者做起。【94】所以，繼《全球倫理宣言》發表之後，尼特嘗試提出一種新的宗教對話模式──「宗教實踐論」，試圖在「宗教多元論」和「宗教兼容論」的基礎上，進一步發展；藉由強調宗教間實踐性的合作對話，以解決當今全球苦難的議題、謀求全球人類和生態未來的正義與福祉。而這也正是尼特「宗教實踐論」之核心所在；亦是尼特與漢斯・昆和斯威德勒等人關於宗教對話之方法論的差異所在。

【93】尼特，《一個地球多種宗教：多信仰對話與全球責任》，頁236。

【94】張志剛，《宗教哲學研究：當代觀念、關鍵環節及方法論批判》，增訂版，頁398。

第三節　「宗教實踐論」的意涵、核心概念及思想脈絡

一、「宗教實踐論」的意涵及核心概念

　　關於尼特的「宗教實踐論」，實蘊含三個重要的核心概念：即，「全球責任」、「相互關聯」以及「實踐與合作對話」。

　　其意味著：第一，宗教對話應該承擔全球性的倫理責任；第二，宗教對話應當在承認宗教多元性的前提下進行；第三，宗教對話應當著手於真理實踐、促進宗教間相互合作。因此，「宗教實踐論」的最終目標，即是藉由宗教間互敬互重、共承責任、實踐與合作對話，以解決當今全球的苦難、謀求全球人類和生態的未來福祉。

　　首先，從「全球責任」方面來看：尼特認為，通過以人類和生態福祉之救贖為中心的全球責任，可以為宗教間的對話提供框架、內容、動力、力量和指導。因為，這樣一種對救贖的關切會自然地、自動地創造團結，而為宗教間的對話提供動力和承諾。同時，它能夠從諸傳統之外的一個共同源泉提供動力，激起全球公認的對話需要，以使來自各宗教傳統的人都能看到、感受到我們的地球所面臨的危機並作出回應。【95】因此，

【95】在此，尼特對於對話進行方式的轉變，則從過去主張以一種「非標準的、神中心的」對話方式，轉變為主張以「多標準的、救贖中心的」對話方式；而這種對話方式是基於為了人類和生態的福祉而負起全球責任這一共同基礎上。然而，儘管如此，

對於尼特而言，「全球責任」不僅追求社會正義，同時也追求人類和生態的正義和福祉。並且，也由於「全球責任」真正顧及的是全球的需要，所以必須由全球所有民族、宗教一起共同努力。【96】

其次，從「相互關聯」方面來看：尼特希望藉由一種「相互關聯的」諸宗教對話模式以肯定宗教的多元性，並促使各宗教之間產生真實的對話關係。尼特認為，一種相互關聯的宗教對話，絕不是要求人人同一；而是一種相互的、禮尚往來的關係——相互表達與傾聽、相互教學與學習、相互見證與被見證。通過各宗教之間真誠的交流、對話、傾聽、學習，從而獲致相互的證成與圓滿。因為，在對話之中，一個特定的宗教信念或者實踐在另一個那裏得到糾正或者得以圓滿，那應是作為對話的結果發生的，而不是因為某個總體的神學規劃所指示的。【97】

最後，從「實踐與合作對話」方面來看：尼特主張，宗教

尼特亦重申：這一救贖中心的或者全球負責的諸宗教神學模式不是對「上帝中心」和「基督中心」的拒絕，而是修正和再確認，「上帝中心」和「基督中心」乃是基督徒實踐和談論其宗教信仰的基本方式。尼特同時提到，其對於人類和生態福祉的這一核心關切，有一個累積的運動過程：即從「教會中心的」諸宗教神學到以「基督中心的」，然後到以「神中心的」方式來探討宗教史和宗教間相遇的諸宗教神學，再到最後走向以「救贖中心的」諸宗教神學。尼特強調，一種以救贖中心的或者全球負責的諸宗教神學和對話方式，會指出人們可能會提出的種種模式之不足，但又不會拋棄或削弱其價值。因為，救贖中心的態度在主張把救贖或者人類和生態的福祉作為諸宗教神學與對話的背景和標準時，也保留了教會、基督、上帝的價值和必要性。尼特，《一個地球多種宗教：多信仰對話與全球責任》，頁24-25、52-54、132。

【96】尼特，《一個地球多種宗教：多信仰對話與全球責任》，頁52-53、22。

【97】尼特，《一個地球多種宗教：多信仰對話與全球責任》，頁22-24。

對話的最終目標應是藉由相互合作、共承責任，以解決全球人類和生態的苦難，進而促進宗教之間真誠與和諧的對話。尼特強調，如果宗教間的對話不能和全球責任的實踐相結合，那麼它們將會沒有成效，或者達不到其應有的成效。因為，真正重要的真理總是實踐性的；而神學或者是對話總是第二步的。通過實踐與合作，諸宗教才會有新的機會從文本內解釋自己的傳統，同時向彼此傳達和解釋他們的文本和傳統。

> 如果宗教人士能夠一起面對人類面臨的種種危機，如果他們能夠把這些實際的問題做為反思和行動的出發點，如果他們能夠投身於一項共同的事業，轉變非正義和生態剝削的結構，那麼他們不僅會有新的機會從文本內解釋自己的傳統，而且能夠「跨文本地」解釋他們的傳統，也即能夠向彼此傳達和解釋他們的文本和傳統。

尼特強調，實踐不但指導理解，而且啟示理解。積極、投入地為人類和生態的正義與福祉奮鬥，會增強一個人的理解力。因此，對話的參與者並不是從教義或儀式開始，也不是從祈禱或冥想開始，而是從大家所進行的某種解放實踐的層面開始。【98】並且宗教間的對話亦必須從專家層面下降到普通人及窮人的層面，換言之，宗教對話必須把它的場所確定在實踐正在展開的地方；從實踐著手，也就是從解放被統治者、被壓迫者或苦難者做起。因為，一但當宗教人士與宗教人士一起奮鬥時，他們最終必會談論到宗教，必會分享激發和引導他們決心醫治他人和地球苦難的內在信仰。【99】

【98】尼特，《一個地球多種宗教：多信仰對話與全球責任》，頁227-228、136-140。

【99】尼特在此引述邁克爾·阿馬拉多斯（Michael Amaladoss）的話指出：當宗教人士

二、「宗教實踐論」的關鍵思想脈絡

「宗教實踐論」更深層的關鍵思想脈絡為何？在瞭解「全球責任」、「相互關聯」以及「實踐與合作對話」等三個核心概念之後，我們不得不去思索尼特當初提出「宗教實踐論」背後更深層的「起因」為何？深入研究發現，這些「起因」是源自於——對於「全球苦難」事實的反思、對於宗教人士的作為與責任的反思、對於諸宗教之間關係的反思、對於其自身宗教信仰路程的反思、對於跨宗教對話的反思以及對於跨宗教對話的責任與期待等緣由深切反省之後所產生的。如同先前所論及的，「苦難的他者」和「宗教的他者」在過去幾十年的時間裏深深地影響著尼特的神學思想和生活。因此，為了對「全球苦難」作出身為宗教學者以及宗教人士應有的回應，同時也為了「善盡」將「多元主義與解放」或者是「對話與全球責任」相結合之道德責任；【100】尼特進一步提出了將「全球責任」與「宗教多元主義」相結合之新的諸宗教神學和對話模式——「宗教實踐論」來，藉以解決上述關於「全球苦難」、「全球責任」與「諸宗教關係」的難題，從而開闢出一條新的可能路

作為宗教人士共同奮鬥時，他們最後必定會不得不談到宗教。他們必將分享激勵和引導他們決心醫治他人和地球苦難的東西。當我們不是做為個別的信仰彼此相會，而是諸信仰一起致力於促進正義而在一起說話時，這尤其可能，甚至特別可行。不同信仰視角的共用或匯聚當然不僅會帶來更深的宗教熱忱，而且會召喚參與者們以更大的決心更加團結地繼續奮鬥。Michael Amaladoss (1992). "Liberation as an Interreligious Project." In *Leave the Temple*：*Indian Paths to Human Liberation*. Ed. Felix Wilfred. Maryknoll, N. Y.：Orbis Books, pp. 166、171. 尼特，《一個地球多種宗教：多信仰對話與全球責任》，頁229-230。

【100】尼特，《一個地球多種宗教：多信仰對話與全球責任》，頁16。

徑，並表達其對於全球人類和生態的普世關懷。茲將其關鍵思想理路總結為以下六點說明：

第一：對於「全球苦難」事實的反思：如同漢斯‧昆等人一樣，尼特亦深感當今全球人類和生態所面臨之危機與苦難的威脅。

第二：對於宗教人士的作為與責任的反思：當面對這些全球人類和生態的苦難時，尼特認為，站在宗教徒的立場，應該為解決這些全球苦難負起責任，並為人類和生態的未來謀求福祉。

第三：對於諸宗教之間關係的反思：當深入探討這些苦難的根源時，尼特認為，苦難的根源主要是來自於人為的因素，特別是宗教之間的衝突所造成。

第四：對於其自身宗教信仰路程的反思：當面對這些宗教之間的衝突問題時，尼特本人則從其對自身的經歷和其對信仰路程的深刻反省，並藉由與其他宗教實際的交流經驗之後，深深感受到：一、其他宗教所具有的價值與優點；二、藉由交流，促使自己重新認識並學習了對方的宗教，進而對自己原有的宗教產生了更深一層的體認。

第五：對於跨宗教對話的反思：當面對宗教之間的對話問題時，尼特在其對當代宗教對話理論深刻反省之後，秉持宗教多元的立場，主張各宗教之間應該相互尊重；同時亦認為宗教之間的對話不應只停留在理論的層面或者只是制定出共同的倫理規範

和宣言，而更應著重在實際的行動及實踐的層面
上。

第六：對於跨宗教對話的責任與期待：尼特為了走出宗
教之間衝突的困境，並為宗教對話尋求新的路
徑，嘗試提出了一種新的對話模式──「宗教實
踐論」；其主張：宗教間的對話除了應在多元尊
重的情況下，亦應和全球責任的議題關聯起來。
因此，倡議諸宗教間的對話應該採取一種「全球
負責的和相互關聯的對話模式」來進行。換句話
說，各宗教之間應當秉持互敬互重、相互合作、
共承責任，以解決全球人類和生態的苦難問題，
從而促進各宗教之間更為有效的交流、瞭解、尊
重、對話與合作。

第四節　小結

本章重點主要在於以下三個層面：第一，全球苦難與全球
責任；第二，諸宗教的實踐對話──負起「全球責任」的諸宗教
實踐對話；第三，「宗教實踐論」的意涵、核心概念及其思想
脈絡。

首先，在「全球苦難」與「全球責任」方面：藉由本章進
一步瞭解漢斯・昆、斯威德勒以及尼特等人對於「全球苦難」
的呼籲，並且通過「全球倫理」與「全球責任」的倡議以解決
全球苦難的議題，促進人類和生態的正義與福祉。由於「苦

難」是人類共同的痛苦經歷，同時「苦難的根源」是源自於宗教的衝突；因此，尼特提議將「苦難」作為宗教對話的新契機，並且力倡宗教徒應該為解決全球苦難負起責任——通過「全球苦難」呼籲「全球責任」。

其次，在負起「全球責任」的諸宗教實踐對話方面：即使漢斯‧昆和斯威德勒等人皆積極倡議——通過「全球苦難呼籲全球倫理」、通過「宗教對話實現全球倫理」，但尼特認為其在後續的行動方案等實際的作為與實踐層面上，仍嫌不足。因此，尼特倡導——通過「解放性的實踐以實現全球責任」，而這也正是尼特「宗教實踐論」與漢斯‧昆和斯威德勒等人關於宗教對話之方法論的區別所在。

最後，在「宗教實踐論」的意涵、核心概念及思想脈絡方面：「宗教實踐論」的目標應是藉由宗教間互敬互重、共承責任、實踐與合作對話，來解決當今全球苦難的問題、謀求人類和生態的正義與福祉。因此，通過「宗教實踐論」的三個核心概念——「全球責任」、「相互關聯」以及「實踐與合作對話」的解析，瞭解宗教間的對話應當：一、承擔全球性的倫理責任；二、在承認宗教多元性的前提下進行；三、著手於真理實踐、促進宗教間相互合作。同時藉由對「宗教實踐論」背後關鍵思想脈絡的探索，從而理解尼特為瞭解決「全球苦難」、「全球責任」與「諸宗教關係」等難題的嘗試，及其對全球人類和生態更深層之普世關懷的省思。

第三章
當代臺灣新興宗教的
「苦難觀」

關於當代臺灣新興宗教的「宗教實踐觀」，實包含四個層面。一是「苦難」的層面：意指當代臺灣新興宗教的「苦難觀」，包括苦難的成因、苦難的解決、苦難的責任與苦難的根源等。二是「責任與實踐」的層面：意指當代臺灣新興宗教的「社會實踐觀」——藉由社會實踐解決社會苦難問題；其包括承擔社會責任的態度、能力、定位，以及進行社會實踐的動機、目的、名義、方式、作為、影響與立論依據等。三是「關係」的層面：意指當代臺灣新興宗教的「宗教他者觀」，包括當代臺灣新興宗教與傳統宗教的歷史縱向關係，以及當代臺灣新興宗教與其他宗教（傳統宗教和新興宗教）的橫向互動關係——對待其他宗教的態度、與其他宗教的交流經驗和交流模式等。四是「合作與對話」的層面：意指當代臺灣新興宗教的「宗教對話觀」，包括「跨宗教的合作」——跨宗教合作的態度、方式、作為與立論依據等，以及「跨宗教的對話」——跨宗

教對話的態度、方式、內容、議題與立論依據等。

　　本章重點主要關注在當代臺灣新興宗教的「苦難觀」，因此，聚焦以下二個層面：首先，針對當代臺灣新興宗教的「苦難觀」進行分析，藉以瞭解當代臺灣新興宗教面對苦難的態度。其次，從「全球苦難」問題看尼特的「宗教實踐論」與當代臺灣新興宗教的「宗教實踐觀」之間的關係。

第一節　當代臺灣新興宗教面對　　「苦難」的態度

　　尼特認為，「世界的痛苦」正挑戰著每一個宗教。它是如此普遍，同時又是跨越文化；不論人們是否願意它都正衝擊著每一個宗教徒，並要求他們作出宗教的回應。對於「全球苦難」議題，漢斯·昆、斯威德勒和尼特等人，除了意識到苦難的危機，呼籲身為宗教徒應該為「全球苦難」負起「全球責任」之外，其更積極倡議「行動」與「實踐」。因為，真理總在實踐之中得到印證。尼特進一步將「苦難」——這一人類共同的痛苦經歷，作為宗教對話的「共同語境」或者「凱羅斯」（kairos），以構成諸宗教之新的機遇與新的責任。【101】

　　但是，「苦難」對於不同的宗教而言，所蘊含的意義亦可能有所不同。就儒家而言，「苦難」是意味著個人承擔大任前的一種磨練（《孟子·告子下》）；對於佛教而言，「苦

【101】尼特，《一個地球多種宗教：多信仰對話與全球責任》，頁93、95。

難」是修道成佛的一種過程（苦、集、滅、道諦，四聖諦、八正道）；對於基督宗教而言，「苦難」是一種考驗同時亦伴隨著是一種祝福（《舊約‧約伯記》）。因此，隨著宗教差別性的存在，對於「苦難」的詮釋亦呈現出多樣化的內涵。於是，當我們回歸到當代臺灣新興宗教的視角來看時，「苦難」對其而言又意味著甚麼？其回應又是甚麼？身為宗教徒是否應該為「苦難」負責？而「苦難的根源」是否來自於宗教間的衝突？

從深度訪談的資料顯示，當代臺灣新興宗教的「苦難觀」，包含以下四個層面，其分別是：「苦難的成因」、「苦難的解決」、「苦難的責任」以及「苦難的根源」。

一、關於「苦難的成因」與「苦難的解決」問題

首先，對於「苦難的成因」問題，整體而言，總結出以下幾個原因：

第一，苦難是來自於「人與人、人與自然的不和諧」：

由於濫殺和濫墾造成整體的不和諧，跟自然不和諧的話，自然就會反撲。（一貫道，訪談編碼001）

人類與生態今天會面臨這麼多的苦難，一言以蔽之就是我們沒有做到和諧！……人的問題正是一切苦難的根源。（彌勒大道，訪談編碼004）

第二，苦難是來自於「人自由意志的選擇」：

神給我們自由選擇的意志，當人運用他的選擇權，當他能分辨善惡，選擇善的或好的，他的靈性就在進步、這個社會就在進步。所以苦難就是大概那個選擇不好的結果。（摩門教，訪談編碼002）

第三，苦難是來自於「上帝末世的預定」：

　　《聖經・啟示錄》裡所講的，當耶穌第二次來臨之前，會有戰爭，戰爭的風聲，之後會有許多這種暴力的苦難、地球的苦難；之後基督第二次來臨，地球會得到更新，蒙受樂園的榮耀。（摩門教，訪談編碼002）

第四，苦難是來自於「人前世的因果業報」：

　　貧窮、饑餓、疾病，這本身對我們眾生來說，跟個人的前世福報都有關。……福報好，你身體會減少很多的病痛；你如果業障大，這些貧窮、饑餓、疾病就會比較多。（真佛心宗，訪談編碼003）

第五，苦難是來自於「人違背了父母神的原意」：

　　人類已經違背了父母神當初想要讓人類過康樂生活的那個原意，反而每天過著那麼難過、受苦那麼多。（天理教，訪談編碼005）

　　每一種苦難有它現實歸於這種苦難的因素，但更背後來看的話，還是起因於人離開了神、人不認識神、人不相信神這樣的一個結果。（統一教，訪談編碼006）

第六，苦難是來自於「人心的貪婪」：

　　人類到了二十一世紀以來會遭遇到這麼多的天災和人禍，其實都是一個人心所造成，一個貪婪、一個貪欲所造成。（天帝教，訪談編碼008）

然而，若將受訪的新興宗教分別來看時，則對於「苦難成因」問題的回應，亦呈現出各宗教的差異面向來。首先，一貫道的觀點認為，貧窮和疾病是很自然的事，問題就在於當你面

對貧窮和疾病時，你是抱著甚麼態度，那是很重要的。同時，由於濫殺和濫墾造成整體的不和諧，跟自然不和諧的話，自然就會反撲。因此不管是種族或宗教，甚麼時候會反撲我們不知道。（訪談編碼001）其次，摩門教的觀點則認為，這時代是一個末世的時代，《聖經》裏提到關於末世時會發生很多災難，所以地球的苦難或許會比較多。但是，在苦難之後則是耶穌基督第二次的降臨，因此整個地球將會得到更新，會進到另一種榮耀。同時摩門教主張，神允許人用自由意志作選擇，必然就會有好的和不好的結果，所以這「苦難」對摩門教而言，在教義上只是人今生一個必要的。神給我們身體、給我們自由選擇的意志和權利，當人運用他的選擇權，當他能分辨善惡，選擇善的或好的，他的靈性就在進步、這個社會就在進步；所以苦難就是大概那個選擇不好的結果。（訪談編碼002）第三，真佛心宗的觀點認為，貧窮、饑餓、疾病，對眾生而言都跟這個人的前世福報有關。福報好，身體就會減少很多的病痛；但如果業障大，這些貧窮、饑餓、疾病就會比較多。（訪談編碼003）第四，彌勒大道的觀點則認為，人類與生態今天會面臨這麼多的苦難，一言以蔽之就是我們沒有做到和諧！人類不懂得跟地球和諧，只會濫取資源，甚至就是濫墾、濫伐、濫植、濫建，破壞大自然，不知道與大自然和諧、好好的生活在一起。所以，人與人之間如果能夠把和諧真正地建構起來，那麼身體的苦難、地球的苦難、靈性的苦難、暴力的苦難，這些問題應該就可以根本解決。（訪談編碼004）第五，天理教的觀點認為，當初父母神創造世界人類的原因是希望神、人能和樂，看到大家過得幸福美滿。但是世界的現狀已離父母神的目標和理想太遙遠，人類已經違背了父母神當初想要讓人類過康樂生活的

那個原意，反而每天過著那麼難過、受那麼多苦，所以父母神希望拯救世界人類，來開始傳達這樣的訊息。就當時的社會和世界的情況來看，許多人由於身體不適而受病痛所苦，也有許多人是因為環境不好受窮困所苦，還有人與人之間的競爭、人際糾紛或者是國與國之間的戰爭等。太多的不愉快、不如意，使得父母神覺得很難過，所以祂才要來拯救這個世界。因此，這個拯救世界就包括所有的這些苦難，在天理教的教義裡都非常明確地表示出來。（訪談編碼005）第六，統一教的觀點則認為，人的生、老、病、死，作為身體的苦難來看時，有其現實的原因，就是個人自身能否管理好自己；然而也有屬靈方面的因素，就是此人在生命誕生時，也必定有來自其祖先的影響要素。至於地球的苦難，地球的資源、生態、環境的破壞等，是因為人對自然界的無知和貪欲造成，更重要的是人不明白神的創造原理、以及神為什麼要創造這個世界的原因和心情。至於社會的錯誤和不公正，則是由於人墮落的關係。人墮落就是不明白神創造世界的目的？不知道自己生命的意義和價值，也不知道人和別的個體之間的關係？因此，一個不敬天的人、不相信神的人，也不會尊重別人的生命、不會在意別人的幸不幸福。如此就容易造成社會的不公、欺凌、錯誤或者是不義的情形。所以，從個人、到家庭、到社會，然後再進入到民族、到國家、到世界，呈現出來的就是這種暴力的苦難、武裝衝突、戰爭等。所以，統一教認為，每一種苦難有它現實歸於這種苦難的因素，但更背後來看的話，還是起因於人離開了神、人不認識神、人不相信神這樣的結果。（訪談編碼006）第七，玄門真宗的觀點認為，苦難，包括身體的、地球的、靈性的和暴力的苦難，也都離不開宗教的範疇。所謂宗教就是指：從眾生

的帶領，包括身、心、靈各方面的引導；宗教就是給眾生的依靠、給眾生的歸宿、給眾生人生的帶領和指導。所以，針對這些苦難問題其實也都是宗教裡面的功課，也算是宗教裡面應該如何把教義落實來做這些東西。（訪談編碼007）最後，天帝教的觀點則認為，人類到了二十一世紀以來會遭遇到這麼多的天災和人禍，其實都是由人心所造成，人心的貪婪和貪欲造所造成。因此，對於身體的苦難，像貧窮、疾病，以天帝教來看，都是人心的貪婪造成，都是一種因果的累積，累世所造成以至於這一世。生態環境、地球的破壞，這也是人心的貪婪造成，沒有以萬物都是處於和諧這種精神來對待，致使濫墾、濫伐，不停挖掘上帝所給予這個地球的資源，濫用無度所造成。至於，暴力的苦難也是一樣，互相爭奪資源，然後以仇恨為出發點所造成。所以，總歸一句，天帝教認為，所有這些苦難，均是來自於人心的貪婪、自私自利、不為別人著想、希望攫取更多等造成。（訪談編碼008）

在此，當我們更深一層探討這些新興宗教之「苦難的成因」時，卻也發現其背後亦著實深受傳統宗教和思想的影響，其中包括：一、道家「道法自然」的思想：正所謂「人法地、地法天、天法道、道法自然」（《道德經》第二十七章）（一貫道和彌勒大道）；二、基督宗教「創世神學」的思想（摩門教、天理教和統一教）；三、基督宗教「末世神學」的思想（摩門教）；四、佛教「因果業報」的思想（真佛心宗）；五、儒家「心性之學」的思想（一貫道、彌勒大道、天理教、統一教、玄門真宗、天帝教）等影響。

表3-1：當代臺灣新興宗教關於苦難的成因問題

訪談對象	主要論點
一貫道	貧窮和疾病是很自然的事，問題就是說，在你面對貧窮時你是抱著甚麼態度，那是很重要的。同樣在面對饑餓時你是用搶啊來滿足嗎？所以說貧窮就怨天尤人，我覺得說倒是不必。……所以說，最主要是我們的看法和態度問題。…濫殺和濫墾造成整體的不和諧，跟自然不和諧的話，自然就會反撲。不管是種族、宗教，甚麼時候會反撲我們不知道。（訪談編碼001）
摩門教	神給我們身體、給我們自由選擇的意志、自由選擇的權利。當人運用他的選擇權，當他能分辨善惡，選擇善的或好的，他的靈性就在進步、這個社會就在進步。所以苦難就是大概那個選擇不好的結果。……如果說我們在解釋時說地球的苦難，或者說國與國之間的戰爭等暴力的苦難，就按照《聖經》〈啟示錄〉裏所講的，當耶穌第二次來臨之前，會有戰爭，戰爭的風聲，之後會有許多這種暴力的苦難、地球的苦難，之後基督第二次來臨，地球會得到更新，蒙受樂園的榮耀。（訪談編碼002）
真佛心宗	貧窮、饑餓、疾病，這本身對我們眾生來說跟個人的前世福報都有關。……福報好，你身體會減少很多的病痛。你如果業障大，這些貧窮、饑餓、疾病就會比較多。（訪談編碼003）
彌勒大道	人類與生態今天會面臨這麼多的苦難，一言以蔽之就是我們沒有做到和諧！……人的問題正是一切苦難的根源。（訪談編碼004）
天理教	人類已經違背了祂（父母神）當初想要讓人類過康樂生活的那個原意，而且，反而過著每天那麼難過、受苦那麼多，所以希望拯救世界人類，來開始傳達這樣的訊息。（訪談編碼005）

訪談對象	主要論點
統一教	每一種苦難有它現實歸於這種苦難的因素，但更背後來看的話，我會覺得說，還是起因於人離開了神、人不認識神、人不相信神這樣的一個結果。（訪談編碼006）
玄門真宗	這個苦難，包括身體的、地球的、靈性的、暴力的部份，也離不開宗教的範疇。（訪談編碼007）
天帝教	人類到了二十一世紀以來會遭遇到這麼多的天災和人禍，其實都是一個人心所造成，一個貪婪、一個貪欲所造成的。……我們歸結一句，其實應該是來自於人心的貪婪、人心的貪心不足、人心的自私自利、不為別人著想、希望擷取更多的，以至於造成這麼多的苦難跟戰爭所帶來的痛苦。（訪談編碼008）

資料來源：本研究整理

　　其次，對於「苦難的解決」問題，整體來看，總結出以下這些作為來：

　　第一，苦難是通過「和諧之道」來解決：

　　　　要解決身體的苦難、地球的苦難、靈性的苦難、暴力的苦難，根本的解決之道就是一個和諧。（彌勒大道，訪談編碼004）

　　第二，苦難是通過「人道救助」來解決：通過捐助物資、醫療和人道服務，並且結合其他單位一起合作。

　　　　現在教會有幾個方向，第一個方向是乾淨的水，……第二是新生兒的照顧，……第三是視覺，……第四是輪椅。……我們通常會找另外一個機構合作，像我們會

和慈濟合作，和世界展望會或者是政府機關一起合作。
（摩門教，訪談編碼002）

第三，苦難是通過「奉行祭神儀式」來解決：在「原地」奉行「聖舞」的祭神儀式來施行拯救世界之道。

> 「原地」就是孕育人類、孕生人類的起始點。那父母神說，在這個地方奉行那個「聖舞」，就是拯救世界之道。我們在那邊奉行的祭典、奉行的聖舞，就是真的可以徹底來切除我們所有的苦難。（天理教，訪談編碼005）

第四，苦難是通過「祈禱與誦誥」來解決：通過「祈禱」與「誦皇誥」來哀求上帝以挽救人類的苦難。

> 我們要早晚虔誠的祈禱，然後哀求上帝憐憫世人，……早早晚晚除了你們自己要反省、懺悔、自己要改掉內心，然後要祈禱，再來就是誦這「皇誥」（慈心哀求、金闕玄穹主、宇宙主宰赦罪大天尊玄穹高上帝）。……這個是我們挽救人類的苦難，也可以說是我們從毀滅邊緣把人類挽救起來的一個很重要的利器。（天帝教，訪談編碼008）

第五，苦難是通過「己立而立人」來解決：自己本身努力去作，慢慢成為一個典範，進而帶來影響。

> 那要怎麼作呢？其實我覺得是，從「己立而立人」來開始。……也許一個人、二個人是有限，但是當我們去作，成為一個典範的時候，只要是合乎人類共同的內心的一個基本的盼望，或是人類共同內心基本的心理的時候，它就會造成人的一種吸引力，人會瞭解，然後慢慢會參與進來，然後我們就可以有影響力。（統一教，訪談編碼

006）

第六，苦難是通過「聖凡雙修」來解決：藉由「聖凡雙修」來負責，並通過家庭、事業、人際關係、健康等方面來展現。

> 我們有在推展，一般講我們叫「聖凡雙修」。……那「聖」跟「凡」用現代話來講就是「精神」和「物質」，就是精神和物質並重。……從「聖凡雙修」裏面我們把它濃縮有四個，就是：家庭、事業、人際關係、還有健康。（玄門真宗，訪談編碼007）

第七，苦難是通過「教化人心」來解決：從教化人心去感化、去教育他們要道德重整。

> 我們要從教化人心下手，要從教化人心去感化、去教育他們要道德重整。……就是道德重整、精神重建是我們的一個下手的方式。（天帝教，訪談編碼008）

第八，苦難是通過「跨宗教合作」來解決：結合全世界不同宗教信仰的人，一起努力。

> 這是一個非常大的事情，也不光是我們這個團體可以去完成。這是要全世界所有不同宗教信仰的人，一起奮鬥和努力而完成。（彌勒大道，訪談編碼004）

因為，對於當代臺灣新興宗教而言，其宗教的使命就是為要解決人世間的苦難而來。

> 苦難，包括身體的、地球的、靈性的、暴力的部份，也離不開宗教的範疇。宗教就是給眾生的依靠、給眾生的歸宿、給眾生人生的帶領和指導。（玄門真宗，訪談編碼007）

同樣地，若將這些受訪的新興宗教分別來看時，則對於「苦難解決」問題的回應，亦會呈現出各宗教不同的特殊性來。首先，一貫道則是強調，應該要更積極地通過各種管道來推動和負責。（訪談編碼001）其次，摩門教則是通過，捐贈麻疹疫苗、營養品（非洲），協助災後重建（印尼海嘯），捐贈輪椅（中國），並幫助挖井、捐贈醫療設備、派遣醫護人員（蒙古）等。由於摩門教認為，臺灣的基礎建設都還不錯，因此在臺灣所做的，相對上述這些國家來看是比較少的。（訪談編碼002）第三，真佛心宗則表示，對於這些苦難，真佛心宗早在立堂之初，就已如實按部就班地按照仙佛恩師的要求去做這些事。因為，其仙佛恩師指示，如果不去做時，對未來的眾生在生活上將會產生更大的苦難。（訪談編碼003）第四，彌勒大道則認為，要解決身體的苦難、地球的苦難、靈性的苦難、暴力的苦難，根本的解決之道就是一個和諧。尤其，要解決這些苦難，是一項非常龐大的事業，不光只靠彌勒大道這個教團就能完成，因此需要結合全世界各種不同宗教信仰的人，一起奮鬥和努力。（訪談編碼004）第五，天理教則認為，在天理教教祖的教導和教義裏均有明確指示。其一就是奉行祭神的儀式——聖舞；天理教指出，在天理教本部有一個稱之為「原地」的地方，那是孕育人類的起始點。因此，通過在「原地」奉行「聖舞」，就是施行拯救世界之道，藉此可以徹底切除所有的苦難，不管是身體的疾病或者是國家的紛爭、世界的紛爭等，那是一個可以去除苦難根源的祭神儀式。其二則是通過施行「神授之理」來具體幫助受苦的人。（訪談編碼005）第六，統一教則表示，對於別人的苦難無法視而不見，對於這世界的不幸亦不能無動於衷，因此這樣一種悲天憫人的心情和想法是

很基本的。至於要怎麼作？則是從「己立而立人」開始。藉由自身努力去作，慢慢成為一個典範；也許一個人、二個人是有限，但是當去做時，成為一個典範之後，只要是合乎人類共同內心的基本盼望或基本心理時，它就會造成一種吸引力，人們會瞭解，然後慢慢會參與進來，之後就能帶來影響。因為任何一件事情都是從一個人開始，過去宗教也是一樣，從一個人開始，任何學說從一個人開始，任何思想從一個人開始。若是符合萬人共同心願時，自會形成吸引力量，慢慢變成大家所共同的支持和看法，然後帶來更大影響，進而風行草偃。（訪談編碼006）第七，玄門真宗則強調，玄門真宗的另外一個代號就叫「聖凡雙修」。其認為，每一個宗教都有每一個宗教的修行和方法，對玄門真宗來說就是「聖凡雙修」。「聖」和「凡」用現代語言就是指「精神」和「物質」，就是希望大家精神和物質並重。通過精神和物質並重的觀念傳達，也就能落實於苦難、疾病、貧窮、環保等問題的解決。所以，玄門真宗一開始就是從這方面在推展，並通過家庭、事業、人際關係和健康等四個面向來呈現。（訪談編碼007）最後，天帝教則是認為，對於苦難的解決要從教化人心下手，從教化人心去感化、去教育人們要道德重整。因為天帝教深感現今的人們道德非常薄弱，所以通過道德重整和精神重建來做為天帝教下手的方式。然後強調早晚要反省、懺悔並且虔誠祈禱哀求上帝憐憫世人，同時誦唸「皇誥」（慈心哀求、金闕玄穹主、宇宙主宰赦罪大天尊玄穹高上帝）。因為天帝教認為，「皇誥」是世界上獨一無二，由上帝賜下的特別東西，是可以挽救人類苦難，將人類從毀滅邊緣挽救起來的一個非常重要的利器。（訪談編碼008）

表3-2：當代臺灣新興宗教關於苦難的解決問題

訪談對象	主要論點
一貫道	應該更積極通過各種管道來推動、負責。（訪談編碼001）
摩門教	如果用全球角度來看，比如說我們教會捐輪椅，在全世界可能排行第一名吧！提供疫苗給那些非洲的小孩，……像小兒麻痺的疫苗。……捐給蒙古醫院眼睛手術的機器，派醫生去訓練那裏的醫生等。……現在教會有幾個方向，第一個方向是乾淨的水，……第二是新生兒的照顧，……第三是視覺，……第四是輪椅。……我們通常會找另外一個機構合作，像我們會和慈濟合作，和世界展望會或者是政府機關一起合作。（訪談編碼002）
真佛心宗	對於這些苦難，我們早已經在做了，所以我們都很如實按部就班早在我們立堂之初，按照仙佛恩師一直強加要求我們一定要去做這些事，未來你如果不去做的時候，對未來的眾生會產生生活上更大的苦難。（訪談編碼003）
彌勒大道	要解決身體的苦難、地球的苦難、靈性的苦難、暴力的苦難，根本的解決之道就是一個和諧。……這是一個非常大的事情，也不光是我們這個團體可以去完成。這是要全世界所有不同宗教信仰的人，一起奮鬥和努力而完成。（訪談編碼004）
天理教	我們的教義很明確的教導就是說，在我們天理教本部有一個我們稱為「原地」的地方，那個「原地」就是孕育人類、孕生人類的起始點。那父母神說，在這個地方奉行那個「聖舞」，就是拯救世界之道。我們在那邊奉行的祭典、奉行的聖舞，就是真的可以徹底來切除我們所有的苦難。（訪談編碼005）
統一教	那要怎麼作呢？其實我覺得是，從「己立而立人」來開始。自己本身去努力去作，能夠慢慢成為一個典範；也許一個人、二個人是有限，但是當我們去作，成為一個典範的時候，只要是合乎人類共同的內心的一個基本的盼望，或是人類共同內心基本的心理的時候，它就會造成人的一種吸引力，人會瞭解，然後慢慢會參與進來，然後我們就可以有影響力。（訪談編碼006）

訪談對象	主要論點
玄門真宗	一個宗教我們把她定位就是：從眾生的帶領，包括身、心、靈各方面整個的引導；宗教就是給眾生的依靠、給眾生的歸宿、給眾生人生的帶領和指導。所以，針對這方面其實也都是宗教裏面的功課，也算是宗教裏面應該如何把教義落實來做這些東西。……我們有在推展，一般講我們叫「聖凡雙修」。……那「聖」跟「凡」用現代話來講就是「精神」和「物質」，就是精神和物質並重。……從「聖凡雙修」裏面我們把它濃縮有四個，就是：家庭、事業、人際關係、還有健康。（訪談編碼007）
天帝教	我們要從教化人心下手，要從教化人心去感化、去教育他們要道德重整。……就是道德重整、精神重建是我們的一個下手的方式。……然後一方面我們要早晚虔誠的祈禱，然後哀求上帝憐憫世人，……早早晚晚除了你們自己要反省、懺悔、自己要改掉內心，然後要祈禱，再來就是誦這「皇誥」（慈心哀求、金闕玄穹主、宇宙主宰赦罪大天尊玄穹高上帝）。……這個是我們挽救人類的苦難，也可以說是我們從毀滅邊緣把人類挽救起來的一個很重要的利器。（訪談編碼008）

資料來源：本研究整理

　　綜合以上論述看來，當代臺灣新興宗教基本強調了「苦難」是來自於「人的因素」造成。若從這個角度切入，是相似於尼特所謂：「苦難」是來自於「人為的」貧窮、濫用、傷害和衝突所造成的身體的、地球的、精神的和暴力的苦難。至於「苦難的類別」，當代臺灣新興宗教並沒有像尼特區分那麼細緻；同時其所關心的範圍或層面，仍較側重臺灣當地，雖然亦有全球性的關懷，但涉及的領域相對而言還是比較片面的。

二、關於「苦難的責任」問題——宗教徒應為解決「全球苦難」負責嗎？

再者，對於「苦難的責任」問題：就當代臺灣新興宗教而言，是否認為應該為解決全球人類和生態的苦難負責？如果是的話，為甚麼？以及應該如何負責？

訪談結果，受訪的新興宗教表示，作為宗教徒應當為解決這些「苦難」負責。不論是從「個人良心」的立場上（彌勒大道）；從「一家人」、從「人饑己饑、人溺己溺」的立場上（彌勒大道、統一教）；或是在「立教之初」（天理教）、在「復興之初」（天帝教）；抑或是落實在「教義的教導」中（玄門真宗）。

> 應該更積極通過各種管道來推動、負責。（一貫道，訪談編碼001）

> 我們真的在做了，我們已經在做了。……對於身體的苦難、地球的苦難、靈性的苦難、暴力的苦難，這幾年我們早就已經在做了。（真佛心宗，訪談編碼003）

> 面對全球性苦難的問題，良心的使命之下，我們百分之百的要負責。（彌勒大道訪，談編碼004）

> 「人饑己饑、人溺己溺」，這樣的同理心、這樣的關愛心。……因此身為一個宗教的負責人和領袖的時候，這樣一個悲天憫人的心情和想法是很基本的，所以當然是我們要負起這樣的責任。（統一教，訪談編碼006）

> 我們的創教者中山美伎也是為了拯救這個世界而創立了天理教，才開始講解救人的教義。……這個拯救世界

就包括所有的這些苦難，我們的教義都非常明確的有寫出來。（天理教，訪談編碼005）

其實我們地球上已經有多少的大宗教？……那天帝教復興的目的是為甚麼？她就是為了挽救「三期末劫」，為了挽救「三期末劫」而復興。（天帝教訪談編碼008）

這個苦難，包括身體的、地球的、靈性的、暴力的部份，也離不開宗教的範疇。……所以，針對這方面其實也都是宗教裏面的功課，也算是宗教裏面應該如何把教義落實來做這些東西。（玄門真宗，訪談編碼007）

不過，摩門教在此卻也提出相對的兩種看法：亦即，人有一定的責任去改善大環境「這裏的『負責』的用法可能比較像是說我們有一定的責任去改善大環境，如果是這個意思，沒有錯！不只是教會的領袖，我們教導教友也是這樣」；同時，人也應該為自己的苦難負責「其實在我們的《信條》裏提到，人為自己的罪行而受懲罰。其實我們不需要為別人的罪負責，包括我們的親人」（訪談編碼002）。至於，宗教徒應該如何為這些苦難負責的方式？則會隨著宗教的不同而其展現的方式亦有所差異。基本上包括以下這些作為：人道援助（摩門教）、跨宗教合作（彌勒大道）、祭神儀式（天理教）、祈禱誦誥（天帝教）、己立立人（統一教）、聖凡雙修（玄門真宗）、教化人心（天帝教）等。

表3-3：當代臺灣新興宗教關於苦難的責任問題

訪談對象	宗教徒應該為解決「全球苦難」負責嗎？
一貫道	**是。** 自救也不對，他救也不對，應該更積極通過各種管道來推動、負責。（訪談編碼001）
摩門教	**是/否。** **人有一定的責任去改善大環境/人應該為自己的苦難負責。** 這裏的「負責」的用法可能比較像是說我們有一定的責任去改善大環境，如果是這個意思，沒有錯，不只是教會的領袖，我們教導教友也是這樣。……其實在我們的《信條》裏提到，人為自己的罪行而受懲罰。其實我們不需要為別人的罪負責，包括我們的親人。（訪談編碼002）
真佛心宗	**是。** 其實，我們真的在做了，我們已經在做了。當然你現在所說的，對於身體的苦難、地球的苦難、靈性的苦難、暴力的苦難，這幾年我們早就已經在做了。（訪談編碼003）
彌勒大道	**是。從個人良心的立場上、從一家人的立場上來負責。** 面對全球性苦難的問題，良心的使命之下，我們百分之百的要負責。地球是我們共同的家，彌勒佛宣導地球一家、世界一家、天下一家、萬國一家，甚至萬教一家。……不論各門各教、還是無神論者，我們都是一家人。我們根本源頭就是一家人。（訪談編碼004）
天理教	**是。創教之初就是為了拯救世界人類的苦難而來。** 我們的創教者中山美伎也是為了拯救這個世界而創立了天理教，才開始講救人的教義。……所以，這個拯救世界就包括所有的這些苦難，我們的教義都非常明確的有寫出來。（訪談編碼005）
玄門真宗	**是。已落實在其教義的教導當中。** 這個苦難，包括身體的、地球的、靈性的、暴力的部份，也離不開宗教的範疇。……所以，針對這方面其實也都是宗教裏面的功課，也算是宗教裏面應該如何把教義落實來做這些東西。（訪談編碼007）

訪談對象	宗教徒應該為解決「全球苦難」負責嗎？
統一教	**是。基於「人饑己饑、人溺己溺」的同理心、關愛心。** 全人類大家是一個共同體、全世界是一個共同體，你的事就是我的事，「人饑己饑、人溺己溺」，這樣的同理心、這樣的關愛心。所以，當然我們不能視別人的苦難而不見，也不能夠看到這世界的不幸而無動於衷，因此身為一個宗教的負責人和領袖的時候，這樣一個悲天憫人的心情和想法是很基本的，所以當然是我們要負起這樣的責任。（訪談編碼006）
天帝教	**是。天帝教復興的目的是為了挽救「三期末劫」而復興。** 天帝教為甚麼會復興？其實我們地球上已經有多少的大宗教？對不對！全世界的佛教、道教、天主教、基督教、甚至伊斯蘭教，你看在臺灣就有這麼多、這麼多宗教，那天帝教復興的目的是為甚麼？她就是為了挽救「三期末劫」，為了挽救「三期末劫」而復興。（訪談編碼008）

資料來源：本研究整理

三、關於「苦難的根源」問題——「全球苦難」的 根源來自宗教衝突嗎？

　　最後，對於「苦難的根源」問題：就當代臺灣新興宗教而言，關於人類和生態的苦難根源為何？是否源自於「宗教衝突」造成？抑或是源自於「人心問題」或「人與神的分離」造成？

　　訪談發現，受訪的新興宗教普遍認為，由於恐怖主義、戰爭或武裝衝突引起的「暴力」苦難，是和「宗教的衝突」比較有關；（一貫道、摩門教、真佛心宗、彌勒大道、玄門真宗、天帝教）但是，亦有新興宗教認為，天地間所有的苦難都是宗教所衍生的（真佛心宗，訪談編碼003）；或者認為，苦難和宗

教的衝突並沒有直接相關（天理教，訪談編碼005）。至於「苦難的根源」問題，受訪的新興宗教表示，主要還是源自於「人心」的問題，包括：人的內心（一貫道、玄門真宗）、人的心態（彌勒大道）和人心的貪婪（天帝教）等問題；

> 苦難主要還是在人的內心裏面，那是很可怕的。（一貫道，訪談編碼001）……就是觀念、人心的問題。（玄門真宗，訪談編碼007）

> 一切都是心態的問題，人心為了金錢、為了權勢，因而造成了種種的苦難。（彌勒大道，訪談編碼004）

> 對於身體的苦難，貧窮是一個很大的因素，那貧窮就是肇始於人類的貪婪吧。……那其實整個地球的資源就是有限的，……那這個也是肇始於一個人心的貪婪。（天帝教，訪談編碼008）

以及「人價值觀念」的問題（玄門真宗、彌勒大道）；

> 純粹要講到貧窮、饑餓、疾病、生態破壞這些方面，我覺得這是觀念問題。（玄門真宗，訪談編碼007）

> 其實今天世界有這麼多的苦難，不只是宗教間的衝突，還有就是每一個人的價值觀有問題。（彌勒大道，訪談編碼004）

還有就是「人與神分離」的問題，包括：人沒有遵從神意（天理教）、人和神脫節（統一教）等問題所造成。

> 在我們的教義裏面就是，把違背神意的心靈的想法我們叫作「心塵」來比喻，……所有的疾病、所有的不幸，都是因為你的心被「心塵」蒙蔽的關係。（天理教，訪談編碼005）

基本上不是宗教和宗教之間的衝突，是人本身不認識宗教的真正的本意，或者說人不認識神。……最根本來說還是：人跟神脫節，天人不合一。（統一教，訪談編碼006）

表3-4：當代臺灣新興宗教關於苦難的根源問題

訪談對象	「全球苦難」的根源是否來自於宗教衝突？	「全球苦難」的根源主要是來自於甚麼？
一貫道	我覺得都有。（訪談編碼001）	苦難主要還是在人的內心裏面，那是很可怕的。（訪談編碼001）
摩門教	戰爭可能會有一部份是由宗教的衝突所引起的，像以巴戰爭，至於其他比較感覺不是。（訪談編碼002）	不明確。
真佛心宗	我想伊拉克戰爭是宗教戰爭，……天地當中所有的苦難都是宗教所衍生的。（訪談編碼003）	不明確。
彌勒大道	其實我們看國際間的恐怖份子，這個在小弟的淺見，會演變成今天的局面，宗教衝突是其中因素。（訪談編碼004）	其實今天世界有這麼多的苦難，不只是宗教間的衝突，還有就是每一個人的價值觀有問題，亦即是心態的問題！……小至人與人之間的相殘相害；大至財團跟財團、公司跟公司之間的相殘相害、互相併吞；最後達到嚴重是國與國之間的戰爭。一切都是心態的問題，人心為了金錢、為了權勢，因而造成了種種的苦難。（訪談編碼004）

訪談對象	「全球苦難」的根源是否來自於宗教衝突？	「全球苦難」的根源主要是來自於甚麼？
天理教	因為人的想法、思想沒有按照神的意思、沒有遵照神意，所以才會產生這些衝突和苦難。（訪談編碼005）	在我們的教義裏面就是，把違背神意的心靈的想法我們叫作「心塵」來比喻，……所有的疾病、所有的不幸，都是因為你的心被「心塵」蒙蔽的關係，你用了錯誤的想法的關係。（訪談編碼005）
統一教	現在的戰爭和武裝的衝突，以目前當然給人感覺和宗教之間的衝突是蠻大的。……那戰爭帶來的普遍影響，例如：貧窮啦、饑餓啦、疾病啦，都會有。（訪談編碼006）	基本上不是宗教和宗教之間的衝突，是人本身不認識宗教的真正的本意，或者說人不認識神。……宗教之間衝突的最根本的原因還是因為人墮落以後，人離開了神、人不認識神，……最根本來說還是：人跟神脫節，天人不合一。（訪談編碼006）
玄門真宗	你像那個以阿戰爭，那個應該就是宗教的問題。（訪談編碼007）	純粹要講到貧窮、饑餓、疾病、生態破壞這些方面，我覺得這是觀念問題。……就是觀念、人心的問題。應該講說，從觀念的傳達，包括政府、包括宗教傳達給一般的眾生或人民，或者叫正確的引導實在不夠。導致很多錯誤，甚至造成不必要的爭執或傷害。（訪談編碼007）
天帝教	應該最明顯的就是戰爭吧！就是暴力戰爭！（訪談編碼008）	我覺得對於身體的苦難，貧窮是一個很大的因素，那貧窮就是肇始於人類的貪婪吧！……那其實整個地球的資源就是有限的，當你拿了更多，別的人就更少。那這個也是肇始於一個人心的貪婪。（訪談編碼008）

資料來源：本研究整理

第二節 「全球苦難」問題：尼特的實踐論與當代臺灣新興宗教的實踐觀

接下來，讓我們試著從「全球苦難」問題的角度看尼特的「宗教實踐論」和當代臺灣新興宗教的「宗教實踐觀」之間的關係時，發現其間相似之處在於：第一，對「全球苦難」事實的認同。尼特認為，「苦難」這一可怕的現實正在耗竭生命、危及人類和地球的未來。而當代臺灣新興宗教則認為，宗教的使命就是為要解決人世間的苦難而來。第二，認為「全球苦難」係人為的因素造成。尼特認為，苦難是來自於人為的：「貧窮」所造成的饑餓、疾病……等「身體的苦難」；「濫用」地球資源、破壞生態環境所造成的「地球的苦難」；錯誤與不公正的「傷害」所造成的「精神的苦難」以及武裝、軍事「衝突」所造成的「暴力的苦難」。而當代臺灣新興宗教則認為，苦難是來自於：人與人或人與自然的不和諧、人自由意志的選擇、人前世的因果業報、人違背了父母神的原意、人與神分離、人心的貪婪等因素造成。第三，認為宗教徒應該為解決「全球苦難」負責。尼特認為，「全球苦難」的事實是普遍的、跨文化的，不管人願不願意都已衝擊到每一個宗教徒，並要求他們做出宗教的回應；因此通過「全球苦難」呼籲「全球責任」。而當代臺灣新興宗教則認為，不論是從「個人良心」的立場上，從「一家人」、從「人饑己饑、人溺己溺」的立場上，或者是在「立教之初」、在「復興之初」，或者是落實在「教義的教導」中，作為宗教徒應該要為解決「全球苦難」負

起責任。

　　至於彼此間落差或差異之處則在於：第一，對於「全球苦難」的類型、範圍及層面的差異。對於尼特而言，其所關注的焦點是在於全球人類和生態的苦難上，其包括：身體的、地球的、精神的、暴力的苦難。但是，對於當代臺灣新興宗教而言，並沒有像尼特對於全球苦難類型的區分那麼細緻；其所關心的範圍或者層面，基本是以臺灣地區為主，雖然亦關懷全球，但範圍相對比較片面。第二，對於「全球苦難」根源的差異。尼特認為，全球苦難根源主要是來自於人為的因素，特別是宗教衝突引起。但是，對於當代臺灣新興宗教而言，則普遍認為與宗教衝突比較相關的是由於「恐怖主義」、「戰爭」或「武裝衝突」所引發的暴力苦難；至於「苦難的根源」問題，其認為主要是源自於「人心」的問題，包括：人的內心、人的心態和人心的貪婪等問題；「人價值觀念」的問題；以及「人與神分離」的問題，包括：人沒有遵從神意、人和神脫節等問題所造成。第三，對於「全球苦難」之回應的落差。尼特試圖藉由宗教間實踐性的合作對話，以解決當今全球的苦難、謀求全球人類和生態的未來福祉。但是，對於當代臺灣新興宗教而言，則是通過：和諧之道、人道救助、祭神儀式、祈禱與誦諧、己立立人、聖凡雙修、教化人心、跨宗教合作等作為來回應並解決。

　　總合上述討論結果，對於「全球苦難」議題的回應，尼特的「宗教實踐論」與當代臺灣新興宗教的「宗教實踐觀」之間，雖有相似之處，但亦有其理想假設與實際事實之間的落差存在。

表3-5：「全球苦難」問題：尼特的實踐論與當代臺灣新興宗教
　　　　的實踐觀

	項目	尼特的「宗教實踐論」	當代臺灣新興宗教的「宗教實踐觀」
相似之處	對「全球苦難」事實的認同	「苦難」這一可怕的現實正在耗竭生命、危及人類和地球的未來。	宗教的使命就是為要解決人世間的苦難而來。
	認為「全球苦難」係人為的因素造成	來自於人為的：（1）「貧窮」所造成的饑餓、疾病……等「身體的苦難」；（2）「濫用」地球資源、破壞生態環境所造成的「地球的苦難」；（3）錯誤與不公正的「傷害」所造成的「精神的苦難」；（4）武裝、軍事「衝突」所造成的「暴力的苦難」。	來自於：人與人或人與自然的不和諧、人自由意志的選擇、人前世的因果業報、人違背了父母神的原意、人與神分離、人心的貪婪等因素造成。
	認為宗教徒應該為解決「全球苦難」負責	通過「全球苦難」呼籲「全球責任」。「全球苦難」的事實是普遍的、跨文化的，不管人願不願意都已衝擊到每一個宗教徒，並要求他們做出宗教的回應。	作為宗教徒應該要為解決「全球苦難」負起責任。不論是從「個人良心」的立場；從「一家人」、從「人饑己饑、人溺己溺」的立場；或者是在「立教之初」、在「復興之初」；或者是落實在「教義的教導」中。

落差或差異之處	對於「全球苦難」的類型、範圍及層面的差異	關注在全球人類和生態的苦難上，包括：身體的、地球的、精神的和暴力的苦難。	對全球苦難類型並沒有像尼特區分的那麼細緻；同時所關心的範圍或層面，基本以臺灣地區為主，雖然亦關懷全球，但涉及的範圍相對比較片面。
	對於「全球苦難」根源的差異	「全球苦難」的根源主要源自於宗教衝突。	與宗教衝突比較相關的是由於「恐怖主義」、「戰爭」或「武裝衝突」所引發的暴力苦難。至於「苦難的根源」問題，主要是源自於「人心」、「人價值觀念」以及「人與神分離」等問題造成。
	對於「全球苦難」之回應的落差（苦難的解決）	通過：「全球苦難」呼籲「全球責任」、通過「解放性的實踐」實現「全球責任」。藉由宗教間實踐性的合作對話，以解決當今全球的苦難、謀求人類和生態的未來福祉。	通過：和諧之道、人道救助、祭神儀式、祈禱與誦誥、己立立人、聖凡雙修、教化人心、跨宗教合作等作為來解決。

資料來源：本研究整理

第三節　小結

　　本章重點主要在於以下二個層面：第一，當代臺灣新興宗教的「苦難觀」；第二，從「全球苦難」的問題來看尼特的「宗教實踐論」與當代臺灣新興宗教的「宗教實踐觀」之間的關係。

　　首先，在當代臺灣新興宗教的「苦難觀」方面：關於「苦難的成因」，係來自於：人與人或人與自然的不和諧、人自由意志的選擇、上帝末世的預定、人前世的因果業報、人違背了父母神的原意、人與神分離、人心的貪婪等因素造成。而對於「苦難的解決」，則是通過：和諧之道、人道救助、祭神儀式、祈禱與誦詰、己立立人、聖凡雙修、教化人心、跨宗教合作等作為來解決。至於「苦難的責任」，受訪的新興宗教表示，宗教徒應該為解決苦難負起責任。最後，對於「苦難的根源」，則主要源自於「人心」、「人價值觀念」以及「人與神分離」等問題造成。

　　其次，從「全球苦難」問題看尼特的「宗教實踐論」與當代臺灣新興宗教的「宗教實踐觀」之間的關係時，其間的相似之處在於：一、對「全球苦難」事實的認同；二、認為「全球苦難」係人為的因素造成；三、認為宗教徒應該為解決「全球苦難」負責。至於彼此間落差或差異之處則在於：一、對於「全球苦難」的類型、範圍及層面的差異；二、對於「全球苦難」根源的差異；三、對於「全球苦難」之回應的落差。

　　誠如，漢斯・昆以及斯威德勒等人所積極宣導，通過「全球苦難」呼籲「全球倫理」；尼特進一步倡議，通過「解放性

的實踐」以實現「全球責任」。因此，對於當代臺灣新興宗教而言，如何解決全球（或社會）的苦難問題？如何承擔起全球（或社會）的倫理責任？如何落實該宗教之立教宗旨與核心教義的教導？便成為了當代臺灣新興宗教之「宗教實踐觀」所關切的核心所在。

第四章
當代臺灣新興宗教的
「社會實踐觀」

關於當代臺灣新興宗教的「社會實踐觀」，實包含二個層面：一是「承擔社會責任」的層面，包括：承擔社會責任的態度、能力與定位等；二是「進行社會實踐」的層面，包括：進行社會實踐的動機與目的、實施名義、施行方式、具體作為、結果和影響以及立論依據等。此外，本章亦試圖從尼特「宗教實踐論」之「全球責任」觀點解析當代臺灣新興宗教的「社會實踐觀」；同時探討當代臺灣新興宗教的發展關鍵，並論證「重視社會實踐」能否作為解釋當代臺灣新興宗教生存與發展的基本特徵。

第一節　當代臺灣新興宗教面對
「社會苦難」的責任

對於合法性宗教和制度性宗教而言——不論是傳統宗教或是新興宗教，皆具備一定的立教宗旨、核心教義以及社會實

踐。【102】因此，當面對社會（或全球）的苦難問題時，當代臺灣新興宗教如何落實立教宗旨與核心教義的教導？如何承擔起社會（或全球）的倫理與實踐的責任？便成為必須面對並深思的問題。關於這方面的探討，茲從以下幾個面向展開。首先，就當代臺灣新興宗教而言，對於承擔社會（或全球）責任的「態度」為何？第二，就當代臺灣新興宗教而言，對於承擔社會（或全球）責任的「能力」為何？對該宗教來說，是從何時開始有能力可以承擔起社會（或全球）責任？第三，就當代臺灣新興宗教而言，對於承擔社會（或全球）責任的「定位」為何？承擔社會（或全球）責任是屬於該宗教的主業還是副業？

一、關於承擔社會責任的「態度」問題

對於當代臺灣新興宗教而言，當面對臺灣社會（或全球）苦難問題時，在其創教初期，對於承擔社會（或全球）責任的態度為何？是會先考慮發展自己的宗教？還是會先想要承擔起社會（或全球）責任以解決這些苦難問題？

從深度訪談的資料顯示，受訪的新興宗教普遍表示，在其創教初期，當面對社會（或全球）苦難問題時，基於立教宗旨，都表現出想要承擔起社會（或全球）責任以解決人世間苦難問題的態度。雖然，一開始是以傳教為主，但是當面臨災變或苦難發生時，基於宗教的立場就是慈悲關懷。

【102】在此，所謂的「立教宗旨」是指：新興宗教自身在其立教之初所欲追求的理想目標；而「核心教義」是指：為要實踐這立教宗旨的理論基礎或核心教導；至於「社會實踐」則是指：為要具體落實這立教宗旨與核心教義的宗教實踐，包括：社會實踐的動機、目的、名義、方式、作為、影響與立論依據等。

開始時本來是以傳教為主，可是當你碰到的時候，基於宗教的立場就是慈悲關懷。如果社會有災變或苦難發生時，大家若是修道而不理那些，那就是背道而馳，不符合宗教的精神。（一貫道，訪談編碼001）

開始的時候都是以傳教為主。那關於社會上的問題，一般來講我們分成兩個部份：一個是叫「福利服務」，這是針對教友；另一方面是「人道援助」，這是針對非教友、一般社會。在教會剛開始初期就是有福利援助這部份，……在教友困難的時候幫助他們生活。（摩門教，訪談編碼002）

甚至，表明該宗教的存在就是為了承擔社會（或全球）責任而來。

面對這些苦難？甚麼心態？叫「悲天憫人」！就是這樣子而已。（真佛心宗，訪談編碼003）

面對社會上種種的苦難問題，彌勒大道的態度更是「視眾生苦即我苦」、「視眾生難即我難」。（彌勒大道，訪談編碼004）

天理教的宗旨就是拯救人類。（天理教，訪談編碼005）

玄門真宗的創立不是因為先有宗教，然後再去承擔社會責任。是先想要承擔社會責任、承擔社會的困難才有這個宗教。（玄門真宗，訪談編碼007）

天帝教最主要是以解救核子毀滅浩劫為原則而產生的那個使命，……從復興就一直是以解救人類這個最大難

題為主要，我們很少做宣傳的工作。（天帝教，訪談編碼008）。

所以，在其宗教發展的同時，也就是對社會（或全球）苦難展開救贖的工作。

教會發展的同時，也就是對社會的苦難展開救贖的工作。（統一教，訪談編碼006）

雖然，學者們試圖從不同的角度解析當代臺灣新興宗教興起的原因。例如：一、宋光宇的「社會需求理論」——宋光宇認為，當代臺灣新興宗教之所以出現，是與該宗教能否滿足社會需求有關；尤其是該宗教中的人神直接溝通、醫療行為、社會救濟、宣講、靜坐和經懺等宗教內容，才是吸引新教徒對新興宗教認同的主因。【103】二、李亦園、瞿海源、林本炫等人的「社會變遷理論」——李亦園認為，在急遽社會變遷過程中，信仰系統和道德倫理系統的分離，導致了新興宗教的興起；【104】瞿海源認為，新興宗教現象是社會變遷過程中自然形成的，換句話說，由於社會變遷所造成的個人不確定感，以及社會流動、社會疏離等因素可能會有利於新興宗教的興起與發展；【105】林本炫認為，從社會學角度來看，新興宗教運動是社

【103】宋光宇，〈試論新興宗教的起源〉，《歷史月刊》，1998年5月，第114期，頁68-70。張家麟，〈當代臺灣新興宗教研究趨勢之分析〉，頁18。

【104】李亦園，〈宗教問題的再剖析〉，《臺灣的社會問題》，臺北：巨流圖書公司，1984年。張家麟，〈當代臺灣新興宗教研究趨勢之分析〉，頁17。

【105】瞿海源，〈解析新興宗教現象〉，頁229-244。瞿海源同時認為，當社會上宗教需求增加時，由於傳統宗教不能有效因應所需，因此在市場化的情形下，就給予新興宗教出現以及成長的機會。瞿海源，〈解嚴、宗教自由、與宗教發展〉，頁249-

會變遷的產物，新興宗教或是宗教運動通常是發生在社會變遷較為劇烈的時刻。【106】三、丁仁傑的「邊陲性擴張理論」──丁仁傑從社會分化的角度來談宗教制度的變遷，在這過程中其以下列三種表現形式：即，宗法性傳統宗教餘續、核心性宗教替代和邊陲性宗教擴張等，來說明今日臺灣整體社會宗教團體滋生蔓延的情況。丁仁傑認為，在現代社會中，宗教制度的結構位置改變所促成的邊陲性宗教擴張，是各種新興宗教發生的根本原因。【107】

　　雖然上述學者試圖切入角度各有不同，但若從受訪的新興宗教視角來看時，則不論是在臺立教、復興或者是設立，其存在的目的即是為了「承擔社會（或全球）責任」以解決人世間所面臨的種種苦難問題而來。然而，即使這些受訪的新興宗教均明確表達出「承擔社會（或全球）責任」的意願，或者表明該宗教存在目的即是為了「承擔社會（或全球）責任」而來。但深入研究發現，由於宗教具有的分別性，因此在「承擔社會（或全球）責任」的能力、定位和實踐上，各新興宗教其實亦是有所差異的。接下來，再就這些問題深入解析和比較。

　　276。

【106】林本炫，〈「新興宗教運動」的意義及其社會學意涵〉，頁12。

【107】丁仁傑，《社會分化與宗教制度變遷：當代臺灣新興宗教現象的社會學考察》，頁50。瞿海源，〈臺灣新興宗教研究的展望〉，《世界宗教學刊》，2004年6月，第3期，頁177-178。

表4-1：當代臺灣新興宗教關於承擔社會責任的態度問題

訪談對象	主要論點
一貫道	開始時本來是以傳教為主，可是當你碰到的時候，基於宗教的立場就是慈悲關懷。如果社會有災變或苦難發生時，大家若是修道而不理那些，那就是背道而馳，不符合宗教的精神。所以對這些苦難我們是很樂意付出，若是不知道就算了，若是知道就一定會付出。（訪談編碼009）
摩門教	開始的時候都是以傳教為主。那關於社會上的問題，一般來講我們分成兩個部份：一個是叫「福利服務」，這是針對教友；另一方面是「人道援助」，這是針對非教友、一般社會。在教會剛開始初期就是有福利援助這部份，這部份通常是教友用每個月有一天的禁食，禁食兩餐省下來的錢捐獻給教會，由全部的禁食奉獻來幫助教友，在教友困難的時候幫助他們生活。在剛開始時，的確在社會方面我們做的比較少。（訪談編碼010）
真佛心宗	我們足足有這些知識與智慧，我們只是在等待機會，去把未來這些災難有效的解明！……面對的話，我們在做一個傳播者，我們把這些訊息散播給大家；……那所以說，面對這些苦難？悲天憫人！甚麼心態？叫「悲天憫人」！就是這樣子而已。（訪談編碼011）
彌勒大道	彌勒佛的鴻慈大願是實現世界一家、化亂世成大同、人間成淨土、世間成天堂！而面對社會上種種的苦難問題，彌勒大道的態度更是「視眾生苦即我苦」、「視眾生難即我難」。我們深信唯有實踐做到良心道德的人，方能做出「以我良心喚醒眾生的良心」的利他事實，真實感動人人內心深處，真正帶動社會善良的風氣，才能使人人效法實行，徹底解決社會苦難的根源！（訪談編碼012）

訪談對象	主要論點
天理教	那時為了讓更多臺灣人知道天理教，就做教理上的翻譯。所以把力量放在這裏，去克服語言上的困難。其實在當地有很多老的信者，他們還是儘量在做幫助人的工作。因為天理教的宗旨就是拯救人類，所以他們的活動並不是個人做，是用天理教的作法來幫助人、來救人。（訪談編碼013）
統一教	在我們教會創教初期，在臺灣當時的社會的確也存有許多的問題。所以當時我們主要的社會責任是想要來除掉這個社會上，特別是淫亂的問題，因為這是罪的根。當然除了淫亂的問題以外，社會上許多的問題是因為人性被扭曲，通過讓人性再一次的提升，這樣來解決當時的社會問題。所以我們對社會責任的貢獻主要在這兩個方向。明顯的具體作為就是在當時的社會展開真愛的教育、推動真愛的運動，希望能建立真愛的社會。我們傳道也是傳道真愛的內容，也就是能夠把這樣的理想、理念提出來。那認同的人、有心一致的人我們就聚集一起來做，我們是從這樣開始。所以教會發展的同時，也就是對社會的苦難展開救贖的工作。（訪談編碼014）
玄門真宗	玄門真宗比較特殊，玄門真宗的創立不是因為先有宗教，然後再去承擔社會責任。是先想要承擔社會責任、承擔社會的困難才有這個宗教。面對社會的苦難，其實我們是先有面對這個社會苦難的願心、計畫或是工作，然後才慢慢形成一個團體，才立教。所以說我們是比較特殊。所以，仁、義、禮、智、信的精神也就是我們立教的精神。（訪談編碼015）
天帝教	我們從以前到現在，一直都沒有花很多的時間來作宣傳。天帝教最主要是以解救核子毀滅浩劫為原則而產生的那個使命、那個活動，一直到現在我們都還持續。從復興就一直是以解救人類這個最大難題為主要，我們很少做宣傳的工作。（訪談編碼016）

資料來源：本研究整理

二、關於承擔社會責任的「能力」問題

　　對於當代臺灣新興宗教而言，當面對臺灣社會（或全球）苦難問題時，其承擔社會（或全球）責任的能力為何？是從何時開始有能力可以承擔起社會（或全球）的責任？

　　關於這個問題，受訪的新興宗教表示，不論是傳教或信仰，其最大的目的就是要幫助人間，就是盡力而為！因此，即使初期人少、力量較少，但最起碼那份力量會展現出來。

> 　　因為不管是那個教派，你在傳教或信仰，最大的目的就是要幫助人間，⋯⋯初期的話人少，也許力量比較少，但最起碼那份力量會展現出來。（一貫道，訪談編碼001）

　　雖然，一開始時會比較偏重於教理上的翻譯（天理教）、理念的傳播（統一教、真佛心宗）、內部的教化（玄門真宗）和教友的增加（摩門教）等。

> 　　那時為了讓更多臺灣人知道天理教，就作教理上的翻譯，所以把力量放在這裡。（天理教，訪談編碼005）

> 　　在一開始的時候比較偏重在理念的傳播，而實際這種社會承擔的工作，可能在日後我們人數夠一定的基台的時候我們會做的比較多。（統一教，訪談編碼006）⋯⋯面對的話，我們在做一個傳播者，我們把這些訊息散播給大家。（真佛心宗，訪談編碼003）

> 　　剛開始是以扶鸞、內部的宗教儀式、宗教禮節、講人的因果問題，這樣來吸收一些志同道合，甚至是願意為社會責任承擔的人。所以，有一段時間雖然沒有去承擔社會責任，可是在做內部教化。⋯⋯那精神號召到一個規模

後，我們就開始向外做這些事情。（玄門真宗，訪談編碼007）

　　因為先要有教友，然後才會有力量。等於說社會的苦難問題你要幫助的話，除了錢之外，還需要有人力。（摩門教，訪談編碼002）

等到將來會眾人數到達一定，具備更多實力時，則更有條件可以承擔起社會（或全球）的責任。（一貫道、摩門教、統一教、玄門真宗）所以，基本而言，是有想要去承擔的心；但同時也是量力而為。不過，也有新興宗教表示，該宗教所關注的焦點主要還是側重於社會（或全球）責任的承擔部份，因此並沒有花太多的時間在信徒的招收和宣傳上。

　　我們對於去招收很多信徒，這樣子的動作是作的比較少的。基本上就是告訴同奮自己要唸誥，而唸誥就是救劫，救劫就是救這個國家、救臺灣這個社會。……我們就是加強誦誥，然後不停的誦誥、迴向，讓上帝去解救、轉圜這樣的危機。（天帝教，訪談編碼008）

表4-2：當代臺灣新興宗教關於承擔社會責任的能力問題

訪談對象	主要論點
一貫道	因為不管是那個教派，你在傳教或信仰，最大的目的就是要幫助人間，將來看到人苦你說不理他，光講天堂樂園或西方極樂淨土，不符合人性，所以我們都是並行的。就是盡力而為！初期的話人少，也許力量比較少，但最起碼那份力量會展現出來。（訪談編碼009）
摩門教	因為先要有教友，然後才會有力量。等於說社會的苦難問題你要幫助的話，除了錢之外，還需要有人力。沒有教友的話，就沒有人力。（訪談編碼010）
真佛心宗	其實我們在第四年，大概在《大道佛心》那本天書出來時，才開始老天爺告訴我們，你未來的使命要怎樣。還有告訴我們，你們對未來所有這些社會責任，那人家做不到的我們必須要去做。（訪談編碼011）
天理教	一個是「神授之理」、一個是「聖舞」，這兩個是天理教的主要社會責任。天理教的宗旨是拯救人類，所以拜神並不是為了自己的利益，拜神的時候祈禱世界和平，成為康樂生活的世界。所以我們是用祈禱的方式來承擔社會責任，所以我們是以「神授」和「拜神」兩個方式來承擔社會責任，因此我們是從一開始就有了，沒有這個的話也不叫天理教了。（訪談編碼013）
統一教	在一開始的時候比較偏重在理念的傳播，而實際這種社會承擔的工作，像這種實際的工作，可能在日後我們人數夠一定的基台的時候我們會做的比較多。因此開始的時候，我們一般是做理念的傳播，尋求志同道合的人，能夠有共同的信仰，你把它當作是一種傳道也可以。（訪談編碼014）

訪談對象	主要論點
彌勒大道	我們是在1997年由王老院長帶領之下，以良心道歌、良心戲劇進入校園和獄所。（訪談編碼012）
玄門真宗	剛開始是以扶鸞、內部的宗教儀式、宗教禮節、講人的因果問題，這樣來吸收一些志同道合，甚至是願意為社會責任承擔的人。所以當初會累積很多志同道合的人進來，有一段時間雖然沒有去承擔社會責任，可是在做內部教化。以這精神來號召，為社會責任來負責，那精神號召到一個規模後，我們就開始向外做這些事情。先印善書，大量印善書勸化人家不能做這些事情。當然開始也做其他的活動。（訪談編碼015）
天帝教	我們對於去招收很多信徒，這樣子的動作是作的比較少的。基本上就是告訴同奮自己要念誥，而念誥就是救劫，救劫就是救這個國家、救臺灣這個社會。我們認為皇誥的效力，是你念的很多的時候，上帝可以因為你的誠心、因為你的心念、大家哀求的誠心，上帝可以轉圜每一個苦難、每一個災難。所以當臺灣的社會出現一些問題的時候，我們會加緊誦誥。所以，像這樣子對於社會的苦難或社會可能暴發的一些衝突、流血事件，或者是像土石流、地震、911事件、國際衝突…等等。我們就是加強誦誥、加強誦誥，然後不停的誦誥、迴向，讓上帝去解救、轉圜這樣的危機。（訪談編碼016）

資料來源：本研究整理

三、關於承擔社會責任的「定位」問題

　　對於當代臺灣新興宗教而言，當面對臺灣社會（或全球）苦難問題時，其承擔社會（或全球）責任的定位為何？承擔社會（或全球）責任是屬於該宗教的主業抑或是副業？

　　對於這個問題，受訪的新興宗教大多表示，「承擔社會（或全球）責任」是屬於該宗教的「主業」或者是「聖業」。

　　　　「承擔社會責任」這是我們的「主業」，因為這是實踐彌勒佛鴻慈大願的最重要平臺。（彌勒大道，訪談編碼004）

　　　　對天理教信仰的想法來講是「主業」，別人怎麼看我們不知道，不過我們是為了這個社會、為了世界來祈禱、來救助人。（天理教，訪談編碼005）

　　　　「主業」！所有一切做的就是為了要承擔社會責任、承擔社會苦難。（玄門真宗，訪談編碼007）

　　　　從天帝教復興的第一天我們的迴向文就是這個「確保臺灣復興基地」。所以確保臺灣是第一要務！再來是全球的天下蒼生、全球的毀滅浩劫。（天帝教，訪談編碼008）

　　　　我們是把它歸到一個「聖業」！也就是我們必須做的、一定要做的。（真佛心宗，訪談編碼003）

　　即使有些新興宗教在受訪時表示，「傳道」是主業，但其亦不會忽略社會（或全球）責任的承擔；所以「傳道」和「承擔社會（或全球）責任」對其而言是並行的。

　　　　一貫道的主業當然就是傳道，我們傳道最重要。但我

們不能忽視社會週邊的人或社會的一份責任，要承擔社會的某些責任。……所以我們都是並行的。（一貫道，訪談編碼001）

我們教會的主要工作還是傳教。……所以當成為一個教友之後，我們看到社會上有這些現象的時候，在教會方面會用教會組織的力量幫助之外，我們也鼓勵個人，個人他們可以去捐款或參與一些需要救助的事情。（摩門教，訪談編碼002）

甚至是一體的、連貫的；因為其信仰的活動本身也就是在對社會（或全球）的責任做一種實踐。

應該不是分主業還是副業來看，我們會覺得說他是共同體的、一樣的、連貫的。我們信仰的實踐或說我們信仰的活動本身也就是在對社會的責任做一種實踐。（統一教，訪談編碼006）

綜合以上關於「承擔社會責任的能力和定位」的分析可以看出，隨著各新興宗教自身的宗教實力和傾向性的不同，反映在承擔社會責任的能力上亦有所分別。即便都是新興宗教，但在實際執行層面，則是先將焦點關注在自身實力的養成和宗教基台的鞏固，例如：教理的翻譯、理念的傳播、內部的教化以及教友的增加等。雖然，這些新興宗教的存在目的均表明是為要承擔社會責任而來，並將「承擔社會責任」視為該宗教的主業，抑或是與傳道並重，甚至是一種信仰實踐。但是，若在其自身缺乏一定規模時，便會面臨「有心無力」的困境。所以，在其宗教發展的過程中，通常都是先藉由傳「道」，以滿足人們精神和心靈的空虛、解決內在層面的苦難；或者是藉由

這「道」來實現人們精神和心靈之理想的追求，進而渡化眾生或尋求志同「道」合之士。然後再藉由「社會實踐」，來解決人們肉體的疼痛、疾病、貧困等身體的苦難，解決地球生態、環境的苦難，解決因衝突、傷害、不公正、暴力、戰爭等社會的、國家的，甚至是世界的苦難。即使在發展的過程中，有時直接是以「社會實踐」的型態呈現，但其目的仍是為要渡化眾生，實現至上神或者神佛的指示，彰顯神、佛的大愛，以使世間和眾生獲臻理想之境。因此，不論是「普傳」、「普濟」或者「普覺」，各宗教只是「用」、「殊」、「化」的區別而已。當回歸到宗教的本質或者是神意和人性時，「傳道」和「社會實踐」對當代諸宗教而言，均已成為一體、不可分割的兩面性存在。換言之，「承擔社會責任」業已成為自身宗教發展與社會認同的一個不可或缺的必要條件，並且通過這些受訪的新興宗教身上，可以得到印證。至於其間的差別，則只是在承擔能力的高低以及傾向性之側重點上的不同而已。

表4-3：當代臺灣新興宗教關於承擔社會責任的定位問題

訪談對象	主　要　論　點
一貫道	這個也沒有主業或副業。當然我們剛剛也講過，一貫道的主業當然就是傳道，我們傳道最重要。但我們不能忽視社會週邊的人或社會的一份責任，要承擔社會的某些責任。……所以我們都是是並行的。（訪談編碼009）
摩門教	我們教會的主要工作還是傳教。在傳教的結果就是當這些人受洗之後，他們成為基督徒、成為耶穌基督的門徒之後，他們就是應該效法耶穌基督所作的事情。耶穌基督在世時談兩條最大的誡命：一條是愛神，另外一條是愛人如己。所以當成為一個教友之後，我們看到社會上有這些現象的時候，在教會方面會用教會組織的力量幫助之外，我們也鼓勵個人，個人他們可以去捐款或參與一些需要救助的事情。（訪談編碼010）
真佛心宗	我們是把它歸到一個「聖業」！也就是我們必須做的、一定要做的。這是我們本來就應該要做的，而不是講一套做一套。（訪談編碼011）
彌勒大道	「承擔社會責任」這是我們的主業，因為這是實踐彌勒佛鴻慈大願的最重要平台！（訪談編碼012）
天理教	對天理教信仰的想法來講是「主業」，別人怎麼看我們不知道，不過我們是為了這個社會、為了世界來祈禱、來救助人。（訪談編碼013）
統一教	應該不是分主業還是副業來看，我們會覺得說它是共同體的、一樣的、連貫的。我們信仰的實踐或說我們信仰的活動本身也就是在對社會的責任做一種實踐。（訪談編碼014）

訪談對象	主要論點
玄門真宗	主業！其實對我們來講沒有主業或副業，因為玄門真宗既然是要做這些社會承擔，所以我們宗教就像是天主教和基督教所講的「救贖」兩個字，所以我們的學生他都有一個責任就是「救贖」。 所有一切做就是為了要承擔社會責任、承擔社會苦難。所以祂來講這句話說：「之所以有菩薩、之所以有神，是因為眾生的需要」，所以立教的目的就是為眾生承擔，才需要玄門真宗。（訪談編碼015）
天帝教	應該說是，天帝教復興有一個長程、中程、短程具體的設定目標。基本上，我們的遠端目標就是化延核子毀滅浩劫、永保世界和平。至於中程的目標，因為兩岸一直是我們所關心的。我們的迴向文，從天帝教復興的第一天我們的迴向文就是這個「確保臺灣復興基地」。所以確保臺灣是第一要務！再來是全球的天下蒼生、全球的毀滅浩劫。通過迴向，累積力量。（訪談編碼016）

資料來源：本研究整理

第二節　當代臺灣新興宗教面對 「社會苦難」的解決

　　「信仰」與「責任」，是相對的兩個概念。不論是傳統宗教或者是新興宗教，在具備一定的立教宗旨與核心教義之後，如何落實信仰的實踐？換句話說，如何承擔社會（或全球）的苦難與責任，業已成為當今宗教必須面對並且無法規避的難

題。誠如尼特所言,各宗教本質上都想使這個社會變好或改善我們所處的世界;因此,所有宗教都能承擔起全球責任。

　　所以,對於當代臺灣新興宗教而言,「社會實踐」也就成為其為解決社會(或全球)的苦難問題,承擔起社會(或全球)的倫理責任,以落實該宗教之立教宗旨與核心教義的宗教實踐。其具體內容包括:社會實踐的動機、目的、名義、方式、作為、影響、效益與立論依據等。首先,就社會實踐的「動機和目的」來看:在當代臺灣新興宗教的社會實踐裏,其主要的動機與目的為何?是為了獲得社會大眾的認同以及該宗教的生存與發展?抑或是該宗教的使命與宗旨之一?是該宗教對其教義的實踐?其次,就社會實踐的「實施名義」來看:在當代臺灣新興宗教的社會實踐裏,其實施名義為何?通常是以該宗教的名義來做?抑或是會另外成立社會團體的名義來做?第三,就社會實踐的「施行方式」來看:在當代臺灣新興宗教的社會實踐裏,其施行方式為何?通常是該宗教自己單獨作?還是會聯合其他宗教一起執行?如果是聯合,那聯合的具體方案又是甚麼?第四,就社會實踐的「具體作為」來看:在當代臺灣新興宗教的社會實踐裏,都有哪些具體的實踐作為?第五,就社會實踐的「結果和影響」來看:在當代臺灣新興宗教的社會實踐裏,其帶來的結果和影響是甚麼?對於該宗教自身、信徒、社會大眾和政府又帶來甚麼樣的效益?最後,就社會實踐的「立論依據」來看:在當代臺灣新興宗教的社會實踐裏,其立論依據為何?在其教義和經典裏,是否清楚教導該宗教要如何進行社會實踐?如果是的話,其教義和經典的教導又是甚麼?

一、關於社會實踐的「動機與目的」問題

　　對於當代臺灣新興宗教而言，當面對臺灣社會（或全球）苦難問題時，其社會實踐的動機與目的為何？是為了獲得社會大眾的認同以及該宗教的生存與發展？抑或是該宗教的使命與宗旨？是該宗教對其教義的實踐？

　　訪談結果顯示，當代臺灣新興宗教在其進行社會實踐的動機和目的，雖然亦有為了內部會員的訓練、獲得社會大眾的認同以及教務的推展；

> 　　我們辦任何一個活動，第一個應該都不離我們的教義。……我們的教義就是神祂就是要救贖眾生、要承擔這個社會的苦難、要善盡你這個宗教本來就是要救渡眾生的使命。……第二個，因為我們有學生、有修士二、三百人；那這樣子我們需要透過活動來培養、培訓這些人。所以，任何一個活動或任何一個對社會的幫助、救助活動，我們都在培養內部的人，讓他能更有能力、對社會的貢獻更有技能；那另外也在弘揚教義，讓人家更認識這個宗教。……有眾生才有菩薩。（玄門真宗，訪談編碼007）

　　但主要的動機和目的均是本著為他人、為眾生，遵循著至上神、仙佛、教祖及教義之教導而進行社會實踐。因為對其而言，這是該宗教的宗旨與使命，是教義的教導與實踐。例如：一貫道，是本著「『遇難救難、遇災除災』的精神」；（訪談編碼001）一貫道認為，當社會問題、災變發生時，去幫忙是很自然的事，並沒有付出之後就希望得到回饋的想法。因此，社會實踐對其而言是一種人性的自然流露，至於社會要怎麼看待？其並非那麼在意。（訪談編碼009）摩門教，是本著「透過

為同胞服務，以表示對神的愛或服務」；（訪談編碼002）摩門教認為，社會實踐就是一種基督之愛的表現，是一種責無旁貸的去幫助他人的表現。（訪談編碼010）藉由為同胞服務，來表示其對神的愛或者是表達其對神的服務。真佛心宗，是本著「幫助別人，不留名、感恩。大家有這個緣，互相成全的心態」；（訪談編碼003）真佛心宗認為，通過社會實踐可以進一步減少人世間眾多不良氣息的干擾。（訪談編碼011）彌勒大道，是本著「實現彌勒佛大願，讓所有的家庭幸福美滿、世界永世太平」；（訪談編碼004）彌勒大道認為，彌勒大道在做許多事情的訴求點，是因為彌勒佛的大願「讓所有的家庭幸福美滿，社會安寧和諧，國泰民安、富裕康樂，世界能永世太平」。所以，其唯一的動機和目的，就是實現世界一家！因為彌勒大道的宗旨和信仰與教義的實踐，就是人人要做出「慈——利他」的事實，如此才能帶來快樂、逍遙的人生，幸福、美滿的家庭，安寧、和諧的社會，富裕、康樂的國家，光明、太平的世界。最後讓地球成為至真、至善、至美的大自然樂園。（訪談編碼012）天理教，是本著「遵照教祖、父母神的教導『欲觀人類過康樂生活，並與人同樂』之神意」；（訪談編碼005）天理教認為，天理教就是很自然的將「救人」當作是自身的社會責任。所以，並非是一種策略考量，刻意藉此帶來天理教會的發展；而是一種純粹以著教祖的那種救人的精神來做。所以，是自然而然的、發自內心的，信仰上應該這麼做而已。（訪談編碼013）統一教，是本著「『真愛』、『為別人而活』的精神以實現神的心情與盼望」；（訪談編碼006）統一教認為，對於社會實踐，統一教的教義就是以「為別人而活」作為出發點。另外，就是為了神的盼望。因為神盼望如此，所以就

代替其他人來實現神內心的渴望。同時，藉由社會實踐，亦可以帶給世人作為親身參與的內容。所以，社會實踐對統一教來說，是教義使然，亦是為了實現神的心情和盼望。進而能建立一個自由、沒有戰爭、沒有衝突、沒有分裂的理想世界。（訪談編碼014）玄門真宗，是本著「弘揚教義，善盡神藉由該宗教救渡眾生、承擔社會苦難的使命」（訪談編碼007）；玄門真宗認為，玄門真宗的教義就是神祇要救贖眾生、要承擔這個社會的苦難、要善盡這個宗教救渡眾生的使命。因為有眾生才有菩薩，今天之所以要有玄門真宗，就是要做事、就是要承擔社會的責任、承擔眾生的苦。（訪談編碼015）天帝教，是本著「『不為己身設想、不求個人福報』的精神」。（訪談編碼008）天帝教認為，在師尊的教導裡強調，不論是唸誥或者祈求上帝解救天下蒼生，非常重要的一個心理就是「不為己身設想、不求個人福報」。因為只有天下蒼生、全世界的人類都好了，你才可能好。所以，天帝教的復興就是因為不忍人之仁。以一種「人饑己饑、人溺己溺」的慈悲心，看到社會有難，只要力量所及，只要自己知道，就應該要去救助。（訪談編碼016）

　　綜合上述對於「社會實踐的動機與目的」之分析來看，其實亦正呼應了先前關於宗教徒應該為解決「社會（或全球）苦難」負起「社會（或全球）責任」的論述。換句話說，這些受訪的新興宗教的存在目的就是為要解決社會（或全球）苦難、承擔社會（或全球）責任而來。因此，若從這個觀點來檢析尼特「宗教實踐論」之「全球責任」的主張時，是有其相互符合之處。因為尼特認為，各宗教正面臨全球苦難的挑戰，因此倡議「通過全球苦難呼籲全球責任」。同時，由於各宗教在本質

上都想使這個社會變好或改善我們所處的世界,所以各宗教都能承擔起全球責任。而這樣的觀點和論述也正印證了當代臺灣新興宗教之社會實踐的動機和目的——為了對這個社會和世界負起道德和倫理的責任。

　　當瞭解了當代臺灣新興宗教關於社會實踐的動機和目的之後,接下來,再針對這些新興宗教應當如何進行社會實踐?——亦即,其實施名義為何?施行方式為何?具體的實踐作為為何?並且都帶來了哪些結果和影響?等等,進一步加以論述。

表4-4：當代臺灣新興宗教關於社會實踐的動機與目的問題

訪談對象	主要論點
一貫道	本著「遇難救難、遇災除災」精神。（訪談編碼001）……發生社會問題、發生災變去幫忙是很自然的事。付出就希望你回饋，我們沒有這種想法。我常講一個笑話，全世界交給一貫道也不可能，大家一起來嘛！各有各的使命、各有各的工作，人性的自然流露，那流露完以後，那社會要對我們怎麼看法那是另外一回事。（訪談編碼009）
摩門教	在我們教會的《摩爾門經》〈摩賽亞書2章17節〉裏面有教導：「看哪！我告訴你們這些事，是要你們學習到智慧，使你們知道你們為同胞服務時，只是在為你們的神服務而已」。所以這個就是我們的教義，當我們為同胞服務，我們透過為同胞服務，來表示我們對神的愛或者是表達我們對神的服務。（訪談編碼002）……就是基督的愛！責無旁貸的要去幫助他人。（訪談編碼010）
真佛心宗	幫助別人，不留名，感恩。大家有這個緣，互相成全。（訪談編碼003）……為甚麼要這樣做的話？就是為了減少人世間不良氣息的干擾。（訪談編碼011）
彌勒大道	彌勒大道做許多事情的訴求點，是因為彌勒佛有大願：讓所有的家庭幸福美滿，社會安寧和諧，國泰民安、富裕康樂，世界能永世太平。（訪談編碼004）……唯一的動機和目的，就是實現世界一家！所以「承擔社會責任」這是所有彌勒弟子的良心本份事！彌勒佛教導我們，本彌勒大道的宗旨以及信仰和教義的實踐，就是人人要做出「慈──利他」的事實，才能帶來「快樂、逍遙的人生；幸福、美滿的家庭；安寧、和諧的社會；富裕、康樂的國家；光明、太平的世界」。最後讓地球成為至真、至善、至美的大自然樂園。（訪談編碼012）

訪談對象	主要論點
天理教	我們其實是遵照我們的教祖、父母神的教導的教義（「欲觀人類過康樂生活，並與人同樂」之神意），是遵照那個來做的社會實踐。（訪談編碼005）……天理教就是很自然的是以「救人」當做是我們的社會責任。所以說，策略方面比較弱，並不是說刻意這樣做的話天理教會發展，不是這種想法來做，只是純粹的要救人，這是天理教教祖的宗旨。所以做「聖舞」和行使「神授」是最基本的，然後想到教祖那種救人的精神來做的救濟，像救災隊，這並不是策略，是很自然而然的、是發自內心，信仰上我應該這麼做而已。（訪談編碼013）
統一教	我們教義的核心其實就是真愛、為別人而活的生活、為別人而活的精神。（訪談編碼006）……對於這個社會實踐或是宗教的實踐，我們的教義就是會促使我們要為別人而活作為出發點。另外，我們也是為了神的盼望，神盼望這樣，我們就代替人、代替其他人來完成神的盼望吧！就是想要來實現神內心裏面的渴望。另外一個就是，我們通過這樣的一個活動，可以給世人作為親身參與的內容。……所以，我們這樣做可以說是教義使然，同時也是為了神的心情跟盼望。……說真的，我們就是希望說能夠給人類更美好、幸福的一個未來。這是人類共同的理想、也是神的盼望。就是能夠在這地上建立一個神所盼望的理想的國度、建立神的國度、建立理想世界，建立自由、沒有戰爭、沒有衝突、沒有分裂的一個世界。（訪談編碼014）

訪談對象	主　要　論　點
玄門真宗	我們辦任何一個活動，第一個應該都不離我們的教義。……我們的教義就是神祇就是要救贖眾生、要承擔這個社會的苦難、要善盡你這個宗教本來就是要救渡眾生的使命。……第二個，因為我們有學生、有修士二、三百人；那這樣子我們需要透過活動來培養、培訓這些人。所以，任何一個活動或任何一個對社會的幫助、救助活動，我們都在培養內部的人，讓他能更有能力、對社會的貢獻更有技能；那另外也在弘揚教義，讓人家更認識這個宗教。（訪談編碼007）……有眾生才有菩薩。……所以我們承擔的動機就是：「救贖」是我們主要的責任。所以我們的三大使命就是：選賢、拔聖、渡九玄，今天之所以要有玄門真宗，就是要做事、就是要承擔社會的責任、承擔眾生的苦。那從承擔社會的責任、承擔眾生的苦來修養，讓自己成就。所以有二個動機，第一個外在動機是要你去幫助別人，然後願意去做社會的承擔。但是幫助別人承擔，相對的回到內部的修養自己、讓自己承擔。（訪談編碼015）
天帝教	其實師尊告訴我們一個很重要的，我們在念誥、在為求上帝解救天下蒼生，在念皇誥的那個很重要的一個心理，就是一定「不為己身設想、不求個人福報」。我們從來不會說我念了這個皇誥，能夠祈求上帝讓我生意賺錢、或者讓我事業發達，或者個人的修就，從來不會放在上面的。你只有去拯救天下蒼生、只有天下蒼生、全世界的人類都好了，你才可能好。（訪談編碼008）……其實，宗教人或者一般我們要教化的社會人士都要給他們一種「人饑己饑、人溺己溺」的精神，尤其是宗教人更要發展出這種慈悲心。以天帝教來講，為什麼天帝教要復興？就是不忍人之仁。所以，看到這種社會有難，……我們只要力量所及，我們只要我們自己知道，我們就應該去救助，我想這是同樣道理。它並不在我們的教義，也不在我們的宗旨裏面。（訪談編碼016）

資料來源：本研究整理

二、關於社會實踐的「實施名義」問題

　　首先，關於社會實踐的「實施名義」問題，對於當代臺灣新興宗教而言，當面對臺灣社會（或全球）苦難問題時，其進行社會實踐的實施名義為何？通常是以該宗教的名義來做？還是會另外成立其他社會團體的名義來做？

　　從深度訪談瞭解到，當代臺灣新興宗教在進行社會實踐時所使用的名義，有下列兩種情況：一是，純粹用其宗教的名義來做；

> 　　基本上還是用「一貫道」的名義。（一貫道，訪談編碼009）

> 　　在臺灣來講的話我們就只有一個財團法人的登記，所以任何的活動都是用這個「教會」的名義來參與。（摩門教，訪談編碼010）

> 　　都是直接用「天理教」的名義來做，例如：「天理教救災聖勞隊」。（天理教，訪談編碼013）

> 　　我們就是用「中華真佛心宗教會」這八個字而已。（真佛心宗，訪談編碼011）

　　二是，除了用宗教的名義之外，亦會通過成立其他社會團體的名義來開展其對於社會教育、教化、社會服務、公益慈善事業……等社會實踐工作。

> 　　從1997年至2005年，我們是以「天恩彌勒佛院」名義，……把良心道德文化藉寓教於樂方式推展開來！從

2006年到現在，以非宗教性的「國際熱愛大自然促進會」的名義，在世界各國中、小學推展熱愛大自然文化。（彌勒大道，訪談編碼012）

都有！因為我們統一教在臺灣有不同的社會活動分工，所以我們成立了一些不同的相關社會團體，這些不同的社會團體在不同的社會領域來推動我們的理念、我們的影響。……雖然是有不同的團體，但她的方向是一樣、目的性也一致，可以說是整體的一起在推動，有宗教面、那也有社會團體面。（統一教，訪談編碼014）

以我們教門裡就有三個：一個叫宗教團體；一個叫社會團體，我們有一個國際尊親會；有一個叫學會，學術團體。所以為了要完成這個事情，我們用三個面。宗教方面就用宗教儀軌；做慈善的就是用社團，用尊親會的名義；那到進入學校，就用學會。所以有學術單位的名稱、有社團的、有宗教的。（玄門真宗，訪談編碼015）

在天帝教之外我們有四個輔翼單位，一個就我剛講的紅心字會；另一個就是天帝教總會，總會就是做宗教交流這一塊；然後還有一個極忠文教基金會，她本身就是做關於中華文化的這塊。我們另外還有一個輔翼單位是出版公司，帝教出版社，就是出版一些宗教的東西。還有一個就是宗教哲學研究社，最早是由師尊從宗教哲學研究社開始教學生打坐，才有天帝教後來的這些規模。所以有四個輔翼單位，在不同的領域、不同的區塊，其實做的就是弘揚宗教東西。（天帝教，訪談編碼016）

從上述分析發現，在受訪的新興宗教當中，純粹用其宗教
名義來做的新興宗教共計有一貫道、摩門教、天理教和真佛心
宗等四個宗教團體。對於一貫道來說，由於其「組線」眾多，
並且有的「組線」業已成立基金會或其他的社會團體來從事相
應的社會實踐工作。但為了有效統合、建立形象並擴大影響
力；因此，在「中華民國一貫道總會」成立之後，在整體對外
的口徑上，大體是以「一貫道（總會）」的名義來從事其宗教
層面或者是社會層面的實踐工作。至於摩門教，由於該宗教是
一世界性的宗教組織，並且從國外傳入臺灣；因此教會所有的
政策與實施均由美國總部統一制定、頒佈。即便在臺灣，遇災
難發生需要援助或物資捐贈時，亦是由臺灣教會方面直接報請
美國總部核示後，再來支持相關的救災援助。所以，對摩門教
來說，任何活動基本上都是以教會的名義參與，除非教會在當
地國家、地區無法登記或限於法令問題而無法使用時，才會使
用「後期聖徒慈善協會」（LDS Charity）的機構和名義來做。
至於天理教，由於該宗教在日本業已發展成為頗具規模的宗教
組織，並已建立從學校、醫療、養老院、孤兒院等相關的社會
教育與服務體系；因此，天理教表示在其承擔社會責任時，都
是直接用天理教的名義來做。最後，就真佛心宗而言，其並非
以宗教團體的名義向內政部登記成立，而是以社會團體的名義
登記成立，但對外基本上，均是以宗教團體的名義和型態呈
現。

　　至於，除了用宗教的名義之外，亦會另外成立其他社會
團體的名義來進行社會實踐的新興宗教則計有彌勒大道、統一
教、玄門真宗和天帝教等四個宗教團體。探究其主要的原因乃
在於：發展策略上的考量或者是為有效執行上的考量。例如：

彌勒大道，在其進行社會實踐過程中，原則上若屬於宗教性的活動，主要是以「天恩彌勒佛院」的名義來推展良心道德文化；若屬於非宗教性的活動，則是以「國際熱愛大自然促進會」的名義來推展熱愛大自然文化。至於統一教，由於是一國際性宗教組織，並且從國外傳入臺灣；因此許多政策制定和機構設立，均是配合著韓國總部的指示來執行。同時其在臺灣因有不同的社會分工，所以在社會的不同領域亦成立相關的社會團體來推展統一教的理念和影響。因此，除了「統一教臺灣總會」之外，亦成立了「環宇國際文化教育基金會」、「世界和平婦女會臺灣總會」、「中華青少年純潔運動協會」、「中華世界和平超宗派超國家協會」、「中華民國世界和平教授學會」、「世界和平統一家庭聯合會」、「中華民國大學原理研究會」等社會團體，來推展其社會實踐的工作。至於玄門真宗，為了要完成其立教的使命，因而通過宗教、社會和學術等三個面向來展開。在宗教方面就用宗教儀軌，是以「中華玉線玄門真宗教會」的名義來做；在慈善方面的就是用社團，是以「玄門真宗國際尊親會」的名義來做；在學校方面就用學會，是以「中華關公信仰研究學會」的名義來做；亦即，藉由這三個面向，在社會的不同領域推展其社會實踐的工作。至於天帝教，則除了通過「中華天帝教總會」的名義之外，另外亦成立了「中華民國宗教哲學研究社」、「中華民國紅心字會」、「極忠文教基金會」、「帝教出版社」等社會團體，在其所關注的社會領域裡推展社會實踐的工作。

在此，不論是純粹以宗教名義來做或者是另外再成立其他社會團體的名義來做，「體」、「用」之間是不可分的；「信仰」與「實踐」是一體之兩面，缺一不可。藉由知、信、行的

過程——學習真理，相信真理，最終乃至最重要是在於實踐真理。即便是「實踐」本身，其中亦包含了二個重要層面：一是宗教層面的實踐，其藉由宗教儀軌來達成。例如：祈禱、冥想、獻精誠、祈福、祭祖、超渡、誦誥……等等；二是社會層面的實踐，其藉由社會實踐來達成。例如：教育、教化、賑災、救災、社會服務、公益慈善事業、學術活動……等等。

　　因此，綜合以上論述，由於受訪的新興宗教，其各自宗教的類型、規模、實力、影響力的不同；是故對社會實踐所考量的重點、針對性或發展策略上亦有所差異，以致在實施名義上亦呈現出多元的樣貌。但究其本質而言，均是「體」、「用」的關係與呈現。

表4-5：當代臺灣新興宗教關於社會實踐的實施名義問題

訪談對象	主要論點
一貫道	基本上還是用一貫道的名義。（訪談編碼009）
摩門教	在臺灣來講的話我們就只有一個財團法人的登記，所以任何的活動都是用這個教會的名義來參與。但是在國外部份的話，有些地方教會沒辦法登記，教會會用有一個叫「LDS Charity；後期聖徒慈善協會」，用這樣的機構來做，因為那是限於法令的關係。（訪談編碼010）
真佛心宗	我們是用社團法人，用「社團法人中華真佛心宗教會」的名義去做。我們其實也沒有很強調社團法人，但政府規定你一定要用社團法人。不好意思我們就很少去用它，對政府方面的話一定要用社團法人，但對外的話我們就很少用社團法人。我們就是用「中華真佛心宗教會」這八個字而已。（訪談編碼011）
天理教	都是直接用天理教的名義來做。例如：天理教救災聖勞隊。（訪談編碼013）
統一教	都有！因為我們統一教在臺灣有不同的社會活動分工，所以我們成立了一些不同的相關社會團體，這些不同的社會團體在不同的社會領域來推動我們的理念、我們的影響。教會當然是以宗教方面、以人的心靈的陶冶這方面做比較多的靈修的活動。我們有婦女的團體來推動婦女界、有大學生的團體去推動校園的活動、也有服務的單位推動服務的活動、也有教授學會去推動學術方面、文化藝術方面我們也有文化基金會來推動。所以，各不同的領域我們基本上有一些不同的社團在推動。……基本上這些社會團體都是我們統一教的會友他們去成立的，所以雖然是有不同的團體，但她的方向是一樣、目的性也一致，可以說是整體的一起在推動，有宗教面、那也有社會團體面。（訪談編碼014）

訪談對象	主要論點
彌勒大道	從1997年至2005年，我們是以「天恩彌勒佛院」名義，培訓志工在臺灣、香港、韓國、馬來西亞、泰國、緬甸、印尼等地舉辦大型的良心光明大會，以良心道歌和良心戲劇相互結合，把良心道德文化藉寓教於樂方式推展開來！從2006年到現在，以非宗教性的「國際熱愛大自然促進會」的名義，在世界各國中、小學推展熱愛大自然文化—熱愛天、地、人、萬物的文化。（訪談編碼012）
玄門真宗	以我們教門裏就有三個：一個叫宗教團體（玄門真宗）；一個叫社會團體，我們有一個國際尊親會；有一個叫學會（關公信仰研究學會），學術團體。所以為了要完成這個事情，我們用三個面。那宗教方面就用宗教儀軌；那社團的部份在做愛心，我們有五個道場：臺北、神岡、大林、彰化、斗南，每一個道場附近都有將近20、30個里，每個里都有發平安米，都有救助人家，做慈善的就是用社團，用尊親會的名義。那到進入學校，就用學會。……所以為了要配合她們的方便，所以有學術單位的名稱、有社團的、有宗教的。（訪談編碼015）
天帝教	在天帝教之外我們有四個輔翼單位。一個就我剛講的紅心字會；另一個就是天帝教總會，總會就是做宗教交流這一塊；然後還有一個極忠文教基金會，她本身就是做關於中華文化的這塊。……我們另外還有一個輔翼單位是出版公司，帝教出版社，就是出版一些宗教的東西。……還有一個就是宗教哲學研究社，最早是由師尊從宗教哲學研究社開始教學生打坐，才有天帝教後來的這些規模。所以有四個輔翼單位，在不同的領域、不同的區塊，其實做的就是弘揚宗教東西。不一定是天帝教的東西，天帝教所做的就是希望每一個人心胸能夠擴大。（訪談編碼016）

資料來源：本研究整理

三、關於社會實踐的「施行方式」問題

　　其次，關於社會實踐的「施行方式」問題，對於當代臺灣新興宗教而言，當面對臺灣社會（或全球）的苦難問題時，其社會實踐的施行方式為何？通常是該宗教自己單獨作？還是會聯合其他宗教一起執行？而聯合的具體方案又是甚麼？

　　訪談發現，當代臺灣新興宗教在進行社會實踐時，基本上是傾向於自己做；雖然皆認同宗教之間的合作，但鑒於宗教的排他性或自身宗教的影響力等因素而會傾向於自己做。

> 　　我們目前都是自己來，……其實我們是拿別人的模式，別人已經有的模式在做。（真佛心宗，訪談編碼003）……主要還是自己來，聯合機會有但是不多。這十幾年來不超過二十次。主要原因是，我們做的這些，別人都沒有辦法配合。我們所做的教育、教化，別人就不一定能做得到。（真佛心宗，訪談編碼011）

> 　　都是我們教會自己做。或許在大家看來我們在社會服務的方面比較欠缺也說不定。（天理教，訪談編碼013）

　　如果條件合適的話，例如：共建平臺（一貫道）、共同參與社會性的活動（彌勒大道）、以及需要結合更多力量時（天帝教），亦不反對一起聯合做。

> 　　有聯合其他宗教一起執行的，亦也有自己做的，都有。例如南亞海嘯，發生災變時，我們聯合當地的宗教團體，還有斯里蘭卡的國會議員。（一貫道，訪談編碼001）……在國內的話基本上就是用平臺的方式大家一起來做。（一貫道，訪談編碼009）

> 　　彌勒大道雖然都是比較趨向自己來做，但是不排斥與其他宗教一起聯合，……比較屬於宗教意識形態的活動，

我們就會考慮要不要參加。屬於社會性的活動都會儘量配
合，但若是屬於宗教性的活動則會有所斟酌。（彌勒大
道，訪談編碼004）

像社會實踐部份的話，……我們有各個功能不同的輔
翼單位，我們會去做這樣的事情。所以，對於社會實踐方
面，可能我比較不會去聯合其他宗教。但是，你需要大家
一起來認同這個工作、需要結合更多力量的時候，我們就
會去聯繫其他宗教一起來做。（天帝教，訪談編碼008）

然而也有新興宗教領袖表示，主要還是以聯合方式居多。

不一定是宗教，像過去兩年我們都有跟新環境基金
會，在世界清潔日一起參加全省的清潔活動。目前是跟
非宗教團體比較多，……在人道援助，就是對於社會方面
的，我們通常都會找一個相關的組織來一起做。基本上，
我們希望就是有一個相關的機構一起做。（摩門教，訪談
編碼011）

當然聯合其他宗教一起做是最好。……但是要大家一
起來做時，的確有它的困難，因為每個宗教都有她想扮演
的角色。（統一教，訪談編碼006）

那合作的話，我們幾乎很少自己做。我們的用意是把
事情做好，我們不介意也不會說只要自己做，我們會邀請
很多單位一起做。（玄門真宗，訪談編碼015）

從上述分析看來，在這些受訪的新興宗教當中，首先，
「傾向於自己做」的新興宗教計有真佛心宗和天理教等二個宗
教團體。對於真佛心宗而言，其主要原因在於：第一，自身宗
教基台的限制。由於真佛心宗目前規模不大，對於宗教合作，
通常都是去參與其他宗教主辦的活動而非自己主辦，因此從成

立至今十幾年來一起聯合進行社會實踐的機會不超過二十次；第二，真佛心宗認為目前該宗教所進行的這些社會實踐工作，其他宗教並無法配合。至於天理教，由於在台規模亦不大，如果合作的話亦是以參與其他宗教或政府主辦的活動為主；對於社會實踐方面則主要側重於通過奉行「聖舞」和施行「神授之理」來進行，並藉由信徒組成的「救災聖勞隊」來進行災難的救助，以及通過「全教一起聖勞日」來進行淨街、淨灘等社會實踐的工作。

　　其次，「如果條件合適，亦不反對一起聯合執行」的新興宗教則計有一貫道、彌勒大道和天帝教等三個宗教團體。對於一貫道而言，在災難發生當時，經常會動員道親前往災變現場提供素食餐盒給予災民、救災人員和志工食用，並鼓勵道親積極參與災難現場的救助工作。由於一貫道教團的規模相當龐大，因此亦會積極參與由其他宗教團體、民間組織或政府發起的平臺一起聯合進行社會實踐工作。至於彌勒大道則認為，由於宗教本身就存在著排他性，所以一起聯合執行的現象，在臺灣的宗教界中並不多見，亦未形成一股風氣，並且在世界上對於宗教聯合的情況亦不算多。所以原則上是比較傾向自己來做，但也不會排斥與其他宗教一起聯合執行。雖然彌勒大道表示，有時會想去聯合其他宗教一起做社會實踐的工作，但深感宗教本身既有的排他性依舊存在，如果自身太過積極主動，又怕引起其他宗教的顧慮和猶豫而作罷。同時自覺本身宗團實力還不是很大，因此亦不希望別人誤會聯合的目的是在攀龍附鳳；所以，基於多方考慮，還是會先自己去做。但是，若遇其他宗教邀請，則會考慮共事的範圍和內容，在具備客觀因素之下，還是會接受邀請、前往共事。並盡可能的在時間上、各方

面的需要上配合。因此，彌勒大道的基本態度就是，比較屬於宗教意識型態的活動，就會考慮要不要參加。比如說，宗教博覽會；將各宗教集合起來，各自論述自己的宗教門派，展示自己的宗教產品，像這種比較屬於宗教性的活動，就不參加。若是比較屬於社會活動的都會儘量配合，例如政府舉辦的「八八水災」聯合祈福大會等。至於天帝教則是認為，所有的宗教本來就是一家，各宗教只是去渡適合自己宗教的人；所以，有很多活動雖是由天帝教主辦，但會邀請其他宗教一起來合辦。例如：祈禱會或全國祭祖大典。至於社會實踐部份，由於自身另有成立各個功能不同的輔翼單位，所以在社會實踐方面，其態度是比較不會去聯合其他宗教來做。然而，若是需要結合更多人來共同參與時，比如說，南亞海嘯——前往斯里蘭卡幫助受災國家建造簡便房屋時，就會結合一貫道、靈鳩山、天主教明愛會等一起執行。還有像先前發生SARS時，當時亦結合了一貫道、天主教還有佛教……等「中華民國宗教與和平協進會」的成員，一起去和平醫院為患者和醫護人員加油打氣。所以，天帝教表示，當需要大家一起來認同這個工作、需要結合更多力量時，就會聯繫其他宗教共同來做。

　　最後，「主要以聯合施行方式居多」的新興宗教共計有摩門教、統一教和玄門真宗等三個宗教團體。對於摩門教來說，其在社會實踐方面的基本原則就是找一個相關組織一起執行，同時亦希望教友共同參與實際的社會實踐工作。然而，摩門教亦指出，由於每個宗教團體自身都有一些既定活動，因此，有時亦較少會被邀請一起參與聯合執行。目前摩門教主要還是與非宗教團體和政府單位一起合作較多。至於統一教則認為，在其所舉辦的理想家庭創建運動的祝福典禮、祝福活動，超宗

派、超教派運動，婦女活動，世界和平運動......等，由於這些活動具有普遍性，所以會邀請不同的宗教、不同的民間團體、不同的族群，大家一起來做。因此，若能聯合其他宗教一起合作是最好，會更有意義和更有力量。但是，其亦發現當實際執行時，的確也有它的困難存在；因為在合作過程中每個宗教都有她想要扮演的角色，所以聯合並非那麼容易。至於玄門真宗則表示，為了要將其主神關公所指示的事情做好，所以會邀請很多單位一起執行。例如成年禮，則會邀請學校配合縣政府一起來做；還有宗教博覽會，則會邀請所有宗教單位和縣政府一起合辦。然而，在執行過程中，特別是宗教博覽會，其原本用意是為搭建一個平臺、一個博覽，因此會聯和其他宗教團體一起合作。但也因為宗教排他性太大，所以玄門真宗在連續七年舉辦之後的結果認為，「聯合」其實是很不容易的。

　　綜合以上論述，若依「宗教實踐論」之「全球責任」觀點來看，尼特原本希望通過「全球苦難」作為宗教合作與對話的新契機，同時藉由「全球責任」成為宗教合作與對話的共同基礎；但是當這樣的觀點投射在這些受訪的新興宗教時，並無法得到相應的印證。因為，即使這些受訪的新興宗教均認同社會（或全球）苦難的問題，也都設法回應並解決，但當涉及到聯合實施時，卻有著現實上的困難存在。縱使某些新興宗教表示，在其進行社會實踐時是以聯合執行的方式居多，但進一步分析發現，其主要考量的重點並非在於如何增進彼此間的合作、對話與瞭解，而是著重在如何把事情做好，以及在未來相互的支援與配合。因此，從上述深度訪談的結果看來，當代臺灣新興宗教關於社會實踐的施行方式，其實和尼特「宗教實踐論」之「全球責任」的主張之間仍存在著相當程度的落差。

4-6：當代臺灣新興宗教關於社會實踐的施行方式問題

訪談對象	主 要 論 點
一貫道	有聯合其他宗教一起執行的，亦也有自己做的，都有。例如南亞海嘯，發生災變時，我們聯合當地的宗教團體，還有斯里蘭卡的國會議員。（訪談編碼001）……我們道親都有自己下去；另外臺灣這邊的宗教界，比如說靈鳩山宗教博物館，他們也發起過。在國內的話基本上就是用平台的方式大家一起來做。（訪談編碼009）
摩門教	不一定是宗教，像過去兩年我們都有跟新環境基金會，在世界清潔日一起參加全省的清潔活動。……目前是跟非宗教團體比較多，因為其實每個宗教團體自己本身都有一些活動。有時候我們比較少被邀請。（訪談編碼002）……在人道援助，就是對於社會方面的，我們通常都會找一個相關的組織來一起做。比如說，新莊盲人醫院，……基本上，我們希望就是有一個相關的機構一起做，另外就是我們希望教友能夠一起參與實際的工作。（訪談編碼010）
真佛心宗	我們目前都是自己來，因為我們要自己來做出成績之後，我們才能夠跟其他宗教，按照這個模式。其實我們是拿別人的模式，別人已經有的模式在做。（訪談編碼003）……我們大都自己做比較多，聯合機會有但是不多。這十幾年來不超過二十次。主要原因是，我們做的這些，別人都沒有辦法配合。我們所做的教育、教化，別人就不一定能做得到。我們說心靈改革，別人也不見的做的到，只有淨空法師有辦法做到這一些。其他講真的，像慈濟、法鼓山、中台根本都沒有辦法做到這一些。（訪談編碼011）
天理教	都是我們教會自己做。或許在大家看來我們在社會服務的方面比較欠缺也說不定。在臺灣一般人可能會認為你們天理教好像沒有甚麼社會服務的活動，那其實就是因為我們天理教本部本身是一個非常龐大的體系，那邊就是從學校、醫療、養老院、孤兒院的設備完全都具備了，所以在日本的話也是非常受到肯定的。那在臺灣我們信者的力量要做到這些還辦不到。（訪談編碼013）

訪談對象	主要論點
彌勒大道	因為宗教本身就是有排他性，所以一起聯合，好像在臺灣不多，其實在世界各地也不多。彌勒大道雖然都是比較趨向自己來做，但是不排斥與其他宗教一起聯合，……基於多方考慮，我們還是先自己去作。但是如果他教有邀請我們一起來做，我們考慮共事的範圍與內容，在具備客觀因素之下，還是會接受邀請、前往共事。……我們盡可能的在時間上、各方面的需要都儘量地配合。除非是一種比較屬於宗教意識形態的活動，我們就會考慮要不要參加。屬於社會活動的我們都儘量配合，屬於宗教性活動我們有所斟酌。（訪談編碼004）
統一教	當然聯合其他宗教一起做是最好。在過去我們有許多的超宗派，在基督教裏面，不分你我的教派的差異，我們來對現實的社會或人類來做一些貢獻。那超宗教，各自不同的宗教，大家一起來。比如說，和平的運動、世界和平運動，當然是大家一起來做會更有意義、更有力量的，我們當然是能夠希望這樣子。但是要大家一起來做時，的確有它的困難，因為每個宗教都有她想扮演的角色。（訪談編碼006）……有我們自己做的地方，也有大家一起來合作的地方。像我們理想家庭創建運動的祝福典禮、祝福活動的時候，我們為了要讓其成為普遍的社會風氣，所以邀請不同的宗教、不同的民間團體、不同的族群，大家一起來做。所以它是很廣泛的。那像超宗派、超教派運動，我們也是有不同的宗教團體，大家一起來參與、一起來協助。婦女活動也是不分這些宗教的差別，像這樣的話都是有它的普遍性，不一定非要我們這些宗教信仰者來做。但是，比較像宗教方面或靈修活動的話，那當然是比較我們教會在做。（訪談編碼014）

玄門真宗	基本上是我們自己作，但是也聯合，像宗教博覽會都在聯和其他單位作。但因為宗教排他性太大，聯合上其實是不容易。（訪談編碼007）那合作的話，我們幾乎很少自己做。我們的用意是把事情做好，我們不介意也不會說只要自己做，我們會邀請很多單位一起做。像成年禮，我們就會邀請學校配合縣政府單位一起。那另外宗教博覽會我們就邀請所有宗教單位一起做，我們的目的是要把工作的本來意義做好。所以我們有很多工作是，我們只負責去把它做好，到後來連頒獎我們都不現身。像宗教博覽會，我們連續辦了七屆，每一次的開幕式剪綵我們的人都沒有上去，我們就是把它做好以後，我們當工作人員，然後開幕剪綵我們就是邀請所有宗教一起上去開幕剪綵，那我們的人都退下來。所以我們的教義、戒規，關公的要求很嚴格。像包括成年禮一樣，我們通通幫它做好，錢我們出，場面我們佈置，禮品什們都是我們做，但是上去頒獎、做主持的都是政府官員、其他的社團，我們就站在旁邊做行政工作這樣。所以我們都是聯合比較多。（訪談編碼015）
天帝教	天帝教最後要達到的是一定要宗教大同。……我們會以所有的宗教本來就是一家那種心態，因為所有的宗教本來就是一家，只是你去渡適合你的人，那當我們要一起作事的時候，你本來就是要大家一起來。所以，有很多活動雖是由天帝教主辦，但是是邀請大家一起來合辦。像類似這樣的祈禱會或者是全國的祭祖大典。像社會實踐部份的話，我們有各個功能不同的輔翼單位，我們會去做這樣的事情。所以，對於社會實踐方面，可能我比較不會去聯合其他宗教。（訪談編碼008）……但是我們需要更多人參與的時候，好比說像南亞海嘯，去斯里蘭卡幫他們建造簡便房屋的時候，那時候我們是結合一貫道、結合靈鳩山、還有結合天主教的明愛會……。像以前SARS的時候，那時大家進入極度的恐慌。那時候我們結合了一貫道、天主教還有佛教，那個是「宗教和平協進會」的成員，我們就結合這些宗教去和平醫院。……其他的像地震、風災、土石流，我們也有結合其他宗教，我們自己也有做。……救助急難的部份、共同祈禱和平等也都是結合。因為你需要大家一起來認同這個工作、需要結合更多力量的時候，我們就會去聯繫其他宗教一起來做。所以，看情形！其實都有。（訪談編碼016）

資料來源：本研究整理

四、關於社會實踐的「具體作為」問題

再次，關於社會實踐的「具體作為」問題，對於當代臺灣新興宗教而言，當面對臺灣社會（或全球）苦難問題時，在其進行社會實踐時，都有哪些具體的實踐作為？

從深度訪談的資料顯示，當代臺灣新興宗教社會實踐的具體作為基本上包括以下這些領域：一、舉行祈福、祭祖、超渡法會；二、興辦教育事業與教化工作；三、參與賑災、救災工作；四、興辦社會服務與公益慈善事業；五、舉辦學術研討會議等。由於尼特提及的苦難包括了身體、地球、精神和暴力等苦難，其範圍和對象則涵蓋了全球的人類與生態。因此，為解決這些苦難，尼特倡導「全球責任」的概念，呼籲宗教徒應為「全球苦難」負起「全球責任」。雖然訪談結果顯示，受訪的新興宗教整體關於社會實踐的具體作為似乎亦涵蓋各個領域，但是若以個別新興宗教的社會實踐來看，所要解決的苦難問題和關心的層面其實並沒有像尼特所區分的那樣細緻和全面，基本上還是以臺灣當地為主；雖然亦有全球性的關懷，但涉及的領域相對來說還是比較有限的。（參見表4-7）例如：一貫道，對於全球性的關懷部份，則是透過一貫道海外分會反映其他國家所需支援救災、救難部份，或者是聯合其他宗教對於受災國家進行災難救助，但層面和範圍主要還是以自然災害所造成的苦難為主。對摩門教來說，關於全球性的實踐關懷，主要是在於「乾淨的水、新生兒的照顧、視覺、輪椅」等幾個大方向上；即使摩門教在美國教會總部設有「福利廣場」以隨時進行災難的救助，但實際作為仍較傾向身體苦難的解決。對彌勒大道而言，屬於全球性關懷部分，則是通過推廣熱愛大自然文

化,強調對地球暖化、氣候反常議題的關心,從而解決地球的苦難問題。對天理教而言,對於全球性的關懷,則是通過天理教日本總部的「救災聖勞隊」以協助救援其他國家因自然災害所造成的苦難為主。對統一教而言,對於全球性的苦難回應,則是通過醫療、社會服務與海洋事業以解決身體的苦難;同時通過「中東和平計畫」以解決猶太教、基督宗教、回教等亞伯拉罕子孫之間的衝突所引發的宗教或暴力的苦難問題。至於天帝教,對於全球性的苦難議題,則是通過聯合其他宗教來進行受災國家的災難救助,但層面和範圍主要還是在於自然災害所造成的苦難為主;同時,強調藉由「誦皇誥」的方式以解決核子浩劫的威脅等可能因戰爭的衝突所引發之暴力的苦難問題。

由於當代臺灣新興宗教普遍認為,「苦難的根源」主要是來自於「人心」的問題,因此在其進行社會實踐時,均強調了「人心教化」和「社會教化」的重要性。此外,受訪的新興宗教表示,人世間的許多苦難亦是源自於「靈界」的問題,因此亦會協助眾生解決因已故的祖先、親人或「亡靈」所帶來的困擾和苦難問題。然而,關於這方面的描述,在尼特的論述裡相對來說卻是比較缺乏的。

表4-7：當代臺灣新興宗教關於社會實踐的具體作為問題（一）

訪談對象	當代臺灣新興宗教 社會實踐的具體作為	解決 身體 苦難	解決 地球 苦難	解決 精神 苦難	解決 暴力 苦難
一貫道	通過實際的社會救災、救助工作，興辦教育、教化事業，例如：國學、讀經、講座、研習活動、音樂會……等；公益慈善事業，例如：慈善機構、醫療服務、社會福利工作、急難救助、素食……等。	是	不明確	是	不明確
摩門教	通過乾淨的水、新生兒的照顧、視覺、輪椅等幾個大的方向上；譴責暴力；實際的社會救災、救助工作。	是	不明確	不明確	部份
真佛心宗	通過教育、教化；心靈淨化；生活安定；亡靈入學。	部份	不明確	是	不明確
彌勒大道	通過實際的社會救災、救助工作；心靈和社會教化，例如：良心道德文化、熱愛大自然文化。	部份	是	是	不明確
天理教	通過奉行「聖舞」以及教導「神授之理」；實際的社會救災、救助工作、淨街、淨灘、財物捐贈。	是	不明確	是	不明確
統一教	社會服務、義工培訓；心靈和社會教化，例如：倫理道德教育、人格教育、真愛教育、家庭教育；祖先解怨；學術活動、國際會議；和平慶典……等。	是	不明確	是	部份
玄門真宗	通過教化及社會服務；家庭教育、志工表揚、善書展覽、資源回收、救濟品發放、居家關懷、諮商服務……等。	是	不明確	是	不明確
天帝教	通過祈禱和誦皇誥；宗教學術活動、靜坐研習、賑災、受刑人家屬服務、老人在宅服務、一般社會工作……等。	是	不明確	是	部份

資料來源：本研究整理

表4-8：當代臺灣新興宗教關於社會實踐的具體作為問題（二）

訪談對象	主要論點
一貫道	我們前臺中縣的理事長，在921地震發生時，就只剩下一個女兒，大太太受傷了，他就請信眾幫忙照顧，他一個人車子騎著就到災區去了。他就是很直接的、很具體的投入災區裏面。……一貫道在各種救災裏面做了很多，我們還有一個特色，比如說便當的菜色種類很多。去年大水災很多大學生去救災，卷起袖子就跟大家一樣，下來時候滿身臭汗、臭泥巴，不要緊，救災第一，投進去了。我們也有跟內政部申請一個專戶，最近紅十字會臺南那邊有個災區，問我們說：你們願不願意接？我們說好，可以！又提到說小林村要建立一個文化中心，是不是可以，我們說可以，那一百萬就進去了。（訪談編碼009）
摩門教	在人道援助，就是對於社會方面的，我們通常都會找一個相關的組織來一起做。比如說，新莊盲人醫院，我們會和他們一起做。我們實際上是救助這些盲人，但我們會跟新莊盲人醫院一起做。我們主要是捐房間裏面的衣櫃和桌椅，但是我們也會讓教友們實際去參與。……像這次八八水災，我們也有和慈濟合作，他們興建大愛村的時候。因為慈濟他們有他們自己的人力，他們並不會用外面的人，這部份是只有捐贈財務方面。但像六龜育幼院，我們就有教友親自去做，除了捐贈傢俱之外，我們也有教友去幫他們整理。台東的到最近才結束，也是八八水災之後的一些重建的工作。（訪談編碼010）
真佛心宗	我們對社會公益的話要做到太多、太龐大了。你看，教育、心靈、生活，還有你死後，還可以讓你去讀書、進修，未來還可以代天宣化。就把你生、老、病、死，未來都幫你安頓好了。（訪談編碼011）

訪談對象	主要論點
彌勒大道	從1997年至2005年，我們是以「天恩彌勒佛院」名義，培訓志工在臺灣、香港、韓國、馬來西亞、泰國、緬甸、印尼等地舉辦大型的良心光明大會，以良心道歌和良心戲劇相互結合，把良心道德文化藉寓教於樂方式推展開來！在1999年至2000年，我們在臺灣各縣市文化中心、演藝廳舉辦了三十幾場大型的良心光明大會。從2006年到現在，以非宗教性的「國際熱愛大自然促進會」的名義，在世界各國中、小學推展熱愛大自然文化──熱愛天、地、人、萬物的文化。……921大地震、南亞海嘯、緬甸大風災、四川地震、八八水災、青海玉樹地震……等急難救助工作，彌勒大道皆不遺餘力地全力救助，不論進入災區救難，或是募集捐款、物資賑災、心靈關懷等各項工作，彌勒大道本著人饑己饑、人溺己溺的精神，在救災的工作上奉獻我們最大的力量。（訪談編碼012）
天理教	我們是有一個「救災聖勞隊」，因為規模不大所以跟天理教本部無法相比。遇有災難，水災、風災的時候我們都有出動。921大地震的時候成立的，天理教本部是很早就有了，規模很大。921大地震的時候教友本身都想要投入救災的工作，所以臺灣傳道廳就當作一個窗口，我們就到埔里災區那邊從事救災的工作。八八風災的時候我們也有到嘉義民雄那裏去從事救災的工作。……還有一個全體性的活動就是「全教一起聖勞日」。去淨街、淨灘，以各個地方的教會或教區的人為主，然後大家一起做點社會公益的活動。剛有提到財團法人總會那邊也會有一些賑災金或捐獻，雖然金額不是很大，但是還是都有做一些社會的責任。天理教本部有一個「救災聖勞隊」之外，還有一個就是天理教海外部設的一個「國際救援互助網」，有幾次臺灣發生災變，他們馬上賑災物品就送過來。（訪談編碼013）

訪談對象	主要論點
統一教	當然我們一開始是理念的宣揚傳播，當有一定的會眾的基礎之後，我們在實際的社會活動當中，比如說我們會展開社會倫理道德的規範教育，這個是對年輕人。我們也有讓年輕人大家一起可以通過團體生活中來彼此學習人格跟道德的成長。在90年代我們展開全國性的「祝福運動」或是「理想家庭創建運動」，有年輕的認同彼此堅守聖潔的理念，在神面前宣示建立一個相愛、至死不渝的理想家庭。我們也邀請已經結婚建立家庭的已婚夫婦在神的面前彼此決意，從此能夠互相為著對方堅守真愛、白首偕老這樣一個「理想家庭創建運動」，使社會這個聖潔的愛普遍進入每個家庭裡面，其他的話我們也進行，譬如像學術會議，以教授為基礎的學術會議。我們討論，例如：人格、社會風氣、甚至於是國家的整體倫理道德教育的策略、到世界和平的願景。通過學術會議來宣傳，來實際的展開文化藝術活動。我們也邀請國外的藝術團體，韓國的小天使民族兒童舞蹈團、還有環球芭蕾舞蹈團，具有深刻倫理道德及家庭藝術表演。我們也有社會服務，對於失學的或者是弱勢家庭的小孩子的課業輔導，或者是人格的培養的生活營，我們也會帶著孩子做清潔環境、環保等等社會服務工作。這些以外我們也推動超宗教、超教派運動，雖然我們是新興教派，我們也邀請各種不同的宗教信仰、背景、不同教派，大家一起來貢獻我們的力量，對這個社會能共同的承擔。那對婦女的活動我們也是很積極，來團結婦女的力量，來作為一個家庭的中心來作也是有啦。（訪談編碼014）

玄門真宗	通過「全國宗教博覽會」讓全國的民眾來看看原來宗教有這些東西。所以我們站在要導正宗教風氣的立場上，我們辦了「全國宗教博覽會」。我們為了要讓大家行孝道，我們辦了模範父親、模範母親表揚。那我們為了要鼓勵人家社會服務，我們做全國志工表揚。那這些宗教博覽會、模範父親還有志工表揚這些東西都配合著學校的學術活動，不是只有表面上的表揚，還要求舉辦學術活動。像宗教博覽會我們就辦理宗教的研習活動，像宗教的管理、宗教的問題研習；模範父親就辦理家庭教育的學術活動；志工表揚就辦理志工的研習活動。這些都是我們承擔社會責任的活動。還有成年禮，和縣市政府、學校合作，邀請他們的子女來辦成年禮、來教育小孩。甚至我們有辦全國的繪畫比賽，像這次的八八水災，得獎的作品到災區每一個學校做八八水災的作品展，讓這些災民、學生知道全國這麼多人為你們祈願。完了以後，甚至把這些作品到中部、到其他學校去展覽。所以我們有分宗教面的、社會面的、學校面的，全面在做。（訪談編碼015）
天帝教	像社會的一些你剛提到的貧窮、單親、暴力、老人、孤苦無依的，我們有一個「中華民國紅心字會」，她是我們天帝教的輔翼單位，也是師尊創的。在她的業務裏面等於就是做這些問題：對於孤苦無依的老人的在宅服務、單親家庭的輔導、還有就是受刑人家屬服務，這在全世界我們是第一個做，也是紅心字會最有名的一個代表作。然後還有老人的、單親的、暴力的，等於是社會的比較實際面的、生活比較困頓的，我們就由中華民國紅心字會專門去處理。在天帝教之外我們有四個輔翼單位。一個就我剛講的紅心字會；那一個就是天帝教總會，總會就是做宗教交流這一塊。……然後還有一個極忠文教基金會，她本身就是做關於中華文化的這塊。我們另外還有一個輔翼單位是出版公司，帝教出版社，就是出版一些宗教的東西。……還有一個就是宗教哲學研究社，最早是由師尊從宗教哲學研究社開始教學生打坐，才有天帝教後來的這些規模。所以有四個輔翼單位，在不同的領域、不同的區塊，其實做的就是弘揚宗教東西。不一定是天帝教的東西，天帝教所做的就是希望每一個人心胸能夠擴大。（訪談編碼016）

資料來源：本研究整理

五、關於社會實踐的「結果和影響」問題

最後，關於社會實踐的「結果和影響」問題，對於當代臺灣新興宗教而言，當面對臺灣社會（或全球）的苦難問題時，其社會實踐所帶來的結果和影響為何？對於該宗教自身、信徒、社會大眾和政府又帶來甚麼樣的效益？

雖然，從先前深度訪談所回饋的資料顯示，受訪的新興宗教表示，在其進行社會實踐時，除了純粹是以該宗教的名義進行之外，亦會通過另外成立社會團體的名義以作為其輔翼單位，在社會不同的層面展開社會實踐工作，並藉此帶來相應的結果和影響。至於，實際通過「社會實踐」所造成的結果和影響為何？總合深度訪談結果，主要呈現在以下幾個層面：

第一，在宗教層面：導正宗教亂象。

> 如果以宗教立場來講，其實這幾年我們的發展，我們導正宗教的正信，因為現在宗教來講有很多的亂象，我們在這一方面這幾年對外面或是整個社會、整個宗教界影響很大。（玄門真宗，訪談編碼015）

第二，在個人層面：提昇個人信仰、帶來個人改變、促進個人成就，以及增長個人智慧、德行、福報、財貨等。

> 我當然不能說我們有多麼大的貢獻，而是有許多人來到我們教會的時候，他們真的在信仰上得到很多的滿足、也有很大的復活感。（統一教，訪談編碼014）

> 當我們實踐耶穌基督的教訓時，我們照著他做的事情去做的時候，我們的光自然而然，接觸的人會覺得這些教友一定有甚麼不一樣，那他們願意來多認識一下教會。小孩子加入教會以後，他的父母會看到他的改變。（摩門

教，訪談編碼010）

　　為了要讓自己成就，所以去做社會服務、做社會承擔，所以自己成就了，然後我們對社會也有很大的貢獻。（玄門真宗，訪談編碼015）

　　結果是，……智慧的成長、德行的闡揚、福報的累積、豐厚的受益。（真佛心宗，訪談編碼011）

第三，在家庭層面：帶來家庭的成功和幸福感。

　　我們教會可能最有名的一句話就是「任何成功都不能彌補家庭的失敗」！可能來講，最大的影響可能是你提到在家庭方面。（摩門教，訪談編碼010）

　　然後通過教會所給予的理想家庭的教育，在他們實際的夫婦的生活、家庭的生活裡面真的有很大的幸福感。（統一教，訪談編碼014）

第四，在文化層面：提昇道德文化、推廣熱愛大自然文化。

　　因為我們教門講「仁、義、禮、智、信」，所以我們希望用關公忠孝節義的精神來帶給社會。（玄門真宗，訪談編碼015）

　　這十幾年的「社會實踐」，……無論是宗教性的道德文化，還是非宗教性的熱愛大自然文化，皆是以教育下一代為目標。……目前彌勒大道以跳大自然之舞、大自然快樂操、唱大自然之歌為平臺，全力在各國的中小學推廣熱愛大自然文化，成效卓著，深受校長、主任、老師、學生、家長的歡迎和肯定。（彌勒大道，訪談編碼012）

第五，在社會層面：解決社會問題、培養社會人才。

使整個社會祥和，……如果大家都是教友的話，這城市基本上犯罪率都會比較低。（摩門教，訪談編碼010）

我們做的就是說腳踏實地，一步一腳印的來教育出、培養出真的對社會有益的人才。這是我們對這個社會貢獻，確實一個真正的人格可以形成。（天理教，訪談編碼013）

第六，在政府層面：滿足政府政策需求、成為政府運用資源。

過去我們也是配合政府對社會服務工作的需要，一起來完成一些社會的活動。（統一教，訪談編碼014）

以臺北市政府來講，等於紅心字會所做的工作，幫她們解決了很多的社會問題。所以政府應該認為紅心字會是一個有效的幫助了一些她們力量照顧不到的地方。（天帝教，訪談編碼016）

那對政府來講，有很多事情一貫道也可以來協助，成為政府可以運用的一個資源。（一貫道，訪談編碼009）

在內政部方面，因為我們是全國性的宗教財團法人，所以常常有甚麼事情都會跟她們請教，或者她們有甚麼事情需要教會幫忙做時，她們也會提出來。（摩門教，訪談編碼011）

因為，對於當代臺灣新興宗教而言，「社會實踐」的最大目的即是希望帶來社會的和諧以及建立一個康樂的世界。

當然我們最大的目的是希望社會和諧，社會苦難問題
　　減少到最低程度，大家都安居樂業，我相信全世界所有宗
　　教的盼望都是如此。（一貫道，訪談編碼009）

　　　　在現實的世界裡免不了衝突，……只要我們把天理教
　　的教義、父母神的教導把它宣揚開來，那些衝突、戰爭絕
　　對可以平息，可以建立一個康樂的生活世界。（天理教，
　　訪談編碼013）

　　從以上分析看來，整體而言，這些受訪的新興宗教通過
社會實踐所造成的影響是多方面的，換句話說，對於整個社會
在某種程度上是帶來相當正面的結果和效益。然而，若將這些
受訪的新興宗教分別來看時，其各自宗教所傾向的社會實踐層
面和所造成的影響卻是有所區別的。雖然立教宗旨均是為要解
決社會的苦難，善盡其社會的責任，並盡可能地滿足社會的需
求。但是，由於各宗教的規模、立教時間和側重點不同等因
素，其影響的層面亦是有其差別性和針對性存在。例如：一貫
道的「中華文化經典誦讀」；摩門教的「家庭文化」；真佛心
宗的「禪機破迷障」和「亡靈入學」；彌勒大道的「良心道德
文化」和「熱愛大自然文化」；天理教的「聖舞」和「神授之
理」；統一教的「真愛文化」和「為別人而活文化」；玄門真
宗的「聖凡雙修」；天帝教的「靜心靜坐」和「誦誥」等。
　　至於，「社會實踐」對於該宗教自身、信徒、社會大眾
和政府所帶來的效益方面。首先，對於「該宗教自身」而言：
「社會實踐」即成為該宗教為解決社會（或全球）的苦難問
題，承擔起社會（或全球）的倫理責任，以落實其立教宗旨與

核心教義的宗教實踐。其次，對於「該宗教信徒」而言：「社會實踐」則成為信眾信仰的修行與實踐場所。第三，對於「社會大眾」而言：由於新興宗教經常倡議所謂的「末世思想」，並以改造社會和世界為己任。因此，比較容易與既有（主流）社會的價值和思想體系存在著某種程度的緊張、對立關係。然而，若從這些受訪的新興宗教來看時，其實與臺灣整體社會之間是保持著相當和諧的關係存在。雖然早期，由於政治體制、傳統宗教等因素影響，導致某些新興宗教遭受政府的禁教；但隨著社會的變遷和政治體制的轉變，致使新興宗教團體逐漸取得合法的身份，並得以自由開展其宗教的傳佈與實踐。但是，若再進一步探究其為社會大眾認同之更深層原因時，則關鍵乃在於，這些新興宗教團體除了傳播真理與「渡人」之外，其亦投入大量的人力、物力在從事心靈和社會的教育、教化工作，並參與甚至接受政府委託興辦許多的社會服務與公益慈善等所謂的「救渡眾生」的事業。因此，對於整體社會而言，是帶來相當正面的影響和促進效果，甚至起到引領作用。例如：中華文化經典誦讀、珍視家庭文化、熱愛大自然文化……等等。此外，由於一般社會大眾所關切的不只是心靈的平和與來世的超脫（拯救），其更關切的是此世的安康與福祉。例如「慈濟」，長期在臺灣投入社會服務與公益慈善事業，即深獲臺灣民眾的認同和支持，進而委身於該宗教之中，出錢出力，奉獻社會。所以，新興宗教團體要融入社會，為社會大眾所接受，除了教主的魅力性，信教的靈驗、悸動性，教義的易接受性、融合性、超越性……等之外，最重要的還是在於其「實踐性」——亦即，其對信仰、教義、真理的實踐性。最後，對於「政府」而言：過去威權統治時期，由於新興宗教經常處於

「妾身未明」或被冠以對政府具有「思想或政治威脅」的標籤而予以打壓。然而，隨著解嚴以及臺灣民主化和自由化的進程，「第三部門」也隨之興盛發展；其象徵著公民社會的興起，同時亦扮演著對政府監督、制衡、協助與合作的角色。對於宗教團體而言，不論是傳統宗教或是新興宗教，均隸屬第三部門；一方面監督政府職能，一方面參與政府社會與福利政策制訂，同時承辦政務執行等相關施政計畫，進而成為政府委託的單位之一，協助政府政務的推展。因此，新興宗教團體一但在政府取得合法登記身份之後，不只增加其社會公信度，亦有利於教務推展。所以，在臺灣，新興宗教團體經常以財團法人或社團法人的名義向政府申請成立正式合法的宗教組織或社會組織；同時積極邀請政府部門成為其舉辦教務活動、社會活動時的指導單位、共同主辦單位，以及承辦政府委託有關政策推行的相關業務，以增加其公信力與知名度。反之，對於政府而言，其亦樂於與宗教團體或民間社團組織發展良好的互動關係，補助並委託其承辦國家社會與福利相關業務，以利政務推行；並給予績優、有功團體予以頒發「興辦公益慈善及社會教化事業的獎項」以茲表揚。

　　因此，綜合以上論述，通過「社會實踐」，對於新興宗教自身、信徒、社會大眾和政府來說，均是帶來相當程度的效益和影響。

表4-9：當代臺灣新興宗教關於社會實踐的結果和影響問題

訪談對象	主要論點
一貫道	我們去做社會關懷，我們不求甚麼目的。內政部有一天打電話來說：「總會」你們哪一天到甚麼地方去，我們部長要頒獎給你們。……我說好吧！既然長官肯定我們，我們就虛心的接受，而這對我們信眾多少有些鼓舞的作用。……本來他就很樂意了，如此更能激發他更想去做。那社會大眾也看到一貫道也這樣做的時候，他們除了想到某個團體之外，也會認為有很多事、很多公益也有其他團體在做。那對政府來講，有很多事情一貫道也可以來協助，成為政府可以運用的一個資源。當然我們最大的目的是希望社會和諧，社會苦難問題減少到最低程度，大家都安居樂業，我相信全世界所有宗教的盼望都是如此。（訪談編碼009）
摩門教	當我們實踐耶穌基督的教訓時，我們照著他做的事情去做的時候，我們的光自然而然，接觸的人會覺得這些教友一定有甚麼不一樣，那他們願意來多認識一下教會。小孩子加入教會以後，他的父母會看到他的改變。……我們是靠這樣子來讓更多的大眾來接受我們教會的教導，成為我們教會的教友。……對教友自己本身若在事業上有所成就時，他們更願意做慈善的事情。使整個社會祥和，我覺得是，會比較好。……如果大家都是教友的話，這城市基本上犯罪率都會比較低。……我們教會可能最有名的一句話就是：「任何成功都不能彌補家庭的失敗」！可能來講，最大的影響可能是你提到在家庭方面。……像跟臺北市家庭教育中心，我們每一年幾乎都有和她們合辦「家庭週」的活動。在內政部方面，因為我們是全國性的宗教財團法人，所以常常有甚麼事情都會跟她們請教，或者她們有甚麼事情需要教會幫忙做時，她們也會提出來。（訪談編碼010）

訪談對象	主要論點
真佛心宗	結果是，第一個，我們的智慧提升很多，這是別人沒有的。那我們在創造甚麼？我們在創造德行的啟發，也在感受福報的施予，就有通貨金錢的呈現，再創造祥和的社會，如此而已。（訪談編碼011）
彌勒大道	彌勒大道這十幾年的「社會實踐」，從宗教性（1997年至2005年）到非宗教性（2006年至現在），無論是宗教性的道德文化，還是非宗教性的熱愛大自然文化，皆是以教育下一代為目標。……目前彌勒大道以跳大自然之舞、大自然快樂操、唱大自然之歌為平台，全力在各國的中小學推廣熱愛大自然文化，成效卓著，深受校長、主任、老師、學生、家長的歡迎和肯定。……在臺灣已經有一千多所中、小學接受我們彌勒大道所提供、推廣的道德文化和熱愛大自然文化教育。……彌勒大道所管理的「國際熱愛大自然促進會總會」目前會員國佈滿全世界五大洲二十幾個國家、地區。目前推廣最成功的是印尼，全國有四百多團熱愛大自然青年團。其次在馬來西亞、緬甸也相當成功，在香港、大連、廣州、深圳的中、小學也很受肯定和歡迎！（訪談編碼012）
天理教	有更多天理教的信者可以增加的話，彼此的人際關係一定會更融合，我們的社會和平絕對可以慢慢實現，而且進而整個世界可以跨越民族、跨越國家，大家都可以成為一個大家庭。……所以天理教現在就是朝著這個方向在努力，當更多的人信仰的話，自然會邁向康樂的世界。在現實的世界裏免不了衝突，從個人跟個人、國家跟國家、民族跟民族。那教祖的時代就是說，只要我們把天理教的教義、父母神的教導把它宣揚開來，那些衝突、戰爭絕對可以平息，可以建立一個康樂的生活世界。……天理教的一些作為或許不是那麼的醒目，可是我們做得就是說腳踏實地，一步一腳印的來教育出、培養出真的對社會有益的人才。這是我們對這個社會貢獻，確實一個真正的人格可以形成。（訪談編碼013）

統一教	我當然不能說我們有多麼大的貢獻，而是有許多人來到我們教會的時候，他們真的在信仰上得到很多的滿足、也有很大的復活感。然後通過教會所給予的理想家庭的教育，在他們實際的夫婦的生活、家庭的生活裏面真的有很大的幸福感。所以在夫婦之間、家庭之間、親子之間的時候，有著共同的信仰也好、或是有真理的教育也好，讓家庭會更美好、更和諧、更幸福。所以我們的家庭就成為是「祝福家庭」，也有在他們的親族當中、在社會裏面，也是有被人們所歡迎、所美慕的。……像我們過去的十年以來就連續得到政府的優良宗教團體的表揚，當然這也是一個社會的肯定。對於政府方面，過去我們也是配合政府對社會服務工作的需要一起來完成一些社會的活動。（訪談編碼014）
玄門真宗	因為我們教門講仁、義、禮、智、信，所以我們希望用關公忠孝節義的精神來帶給社會，包括我們辦很多活動讓人家瞭解，原來做人處事是要這樣。如果以宗教立場來講，其實這幾年我們的發展，我們導正宗教的正信，我們花了很大的精力和時間。因為現在宗教來講有很多的亂象，那包括甚麼叫法？甚麼叫術？宗教的信仰是甚麼？我們在這一方面這幾年對外面或是整個社會、整個宗教界影響很大……。至於對社會上，包括我們到監獄去上課，已經好幾年了，我們也到學校裏面不斷的宣導，來端正社會風氣、改善社會風氣。……為了要做這些事情，內部是希望透過做這些事情讓內部的人成就，來參與的學員、修士、結緣的，因為付出而成就自己。然後外在讓社會大眾受益，然後也協助政府。（訪談編碼015）
天帝教	現在紅心字會所做的工作當然得到政府的肯定。本來紅心字會的業務只是做受刑人家屬的服務，……後來拿到臺北市政府的老人在宅服務。……後來臺北市政府又委託我們做單親家庭。……現在再加上銀髮族的，……所以紅心字的業務越來越多，以臺北市政府來講，等於紅心字會所做的工作，幫她們解決了很多的社會問題。……所以政府應該認為紅心字會是一個有效的幫助了一些她們力量照顧不到的地方。（訪談編碼016）

資料來源：本研究整理

六、關於社會實踐的「立論依據」問題

　　對於當代臺灣新興宗教而言，當面對臺灣社會（或全球）的苦難問題時，其社會實踐時的立論依據為何？在其教義和經典裡，是否清楚教導該宗教要如何進行社會實踐？如果是的話，其教義和經典的教導又是甚麼？

　　訪談發現，當代臺灣新興宗教在進行社會實踐時，基本上都是遵循著至上神的啟示或者是仙佛的指示，藉由創教者（教祖）或教主（宗教負責人/宗主）傳達而成的教義或經典之教導來進行社會實踐。例如：一貫道，是本著「遇難救難、遇災除災」之教義的教導；一貫道認為，遇到災難就要去救難。平常對其信徒上課時也會清楚提到：「自己好不是好，當同胞遇有災難，就要盡我們的力量，站在同理心的立場去幫助他們」（訪談編碼001）。摩門教，是本著「《摩爾門經》〈摩賽亞書2章17節〉『……使你們知道你們為同胞服務時，只是在為你們的神服務而已』，以及《新約聖經》〈馬太福音25章40節〉『……這些事你們既作在我這弟兄中一個最小的身上，就是作在我身上了』」的教導；摩門教認為，摩門教的教義強調，通過為同胞的服務來表示對神的愛或者表達對神的服務。（訪談編碼002）彌勒大道，是本著「彌勒佛的宏願『世界一家』」的教導；彌勒大道認為，在彌勒大道的教義當中，並沒有具體標明要如何進行社會實踐。然而，由於彌勒佛的宏願就是要促使「世界一家」，因此彌勒大道所做的一切，就是往這一個目標邁進。（訪談編碼003）天理教，是本著「父母神、教祖的神意『欲觀人類過康樂生活，並與人同樂』」的教導；天理教認為，天理教所進行的社會實踐，均是遵循著父母神和教祖所教

導的教義來做。（訪談編碼005）統一教，是本著「真愛、為別
人而活」之核心教義的教導；統一教認為，神的盼望就是指三
大祝福：個人的完全、家庭的完全和世界的完全。而這是和儒
家傳統的誠意、正心、修身、齊家、治國、平天下的修行體證
相似。由於經典的教導如此，因此，從個人的完全、到家庭的
和睦、到社會的教育、到世界的和平等，統一教認為都有其一
系列追求的目標跟步驟。（訪談編碼006）玄門真宗，是本著
「立教時的三大使命『選賢、拔聖、渡九玄』」的教導；玄門
真宗認為，在玄門真宗成立時就有三大使命：選賢、拔聖和渡
九玄。所謂「選賢」意指「精進」課程，而「拔聖」意指「了
業」課程，至於「渡九玄」則是指「報恩」課程。因此，玄門
真宗即是按照其立教時的三大使命，進一步延伸出全年的工作
精神；所以，不論做甚麼，基本上就是不離這三大使命。（訪
談編碼007）天帝教，是本著「遵照《教綱》的指導」來做；
天帝教認為，天帝教成立的幾個輔翼單位，都規定在《教綱》
裡。天帝教的《教綱》共計有二十八條、二十五宗，其認為類
似於一個國家的憲法，因此只作原則性的指示。至於需要怎麼
執行？則會因教院、地區的差異，當地風俗民情的差異或者是
城鄉的差異而有所調整。因此，在執行的細節上並沒有太多清
楚說明。（訪談編碼008）

表4-10：當代臺灣新興宗教關於社會實踐的立論依據問題

訪談對象	主要論點
一貫道	教義經典裏有清楚告訴我們「遇難救難、遇災除災」，遇到災難就要去救難。平常對信徒上課時也會清楚提到，跟他們講說：「自己好不是好，像我們的同胞有遇到災難，就要盡我們的力量，站在同理心的立場去幫助他們」。（訪談編碼001）
摩門教	在我們教會的《摩爾門經》〈摩賽亞書2章17節〉裏面有教導：「看哪！我告訴你們這些事，是要你們學習到智慧，使你們知道你們為同胞服務時，只是在為你們的神服務而已」。所以這個就是我們的教義，當我們為同胞服務，我們透過為同胞服務，來表示我們對神的愛或者是表達我們對神的服務。……這跟〈馬太福音25章40節〉裏面講的也是一樣。就是說「我實在告訴你們：這些事你們既作在我這弟兄中一個最小的身上，就是作在我身上了」。（訪談編碼002）
真佛心宗	其實這裏面（《大道天書》）都有清清楚楚的教導。（訪談編碼003）
彌勒大道	我們的教義中，沒有具體標明說要如何作。但是彌勒佛的宏願就是要促使世界一家，所以我們所做的一切，就是往這一個目標邁進。（訪談編碼004）
天理教	我們其實是遵照我們的教祖、父母神的教導的教義，是遵照那個來做的社會實踐。（訪談編碼005）
玄門真宗	我們宗教成立的時候就有三大使命，這三大使命就是：「選賢、拔聖、渡九玄」。……按照這三大使命延伸下來，我們就會延伸出全年的工作精神，要做甚麼、做甚麼，就是不離這三大使命。（訪談編碼007）

訪談對象	主要論點
天帝教	像我剛剛所提到的我們幾個的輔翼單位，其實都是在我們的教綱裏面。天帝教有一本教綱，裏面有二十八條、然後有二十五宗，它裏面會規定的很清楚。……教綱是類似於像一個國家的憲法一樣，它只是作那種原則性的指示，那你怎麼執行可能就是各個教院、各個地區、還有你當地風俗民情的不同、或者像都會地區跟鄉下地區的不同，你自己去斟酌。並沒有說很明白的告訴你很多細節。（訪談編碼008）
統一教	有！之前講過，神祂的盼望基本上就是三大祝福。三大祝福就是：個人的完全、一個家庭的完全、還有世界的完全，每一個人都成為像神一樣完全的人。這是在《聖經》裏面，〈馬太福音5章48節〉耶穌講的話：「你們要完全像你們的天父完全一樣」，我們可以成為神的孩子……。從這裏開始，跟我們中國儒家的，從誠意、正心開始，然後修身、齊家、治國、平天下這樣一樣的……。所以，我們的經典是這樣子的時候，我們當然會先關懷個人的修為、個人的完全，……然後進到家庭、經營家庭，以家庭做為基礎，培養人和人互動的關係以後，然後到社會、然後到世界，所以我們從個人的完全、到家庭的和睦、到社會的教育、到世界的和平，我們都有一系列的追求的目標跟步驟。（訪談編碼006）

資料來源：本研究整理

第三節　從「全球責任論」解析當代臺灣新興宗教的「社會實踐觀」

　　尼特「宗教實踐論」之「全球責任」觀點強調宗教對於現世全球苦難的責任，亦即，通過全球苦難呼籲全球責任；因此，「全球苦難」與「全球責任」即成為宗教間對話與合作之新的平臺。藉由「苦難」這一人類共同的經驗，為宗教間的對話提供了新的契機；同時，通過以「救贖（Soteria）── 對於『人類和生態福祉』的關切」為中心的「全球責任」，為宗教間的對話提供了框架、內容、動力和指導。【108】因此，尼特深信，所有宗教都能承擔起全球責任；換言之，都在預想或追求某種形式的救贖或者拯救。【109】而這也正如馬克・海姆（S. Mark Heim）所謂的「諸宗教、諸拯救、宗教的差異在上帝自身裡」。【110】

　　然而，筆者在此亦發現，若從當代臺灣新興宗教社會實踐的動機與目的來看時，雖然亦有為了獲得社會大眾認同和教務發展，但主要的動機和目的都是因為這是該宗教的使命以及

【108】因為對尼特來說，在其從教會為中心、到以基督為中心、到以神為中心，最後走向以救贖為中心之諸宗教神學的過程中是一種動態的發展、進步與成長的過程。同時，以救贖為中心的態度在主張把救贖/人類和生態的福祉作為諸宗教神學與對話的背景和標準時，也保留了對於教會、基督、上帝的價值和必要性。尼特，《一個地球多種宗教：多信仰對話與全球責任》，頁53-54、58。

【109】尼特，《一個地球多種宗教：多信仰對話與全球責任》，頁165。

【110】S. Mark Heim（2001）. *The Depth of Riches: A Trinitarian Theology of Religious Ends.* 轉引自尼特，《宗教對話模式》，頁248。

對其宗教教義的實踐；同時，這樣的實踐基本上都是遵循著至上神或者仙佛的指示，然後通過其創教者傳達的教義或經典之教導而進行的社會實踐。因此，若從這個角度來看時，是和尼特認為「所有宗教都能承擔全球責任」的主張相符。但是，若是希望通過「全球責任」成為共同基礎，進而創造一個更有利於各宗教的交流或對話的平臺這個假設來看「社會實踐」時，則有其明顯的落差存在。因為，若依尼特的主張，通過這樣的「社會實踐」，理應可以為各宗教創建一個相互切入對話或交流的平臺。但是訪談結果發現，當代臺灣新興宗教在其進行社會實踐時，普遍而言還是傾向自己做，即使都認同宗教之間的合作，但鑒於實際執行的困難以及各宗教的影響力不對等之因素的考量下，基本上是傾向於自己做。縱使有些新興宗教是以聯合執行的方式居多，但其主要考量的重點並不是在於如何增進彼此間的合作、對話與瞭解，反倒是著重在操作層面上的支援與配合。因而，這和尼特的主張：通過「全球苦難」開啟宗教對話的新契機，以及通過「全球責任」建立跨信仰對話的共同基礎之間，明顯存在著理想和現實的落差。

　　最後要再說明的一點是，由於當代臺灣新興宗教的社會實踐，其目的是為落實其宗教的使命與教義的實踐，同時亦是信眾個人信仰的修行與證成。因此，這是與基督教之「救恩或救贖」為中心的概念所不同的。雖然尼特亦使用「救贖」（Soteria）這個概念，但這是基於對「人類和生態福祉的關切」；因此，若從這個角度來看當代臺灣新興宗教的「社會實踐觀」，雖不同於基督教之「救恩或救贖」為中心的宗教實踐觀，但確是符合尼特以「救贖」為中心，或者是以「人類和生態福祉的關切」為中心之「全球責任」的論述。

第四節 「重視社會實踐」：當代臺灣新興宗教的基本特徵？

當代臺灣新興宗教生存與發展的關鍵為何？「重視社會實踐」能否作為解釋當代臺灣新興宗教生存與發展的基本特徵？

首先，對於當代臺灣新興宗教發展的關鍵部份，從深度訪談的資料顯示，其主要的發展關鍵包含以下幾個層面：

第一，以中華文化為主軸；

> 一貫道確實有很多吸引人的地方，是以中華文化為主軸的教派。（一貫道，訪談編碼009）

第二，因著教友的信心和中堅信仰者的奉獻；

> 我覺得能夠存留下來就是因為教友們的信心，由於這個教義他們相信以後，他們願意一直留在教會裏面奉獻。（摩門教，訪談編碼010）

> 在這社會上畢竟有一批為了「利他」的理想和抱負，願意無私無我、不求代價、不求回報、不求人知地奮鬥不已的志同道合之士，構成了彌勒大道的中堅信仰者。在彌勒佛的引領之下，以及這一股中堅信仰者的協助下，彌勒大道才能永續生存。（彌勒大道，訪談編碼012）

第三，參訪本部聖殿和聖地；

> 天理教發展的關鍵有兩個，第一個是「原地」的參訪，不論是信徒或外界的人。另外一個是實踐，實踐天理教教祖的典範。（天理教，訪談編碼013）

四，憑藉神的保護和帶領；

對我們來說，我們深深感覺到能夠發展最主要的關鍵就是：神的保護和神的帶領。（統一教，訪談編碼014）

第五，實踐信仰的結果；

如果天理教信徒真的實踐的話，自然會影響、吸引人的。（天理教，訪談編碼013）

其次是我們自己本身，能夠在我們的人格、家庭、還有世界和平的理念上，得到別人的認同，那我們本身也親自的實踐，使周圍的人能夠感動、認同而願意支援，當然也有加入我們的行列裏面的。（統一教，訪談編碼014）

第六，符合社會及信眾需求；

這要分成兩方面，如果說以精神上，就是我們的精神符合現代的社會。除了三大使命之外，我們在做的過程有四大面向：家庭、事業、人際關係、身體健康。從這些面向裏面去發展，讓人家認同。所以很多人願意來認同、來做這些事。所以，符合信眾的需求。（玄門真宗，訪談編碼015）

一般如果要來加入天帝教，最主要吸引他們的一個是「天人氣功」。氣功可以治病，那你進一步要學氣功或者你要強身，你就要學打坐。所以，一個是打坐、治病。（天帝教，訪談編碼016）

第七，具備吸引的理念與教義體系；

我們理念的體系是相當完整的，它可以把過去不同的宗教、不同的思想、不同的理念，能夠藉由我們的文鮮

明創始人，他所得到神的啟示，對於新真理的解明是非常清楚的。所以當瞭解了這樣的一個思想體系的時候，很多人都得到很大的激勵和感動，受到這真理的吸引。（統一教，訪談編碼014）

青年學生他們會認為天帝教的教義是與眾不同。全世界大概只有天帝教一個宗教講說：你信了天帝教你還可以信仰原來的宗教。……天帝教的教義是超前當今的科學技術五百年。……像這些的教義對於喜歡追根究底的青年學子就會很有吸引力。（天帝教，訪談編碼016）

表4-11：當代臺灣新興宗教關於發展的關鍵問題

訪談對象	主要論點
一貫道	親和力各宗教都有，但一貫道卻有不同的地方，同中有異。一貫道確實有很多吸引人的地方，是以中華文化為主軸的教派。（訪談編碼009）
摩門教	臺灣在全世界來講其實是一個宗教蠻自由、蠻寬容的國家，各式各樣的宗教都有。在臺灣來講，我們教會的發展雖然不是說很快，因為我們總教友人數也不過才差不多約五萬人，但最重要的我覺得能夠存留下來就是因為教友們的信心，由於這個教義他們相信以後，他們願意一直留在教會裏面奉獻，因為在我們教會裏面沒有全職的神職人員，都是由教友們他們利用下班的時間或是相信這個部份他們願意去做。（訪談編碼010）
真佛心宗	關鍵是不斷的改變自己，改變我們能讓大家都認識我們。你要不斷的改變自己，一個人要成功他必定要不斷地改變自己，讓大家能夠認識他。（訪談編碼011）

彌勒大道	王老院長名訓：「盡心盡力，助人成功，不圖回報，一無我有」，這便是我們彌勒大道能夠一步一步發展的關鍵因素！在這社會上畢竟有一批為了「利他」的理想和抱負，願意無私無我、不求代價、不求回報、不求人知地奮鬥不已的志同道合之士，構成了彌勒大道的中堅信仰者。在彌勒佛的引領之下，以及這一股中堅信仰者的協助下，彌勒大道才能永續生存！（訪談編碼012）
天理教	其中一個很大的關鍵是到日本天理教本部參訪，然後參訪回來之後，他們都講說天理教真的是一個非常值得肯定的宗教、一個非常正面性的宗教，就是為世界和平在努力、在貢獻的宗教。還有一點就是不管你有多麼好的教義、多麼高貴的教義，如果你的信者沒有去實踐，沒有讓大家認同說信仰天理教是一件多麼了不起的事情，沒有真正做到這點的話，那個教義也是沒有用。……所以，天理教發展的關鍵有兩個，第一個是「原地」的參訪，不論是信徒或外界的人。另外一個是實踐，實踐天理教教祖的典範。如果天理教信徒真的實踐的話，自然會影響、吸引人的。所以這是兩個發展的關鍵。（訪談編碼013）
統一教	對我們來說，我們深深感覺到能夠發展最主要的關鍵就是：神的保護和神的帶領。我們覺得來到這個時候了、來到這個時機點了，神要在地上來推動這樣一個神的盼望，我們只是承繼了神的這樣子盼望在地上，盡我們的人事。所以，第一個我們覺得是因為神的帶領。其次是我們自己本身，能夠在我們的人格、家庭、還有世界和平的理念上，得到別人的認同，那我們本身也親自的實踐，使周圍的人能夠感動、認同而願意支援，當然也有加入我們的行列裏面的。另外一個就是我們理念的體系是相當完整的，它可以把過去不同的宗教、不同的思想、不同的理念，能夠藉由我們的文鮮明創始人，他所得到神的啟示，對於新真理的解明是非常清楚的。所以當瞭解了這樣的一個思想體系的時候，很多人都得到很大的激勵和感動，受到這真理的吸引的關係。（訪談編碼014）

玄門真宗	這要分成兩方面，如果說以精神上，就是我們的精神符合現代的社會。除了三大使命之外，我們在做的過程有四大面向：第一是身體健康，我們有教人家怎麼身體健康，所以有很多人來這裏是想要來練功、身體健康；第二個我們講究家庭，家庭經營；再來一個就是事業經營；還有一個是人際關係。所以有四大面向：家庭、事業、人際關係、身體健康。從這些面向裏面去發展，讓人家認同。所以很多人願意來認同、來做這些事。那也從宗教儀軌裏面去得到收入。所以，符合信眾的需求，從身體健康、跟家人經營、讓事業有成、讓人際關係強化，教他們做這些事情，也幫他們解決這些問題。（訪談編碼015）
天帝教	天帝教雖然有她的宗旨、時代使命及遠程目標。這個目標是一種努力的方向，但是以我們本身來講，如何讓信仰的人數增加？本身能夠走的長遠？一定要有一個吸引信徒進來的關鍵。所以，一般如果要來加入天帝教，最主要吸引他們的一個是「天人氣功」。氣功可以治病，那你進一步要學氣功或者你要強身，你就要學打坐。所以，一個是打坐、治病。那另外一個比較吸引他們的是青年學生，青年學生他們會認為天帝教的教義是與眾不同。全世界大概只有天帝教一個宗教講說，你信了天帝教你還可以信仰原來的宗教。全世界的宗教都希望你只信她，而且深層的信、不要變動。……但是以天帝教來講，所有的宗教無非都是上帝的道，你只要是正信宗教。很多的青年學生會認為這是一個很特別的宗教，信了天帝教我還可以信仰原來宗教。因為，原來宗教，其實每一個宗教，你如果根據她的教義、她的教化，你每一個都可以成聖，因為每一條路都，你只要是正信的、你只要是上帝的道，你每一個都可以回到上帝的身邊。所以如何讓社會認同我們而加入我們，而成為我們的發展，第一就是「天人氣功」。另外就是，天帝教的教義是超前當今的科學技術五百年。像這些的教義對於喜歡追根究底的青年學子就會很有吸引力。（訪談編碼016）

資料來源：本研究整理

至於，「承擔社會責任」能否作為解釋當代臺灣新興宗教生存與發展的基本特徵的部份，從深度訪談資料顯示，雖然有些受訪的新興宗教認為，「承擔社會責任」比較不屬於該宗教的基本特徵之一，例如：摩門教和天帝教。

　　　　可能比較不會。因為我們參與這些慈善工作或是社會責任方面的事情，沒有一個特別的組織說要去怎麼做，通常是比較算是被動的，不會像有些宗教團體專門是有人道援助的部門或福利服務的部門。（摩門教，訪談編碼010）

　　　　天帝教之所以不像慈濟一樣，就是說對於社會發生的一些急難、救助很快就會到現場，是因為我們是把它劃撥在紅心字會的業務裏面。……所以，應該說「承擔社會責任」不會那麼明顯的就成為天帝教的招牌或特徵，我想沒有，一般人對天帝教的想法不會認為是那樣的。（天帝教，訪談編碼016）

　　但是，亦有些新興宗教認為，「承擔社會責任」是一種信仰顯現的結果（統一教、一貫道），甚至是一種良心本份之事（彌勒大道），是一種自然而然的、發自內心的、信仰上應該這麼做的事（天理教）。

　　　　當然你要這樣說也是可以，不過它是一個信仰的顯現的結果。（統一教，訪談編碼014）……重點是你盡心了沒有。你盡一份心、一份力就夠了，至於別人怎們看沒關係。（一貫道，訪談編碼009）

　　　　「承擔社會責任」這是所有彌勒弟子的良心本份事！……總之，要實現彌勒佛的「世界一家」鴻願，就要從「承擔社會責任」開始。（彌勒大道，訪談編碼012）

天理教就是很自然的是以「救人」當做是我們的社會
　　責任。……是很自然而然的、是發自內心，信仰上我應該
　　這麼做而已。（天理教，訪談編碼013）

　　然而，也有新興宗教表示，除了各大傳統宗教之外，其他
宗教在發展的立足點和定位的問題上，都是值得思考的。

　　　　其他的宗教明顯特徵沒有那麼大的時候，讓人家的
　　認同度或是定位就是一個很大的問題，這在宗教發展裏面
　　是一個很重要的。……像慈濟的發展就以社會慈善方面讓
　　人家普遍認同。那我們也面對這些問題，我們要用慈善方
　　面讓大家認同呢？還是要用宗教法師的身分讓人家認同
　　呢？……如果說那一個比較特殊，現在的發展還沒辦法完
　　成。……其實這是一般宗教，除了大宗教以外，其他宗教
　　在發展的立足點和定位的問題，是值得思考的。（玄門真
　　宗，訪談編碼015）

表4-12：「承擔社會責任」：當代臺灣新興宗教的基本特徵問題

訪談對象	主　要　論　點
一貫道	這是個有趣的問題，以前我們有些道親說，你看八八水災發生了，我們做那麼多，報紙都沒有。我說不要緊、不要緊，報紙沒有，我們帶他們去災區看看，報紙有沒有，不計較，重點是你盡心了沒有。你盡一份心、一份力就夠了，至於別人怎們看沒關係。（訪談編碼009）
摩門教	可能比較不會，我覺得。因為我們參與這些慈善工作或是社會責任方面的事情，沒有一個特別的組織說要去怎麼做，通常是比較算是被動的，不會像有些宗教團體專門是有人道援助的部門或福利服務的部門。在臺灣目前還沒有，像美國就有家庭服務的部份，像受虐兒或是家庭服務的部份。（訪談編碼010）
真佛心宗	這是我們努力的目標。我們已經做了十幾年了，我們有一個「禪機破迷障」，專門解決眾生的疾苦，你有問題的話都可以來叩問。……從釜底抽薪去告訴你，你的問題癥結點在哪邊？你去改變之後的話就會形成一個好的結果。…社會責任這十幾年來，我們從開堂到現在一直都在做。……所以說，我們在做甚麼？「教育、教化」我們在做啊、「心靈淨化」我們在做啊、「解答問題」我們也在做、「禪機破迷障」我們都在做了。……這個未來是會！我們也是朝這樣子，只要你做出有成績的話。（訪談編碼011）
彌勒大道	「承擔社會責任」這是所有彌勒弟子的良心本份事！彌勒佛教導我們，本彌勒大道的宗旨以及信仰和教義的實踐，就是人人要做出「慈──利他」的事實，才能帶來「快樂、逍遙的人生；幸福、美滿的家庭；安寧、和諧的社會；富裕、康樂的國家；光明、太平的世界」。最後讓地球成為至真、至善、至美的大自然樂園。總之，要實現彌勒佛的「世界一家」鴻願，就要從「承擔社會責任」開始。（訪談編碼012）

訪談對象	主要論點
天理教	其實天理教比較沒有想說這是我們的策略，去計算會有甚麼發展。而是天理教就是很自然的是以「救人」當做是我們的社會責任。……所以做「聖舞」和行使「神授」是最基本的，然後想到教祖那種救人的精神來做的救濟，像救災隊，這並不是策略，是很自然而然的、是發自內心，信仰上我應該這麼做而已。…我們做得就是說腳踏實地，一步一腳印的來教育出、培養出真的對社會有益的人才。這是我們對這個社會貢獻，確實一個真正的人格可以形成。（訪談編碼013）
統一教	當然你要這樣說也是可以，不過它是一個信仰的顯現的結果。我們這樣的特徵還是在於前面，第一個我們真的是在誠心誠意落實、實踐神的盼望和神的理想。第二個，我們真的覺得說彌賽亞已經來了，在我們地上生活的時候，就跟著彌賽亞一起生活、一起成長、一起把罪脫掉、一起得到重生、一起得到復活、一起走向幸福永遠的生命。我們可以說人類所等待的彌賽亞已經來了，我們是覺得說，文鮮明牧師、文鮮明夫婦他們就是彌賽亞，他們是再臨主、他們是人類的真父母。所以人類過去的苦難、過去歷史上的這些疑難或是人類所經歷的這些困難，在彌賽亞來的時候、在再臨主來的時候全部都會解決，所以這是我們比較特殊的地方。（訪談編碼014）
天帝教	應該不會成為天帝教基本特徵！像我剛跟你講的，「承擔社會責任」我們是把它劃撥在紅心字會。所以，紅心字會跟天帝教的關聯不是讓社會人士看起來那麼的聯結在一起。所以，可能知道紅心字會的人可能會比知道天帝教的還要多。天帝教之所以不像慈濟一樣，就是說對於社會發生的一些急難、救助很快就會到現場，是因為我們是把它劃撥在紅心字會的業務裏面。所以，應該說「承擔社會責任」不會那麼明顯的就成為天帝教的招牌或特徵，我想沒有，一般人對天帝教的想法不會認為是那樣的。（訪談編碼016）

訪談對象	主要論點
玄門真宗	在宗教的發展裏面，這個是我們有思考過的。像很多人看到佛教，理光頭就是師父。但其他的宗教明顯特徵沒有那麼大的時候，讓人家的認同度或是定位就是一個很大的問題，這在宗教發展裏面是一個很重要的。……像慈濟的發展就以社會慈善方面讓人家普遍認同。那我們也面對這些問題，我們要用慈善方面讓大家認同呢？還是要用宗教法師的身分讓人家認同呢？……當然除了神叫我們從這幾個立場去做之外，我們有最大一個特色就是我們有幫人家做祈願，類似天主教、基督教的禱告。除了做慈善的、做學術活動的、幫助別人的、社會表揚的等這些部份都在做以外，我們也在要求每一個人都要展現出承擔社會責任，願意幫人家承擔困難、救贖眾生的面向要出來。……這好比是人的外像，人家看到玄門真宗就知道她在做甚麼，這都在做的過程當中。如果說那一個比較特殊，現在的發展還沒辦法完成。……其實這是一般宗教，除了大宗教以外，其他宗教在發展的立足點和定位的問題，是值得思考的。（訪談編碼015）

資料來源：本研究整理

　　儘管如此，若再從當代臺灣新興宗教的「社會實踐觀」和先前整理之深度訪談的資料來看，當代臺灣新興宗教「**的確重視**社會實踐」。其主要原因分析如下：第一，就「社會實踐的態度」而言：受訪的新興宗教明確表示，身為宗教徒應該為社會的苦難負起責任。因此，在其宗教發展的同時，也就是對社會的苦難展開救贖的工作。第二，就「社會實踐的定位」而言：受訪的新興宗教大都表示，承擔社會責任是屬於該宗教的主業；甚至，「傳道」和「承擔社會責任」對其而言是並行的、連貫的；因為，實踐信仰就是在實踐社會責任。第三，就

「社會實踐的動機與目的」而言：受訪的新興宗教表示，主要的動機和目的均是本著為他人、為眾生，遵循著至上神、仙佛、教祖及教義之教導而進行社會實踐。第四，就「社會實踐的結果和影響」而言：受訪的新興宗教表示，通過社會實踐，不論在宗教、個人、家庭、文化、社會及政府等層面均帶來相應的結果和影響。

　　因此，綜合上述分析，通過「社會實踐」，一方面落實其宗教的立教宗旨與使命，二方面亦為信眾提供信仰的訓練與實踐。隨著時間的進程，亦可能獲得社會大眾的認同與肯定，從而加深其宗教的基台並為自身帶來更大的發展空間。如此，從「為了解決人類和生態的苦難問題」這個視角來看當代臺灣新興宗教的「社會實踐觀」時，是符合於尼特之「全球責任論」的主張。所以，筆者認為，「重視社會實踐」也就能作為解釋當代臺灣新興宗教生存與發展的基本特徵。

第五節　小結

　　本章試圖通過當代臺灣新興宗教的「社會實踐觀」，以論述當代臺灣新興宗教如何面對社會苦難、承擔社會責任以及進行社會實踐，並藉此回應尼特關於「全球苦難」的問題以及「全球責任」的主張。因此，本章重點主要在於以下四個層面：第一，當代臺灣新興宗教的「社會責任」；第二，當代臺灣新興宗教的「社會實踐」；第三，從尼特的「全球責任論」解析當代臺灣新興宗教的「社會實踐觀」。第四，論證「重視社會實踐」能否作為解釋當代臺灣新興宗教生存與發展的基本特徵。

首先，在當代臺灣新興宗教的「社會責任」層面：受訪的新興宗教表示，作為宗教徒應該為解決「社會（或全球）的苦難」負責。因此，在其宗教發展的同時，也就是對社會（或全球）苦難展開救贖工作。至於，承擔社會責任的能力部份，即便初期人少，但最起碼那份力量會展現出來。因此，有想去承擔的心和態度，但同時也是量力而為。另外，在承擔社會責任的定位部份，大部份受訪的新興宗教表示，「承擔社會（或全球）責任」是屬於該宗教的主業；即使有些表示傳道是主業，但亦不會忽視社會（或全球）責任的承擔。所以，傳道和承擔社會（或全球）責任對其而言是並行的、一體連貫的。

　　其次，在當代臺灣新興宗教的「社會實踐」層面：一、從社會實踐的動機與目的來看：除了為內部會員的訓練、獲得社會大眾的認同以及教務的發展之外；其主要的動機和目的均是本著為他人、為眾生，遵循著至上神、仙佛、教祖及教義之教導而進行社會實踐。二、從社會實踐的實施名義來看：除了純粹用宗教的名義來做之外；亦會通過成立其他的社會團體名義來開展其對於社會的教育、教化、公益慈善事業……等社會實踐的工作。三、從社會實踐的施行方式來看：基本上傾向於自己做或自己先做。雖然都認同宗教間的合作，但鑒於宗教的排他性或自身宗教的影響力等因素而會傾向於自己先做；如果條件合適不反對一起合作。然而，亦有些新興宗教表示其施行方式是以聯合居多。四、從社會實踐的具體作為來看，則包含有：舉行祈福、祭祖、超渡法會；興辦教育事業、教化工作；參與賑災、救災工作；興辦社會服務、公益慈善事業；舉辦學術研討會議等。但是，就其關心的領域而言，主要還是側重臺灣當地；對於全球層面的關懷，相對來說還是比較缺乏的。五、從

社會實踐的結果和影響來看，基本上包含以下幾個層面。在宗教層面：導正宗教亂象；在個人層面：提升個人信仰、帶來個人的改變和個人成就；在家庭層面：帶來家庭的成功與幸福感；在文化層面：提升道德文化、推廣熱愛大自然文化；在社會層面：解決社會問題、培養社會人才；在政府層面：滿足政府政策需求、成為政府運用資源。六、從社會實踐的立論依據來看：大體都是遵循至上神或者是仙佛的啟示，藉由教祖傳達而成的教義或經典之教導而進行社會實踐。

　　綜合以上論述，「社會實踐」對於當代臺灣新興宗教而言，則具有以下幾層涵義：一、社會實踐是一種「見證真理、普渡眾生」的事業；二、社會實踐是一種「教育與教化」的事業；三、社會實踐是一種「社會服務與公益慈善」的事業；四、社會實踐是一種「救贖與責任」的事業；五、社會實踐是一種「落實宗教自身對其信仰的堅持和委身」。

　　再次，從「全球責任論」解析當代臺灣新興宗教的「社會實踐觀」時，其相似之處在於：一、對於負起解決人類和生態苦難之全球（或社會）責任的認同；二、具有解決全球（或社會）苦難之具體的實踐作為；三、對於解決全球（或社會）苦難之相似的動機與目的性。至於彼此間落差或差異之處則在於：一、承擔全球（或社會）責任的範圍及層面的差異。二、實踐全球（或社會）責任方式的落差。

　　最後，關於當代臺灣新興宗教生存與發展的關鍵為何？以及「重視社會實踐」能否作為解釋當代臺灣的新興宗教生存與發展的基本特徵等問題。

　　第一，在當代臺灣新興宗教生存與展的關鍵部份，總結出以下幾個方面：以中華文化為主軸；教友的信心及中堅信仰者

的奉獻；參訪本部聖殿和聖地；憑藉神的保護和帶領；實踐信
仰的結果；符合社會及信眾需求；具備吸引的理念與教義體系
等。第二，在「承擔社會責任」能否作為當代臺灣新興宗教生
存與發展的基本特徵部份：雖然，有些受訪的新興宗教認為，
「承擔社會責任」比較不屬於該宗教的基本特徵之一；但是，
亦有些表示這是一種信仰顯現的結果，甚至是一種良心本份之
事，是一種自然而然的、發自內心、信仰上應該這麼做的事。
此外，若再就當代臺灣新興宗教的「社會實踐觀」以及先前整
理的深度訪談回饋資料，不論是從「社會實踐的態度」、「社
會實踐的定位」、「社會實踐的動機與目的」以及「社會實踐
的結果和影響」等方面來看時，當代臺灣的新興宗教**的確重
視社會實踐**。因此，從「為了解決人類和生態的苦難問題」
這個視角來看當代臺灣新興宗教的「社會實踐觀」，是符合於
尼特之「全球責任論」的主張。所以，「重視社會實踐」自能
作為解釋當代臺灣新興宗教生存與發展的基本特徵。

第五章
當代臺灣新興宗教的
「宗教他者觀」

關於當代臺灣新興宗教的「宗教他者觀」，實包含二個層面：一是「縱向」的層面，意指當代臺灣新興宗教與傳統宗教的縱向歷史關係；二是「橫向」的層面，意指當代臺灣新興宗教與其他宗教（傳統宗教和新興宗教）的橫向互動關係，其包括：對待其他宗教的態度、與其他宗教的交流經驗以及交流模式等。

此外，本章亦試圖從尼特「宗教實踐論」之「相互關聯」觀點解析當代臺灣新興宗教的「宗教他者觀」。因此，本章重點包含以下部份：

首先，關於「縱向」的層面，將從以下三個面向深入探討：第一，先從教會（傳統/主流宗教；church）、教派（denomination）、分派（sect）、新派（cult）等概念的定義及其相互關係的釐清著手；第二，從上述觀點出發，反思是否適用於解釋華人社會以及當代臺灣社會之宗教發展與分裂情況；第三，再總結出當代臺灣新興宗教與傳統宗教之間的縱向歷史關係。

其次，關於「橫向」的層面，則分別從以下四個面向來進行分析：第一，對於當代臺灣新興宗教而言，在面對其他宗教的態度為何？其是如何看待其他宗教的信仰？以及如何回應其他宗教的看待？第二，對於當代臺灣新興宗教而言，在與其他宗教交流的經驗中，是否感受到其他宗教所具有的價值與優點？第三，對於當代臺灣新興宗教而言，在與其他宗教交流之後，是否對自己原有的宗教信仰產生更深層次的體認？第四，對於當代臺灣新興宗教而言，在其教義和經典裏，是否清楚教導與其他宗教之間的關係以及如何相處的模式？

　　最後，再從尼特「宗教實踐論」之「相互關聯」觀點解析當代臺灣新興宗教的「宗教他者觀」。

第一節　當代臺灣新興宗教與傳統宗教的縱向歷史關係

　　在探討關於當代臺灣新興宗教與傳統宗教間的縱向歷史關係時，[111]首先，必會涉及到對於教會（傳統/主流宗教；

---

[111] 雖然林本炫指出：社會學家通常不用「正統宗教」或「正派宗教」一詞，來指稱這些原有宗教傳統內的教會或宗教團體，而落入正統/異端的爭論，因此通常就用「既有宗教」（established religion）或「既有教會」（established church）來作為和「新興宗教」相對的稱呼。並且在西方，也常見到學者使用「主流教會」（mainstream church）指稱那些存在時間較長，被社會接受並且互相接受（為主內弟兄），甚至在各種事工上相互合作的教派。（林本炫，〈「新興宗教運動」的意義及其社會學意涵〉，頁7-8）至於本文對於這兩個相對名詞的用法問題，幾經琢磨，仍採用以「傳統宗教」作為與「新興宗教」相對應的稱呼。

church）、教派（denomination）、分派（sect）、新派（cult）等概念的定義及其相互關係的問題。【112】

　　關於「教會」（church）與「分派」（sect）這二個概念，最早是由馬克斯・韋伯（Max Weber）在《宗教社會學》（Sociology of Religion）【113】，以及恩斯特・特勒爾奇（Ernst Troeltsch）在《基督教會的社會訓導》（The Social Teaching of the Christian Churches）【114】中所提出的概念。韋伯和特勒爾奇根據所謂的「理想型」（ideal types）概念，將宗教組織劃分為「教會」和「分派」這兩大類。之後，著名的社會學家理查・尼布爾（H. Richard Niebuhr）又提出了「教派」（denomination）這一概念來。而特勒爾奇也補充了第三種「神秘主義團體」（mystical groups）概念，此概念已和我們所稱的「新派」（cult）概念相當接近。【115】

【112】關於church/denomination/sect/cult的譯法，林本炫將之譯為教會/教派/宗派/崇拜（崇拜團體）（林本炫，〈「新興宗教運動」的意義及其社會學意涵〉）；而高師寧則將之譯為教會/宗派/教派/膜拜（膜拜團體）（高師寧，《新興宗教初探》）；游謙將之譯為教會/教派/分派/新派（游謙，〈新興宗教與主流教派的關係：比較宗教學的觀點〉，林美珠主編，《宗教論述專輯第五輯：新興宗教篇》，臺北：內政部，2003年）；張家麟將之譯為教會/教派，並將「sect和cult」同時譯為「新宗派」（張家麟，〈當代臺灣新興宗教研究趨勢之分析〉）。本文在此採用游謙的譯法，為避免混淆，特此提出說明。

【113】Max Weber（1956）. *Sociology of Religion.* London: George Allen & Unwin. pp.93、152-153.

【114】Ernst Troeltsch（1931）. *The Social Teaching of the Christian Churches.* London: Allen & Unwin. pp.691-808.

【115】高師寧，《新興宗教初探》，頁4。Ernst Troeltsch. *The Social Teaching of the Christian churches.* pp.691-808.

按照韋伯和特勒爾奇的定義，所謂的「教會」是指：在
一特定區域裏具有壟斷地位的組織，在此狀態下，個人從一出
生即受洗為教會成員；並且，通過社會化的方式來學習該宗教
的教義、道德與價值。而「分派」則是指：對那些居於主流地
位的教會，在教義上提出挑戰的宗教團體。因此，「教會」與
「分派」之間，則是屬於同一個宗教傳統內的爭議。「分派」
對居於主流的「教會」提出挑戰，並且宣稱自己才是真理所
在，因此常被主流的「教會」視為「異端」，同時也經常與整
體社會存在著緊張的關係。然而，隨著時間的進程，一方面，
「分派」和主流「教會」的關係可能逐漸改變，並且調整她和
整體社會的緊張關係。另一方面，「分派」的第一代成員是基
於自己的選擇而加入，但隨著其第二代、第三代信徒的誕生，
其成員不再以自願選擇加入為主，轉而以出生受洗，經由社會
化而學習教義的成員為主。之後，再進一步轉變為尼布爾所稱
的「教派」（denomination）。【116】至於「新派」一詞，最初
並不具有「膜拜」或「膜拜團體」之意，其更不帶有任何貶
意。十九世紀，一些神學家常用這一術語來描述與宗教起源有
關的原始儀式活動。【117】直到後來，「新派」才逐漸在神學上
有了一種否定的意義；一些基督教神學家將其定義為偏差的、

【116】林本炫，〈「新興宗教運動」的意義及其社會學意涵〉，頁14-15。

【117】　Irving Hexham & Karla Poewe（1999）. *New Religions as Global Cultures: Making the Human Sacred.* Boulder, COLO. : Westview Press, pp.10.

危險的、【118】非正統的、偽的宗教。【119】自此，「新派」便成為所有非傳統宗教、邊緣宗教或者是另類宗教的統稱，【120】並具有了一種基督教背景下的貶意。【121】韋伯曾將「新派」定義為一種反理性的、神秘的宗教形式。特勒爾奇亦提出了相似性的「神秘主義團體」概念來。之後，利奧波德‧馮‧維瑟（Leopold Von Wiese）則在特勒爾奇研究的基礎上，明確提出「新派」這一概念來。然後，再被威廉‧曼（William E. Mann）繼承並發展，而把「新派」定義為：「將一些陌生的宗教觀念與基督教混合起來，以求得更為合適或更為現代的信仰」之一種宗教團體或運動。【122】

　　對於上述概念的論述，著名的當代美國宗教社會學家羅德尼‧斯達克（Rodney Stark）和威廉‧本布里奇（William Bainbridge）則對於這種「教會－分派」類型學，提出他們的批判並指出韋伯等人對這種「理想類型學」的錯誤理解。【123】因此，在批判韋伯方法論的基礎上，斯達克和本布里奇對於「教會」（church）、「分派」（sect）和「新派」（cult）這三個

【118】John Sarliba（1995）. *Perspectives on New Religious Movement.* London: Geoffrey Chapman. pp.1.

【119】Irving Hexham & Karla Poewe（1999）. *New Religions as Global Cultures.* pp.31.

【120】George D. Chryssides（1999）. *Exploring New Religions.* London：Cassell. pp.18-19.

【121】高師寧，《新興宗教初探》，頁3。

【122】高師寧，《新興宗教初探》，頁5-6。

【123】斯達克、本布里奇，高師寧等譯，《宗教的未來》，北京：中國人民大學出版社，2006年，頁23。

概念重新給予了簡明的定義；至於，「教派」（denomination）
的定義，尼布爾則將其界定為「一種正在變成教會的分
派」。【124】簡述如下：

第一：「教會（church）」是遵循常軌的宗教組織；

第二：「分派（sect）」是具有傳統信念和實踐的脫離常
　　　軌的宗教組織；

第三：「新派（cult）」是具有新的信念和實踐的脫離常
　　　軌的宗教組織；

第四：「教派（denomination）」是指一種正在變成教會
　　　的分派。

　　雖然，尼布爾認為，「分派」在宗教組織中是一種不穩
定的類型，隨著時間的推移，她傾向於變成「教會」。同時，
由於這種變化，其成員當中的種種需要已被分派所滿足而不再
被教會滿足時，這將導致不滿，不滿將造成分裂，分裂成新的
教派；然後這些新的教派又會慢慢地變成教會，於是又產生新
的分派。因此，宗教運動就是這樣一種產生、變化、分裂又再
產生的無終止循環。【125】然而，對於尼布爾的「分派」理論，
其只是關注到因分裂而產生的宗教運動。尼布爾所談論的只有
作為另一個宗教群體的內在派別而開始其生存的那種宗教運
動，其並沒有談論到所有小規模的偏離常規的宗教運動。因為
有許多的宗教運動並沒有事先作為一個組織附屬於一個「母體

【124】高師寧，《新興宗教初探》，頁5-6。Rodney Stark & William Bainbridge (1987)
　　. *A Theory of Religion.* New York：Peter Lang. pp.124.

【125】斯達克、本布里奇，《宗教的未來》，頁26-27。

宗教」的歷史，因此她們並非因分裂而出現的；事實上，她們
與社會中的其他宗教團體之間並沒有密切的文化上的連續性。
而這些並非因分裂而出現的偏離常規的宗教團體本身就有兩
類：一類是代表了「文化上的創新」；亦即，雖然這類團體的
信仰、價值觀、象徵和各種活動中的許多宗教文化成分已為人
所熟知，但仍然還有一些不同的新東西。至於另一類則代表了
「文化上的輸入」；換句話說，這類團體代表的是已經在另一
個社會中得到確立的宗教團體，而這些偏離常規但卻不具分裂
的團體，通常是作為「新派」而被提及的。【126】

　　至於「分派」和「新派」的關係，依斯達克和本布里奇的
看法，不論是「分派」或是「新派」，二者皆是偏離常規的宗
教團體，其與周圍的社會文化和環境之間的張力都相對地高。
對「分派」來說，由於與另一個宗教組織之間具有先在的關
係，因此為要形成「分派」，必會創立一種宗教運動。同時，
「分派」是從某種信仰母體中分裂出來的團體，是以一種舊的
身分向社會呈現自己；其離開母體不是為了形成新的信仰，而
只是希望重新確立舊的信仰並自稱擁有那種信仰的正宗、純
正、重新刷新過的信仰觀。但對「新派」而言，由於與該社會
中的其他既定宗教團體之間並沒有先在的關係，因此其所代表
的是一種異己的宗教，是通過創新而非分裂形成。同時，「新
派」在社會中代表著是一種偏離常規的宗教傳統，隨著時間的
推移，她們或許會變成主流宗教；但是，在「新派」變成「教
會」之前的一段很長的時期中，她們也非常容易產生內部分

【126】斯達克、本布里奇，《宗教的未來》，頁29。Allan W. Eister（1972）．"A Theory of Cults," *Journal for the Scientific Study of Religion*, 11:319-333。

裂，因而在此背景下亦可能形成分裂運動。【127】

　　因此，基於以上論述，若只從宗教史的發展來分析「教會–教派–分派–新派」的關係時，將發現這些概念其實都是「相對」的詞、都是動態的定義而已；因為這些詞的概念都必須在特定的脈絡下才能突顯其意義來。【128】所以，從歷史的視角看來，人類歷史一直不斷有新的「宗教運動」出現；而目前所謂的「主流宗教」抑或是「傳統宗教」，對當時代而言，也曾都是一種「新興宗教」和「新興宗教運動」。【129】此外，從嚴格意義來說，有許多社會學家所說的「新派」，其實並不包括宗教復興運動和團體之外的、側重於宗教創新的運動和團體。同時也由於「新派」一詞所帶有的明顯貶意，並不適合嚴肅客觀的學術研究；因此，學術界自二十世紀七〇年代以後已逐步採用了「新興宗教」（new religions）或「新興宗教運動」（new religious movements）等概念來取代原有的「新派」稱謂。【130】

　　那麼，「教會–教派–分派–新派」的類型學，是否還適用於解釋目前宗教運動的發展與分裂情況？首先，迪克・安東尼（Dick Anthony）、詹姆斯・理查森（James Richardson）、托瑪斯・羅賓斯（Thomas Robbins）等人指出：「教會–分派–新派」理論可能會產生某種重要的洞見，但它不應被看成是目的本身；它只是對新興宗教團體的組織面向進行較完整研究的一

【127】斯達克、本布里奇，《宗教的未來》，頁29-31。

【128】遊謙，〈新興宗教與主流教派的關係：比較宗教學的觀點〉，頁73。

【129】林本炫，〈「新興宗教運動」的意義及其社會學意涵〉，頁6。

【130】高師寧，《新興宗教初探》，頁7。

個起點而已,並且它也不是唯一可能的起點。【131】其次,羅蘭
・羅伯遜(Roland Robertson)認為:「教會–教派–分派–新派」
的分類方式,對於宗教社會學研究的價值相當有限。【132】最
後,詹姆斯・貝克福德(James A. Beckford)則主張:社會學對
於宗教運動的研究,就「運動組織」的研究而言,應該和範圍
較廣的一般社會學理論相互整合,使其研究者得以自由的從一
般性的社會學理論中汲取靈感,不致受限於像「教會–分派」這
類「封閉性的」分析模型偏見所影響。【133】因此,「教會–分派
–新派」的分類已經逐漸不被宗教社會學研究所接受。【134】

　　然而,「教會–教派–分派–新派」的類型學,是否能適用於
解釋華人社會和當代臺灣社會中關於宗教運動的發展與分裂情
況?以及當代臺灣新興宗教與傳統宗教間的歷史縱向關係?深
入研究發現,這其間尚存在著相當程度的落差。主要原因乃在
於華人社會文化的發展過程中,所具備的幾項特徵:第一,主
流的社會與一個主流的宗教之間並未完全合一;第二,主流的
宗教並不具有獨佔性的特質;第三,各宗教之間具有高度的融
合性。因此,這也正是華人社會與西方社會在宗教文化的發展

【131】林本炫,《宗教與社會變遷》,頁35。

【132】林本炫,〈「新興宗教運動」的意義及其社會學意涵〉,頁17-18。Roland Robertson
　　　(1979)."Religious Movements and Modern Societies: toward a progressive
　　　problemshift", *Sociological Analysis.* 40(4):297-314.

【133】林本炫,《宗教與社會變遷》,頁34。James A. Beckford (1977). "Explaining
　　　Religious Movement", *International Social Science Journal* 29, 2:242.

【134】林本炫,〈「新興宗教運動」的意義及其社會學意涵〉,頁18。James A. Beckford
　　　(1985). *Cult Controversies: Their Social Response to the New Religious
　　　Movements.* London and New York: Tavistock Publication. pp.16.

上有著極大的區別和差異所在。【135】因為，對西方社會來說，
「綜攝主義」（syncretism）與「教派主義」（sectarianism）是
相反的兩件事──一個是強調融合，另一個則是強調分裂。但
是，在華人世界裏它們卻是一起出現；【136】亦即，是以一種所
謂的「綜攝性的教派主義」（syncretic sectarianism）──以融合
的態勢而回歸內在正統並成立新的宗教組織的方式出現，而這
正是華人社會自明清時代以來產生新興教派的方式。所以，這
種文化上的整合性、延續性以及基層民眾所具有的一種文化歸
屬感，即是華人社會亦是當代臺灣社會之宗教文化發展生態裏
有別於其他地區宗教文化發展所具有之相當獨特的特質。【137】
因此，對於當代臺灣新興宗教和傳統宗教的關係與定位等問
題，就其分類的型態與定義來看，確實是有別於西方學界既有
的看法和認知。

　　在臺灣，董芳苑可以說是最早對「新興宗教」提出界定的
學者。其以「戰後」的臺灣做為時間的基準點，將戰前的宗教
團體稱為「傳統宗教團體」，而在戰後出現的宗教團體稱之為

【135】丁仁傑指出，相對於西方的社會宗教文化而言，華人社會文化的發展至少在以下
　　　幾個面向上和西方是不同的：一、主流社會與一個大教會（或是宗教組織）過去並
　　　未完全合一；二、宗教並不具有獨佔性的特質，個人可以同時擁有兩個信仰，一個
　　　宗教團體與另一個宗教團體的關係在本質上也非相互排斥；三、明清以後文化的
　　　高融合度，各教派背後教義間實質性的差異相對而言較小。丁仁傑，《社會分化與
　　　宗教制度變遷：當代臺灣新興宗教現象的社會學考察》，頁290、429-430。

【136】Judith Berling（1980）. *The Syncretic of Lin Chao-en.* IASWR Series, New
　　　York: Columbia University Press, pp.1-13.

【137】丁仁傑，《社會分化與宗教制度變遷：當代臺灣新興宗教現象的社會學考察》，頁
　　　430。

「新興宗教團體」，並將新興宗教分成三個範疇：【138】

第一：戰後為迎合臺灣民眾心理需求及寄託，而在本地創
　　　立的新教門；

第二：戰後來自中國大陸及國外的教門和近代宗教；

第三：戰後發生於傳統宗教的新現象。【139】

之後，瞿海源、鄭志明、張家麟等人亦對此定義與分類問
題，提出了他們的解釋。瞿海源主張，所謂的「新興宗教」應
是指「新興宗教現象」；瞿海源並進一步提出了「新興宗教現
象」所具有的七項基本特徵：即，全區性、悸動性、靈驗性、
傳播性、信徒取向性、入世性、再創性與復振性等七項。【140】
至於鄭志明則認為，應將「新興宗教」與「傳統宗教新興化」
這兩個概念區別開來，並將其視為兩種不同的宗教團體和宗教
現象。【141】鄭志明進一步提出其對於判定新興宗教的四項準

【138】張家麟，〈當代臺灣新興宗教研究趨勢之分析〉，頁8-9。

【139】董芳苑，〈臺灣新興宗教概觀〉，頁320-321。

【140】瞿海源，〈解析新興宗教現象〉，頁229-244。張家麟，〈當代臺灣新興宗教研究趨
　　　勢之分析〉，頁11。

【141】針對董芳苑於「範疇第三，戰後發生於傳統宗教的新現象」所提出的定義來看，
　　　鄭志明認為，將具有新現象的傳統宗教，也視為「新興宗教」，其「新興宗教」一詞
　　　似乎又太過於籠統，等同於「新興宗教現象」，而不是單指新的宗教團體。因此鄭
　　　志明主張，應該將「新興宗教」與「傳統宗教新興化」區別開來，而將其視為兩種
　　　不同的宗教團體和宗教現象。此外，針對瞿海源關於「新興宗教現象」的主張，鄭
　　　志明則強調，「新興宗教現象」一詞較為空泛，因為這樣的界定模糊了新興宗教的
　　　宗教屬性，即其特殊的宗教性格。同時，鄭志明認為，在這七項特徵之中，除了第

則，【142】同時指出，這四項判准在內容上比較具體，對於當代新成立的宗教團體只要符合其中的一項就可將其視之為是「新興宗教」。此外，張家麟則分別從時間、空間、傳統宗教轉化、靈驗與宗教領袖魅力等方面，試圖構建出一個以臺灣為研究範圍之新興宗教的「判定標準」。【143】

　　總合上述學者的論述，茲將當代臺灣新興宗教的定義與分類，界定如下：首先，在時間點上是指戰後（1945年之後）出現在臺灣的宗教團體；其次，在地域上是限定在臺灣地區的宗教團體；最後，在類型上則包含有：第一，來自於臺灣本土

七項涉及到宗教本質的判定問題外，其他都是偏重在宗教活動的外在特徵，而這些特徵正是當前各種宗教的發展趨勢，不能做為新興宗教的判定標準。因此應將「新興宗教」與「傳統宗教新興化」區分開來，並視其為兩種不同的宗教團體和宗教現象。鄭志明，〈臺灣「新興宗教」的現象商議〉，頁85-87。

【142】鄭志明對於判定新興宗教的四項準則分別為：一、自稱某一神明應劫下凡救世，經由靈媒的傳播，不斷地宣揚其救世的理念，自成一套系統；二、自稱教主是某一神明脫胎下凡，且被信徒視為救世主，相信教主具有某種神秘能力或教法，可以幫助眾生解脫；三、自立一套新的修行方法，宣揚其無比的靈驗與效力，正式地開班授徒，且形成一套宣傳體系、修行工夫與宗教儀式；四、自立一套教義詮釋體系，特別強調統宗教中某些神秘的體驗，將其教義重新組合或改革，進而形成新的運動團體。鄭志明，〈臺灣「新興宗教」的現象商議〉，頁88。

【143】張家麟試圖為當代臺灣新興宗教所建立的判定標準為：一、時間：指1945年之後出現在臺灣的宗教團體；二、空間：由外地傳入的宗教團體；三、傳統宗教轉化：由傳統宗教轉化出來的團體；四、靈驗：新興宗教的儀式及教義實踐，應能滿足信徒內心的靈驗需求；五、宗教領袖魅力：「教主的領袖魅力」與創立新興宗教間具有高度的相關聯性。張家麟指出，前三項指標是外顯指標，後兩項則是新興宗教的內在指標。外顯指標只是判定該宗教團體是否為臺灣地區的新興宗教；而內在指標則是展現出新興宗教出現、存在及發展的主要動能。張家麟，〈當代臺灣新興宗教研究趨勢之分析〉，頁15-16。

創立的新興宗教；第二，來自於中國大陸和國外傳入的新興宗教；第三，來自於臺灣當地原傳統宗教轉化而成的新興宗教。因此，在時間點上和內容上，是有別於西方學界對於新興宗教既有的界定。

　　至於，當代臺灣新興宗教和傳統宗教間的縱向歷史關係，則在上述界定與研究的基礎上，除了來自於國外的新興宗教之外，總結出下列三種關係：【144】第一，從傳統宗教轉化而來，即所謂的「傳統宗教的轉型、復興和新興化」；【145】第二，融合傳統宗教又有別於傳統宗教，並以一種新的宗教組織出現；【146】第三，自立於傳統宗教，與傳統宗教之間並沒有先在的關係；同時通過新的教主創立新的宗教。【147】

第二節　當代臺灣新興宗教與其他宗教的橫向互動關係

　　關於當代臺灣新興宗教與其他宗教的橫向互動關係，其包括：對待其他宗教的態度、與其他宗教的交流經驗以及交流模式等。接下來，分別從以下三個角度深入探討：

【144】張家麟，〈當代臺灣新興宗教研究趨勢之分析〉，頁2。

【145】董芳苑，〈臺灣新興宗教概觀〉，頁320-321。

【146】丁仁傑，《社會分化與宗教制度變遷：當代臺灣新興宗教現象的社會學考察》，頁373-430。

【147】鄭志明，〈臺灣「新興宗教」的現象商議〉，頁85-87；斯達克、本布里奇，《宗教的未來》，頁29-31。

一、關於對待其他宗教的態度問題

對於當代臺灣新興宗教而言，在面對其他宗教的態度為何？其是如何看待其他宗教的信仰？以及如何回應其他宗教的看待？

關於這個問題，受訪的新興宗教表示：各宗教之間確有其不同的立基點和獨特性；當面對其他宗教時，均是本著尊重、肯定的態度來看待其他宗教的優點、價值與貢獻。因此，其認為，只要是正信的宗教皆有其存在的必要性。例如：

一貫道表示，宗教之間真有其不同的地方，如果沒有不同那就只有一個宗教而已，因此是本著尊重的立場來看待其他宗教的信仰。

> 真的有不同的地方，如果沒有不同那就只有一個宗教而已。因為不同，所以站在她的立場，她不認為是缺點她認為是優點，但站在另外的立場可能就有不同的觀點。……既然八萬四千法門都好，你選擇A法門，我選擇B法門，我尊重我的選擇，但我也要尊重你的選擇。（一貫道，訪談編碼001）

摩門教表示，不希望與其他宗教有任何的衝突，而是本著尊重，並且相互的交流與拜訪。

> 由於講說復興，對於其他的宗教而言，其實我們教會受到蠻多的苦難。但也正因為這樣，所以我們更能夠體會其他的人如果有同樣的情形。所以對我們教會來講，我們倒不希望說跟其他教會有任何的衝突。……像我們辦一些活動我們都會邀請其他宗教來，像回教的理事長，他們也都來過我們這邊。（摩門教，訪談編碼002）

真佛心宗表示，每一個宗教都有她的優點、她的不同、以及值得肯定的地方。

　　　　其實每一個宗教都有她的優點、都有她的不同、也有她值得肯定的地方。……我們就是要做這個動作，讓所有的宗教可以更好的相互包容、相互讚歎、相互成全。（真佛心宗，訪談編碼003）

　　彌勒大道表示，每一個宗教都有她的優點與價值，這些能發展至今日，並且成為非常龐大的宗教組織，其存在與發展都有她的意義與價值。

　　　　每一個宗教都有她的優點與價值，……現在全世界的廣義基督教約有20億信徒，……應該是全世界最龐大的宗教體系。……佛教徒約有3.6億多、回教徒約有12億多、印度教徒約有8.2億，這些能發展至今日，並且成為非常龐大的宗教組織，其存在與發展都有她的意義與價值。（彌勒大道，訪談編碼004）

　　天理教表示，只要是大家認同的宗教，都非常的認同。因此，不會輕易去批判別的宗教，亦不會去否定其他宗教的價值和優點。

　　　　天理教對其他宗教，只要是大家認同的宗教的話，幾乎沒有甚麼批判，都非常的認同，這是天理教的主張，不會說輕易去批判別的宗教。……我們不會去否定別的宗教的價值和優點。（天理教認為，訪談編碼005）

　　統一教表示，各個宗教能經過這麼長的人類歷史留傳下來，贏得那麼多的人的信仰和跟隨，必定有能夠滿足這個人心裏追求的價值的內容，同時對其生命的貢獻有著不可否認的事

實。

> 各個宗教她能夠經過這麼長的人類歷史留傳下來，贏
> 得那麼多的人的信仰和跟隨，必定有她能夠滿足這個人心
> 裏面基本追求的價值的內容，換句話說，她對他們的生命
> 的貢獻有不可否認的事實。所以說，基本上每一個宗教都
> 有她的優點。（統一教，訪談編碼006）

玄門真宗表示，每一個宗教都有每一個宗教的立基點在那
裡，因此，不會去排斥其他宗教。

> 我們不排斥人家，因為每一個宗教都有每一個宗教的
> 立基點，她的基礎點在那裡。（玄門真宗，訪談編碼007）

天帝教表示，每一個正信宗教，都有其教義、教儀、規
戒和經典。同時，每一個宗教的經典和大師，無非就是勸人為
善，並將宗教家的那種愛人類的精神擴散出去。所以，從古到
今在地球上的每一個宗教都有其存在的必要。

> 因為每一個宗教，我們講的是正信宗教。……只要是
> 宗教，你有你的教義、你有你的教儀、規戒、經典。那你
> 看每一個宗教的每一個經典、每一個大師，她無非就是勸
> 人為善、無非就是要以宗教家的那種愛人類的精神擴散出
> 去。所以，從古到今或者是現存在地球上的每一個宗教，
> 我都認為她有存在的必要。（天帝教，訪談編碼008）

但是，亦有新興宗教表示，對於民間信仰方面，由於政府
比較寬鬆對待，因此在信仰自由的框架下，又沒有適當規範，
因而造成了許多的宗教亂象。

> 但是，我們臺灣比較有危機的是民間信仰的問題。民
> 間信仰因為政府比較寬鬆的對待，所謂信仰的自由啦！但

是在信仰自由的框架下，又沒有適當的去做規範，讓人家
　　去依循；所以現在的宗教很亂，尤其在臺灣，亂到裝神弄
　　鬼這些事情很嚴重。（玄門真宗，訪談編碼007）

　　總體而言，臺灣因為宗教信仰不同而引發之正面衝突的機率其實很少，雖有「王不見王」抑或是消極的排斥和衝突的現象發生，【148】但基本上均是本著相互尊重的原則來對待。然而，儘管當代的臺灣是一個宗教多元的社會，各宗教間雖是以禮相待，但是若要進行深層次的交流、學習，甚至是對話與合作，則無論是對於臺灣的宗教界或者是新興宗教界來說，其實都還有一條漫長的路要行走。

【148】訪談時發現，有些新興宗教領袖表示，在其舉辦活動時若邀請佛教的這個「山頭」則另一個「山頭」將不會出席。此外，對於某些活動若比較屬於是宗教性的活動，則不會積極地參與。

表5-1：當代臺灣新興宗教關於對待其他宗教的態度問題

訪談對象	主要論點
一貫道	真的有不同的地方，如果沒有不同的地方，那就只有一個宗教而已。因為不同，所以站在她的立場，她不認為是缺點她認為是優點，但站在另外的立場可能就有不同的觀點。……排除這八萬三千九百九十九個法門都不好，她都有它的好處，我既然選擇這個，就尊重我的選擇，我也要尊重你的選擇。既然八萬四千法門都好，你選擇A法門，我選擇B法門，我尊重我的選擇，但我也要尊重你的選擇。（訪談編碼001）
摩門教	我們教會早期是在東岸紐約那邊，是一個復興的教會。但由於講說復興，對於其他的宗教而言，其實我們教會受到蠻多的苦難。但也正因為這樣，所以我們更能夠體會其他的人如果有同樣的情形，他們會有那種甚麼樣的感覺。所以對我們教會來講，我們倒不希望說跟其他教會有任何的衝突。……像我們辦一些活動我們都會邀請其他宗教來，像回教的理事長，他們也都來過我們這邊。我們這邊也會常常過去。（訪談編碼002）
真佛心宗	其實每一個宗教都有她的優點、都有她的不同、也有她值得肯定的地方。……我們就是要做這個動作，讓所有的宗教可以更好的相互包容、相互讚歎、相互成全。那我們在人世間才真正的為上蒼把所有的宗教都和平的相處在一起，那也是人世間所應該有的基本條件。（訪談編碼003）
彌勒大道	每一個宗教都有她的優點與價值！像基督教和天主教都有二千多年了，如果沒有宗教的價值不可能存在這麼久，況且現在全世界的廣義基督教約有20億信徒，如果東正教、猶太教、摩門教算進去的話，應該是全世界最龐大的宗教體系。佛教徒約有3.6億多、回教徒約有12億多、印度教徒約有8.2億，這些能發展至今日，並且成為非常龐大的宗教組織，其存在與發展都有她的意義與價值。（訪談編碼004）

訪談對象	主要論點
天理教	天理教對其他宗教，只要是大家認同的宗教的話，幾乎沒有甚麼批判，都非常的認同，這是天理教的主張，不會說輕易去批判別的宗教。……我們不會去否定別的宗教的價值和優點。（訪談編碼005）
統一教	各個宗教她能夠經過這麼長的人類歷史留傳下來，贏得那麼多的人的信仰和跟隨，必定有她能夠滿足這個人心裏面基本追求的價值的內容，換句話說，她對他們的生命的貢獻有不可否認的事實。所以說，基本上每一個宗教都有她的優點。再說，「宗教」她的意思就是「根本的教育」，神為了拯救這地上的人，在不同的地方、不同的環境，用不同的方式和不同的力量，把他們帶到一個更高的水準的心靈次元，最後能跟作為大家共同的父母連結起來，我們都是兄弟姐妹、都是一家人。所以，不管你是甚麼宗教，在神來看都是一家人。（訪談編碼006）
玄門真宗	我們不排斥人家，因為每一個宗教都有每一個宗教的立基點，她的基礎點在哪裡。但是，我們臺灣比較有危機的是民間信仰的問題。民間信仰因為政府比較寬鬆的對待，所謂信仰的自由啦！但是在信仰自由的框架下，又沒有適當的去做規範，讓人家去依循；所以現在的宗教很亂，尤其在臺灣，亂到裝神弄鬼這些事情很嚴重。（訪談編碼007）
天帝教	因為每一個宗教，我們講的是正信宗教。……只要是宗教，你有你的教義、你有你的教儀、規戒、經典。那你看每一個宗教的每一個經典、每一個大師，他無非就是勸人為善、無非就是要以宗教家的那種愛人類的精神擴散出去。所以，從古到今或者是現存在地球上的每一個宗教，我都認為她有存在的必要。因為，我們所謂的「佛渡有緣人」，那有一些宗教她的說法、她的教義可以吸引某一部份的人，那只要這些人就是一直跟著這個宗教，然後在為善、然後在修持自己，然後共同為這個國家、為這個社會創造安和樂利的情況，所以每一個宗教都是好的。（訪談編碼008）

資料來源：本研究整理

二、關於與其他宗教的交流經驗問題

　　對於當代臺灣新興宗教而言，在與其他宗教交流的經驗中，是否感受到其他宗教具有的價值與優點？同時在與其他宗教交流之後，是否對自己原有的宗教信仰產生更深層次的體認？

　　訪談發現，受訪的新興宗教表示，由於肯認了對方宗教的價值，因此通過宗教間的交流，不但可以學習對方的優點，亦能認清自身的不足而加以修正。此外，藉由交流，亦可以發現對方宗教的不足之處，從而更加肯定自身宗教的價值、優點與使命。例如：

　　一貫道認為，通過交流可以達成某些共識；藉此可以思考自己不足的地方或給與某些啟示，然後去充實。同時，亦通過別人的看法來修正我自己的看法。

　　　　因為不同，所以站在她的立場，她不認為是缺點她認為是優點，但站在另外的立場可能就有不同的觀點。所以就通過對談來達成某些共識，……排除這八萬三千九百九十九個法門都不好，她都有她的好處。……別人提出這一些讓我們思考不足的地方，然後去充實，……因為一般人都滿足於自己，我才是最好的，可是說不定你這是往外看而不是往內看。……如此我就要去思考，如何通過別人來修正我自己的看法。（一貫道，訪談編碼001）

　　摩門教認為，通過交流更加堅信自己的宗教信仰，不會因為世俗的或是其他宗教有那樣的作法而改變神要其作的事情。

我們的教會就有比較多的誡律，……那這些誡命，因為我們相信它是神要我們這樣做的，所以我們沒辦法把它放鬆。……雖然我們看到佛教他們有比較容易的方法可以吸引到教徒，可是我們沒有辦法去跟他們一樣的作。就是，我們比較強調我們跟神之間的關係，因為神所吩咐的我們不能改。不能因為世俗或是其他宗教有那樣的作法我們就改變神所要我們作的事情。（摩門教，訪談編碼002）

真佛心宗認為，通過交流可以帶來相互的讚歎與彌補。

　　一個宗教能傳到現在，都有她很特殊的地方；那特殊的地方都是我們必須讚歎的，那她不足的地方是我們可以幫她彌補的。（真佛心宗認為，訪談編碼003）

彌勒大道認為，通過交流會更加肯定自己的宗教信仰以及對世界的使命與責任。

　　在與其他宗教交流的結果，使我們更加肯定彌勒大道對世界的使命與責任！……我想，所有宗教的教主，他的出發點都是好的。耶穌基督講博愛、佛陀講慈悲、彌勒佛講慈，應該都是殊途同歸的，我們要看宗教的一個原始的精神，不要在教義上去對立比較，……我們都不要講教義，講慈愛可以吧！……快樂、幸福、歡喜、笑容，這些是最大公約數！是共同的價值！……當我們看到不同宗教的人士能夠共同接受慈愛的觀念，從這裏發現到，原來宗教本身還是可以融合的。只要我們不要針對教義來爭論，而是拿一個各門各教的一個最大公約數。（彌勒大道，訪談編碼004）

天理教認為，通過交流讓自己更加確認教祖的教導、父母神的教育絕對是非常值得信賴，不會讓人有絲毫的懷疑。

　　　　當然就是說不會去否定別的宗教，但是在一些活動當中也可以讓自己更確認說我們教祖的教導，我們父母神的教育絕對是非常值得信賴、非常可貴的，不會讓人絲毫有懷疑的，會更加確信。（天理教，訪談編碼005）

　　統一教認為，通過交流可以反觀其自身，有些地方已有這樣的內容，而有些地方可能沒有想到，可以使其原來的東西更加充實。

　　　　對於看到過去傳統宗教的時候，的確發現到，她們經過那麼長的歷史當中所對人類的貢獻、對人們心靈的貢獻，這也是事實。她們甚至可以說是新宗教的基礎。那對於新宗教來說，她們也有她們獨特的來自於上天的啟示、來自於上天的感動，有她們獨特的看法。那這樣的看法，也許可以符合俗世的、人間的、在當代裏面所需要的一個價值觀，也有她的可取之處。那通過這樣的時候，我們當然可以反觀我們自己，我們可以發現到，有些地方可能是我們已經有的這樣的一個內容，我們當然也很感動。有些地方可能是我們沒有想到，使我們原來的東西可以再更充實，我想都有她的好處。（統一教，訪談編碼006）

　　玄門真宗認為，通過參學與交流雖然會覺得很麻煩，但是卻會覺得比較圓滿、完整，並對自身的自信愈大。

　　　　如果以正確的宗教來講是可以去學習的。像比較完整的佛教、基督教、天主教，……但是一般人說看到宗教就要去學習，很難。……所以，我們作的一切事情到外面去

> 跟人家交流的時候，我們覺得我們的很麻煩。但是我們卻
> 會覺得我們的比較圓滿啦、比較完整。……越通過交流，
> 我們內部的自信更大。……去參學之後他們覺得，我們做
> 得比別人更好。（玄門真宗，訪談編碼007）

天帝教認為，通過交流知己知彼，更瞭解對方的同時，也
更瞭解自己的重要性。

> 其實其他宗教你說，我們幾千年來的這種佛教跟基
> 督宗教她們所發展出來的，一定也有她們在當時的一定要
> 成立、一定要創立的那種使命，但是因為事隔久遠了，所
> 以當時的那個使命說不定已經完成了，可是她的教化可以
> 一直讓二千年來一直有不停的人去信仰她，一定也有她的
> 道理。那我更確信說，……她們的教化延續了二千多年之
> 久，那到了今天會讓我們處在這麼一個危險的邊緣，可見
> 這些教化有不足的地方。……我們二十多年來所瞭解的天
> 帝教的教義、教理、她的規戒、她的修持法門，會讓我覺
> 得說我更深信天帝教真的是在這個世代人們非常重要的一
> 個宗教，所以透過這樣子的交流，我們知己知彼，我更瞭
> 解對方了，也更瞭解自己的重要性。（天帝教，訪談編碼
> 008）

至於，通過這樣的交流，「能否對於自身原有宗教信仰產
生更深層次的體認？」這方面來看，從上述訪談結果發現，受
訪的新興宗教均沒有特別提及這個部份；大都只是著重在「他
者的有與自身的沒有」以及「他者的不足與自身的肯定」上，
反觀對自身宗教內涵之更深層次的體悟和昇華上卻是比較缺乏
的。

表5-2：當代臺灣新興宗教關於與其他宗教的交流經驗問題

訪談對象	主要觀點
一貫道	因為不同，所以站在的她立場，她不認為是缺點她認為是優點，但站在另外的立場可能就有不同的觀點。所以就通過對談來達成某些共識，……排除這八萬三千九百九十九個法門都不好，她都有它的好處，我既然選擇這個，就尊重我的選擇，我也要尊重你的選擇。……別人提出這一些讓我們思考不足的地方，然後去充實，不然我們也不知道。因為一般人都滿足於自己，我才是最好的，可是說不定你這是往外看而不是往內看。……如此我就要去思考，如何通過別人來修正我自己的看法。（訪談編碼001）
摩門教	一般佛教只要有心信就好，你到廟裏面去拜，或怎麼樣的拜，以她的發展是比較容易的。但是在我們的教會就有比較多的誡律，所謂的誡命。那這些誡命，因為我們相信它是神要我們這樣做的，所以我們沒辦法把它放鬆。……雖然我們看到佛教他們有比較容易的方法可以吸引到教徒，可是我們沒有辦法去跟他們一樣的作。就是，我們比較強調我們跟神之間的關係，因為神所吩咐的我們不能改。不能因為世俗或是其他宗教有那樣的作法我們就改變神所要我們作的事情。（訪談編碼002）
真佛心宗	因為一個宗教能傳到現在，都有她很特殊的地方；那特殊的地方都是我們必須讚歎的，那她不足的地方是我們可以幫她彌補的。（訪談編碼003）

訪談對象	主要觀點
彌勒大道	在與其他宗教交流的結果，使我們更加肯定彌勒大道的對世界的使命與責任！……我想，所有宗教的教主，他的出發點都是好的。耶穌基督講博愛、佛陀講慈悲、彌勒佛講慈，應該都是殊途同歸的，我們要看宗教的一個原始的精神，不要在教義上去對立比較，不同宗教的教義一攤開，一定會有爭執，我們都不要講教義，講慈愛可以吧！……快樂、幸福是所有不同宗教的人都需要的，快樂、幸福、歡喜、笑容，這些是最大公約數！是共同的價值！……當我們看到不同宗教的人士能夠共同接受慈愛的觀念，從這裏發現到，原來宗教本身還是可以融合的。只要我們不要針對教義來爭論，而是拿一個各門各教的一個最大公約數！（訪談編碼004）
統一教	就是不同的宗教，她們當然有的歷史比較久，有的歷史比較新。比較久的人她們也經過許多經驗的累積，有很多是值得我們去學習的。比較新的時候，她們有許多新的創見、新的一種啟示或者感動，也許是過去傳統所沒有想到的，我想這都有她的意義和價值。對於看到過去傳統宗教的時候，的確發現到，她們經過那麼長的歷史當中所對人類的貢獻、對人們心靈的貢獻，這也是事實。她他們甚至可以說是新宗教的基礎。那對於新宗教來說，她們也有她們獨特的來自於上天的啟示、來自於上天的感動，有她們獨特的看法。那這樣的看法，也許可以符合俗世的、人間的、在當代裏面所需要的一個價值觀，也有她的可取之處。那通過這樣的時候，我們當然可以反觀我們自己，我們可以發現到，有些地方可能是我們已經有的這樣的一個內容，我們當然也很感動。有些地方可能是我們沒有想到，使我們原來的東西可以再更充實，我想都有她的好處啦！（訪談編碼006）

訪談對象	主要觀點
天理教	當然就是說不會去否定別的宗教，但是在一些活動當中也可以讓自己更確認說我們教祖的教導，我們父母神的教育絕對是非常值得信賴、非常可貴的，不會讓人絲毫有懷疑的，會更加確信。（訪談編碼005）
玄門真宗	如果以正確的宗教來講是可以去學習的。像比較完整的佛教、基督教、天主教，這種她們比較完整的宗教都可以去學習。但是一般人說看到宗教就要去學習，很難。……所以，我們作的一切事情到外面去跟人家交流的時候，我們覺得我們的很麻煩。但是我們卻會覺得我們的比較圓滿啦、比較完整。……越通過交流，我們內部的自信更大。……去參學之後他們覺得，我們做得比別人更好。（訪談編碼007）
天帝教	我在跟其他宗教的交流當中，我會去瞭解她的教義、瞭解她的義理、然後她們的修持方式、然後她們的規戒等等。那因為瞭解而更相信天帝教在當今的這個世代裏面復興是有她很重大的使命。……其實其他宗教你說，我們幾千年來的這種佛教跟基督宗教她們所發展出來的，一定也有她們在當時的一定要成立、一定要創立的那種使命，但是因為事隔久遠了，所以當時的那個使命說不定已經完成了，可是她的教化可以一直讓二千年來一直有不停的人去信仰她，一定也有她的道理。那我更確信說，因為，佛教二千五百多年，基督教二千多年這樣下來，她們的教化延續了二千多年之久，那到了今天會讓我們處在這麼一個危險的邊緣，可見這些教化有不足的地方。……所以在這個時候，天帝教來復興，而且我們二十多年來所瞭解的天帝教的教義、教理、她的規戒、她的修持法門，會讓我覺得說我更深信天帝教真的是在這個世代人們非常重要的一個宗教，所以透過這樣子的交流，我們知己知彼，我更瞭解對方了，也更瞭解自己的重要性。（訪談編碼008）

資料來源：本研究整理

三、關於處理與其他宗教關係的立論依據問題

　　對於當代臺灣新興宗教而言，在處理與其他宗教關係的立論依據為何？在其教義和經典裏，是否清楚教示與其他宗教的關係以及如何交流的模式？

　　關於當代臺灣新興宗教與其他宗教的關係以及如何交流模式等問題，受訪的新興宗教普遍表示，在其教義和經典裏並沒有明確指示；基本上都是依循著至上神、仙佛、教祖、教義或經典中之「原則性」的指導來進行。例如：

　　一貫道，依循「敬天地、禮神明」的經典教導來進行。

> 在經典裏有提到「敬天地、禮神明」，包括很多。……我們都相信五教聖人都是必需要的、都是必需要的聖人，都各有長處。所以對五教的人我們都不排斥。（一貫道，訪談編碼001）

　　摩門教，依循《信條》第十一條中的原則來進行。

> 我想用我們的《信條》大概可以很完整的回答你這個問題。……第十一條：「我們要求有特權，可依照自己良心的指引，崇拜全能的神，並容許所有的人都有同樣的特權，讓他們自行選擇崇拜的方式、處所或對象」。……我們要容許所有的人都有這樣的權利，讓他們自己去選擇他們崇拜的方式、處所或對象。（摩門教，訪談編碼002）

　　真佛心宗，藉由《大道系列》來教導宗教間的相處之道。

> 就是不批評人家、不標榜自己好，要互相讚歎，而且每個宗教要互相融合，而且我們也提供她們經典不足的地方我們幫她融合。所以，我們的《大道系列》就是未來要入彌勒淨土內斂的精修課程。（真佛心宗，訪談編碼003）

彌勒大道，本著彌勒信仰最高的一個思想核心價值「世界一家」，從每一件事情上去促使世界一家。

> 這點倒是沒有特別的記載，但是剛才小弟說的，我們彌勒信仰最高的一個思想核心價值就是促使世界一家！……在這樣一個核心價值的大前提之下，所有的彌勒弟子在面臨不同信仰的人，都會抱以和諧的態度去相處、去共事，從每一件事上去促使世界一家。（彌勒大道，訪談編碼004）

天理教，依循教祖的教導「相輔相成、互助合作」來進行。

> 其實在教祖的教導當中，並沒有提到你跟其他宗教怎麼去作，但是有一點在我們的教義寫得非常清楚就是「互助合作」。「互助合作」這一點在教祖的教導裏面非常重要，叫「相輔相成、互助合作」。（天理教，訪談編碼005）

統一教，本著信仰的指導「大家都是兄弟的關係」——亦即「亞伯、該隱」的關係相互對待。

> 不同的宗教信仰之間也有一種大家都是兄弟的關係。在我們的信仰裏面也會常講這是一種「亞伯、該隱」的關係啦，在亞當家庭裏面，亞伯跟該隱是兄弟嘛！所以大家都是兄弟的關係。（統一教，訪談編碼006）

玄門真宗，本著恩主的指示，排定在其一年的修行功課中。

> 我們的功課一年有分成，古代講說：春耕、夏耘、秋收、冬藏。那春耕就是播種，……就是要精進努力。那夏

耘，耘就是翻土，那段節日我們就帶著學生，……參學，透過宗教對話、透過宗教參訪。那秋收我們要開始回來，要閉關。然後冬藏，要修行。（玄門真宗，訪談編碼007）

天帝教，依循師尊的教導「宗教大同」作為最高指導原則來進行。

沒有說規定得很細，它就是一個宗教大同。（天帝教，訪談編碼008）

表5-3：當代臺灣新興宗教關於處理與其他宗教關係的立論依據問題

訪談對象	主要論點
一貫道	在經典裏有提到「敬天地、禮神明」，包括很多。……我們都相信五教聖人都是必需要的、都是必需要的聖人，都各有長處。所以對五教的人我們都不排斥，你的佛經我們幫你發揚不好嗎？你的聖經我們幫你實踐不好嗎？（訪談編碼001）
摩門教	我想用我們的《信條》大概可以很完整的回答你這個問題。……第十一條：「我們要求有特權，可依照自己良心的指引，崇拜全能的神，並容許所有的人都有同樣的特權，讓他們自行選擇崇拜的方式、處所或對象」。……所以縱使有這麼多不同的宗教，這也是我們的信條，我們要容許所有的人都有這樣的權利，讓他們自己去選擇他們崇拜的方式、處所或對象。所以，這是我們一個大的架構或是信仰的一個基本的原則。（訪談編碼002）
真佛心宗	就是不批評人家、不標榜自己好，要互相讚歎，而且每個宗教要互相融合，而且我們也提供她們經典不足的地方我們幫她融合。所以，我們的《大道系列》就是未來要入彌勒淨土內斂的精修課程。（訪談編碼003）

彌勒大道	這點倒是沒有特別的記載，但是剛才小弟說的，我們彌勒信仰最高的一個思想核心價值就是促使世界一家！我們都是一家人，這是最高的核心思想，在這樣一個核心價值的大前提之下，所有的彌勒弟子在面臨不同信仰的人，都會抱以和諧的態度去相處、去共事，從每一件事上去促使世界一家。（訪談編碼004）
天理教	其實在教祖的教導當中，並沒有提到你跟其他宗教怎麼去作，但是有一點在我們的教義寫得非常清楚就是「互助合作」。「互助合作」這一點在教祖的教導裏面非常重要，叫「相輔相成、互助合作」，其實這個面會更廣。（訪談編碼005）
統一教	今天講實在話，統一教會作為一個新興宗教，她也不是突然蹦出來的一個全新的東西。事實上，她是經由過去的許多的宗教前輩或是信仰的祖先，一個一個這樣行走過來以後，他們的信仰的內容和信仰路程，成為我們的一個典範、成為我們的一個學習，在他們的基礎上，我們再作更深的或更高次元的提升。所以不同的宗教信仰之間也有一種大家都是兄弟的關係。在我們的信仰裏面也會常講這是一種「亞伯、該隱」的關係啦，在亞當家庭裏面，亞伯跟該隱是兄弟嘛！所以大家都是兄弟的關係。（訪談編碼006）
玄門真宗	我們的功課一年有分成，古代講說：春耕、夏耘、秋收、冬藏。那春耕就是播種，所以我們春天的時候這一期的功課就是要精進努力。那夏耘，耘就是翻土，那段節日我們就帶著學生，我們去接洽，所以每一年我們都有參學，透過宗教對話、透過宗教參訪，那是夏耘。那秋收我們要開始回來，要閉關。然後冬藏，要修行。（訪談編碼007）
天帝教	沒有說規定得很細，它就是一個宗教大同。（訪談編碼008）

資料來源：本研究整理

第三節　從「相互關聯論」解析當代臺灣新興宗教的「宗教他者觀」

　　尼特曾明白指出，「苦難的他者」與「宗教的他者」在過去歲月裏，深深影響其生活與思想。因此，在面對「宗教他者」的態度上，尼特強調：

> 　　我在談論的多元主義的或者是相互關聯的神學首先將承認、肯定、接受和認真對待宗教傳統之間明顯的和實際的差異。在關於終極者、此世、死後生活、為人，以及禮儀和崇拜的觀點方面，各宗教共同體無疑是不同的，而且常常是不可通約的。

　　尼特清楚認識到諸宗教之間具有的不可通約性和差異性存在，因此，對於其他宗教所擁有的價值與有效性上是抱持肯定的態度。尼特認為，一個「相互關聯」的諸宗教對話模式將從肯定本宗教（基督教）以外之其他宗教的可能價值開始。宗教徒（基督徒）有證據、也有充分理由，讓自己不僅要向這樣的可能性開放，而且要向這樣的必然性、現實性開放；因為這種差異性對所有人來說可能都是有價值和重要的；為要承認和維護這些差異性，諸宗教應當相互分享與交流。

　　因此，諸宗教需要一起談論與行動，即使諸宗教之間存在著根本的差異與特性，但亦需承認諸宗教自身的不完全性而與「他者」之間所具有的關聯存在。【149】所以，所謂的「相互關聯」，亦即是，本著宗教多元的立場，互敬互重；諸宗教之間

【149】尼特，《一個地球多種宗教：多信仰對話與全球責任》，頁45-49。

應是一種相互的、禮尚往來的關係——相互的表達與傾聽、相互的教學與學習、相互的見證與被見證。【150】藉由宗教間真誠的交流、對話、傾聽、學習，從而獲致相互的證成與圓滿。

如此一來，若進一步通過「相互關聯論」解析當代臺灣新興宗教的「宗教他者觀」時，首先，在對待其他宗教的態度上：受訪的新興宗教表示，在面對其他宗教時，均能承認其具有的立基點、差異性與獨特性；同時亦本著尊重、肯定的態度來看待其他宗教的優點、價值與貢獻。其次，在與其他宗教交流的經驗上：受訪的新興宗教表示，通過交流，不但可以向對方學習並認清自己的不足而加以修正外；亦能藉此發現對方的不足，從而更加肯定自身宗教的價值、使命與優點。因此，若從上述兩個層面來看時，是符合「相互關聯論」的主張。然而，筆者亦發現，特別是在「相互的證成與圓滿」這部份的看法上，確有其落差存在。尼特認為，各宗教在本質上均是通過自身的宗教和文化的透鏡來看待他者，而這透鏡主要是來自於我們的父母、老師、社會或宗教信仰所給予的。如果將此所見到的真理就視為唯一的、全部的、優越的和絕對的真理，這不僅是有限的、盲從的而且是危險的。因此，我們需要藉助其他宗教的透鏡來看到我們所看不到的東西，從而拓展我們對真理的看法和理解。【151】因為，如果宗教人士能夠一起面對人類的種種危機，把這些實際的問題做為反思和行動的出發點，並投身於轉變非正義和生態剝削結構的共同事業上，那麼他們將會有新的機會從文本內或跨文本地解釋和傳達彼此的文本與傳

【150】尼特，《一個地球多種宗教：多信仰對話與全球責任》，頁22-23。

【151】尼特，《宗教對話模式》，頁13。

統。【152】所以，尼特強調，宗教間的交流，除了能相互的傾聽、學習、見證與被見證之外，藉由其他宗教的透鏡來看待自身時，亦能對自身宗教的內涵產生更深層次的體悟和昇華，從而使各自宗教獲致證成與圓滿。然而，實際訪談結果卻發現，在對於「通過宗教間的交流，能否對自身宗教信仰產生更深層次的體認上」，各新興宗教均沒有明確表示；大多只是回饋對於「他者的有與自身的沒有」以及「他者的不足與自身的肯定」之層次上，反觀對自身宗教內涵之更深層次的理解與體悟方面是比較缺乏的。因此，在這點上，筆者認為是和尼特「相互的證成與圓滿」的主張或假設之間具有相當程度的落差存在。

第四節　小結

　　本章重點主要在於以下三個層面：第一，當代臺灣新興宗教與傳統宗教間的縱向歷史關係；第二，當代臺灣新興宗教與其他宗教間的橫向互動關係；第三，從尼特的「相互關聯論」解析當代臺灣新興宗教的「宗教他者觀」。

　　首先，在當代臺灣新興宗教與傳統宗教間的縱向歷史關係方面：雖然一開始通過「教會－教派」的類型學來梳理新興宗教與傳統宗教之間的歷史關係，但研究發現，若將這樣的概念用來解釋華人社會和當代臺灣社會之宗教發展與分裂情況，包括當代臺灣新興宗教與傳統宗教之縱向歷史關係時，則有其不盡相符之處。因此，本章在此亦嘗試提出適合當代臺灣新興宗教

【152】尼特，《一個地球多種宗教：多信仰對話與全球責任》，頁140-141。

的界定以及與傳統宗教間的定位和歷史關係解釋。關於歷史的
關係，總結出以下三種型態：一、從傳統宗教轉化而來，即所
謂的「傳統宗教的轉型、復興和新興化」；二、融合傳統宗教
又有別於傳統宗教，並以一種新的宗教組織出現；三、自立於
傳統宗教，與傳統宗教之間並沒有先在的關係；同時通過新的
教主創立新的宗教。

　　其次，在當代臺灣新興宗教與其他宗教間的橫向互動關
係方面：本章亦嘗試從在對待其他宗教的態度、交流經驗以及
立論依據上，梳理出新興宗教與其他宗教──包括，傳統宗教
與其他新興宗教間的橫向互動關係。一、在面對其他宗教的態
度上：各宗教之間確有其不同的立基點和獨特性，均是本著尊
重、肯定的態度來看待其他宗教的長處、價值與貢獻。二、在
交流經驗上：通過交流，可以認清自己的不足並向對方學習之
外，亦能藉此發現對方的不足從而更加肯定自身宗教的使命、
價值與優點。至於，「能否對自身宗教產生更深層次的體認
上」，訪談結果均沒有明確表示。三、在立論依據上：普遍在
教義和經典裏並沒有明確指示，基本上都是依循著至上神、仙
佛、教祖、教義或經典中之「原則性」的指導來進行。

　　最後，在從「相互關聯論」解析當代臺灣新興宗教的「宗
教他者觀」方面：本章試圖通過尼特對於其他宗教具有之不可
通約的差異性、價值性和有效性的觀點來解析當代臺灣新興
宗教的「宗教他者觀」。分析之後發現，兩者的相似處在於：
一、認同其他宗教的差異性與價值性；二、肯定宗教間的交
流；三、肯定通過宗教間的交流能夠相互學習、截長補短。至
於彼此間落差之處則在於：藉由宗教間的交流能對自身宗教產
生更深層次之體認上的落差。

第六章
當代臺灣新興宗教的
「宗教對話觀」

關於當代臺灣新興宗教的「宗教對話觀」，實包含二個層面，一是「合作」的層面：包括「跨宗教合作」的態度、方式、作為與立論依據等；二是「對話」的層面：包括「跨宗教對話」的態度、方式、內容、議題與立論依據等。此外，本章亦試圖從尼特「宗教實踐論」之「實踐與合作對話」觀點解析當代臺灣新興宗教的「宗教對話觀」；同時論證「重視宗教對話」能否作為解釋當代臺灣新興宗教生存與發展的基本特徵。因此，本章重點包含以下部份：

首先，梳理軸心時代與諸宗教對話的意涵；其次，分析當代臺灣新興宗教之跨宗教對話的「切入點」——亦即，其跨宗教對話的切入點為何？「苦難」、「責任」與「實踐」能否作為當代臺灣新興宗教之跨宗教對話的共同契機、共同基礎和優先原則；第三，說明當代臺灣新興宗教之「跨宗教合作」情況——亦即，關注在「對於當代臺灣新興宗教而言，是否認同藉由跨宗教合作能解決全球人類和生態的苦難？如果是的話，曾有過哪些具體的合作方案？」之問題的處理上；第四，說明當代臺

灣新興宗教之「跨宗教對話」情況——亦即，關注在「對於當代臺灣新興宗教而言，是否認同藉由跨宗教合作可以促進宗教間的對話？如果是的話，曾有過哪些具體的實踐案例？」之問題的處理上；第五，梳理當代臺灣新興宗教之跨宗教合作與對話的「立論依據」——換句話說，對於當代臺灣新興宗教而言，跨宗教合作與對話的立論依據為何？在其教義和經典裏，是否清楚教導如何與其他宗教進行對話與合作？如果是的話，那教義或經典的教導又是甚麼？第六，從尼特「宗教實踐論」之「實踐與合作對話」觀點解析當代臺灣新興宗教的「宗教對話觀」。最後，再論證「重視宗教對話」能否作為解釋當代臺灣新興宗教生存與發展的基本特徵。

第一節　軸心時代與諸宗教對話

　　當代著名的宗教哲學家約翰・希克（John Hick）在其代表性著作《宗教之解釋：人類對超越者的回應》（An Interpretation of Religion: Human Responses to the Transcendent）一書裡，開宗明義即強調兩個重要的解釋性概念：「宗教的普遍性」和「軸心宗教」等概念。

　　　　宗教現象學就像千姿百態不斷擴展的一個大叢林，在其中，不一致的事實不斷地非難和摧毀著宏觀理論，並且幾乎沒有幾個概括性結論能倖存下來。然而，還是有兩個寬泛的解釋性概念已被廣泛接受，……第一個概念是承認宗教的實際普遍性，這種普遍性貫穿人類理想與實踐的生活；……第二個被廣為接受的宏觀的解釋性概念是軸心前

宗教和軸心後宗教之間的區分。【153】

　　關於「軸心時代」（Axial Age）的概念，是卡爾‧雅斯貝斯（Karl Jaspers）在其《論歷史的起源與目標》（The Origin and Goal of History）一書中提出的，意指：約從西元前800年到西元前200年期間，人類重要個體出現。通過他們的洞見，人類意識得到極大發展，一場從早期宗教到拯救或解脫宗教運動開啟。世界宗教開始形成，所有主要宗教選擇都已被確立；並且從那以後，人類宗教生活中沒有發生任何類似具有新的意義之事。【154】此外，軸心前時代與軸心後時代並非兩個階段，以致後一個階段明確地繼承並取代前一個階段。在某種意義上，較早的宗教形式一般是繼續和後來的宗教形式並存，也可以在後者之中。【155】希克進一步解釋，軸心時代的新運動展現出一種救贖論結構，這種結構與軸心前宗教相對簡單地接受世界形成鮮明的對比。在軸心時代，人的精神開始從周圍的環境中退卻

【153】希克，《宗教之解釋：人類對超越者的回應》，頁23-25。

【154】所謂「軸心時代」，其跨越若干世紀之久，它並非一刀兩斷，而是較早的宗教運動對它已有所期待和準備。例如：在中國，這一時期孔子和老子在世，因而兩大傳統：儒教和道教開始。在印度，喬達摩佛和耆那教創始人大雄都在世並教化眾生，《奧義書》產生，《薄伽梵歌》可能在這一時期結束時產生。在波斯，瑣羅亞斯德把現存的前啟示性宗教改變成瑣羅亞斯德教，她的末世論觀念影響了發展中的猶太教，並通過猶太教影響了基督教，可能還有伊斯蘭教。在以色列，希伯來大先知：阿摩斯、何西阿、耶利米、以賽亞、以西結在世，經典大部分已完成。在希臘，這一時期產生了畢達哥拉斯、蘇格拉底、柏拉圖和亞里斯多德。在這時期，個體的自我意識產生於共同的緊密聯繫的社會心理，宗教的價值不再存在於和團體的一致性中，而是開始採取了個人向超越者開放的形式。於是，世界宗教開始形成。希克，《宗教之解釋》，頁33-35。

【155】希克，《宗教之解釋：人類對超越者的回應》，頁26。

下來，並意識到自我是一個與眾不同的、具有他自身可能性的實在。同時通過軸心時代的傑出人物，帶來無限好的可能性思想；於是一個清晰的救贖論模式，即在世界各大信仰中呈現出來。換言之，所有這些軸心後的信仰都具有救贖論的傾向。因此，對實在與價值的終極統一性意識，就在這些不同的、關於無限好的狀態之觀念背後，並賦予它們以實質。並且在所有這些形式中，終極者、神聖者、實體就是使我們當前生活的轉變成為可能者。【156】

對於「軸心時代」的概念與現象，文化歷史學家奧斯瓦爾德・斯賓格勒（Oswald Spengler），則提出了歷史具有的「同時性」（synchronous）特徵來呼應。斯賓格勒在其《西方的沒落》（The Decline of the West）一書中指出，所有文化都根據同一形式而發展；世界上的任何兩種文化會因此而產生相互對應且類似的事件發生，其稱這種相應的歷史事件和現象為「同時性」現象。【157】

相似性（homology）原理應用在歷史的現象上將對「同時代性」（contemporary）這詞的解釋帶來全新的涵義。我將兩個發生在其各自所代表的文化之完全相同（相

【156】希克，《宗教之解釋：人類對超越者的回應》，頁36-38。埃里克・韋爾（Eric Weir）認為，「軸心時期存在於西元前第一個千年，就在那個時期，我們理智的、道德的和宗教的文明發生了，我們繼續依賴的基本原則確立了，儘管在我們已建立並還繼續建立的上層建築方面存在著差別」。Eric Weir（1975）. "What is a Breakthrough in History？"，轉引自希克，《宗教之解釋：人類對超越者的回應》，頁23。

【157】Oswald Spengler（1961）. "*The Decline of the West*"，轉引自Sun Myung Moon（1992）. *Essentials of Unification Thought：The Head-Wing Though.* Japan：Unification Thought Institute. pp.281.

對）位置的歷史事實稱之為「同時代性」，因此其具有完全相同的重要性。……我希望藉此毫無例外的顯示出對所有偉大的創建或形式，不論在宗教、藝術、政治、社會生活、經濟以及科學的出現上，對所有的文化而言，都在同時代中實現其自身或者逐漸消失殞落；它們彼此間的內在結構是完全相互一致的。【158】

　　對於斯賓格勒提出的觀點，歷史學家阿諾德・湯恩比（Arnold Toynbee）在其《歷史研究》（Study of History）一書裡亦提及了歷史的「同時性」特徵。湯恩比在講解修昔底德（Thucydides）時即談論到，古典希臘史與現代西方史之間所具有的「同時性」現象。

　　　　1914這一年牢牢地吸引了正在牛津大學教授古典希臘史的我。1914年8月，我忽然意識到在西元前5世紀的歷史學家修昔底德已經體驗了現在令我詫異的東西。他同我一樣，為他所在的世界分崩離析、各邦間展開相互殘殺的大戰所震撼。修昔底德已預見到，他那一代經歷的大戰開啟了他當時所處世界的新紀元，後來的結果證明他是正確的。我現在看到，古典希臘的歷史與現代西方的歷史就經驗而言，彼此之間具有「同時代性」（contemporary）。二者的歷史過程也是平行演進的，我們可以對它們做一番

【158】Oswald Spengler（1961）．*"The Decline of the West,"* trans. C.F. Atkinson〔London: George Allen & Unwin, Ltd.〕. pp. 112. 斯賓格勒進一步以著：在文化領域上的古希臘羅馬文化和西方文化的關係；在政治領域上的亞歷山大大帝和拿破崙一世的關係以及在數學領域上的畢達哥拉斯和笛卡爾的關係為例來加以說明。

比較研究。【159】

　　湯恩比指出，歷史研究的最基本單位是「文明社會」。
而所謂的一個「文明社會」就是指一個「歷史整體」，該整體
既不是某個民族國家、也不是全人類，而是某個具有一定時空
聯繫的群體，這群體一般是由數個同類型的國家所組成。此
外，就結構而言，「文明社會」主要是由政治、經濟和文化等
三個剖面構成，其中政治和經濟是次要的，而文化則是精隨；
所以若想識別文明型態，就當以文化為根據。湯恩比進一步以
文化為根據，先將英國所屬的文明社會定性為「西方基督教社
會」，又將其他四個現存的文明社會取名為「東正教社會」、
「伊斯蘭教社會」、「印度小乘教社會」和「遠東大乘教社
會」，然後通過比較這5個文明社會的「親屬關係」，概括出
26個文明社會來。【160】湯恩比認為，首先，就時間意義而言：
歷史最長的文明社會不超過三代；因此，所有文明社會在哲學
意義上都是屬於同一時代。其次，就價值意義而論：所有文明
社會都取得了巨大的成就，因此在哲學意義上所有的文明社會
都具有同等的價值；也就是說，所有的文明社會就哲學意義而
言，都是平行的、同時代的。【161】湯恩比同時根據文化範疇來
總括某個文明社會所持有的精神活動，其指出，精神活動是以
價值體系為標誌，而價值體系則以宗教信仰為根基；因此，以
宗教信仰為根基的價值體系，不但制約著精神活動，而且從根

【159】湯恩比，劉北成、郭小凌譯，《歷史研究》，上海：上海人民出版社，2005年，〈序
　　言〉，頁1。

【160】湯恩比，《歷史研究》，轉引自張志剛，《宗教學是什麼》，北京：北京大學出版
　　社，2002年，頁123-125。

【161】湯恩比，《文明：經受著考驗》，轉引自張志剛，《宗教學是什麼》，頁125-126。

本上決定著一個文明社會的經濟、政治乃至全部活動。所以，湯恩比認為，一種文明型態就是其宗教的表達方式。一但一個文明社會對其宗教失去了信仰，勢必走向衰落，或在內部陷入社會崩潰，或從外部遭受軍事攻擊，直到被一種新文明型態所取代。【162】

　　綜合以上論述，第一軸心時代，奠定了世界諸宗教的基礎；由於歷史具有的「歷時性」（diachronic）與「同時性」（synchronic）特徵，【163】致使第一軸心時代與第二軸心時代之間，亦呈現出「歷史的同時性」現象。換言之，第一軸心時代，從西元前800年到西元前200年間，奠定了世界各大宗教的信仰。然而，隨著文明社會具有的同等價值性和同時代性，以及文明社會所經歷的出生、成長、挫折、解體、消滅等；勢必在西元1200年到1800年間，興起第二軸心時代；其通過文藝復興、宗教改革與啟蒙思潮等運動，促使高等文明圈消融、吸納低等文明圈而演變成至今既存的以宗教為中心的四大文明譜系：即，「基督教文明圈」、「伊斯蘭教文明圈」、「印度教文明圈」和「遠東（儒釋道）文明圈」等四大文明譜系。正如希克所強調的，「軸心前時代與軸心後時代並不是兩個階段，以致後一個階段明確地繼承並取代前一個階段。在某種意義上，較早的宗教形式一般是繼續和後來的宗教形式並存，也可

【162】張志剛，《宗教學是什麼》，頁126-127。

【163】所謂「歷時性」（diachronic）原理與「同時性」（synchronic）原理的問題。前者強調某種歷史的連續性，尤其是某種與傳統表面差異的背後，實涵蓋了與傳統一貫相連的發展軌跡；後者則強調一個運動或團體形成的周邊性的近期因素，尤其是其同時代的各種社會因素，是促使某個運動或團體出現的主要原因。丁仁傑，《社會分化與宗教制度變遷：當代臺灣新興宗教現象的社會學考察》，頁42-43。

以在後者之中」。因此，由於「歷史的同時性」特徵與現象，致使第一軸心時代與第二軸心時代之間，亦即通過漢斯・昆所謂的三大宗教河系存續至今。【164】

　　由於「軸心時代」確立了諸宗教多樣性存在的事實，並帶來了諸拯救多元化的可能性。因此，施雷貝克指出，宗教的多元性不僅是一個「事實問題」，也是一個「原則問題」。如果我們把「多」簡化為「一」，那麼我們就會損害自己和世界；「多樣性」在邏輯上和實踐上都優先於「統一性」。宗教多樣性不是一種需要消除的惡，而是一筆為所有人歡迎和喜愛的財富，因為在所有宗教中的宗教真理是遠比在某個特定宗教中的宗教真理還要多。【165】此外，尼特也強調，世界諸宗教必須走在一起，不是形成一個新的、單一的宗教，而是必須形成一個「對話性的諸共同體的共同體」。這是一種運動，不是走向絕對的或者一元論的同一性，而是走向所謂的「統一的多元論」。這運動走向的是一種真正對話的共同體，其中每個成員都通過與他人的對話來生存和成為自身；換句話說，每一個人必須在諸宗教之間成為宗教徒。【166】而這也正如海姆所主張的：

【164】在此，漢斯・昆所謂的三大宗教河系分別是指：第一，起源於閃米特地區的、有先知品格的第一大宗教河系；包含有：猶太教、基督宗教及伊斯蘭教。第二，起源於印度的、有神秘品格的第二大宗教河系；包含有：耆那教、佛教及印度教。第三，起源於中國的、有智慧品格的第三大宗教河系；包含有：儒教及道教。漢斯・昆，楊熙生等譯，《世界宗教尋蹤》，北京：三聯書店，2007年，〈中譯本序〉。漢斯・昆，《世界倫理構想》，頁165-167。

【165】Edward Schillebeeckx (1990). *The Church: The Human Story of God*. New York: Crossroad, pp.163, 166-167. 轉引自尼特，《宗教對話模式》，頁9。

【166】尼特，《宗教對話模式》，頁10-12。

藉由對話不僅可以獲致其他宗教真正的新知識，而且
也可以致使一個宗教在其內部出現真正新的變革；因為，
隨著一個人在他自己的傳統內成長，這種成長通過與其他
宗教徒的對話可以產生令人吃驚的、新的轉變或者說「轉
向」。【167】

　　所以，「只懂一種宗教的人，其實什麼宗教也不
懂」。【168】如果缺乏對各宗教的基礎研究，便不會出現所謂
宗教間的對話。「諸宗教、諸拯救、宗教的差異在上帝自身
裡」，上帝之中就存在著多元性；諸宗教皆在努力達到各自的
拯救，而不是惟一的拯救。【169】然而，正因為諸宗教在各自信
仰和真理觀上所呈現出來的多樣性與多元化現象——自詡為真、
相互衝突，已成為一個「不爭的事實」；因此，為了解釋各宗
教在真理問題上的諸多衝突和相互矛盾的主張，便成為一個不
可回避的「根本性問題」——亦即，我們亟需進行「諸宗教之跨
信仰的對話」。

　　但是，對於跨宗教對話的適當切入點或者共同基礎究竟
為何？各宗教之間應當如何進行「真正的」跨信仰對話？坦白
說來，至今仍無具體定論。即使宗教對話的重要性已為大家所
普遍認同，不論是各大傳統宗教、新興宗教抑或者是宗教學
者，都曾試圖通過各種方式來開展宗教間的對話。甚至，亦帶

【167】S. Mark Heim（1995）. *Salvations: Truth and Difference in Religions.*
　　Maryknoll, New York: Orbit Books. 轉引自尼特，《宗教對話模式》，頁253。

【168】繆勒，《宗教學導論》，頁11。

【169】S. Mark Heim（1995）. *Salvations: Truth and Difference in Religions.* 轉引自尼
　　特，《宗教對話模式》，頁246-247。

來了某些對話成果。然而，對話畢竟不是一種爭辯，如何在對話中讓每一方都盡可能以開放、同情的態度傾聽另一方，以達到確切地、設身處地理解另一方的立場和目的，這對各宗教領袖或者宗教學者來說無疑都是一個難題。因此，截至目前，關於宗教對話的理論依然處於發展階段，尚無定論。依現行趨勢來看，總體存在著以下四種基本態度：即，「宗教排他論」、「宗教兼併論」、「宗教多元論」和「宗教兼容論」等四種。若依宗教對話的發展動向，漢斯·昆的「宗教兼容論」可謂從宗教對話的「理論對話」邁向「實踐對話」的重要轉折點。然而，在《全球倫理宣言》發表之後，尼特卻認為，漢斯·昆等人在其後續的行動方案中，由於缺乏對全球倫理實踐方面的某種共同基礎和具體的實踐作為，因此，尼特又提出第五種新的宗教對話概念——「宗教實踐論」；其試圖倡議，藉由採取一種「全球負責的和相互關聯的」對話模式，以做為諸宗教對話的一種新的嘗試。換句話說，宗教對話應該承擔起全球性的倫理責任（全球責任）、宗教對話應當在承認宗教多元性的前提下進行（相互關聯）、宗教對話應當著手於真理實踐、促進宗教間相互合作（實踐與合作對話），藉此以解決全球苦難的問題，並謀求全球人類和生態的正義與福祉。

第二節　當代臺灣新興宗教之跨宗教對話的切入點

　　由於尼特的「宗教實踐論」試圖通過人類共有的經歷——「苦難」，作為跨宗教對話的共同契機，藉由「全球苦難」呼

籲「全球責任」；同時通過「全球責任」作為跨宗教對話的共同基礎，以及通過「解放性的實踐」作為跨宗教對話的優先原則。但是，相對於當代臺灣新興宗教而言，其跨宗教對話的切入點究竟為何？尼特所謂的「苦難」、「責任」與「實踐」是否亦能做為其跨宗教對話的共同契機、共同基礎和優先原則？

　　首先，從「面對苦難的態度」來看：受訪的新興宗教表示，身為宗教徒應該為「苦難」負起責任。例如：一貫道「應該更積極通過各種管道來推動、負責」（訪談編碼001）；摩門教「這裡的『負責』的用法可能比較像是說我們有一定的責任去改善大環境，如果是這個意思，沒有錯！不只是教會的領袖，我們教導教友也是這樣」（訪談編碼002）；真佛心宗「對於身體的苦難、地球的苦難、靈性的苦難、暴力的苦難，這幾年我們早就已經在做了」（訪談編碼003）；彌勒大道「面對全球性苦難的問題，良心的使命之下，我們百分之百的要負責」（訪談編碼004）；天理教「我們的創教者中山美伎也是為了拯救這個世界而創立了天理教，……這個拯救世界就包括所有的這些苦難，我們的教義都非常明確的有寫出來」（訪談編碼005）；統一教「『人饑己饑、人溺己溺』，……因此身為一個宗教的負責人和領袖的時候，這樣一個悲天憫人的心情和想法是很基本的，所以當然是我們要負起這樣的責任」（訪談編碼006）；玄門真宗「這個苦難，包括身體的、地球的、靈性的、暴力的部份，也離不開宗教的範疇。……也算是宗教裡面應該如何把教義落實來做這些東西」（訪談編碼007）；天帝教「其實我們地球上已經有多少個大宗教？……那天帝教復興的目的是為甚麼？她就是為了挽救『三期末劫』而復興」（訪談編碼008）。

其次，從「承擔社會責任的態度、能力與定位」來看：受訪的新興宗教表示，在其創教初期，雖是以傳教為主，但面對災變或苦難發生，基於宗教立場就是慈悲關懷（一貫道，訪談編碼009；摩門教，訪談編碼010）；甚至表明，該宗教的存在就是為「承擔社會責任」而來（真佛心宗，訪談編碼011；彌勒大道，訪談編碼012；玄門真宗，訪談編碼015；天帝教，訪談編碼016）。因此，在其宗教發展的同時，也就是對社會苦難展開救贖的工作（統一教，訪談編碼014）。即使創教初期人少、力量較少，但起碼那份力量會展現出來（一貫道，訪談編碼009）。一開始，也許會比較偏重於教理的翻譯（天理教，訪談編碼013）、理念的傳播（真佛心宗，訪談編碼011）、內部的教化（玄門真宗，訪談編碼015）或教友的增加（摩門教，訪談編碼010）等；但基本而言，均有想去承擔社會責任的心和態度；同時也會量力而為。所以，「承擔社會責任」普遍對受訪的新興宗教來說，是屬於該宗教的「主業」（彌勒大道，訪談編碼012；天理教，訪談編碼013；玄門真宗，訪談編碼015；天帝教，訪談編碼016）、甚至是「聖業」（真佛心宗，訪談編碼011）。雖然，亦有些新興宗教表示「傳道」是主業，但也不會忽視社會責任的承擔；所以，「傳道」和「承擔社會責任」對其而言是並行的（一貫道，訪談編碼009；摩門教，訪談編碼010），甚至是一體的、連貫的。因為其信仰活動本身也就是在對社會的責任做一種實踐（統一教，訪談編碼014）。

　　最後，從「承擔社會責任的動機和目的」來看：受訪的新興宗教表示，均是本著為他人、為眾生，遵循著至上神、仙佛、教祖和教義之教導而進行社會實踐。例如：一貫道，是本著「遇難救難、遇災除災」的精神（訪談編碼001；009）；

摩門教，是本著「透過為同胞服務，以表示對神的愛或服務」
（訪談編碼002；010）；真佛心宗，是本著「幫助別人不留
名、感恩、大家有這個緣互相成全的心態」（訪談編碼003；
011）；彌勒大道，是本著「實現彌勒佛大願，讓所有的家庭
幸福美滿、世界永世太平」（訪談編碼004；012）；天理教，
是本著遵照教祖、父母神的教導「欲觀人類過康樂生活，並與
人同樂」之神意（訪談編碼005；013）；統一教，是本著「真
愛、為別人而活的生活以實現神的心情與盼望」（訪談編碼
006；014）；玄門真宗，是本著「宏揚教義，善盡神藉由該宗
教救渡眾生、承擔社會苦難的使命」（訪談編碼007；015）；
天帝教，是本著「不為己身設想、不求個人福報」的精神（訪
談編碼008；016）。

　　因此，綜合以上論述，在「面對苦難」與「承擔責任」
這兩個層面上，當代臺灣新興宗教彼此間確有其相似之處；亦
即，有其共同的契機和共同的基礎存在。若以此作為跨宗教對
話的切入點，自是有其可能性和適切性存在。

　　然而，若再就其「社會實踐的施行方式」來看時，卻也
發現了理想與現實的落差所在。因為，即使受訪的新興宗教均
能認同社會苦難的問題，也都設法回應並解決，但當涉及聯合
實施時，卻存在著現實的挑戰。雖然對於跨宗教合作均樂觀其
成，先前對於某些新興宗教亦曾作過相當的努力，或曾有過實
際的合作項目和機會，但往往因施行結果不盡理想或因執行遭
遇現實的困難而告終。同時，由於新興宗教創立時間相較傳統
宗教為短，所造成的影響範圍和深度亦各有不同。因此，礙於
自身宗教的實力、基台和影響力之有限，大都會將這樣的理想
寄望予未來甚至是期待政府部門來主導進行。所以，總體而

言，這些新興宗教在進行社會實踐時，基本上是傾向於自己做（真佛心宗，訪談編碼003、011；天理教，訪談編碼013）；如果條件合適，亦不反對一起執行。例如：一貫道，「藉由共建平臺的方式」（訪談編碼009）；彌勒大道則是，「屬於社會性的活動都會儘量配合參加，但若是屬於宗教性的活動則會有所斟酌」（訪談編碼004）。至於天帝教，「原則上比較不會聯合其他宗教一起做；但是，若需要大家一起來認同這個工作、需要結合更多力量時，就會聯繫其他宗教一起來做」（訪談編碼008）。即使，有些新興宗教表示是以聯合施行方式居多（摩門教，訪談編碼011；統一教，訪談編碼006；玄門真宗，訪談編碼015），但深入探討發現，其主要考量重點並非在於如何通過「實踐與合作」來增進彼此宗教間的對話與瞭解，反而是更著重在操作層面上的配合與支持（摩門教，訪談編碼011）。因此，從上述「社會實踐的施行方式」這個角度來看時，是和尼特「宗教實踐論」的主張有著明顯的落差存在；換句話說，「合作實踐」的假設，在這裡也就無法適切地作為當代臺灣新興宗教之跨宗教對話的有效切入點。

第三節　當代臺灣新興宗教之「跨宗教合作與對話」

一、關於跨宗教對話的方式問題

對於當代臺灣新興宗教而言，其跨宗教對話的方式應該如

何展開？是否應和「全球責任」議題相互關聯起來？

　　深度訪談結果發現，受訪的新興宗教表示，關於跨宗教對話的方式可以通過以下這些作為展開：

　　第一，通過「機構與活動平臺」的方式展開，例如：宗教聯合機構（一貫道）、政府部門（真佛心宗、玄門真宗）、宗教大學（真佛心宗）、熱愛大自然文化活動（彌勒大道）、全國宗教博覽會（玄門真宗）、座談會（天帝教）等。

　　　　如果有一個宗教聯合的機構那會是一個很好的平臺，例如：「世界和平超宗派超國家協會」或者是「中華民國宗教和平協進會」。如果沒有一個平臺，大家就不知怎麼去著手，會有隔閡。（一貫道，訪談編碼001）

　　　　其實你今天要真正對話，你就要進入國家殿堂。比如說現在內政部有一個宗教合法化，目前裡面有27、28個單位，這27、28個單位大家就可以共同來發言。（真佛心宗，訪談編碼003）……我覺得這個要政府著手啦！其實我們當初辦這個（宗教博覽會），我們也曾經跟內政部講，內政部你來主辦，你把他們都召來，來博覽嘛！你來做我來補貼給你……。（玄門真宗，訪談編碼007）

　　　　為什麼今天我們要設立一個崇心人文科技大學？就是說，我是宗教，但我沒有宗教的門牆。我們要結合所有各宗教來為了未來人類的教育、教化。你的好，也要贊成別人的；我的好，也要肯定別人的。要互相交流、要有一個平臺。（真佛心宗，訪談編碼003）

　　　　我們已經辦了五屆「舞頌天地情」的熱愛大自然文化的推廣活動，這項活動全名叫作「世界青年大自然之舞

觀摩賽」。……真正看到大融合的成效，不論是回教徒也好、天主教徒、基督教徒、佛教徒、甚至印度教徒，所有參與活動的青年們都來自不同國家、地區，不論是非洲、歐洲、美洲、亞洲的各國青年，即使膚色不同，只要一、二天的時間，很快的就完全打成一片了。從這幾年的經驗中告訴我們一個事實：熱愛大自然文化的推廣，正是一個最恰當的國際交流平臺。（彌勒大道，訪談編碼004）

　　其實當初辦這個是最好的。因為「宗教博覽會」不是只有博覽，把你的東西展示出來，另外我們還有辦演講、辦論壇。我們都設了好幾個舞臺，時間排給你，你上去要怎麼講都可以。（玄門真宗，訪談編碼007）

　　我們以宗教座談的方式比較多一點，……我們從2005年開始就是有一個專屬於新興宗教的對談與座談會，到今年已經是第五年辦了。……那我們會制訂一個題目，……我們所談論的內容就是大概：宗教與社會責任、然後宗教與家庭、或者是宗教與文化責任，類似這樣子的主題。……我們就是透過一個議題，然後就是邀請各宗教，針對這個議題，你這個宗教是怎麼作的。（天帝教，訪談編碼008）

第二，通過「關心全球性議題」的方式展開，例如：地球暖化、氣候反常的議題（彌勒大道），以及全球責任的議題（統一教）。

　　我們應該為地球的暖化、氣候的反常……這些問題尋求共識，宗教要放下各自的教義執著，我們一起來解救共同的家。（彌勒大道，訪談編碼004）

如果沒有一個「全球性的責任」來做目標的話，很難對話。……能夠有一個全球性的共同議題，來做這樣子的對話是比較具體，也比較能夠看到成效。比如說：現在大家關心環境保護，不管是溫室效應也好、或是空氣的污染也好，宗教人對這樣的議題，我們知道是可以共同來討論的，並且通過大家的關心，能對人類將來的福祉是重要的。……大家就一起互相的對話，那這樣的對話會更有意義，而對人類也更有實質的貢獻，也會超越我們自己個人本身的限界。（統一教，訪談編碼006）

第三，通過「回歸神意」的方式展開。

　　宗教本來就是人跟神之間的關係，至於人跟人之間的關係是我們奉行神所要我們做的誡命之後所產生的結果。因為神本來就是一位慈愛的神，如果大家能照著祂的吩咐來做的話，這個世界不會有甚麼問題。但是，就是因為一部份的人不願意按照神所教導的方法來做，所以回歸到神要我們做的事的話，大家就能有比較一致的看法。（摩門教，訪談編碼002）

第四，通過「提升心靈」的方式展開。

　　對世界的未來並不感到悲觀。最主要就是說，只要大家能夠把心靈的層次一直去提升的話，一定有辦法達到世界和平。（天理教，訪談編碼002）

　　基於上述分析發現，即使都是新興宗教，但隨著宗教型態的不同而對同一議題的切入角度、關切的層面亦有所差異；訪談結果顯示，只有兩個新興宗教（彌勒大道和統一教）明確表示跨宗教對話的展開方式應該和「全球責任」的議題相互關聯起來。

表6-1：當代臺灣新興宗教關於跨宗教對話的方式問題

訪談對象	主　要　論　點
一貫道	如果有一個宗教聯合的機構那會是一個很好的平台，例如：「世界和平超宗派超國家協會」或者是「中華民國宗教和平協進會」。如果沒有一個平台，大家就不知怎麼去著手，會有隔閡。例如我們舉辦「宗教和平生活營」，有一個議題大家可以共同來關心、討論。我就參加過兩屆，第六和第七屆。（訪談編碼001）
摩門教	在信仰裏面，我們真正在意的是我們跟神之間的關係。因為，宗教本來就是人跟神之間的關係，至於人跟人之間的關係是我們奉行神所要我們做的誡命之後所產生的結果。因為神本來就是一位慈愛的神，如果大家能照著祂的吩咐來做的話，這個世界不會有甚麼問題。但是，就是因為一部份的人不願意按照神所教導的方法來做，所以回歸到神要我們做的事的話，大家就能有比較一致的看法。……我們教會其實還蠻樂觀其成的，就好像我們教會的人道援助，通過天主教或者是和其他宗教合作的方式來做。如果用你的辭彙，所謂的「全球責任」，我們目前做的大概就是蠻接近的，我們會跟紅十字會或跟其他的宗教組織合作。（訪談編碼002）
統一教	如果沒有一個「全球性的責任」來做目標的話，很難對話。變成公說公有理、婆說婆有理，各自表述，所以那並不是真正的對話。通過對話當中，我能夠真的進入到你的思想，你能夠真的進入到我的思想裏面，這個能夠共同一體來做這是很好，這樣子宗教的對話，能夠有一個全球性的共同議題，來做這樣子的對話是比較具體，也比較能夠看到成效。比如說：現在大家關心環境保護，不管是溫室效應也好、或是空氣的污染也好，宗教人對這樣的議題，我們知道是可以共同來討論的，並且通過大家的關心，能對人類將來的福祉是重要的。那宗教人追求的也是這東西，關心的也是這東西。大家就一起互相的對話，那這樣的對話會更有意義，而對人類也更有實質的貢獻，也會超越我們自己個人本身的限界。（訪談編碼006）

訪談對象	主要論點
天理教	當然每個宗教都是有自己的信念才建立的，所以其實就是互重、互相尊重。……我剛剛也強調，對世界的未來並不感到悲觀。最主要就是說，只要大家能夠把心靈的層次一直去提升的話，一定有辦法達到世界和平。（訪談編碼005）
玄門真宗	其實當初辦這個是最好的。因為宗教博覽會不是只有博覽，把你的東西展示出來，另外我們還有辦演講、辦論壇。我們都設了好幾個舞台，時間排給你，你上去要怎麼講都可以。可是不容易，效果不是很好。我覺得這個要政府著手啦！其實我們當初辦這個，我們也曾經跟內政部講，內政部你來主辦，你把他們都召來，來博覽嘛！你來做我來補貼給你……。（訪談編碼007）
彌勒大道	有兩種方式，第一個就是小弟剛所講的，我們應該為地球的暖化、氣候的反常……這些問題尋求共識，宗教要放下各自的教義執著，我們一起來解救共同的家。第二點就是，現今世界埋了一個無形的炸彈，一旦爆發世界就毀滅了，這無形的炸彈就是不和諧。我們看不見的無形不和諧太多了，這其實是暗潮洶湧，很可怕。但是要來完成「和諧的世界」這目標之前，應該要讓大家出自願意地來參與這項工作，我們起碼要有一個平台，一個能讓各門各教能交流溝通的平台。目前我們就是朝這個方向在努力，我們已經辦了五屆「舞頌天地情」的熱愛大自然文化的推廣活動，這項活動全名叫作「世界青年大自然之舞觀摩賽」。……我們連續辦了五屆，真正看到大融合的成效，不論是回教徒也好、天主教徒、基督教徒、佛教徒、甚至印度教徒，所有參予活動的青年們都來自不同國家、地區，不論是非洲、歐洲、美洲、亞洲的各國青年，即使膚色不同，只要一、二天的時間，很快的就完全打成一片了。從這幾年的經驗中告訴我們一個事實：熱愛大自然文化的推廣，正是一個最恰當的國際交流平台。（訪談編碼004）

訪談對象	主　要　論　點
真佛心宗	其實你今天要真正對話，你就要進入國家殿堂。比如說現在內政部有一個宗教合法化，目前裏面有27、28個單位，這27、28個單位大家就可以共同來發言。……為什麼今天我們要設立一個崇心人文科技大學？就是說，我是宗教，但我沒有宗教的門牆。我們要結合所有各宗教來為了未來人類的教育、教化。你的好，也要贊成別人的；我的好，也要肯定別人的。要互相交流、要有一個平台。我們仙佛交代要結合全世界「九九八十一」所正規大學當姐妹校，這樣才能由大學來影響。「九九八十一」是點，你才能影響到面。（訪談編碼003）
天帝教	這方面我們如果說是以宗教對話來講，是稍微比較學術性的意味會比較重一點。那其實在國內的話，因為我在想我們以宗教座談的方式比較多一點，那像在天帝教總會的話，我們從2005年開始就是有一個專屬於新興宗教的對談與座談會，到今年已經是第五年辦了。……那我們會制訂一個題目，我們先有一場的專題演講，就是大概國內宗教方面的學者或是教授會有一個專題演講，我們所談論的內容就是大概：宗教與社會責任、然後宗教與家庭、或者是宗教與文化責任，類似這樣子的主題。也就是說學術性不能太強，因為學術性太強，國內的新興宗教當中有很多是沒有辦法參加，……我們就是透過一個議題，然後就是邀請各宗教，針對這個議題，你這個宗教是怎麼作的？好比說，像我們去年的叫作「宗教與家庭」，然後各宗教就她們這個宗教信仰跟她們的宗教的生活當中，你跟家庭之間的一種協調，或者是說你怎麼把你的宗教帶入家庭？這個家庭是怎樣的來執行信仰的這些儀式等等。（訪談編碼008）

資料來源：本研究整理

二、關於跨宗教合作能否解決全球人類和生態的苦難問題

對於當代臺灣新興宗教而言，是否認同藉由跨宗教合作能夠解決全球人類和生態的苦難問題？如果是的話，曾經執行過哪些具體的合作方案？

關於這個問題，訪談結果發現，受訪的新興宗教表示，對於「跨宗教合作能否解決全球人類和生態的苦難問題」均抱持肯定的態度，並且認為這是應該要走的道路（一貫道）、是勢在必行的（真佛心宗）。

> 跨宗教間的合作來解決人類的問題，這條路是應該要走的。（一貫道，訪談編碼001）

> 勢在必行，這是仙佛一直很強烈要求的。……不管新宗教、舊宗教、大宗教、小宗教都要去融合，因為離不開人世間天地的演繹。（真佛心宗，訪談編碼003）

因為，通過跨宗教合作，不但可以解決人類和生態的苦難問題，亦可以促進宗教間的對話（天理教、彌勒大道）。

> 宗教和宗教之間還是可以透過合作來做一些事情。（天理教，訪談編碼005）

> 宗教合作可以解決人類苦難，也可以促進宗教間的對話，能帶來人類未來美好的希望。……人類要走向和平，第一步就是宗教要先融洽……，要有一個共同目標來奮鬥努力；促使大家投入共同目標，也就讓宗教能夠真正合作。（彌勒大道，訪談編碼004）

甚至，各宗教之間藉由一種全球性的議題，自然的對話與

合作，更有可能創造出比政治家更具世界性、全體性、全面性和超越性的結果。

> 跟一種全球性的議題來結合是一種很好的作法。……可以跟世界議題結合，使各宗教領袖能在一起，自然的對話、合作。……所創造出來的光景，可能會比政治家更世界性、更全體性、更全面性、更超越性。（統一教，訪談編碼006）

因為，對每一個宗教來說，其所要解決的苦難問題，絕不會只有在其自身所處的地區而已。因此，若能通過宗教間的對話，以有效解決社會和全球的苦難問題時，對於當代臺灣新興宗教來說，都是非常認同、甚至樂觀其成。

> 一個宗教要解決的絕對不會是你所在的這塊地方的苦難而已。……如果說能夠透過宗教對話有效組織一個可以解決國內、甚至整個地球上的苦難，基本上是非常認同的。（天帝教，訪談編碼008）

然而，縱使受訪的新興宗教對於上述議題均予以正面回應，並提出相應的建設性回饋與主張，但通過實際的跨宗教合作以解決社會或全球苦難問題的合作案例，其實仍是相當有限，有時甚至是傾向被動和消極的態度。例如：

摩門教，雖然在其進行社會實踐的基本原則是尋求一個相關的合作夥伴來共同執行，但主要還是與非宗教團體的合作比較多「……目前是跟非宗教團體比較多，……在人道援助，就是對於社會方面的，我們通常都會找一個相關的組織來一起做。……基本上，我們希望就是有一個相關的機構一起做」（訪談編碼002）；同時，依其「末世論」觀點，雖然認為跨宗教

合作，是件好事情，但卻也感受到它的限界；因為在其看來，《聖經‧啟示錄》中關於地球的命運不會改變，而人的手亦是無法取代神的手。

> 其實是有限的。當神要毀滅這個世界的時候，沒有任何一個人的手可以阻止祂作這件事情。……我覺得這事情作起來是好事情，但是人的手不能取代神的手。……各種宗教之間的合作，來改善這地球的生態我覺得是很有意義的，……但如果我們從大架構教義上來講，可能〈啟示錄〉裏面所寫的地球的命運不會改變。（摩門教，訪談編碼002）

此外，玄門真宗在其進行社會實踐時，雖然主要是以聯合執行的方式居多「那合作的話，我們幾乎很少自己做。我們的用意是把事情做好，我們不介意也不會說只要自己做，我們會邀請很多單位一起做」（訪談編碼007）；但是，在其連續舉辦七屆的「全國宗教博覽會」之後的經驗認為，「跨宗教間的合作」若沒有政府單位出面主導，不但不容易，而且流於形式。

> 當然是可以！但是如果沒有政府單位出面主導，……第一個，不容易；第二個，也落於形式；到後來就不了了之。……因為大家在開會討論時，都覺得這樣是對的，但是下去作的話不容易啦！因為這有關於她們教義問題、甚至她們內部的問題。……從各宗教自己內部的統合執行、到這個代表來簽署的意願問題、包括會議上將來整個陸續追蹤的問題等都值得考驗。（玄門真宗，訪談編碼007）

另外，天帝教雖然表示，在其進行社會實踐時，主要

側重自己實施，但若遇到像南亞海嘯等賑災救援工作或是SARS……等等社會苦難問題發生而需結合更多力量和資源時，就會著手聯合其他宗教一起執行。

> 像社會實踐部份的話，……我們有各個功能不同的輔翼單位，我們會去做這樣的事情。所以，對於社會實踐方面，可能我比較不會去聯合其他宗教。……但是我們需要更多人參與的時候，好比說像南亞海嘯……，你需要大家一起來認同這個工作、需要結合更多力量的時候，我們就會去聯繫其他宗教一起來做。（天帝教，訪談編碼008）

然而，即使天帝教能認同通過跨宗教合作可以解決社會或全球苦難的主張，但其亦明確表示，雖然會有一些會議結論的東西或者是一些理論上的東西出來，但實際上的行動還不是很具體；也就是說，缺乏一個跨宗教組織，可以讓大家取得共識之後分工來做。所以，對於跨宗教合作，天帝教認為仍須尋求更好的途徑以及需要更多的努力。

> 只是我們需要尋找途徑，需要有更多的努力。……因為現在全球能夠做跨宗教的合作，而實際上能夠去解決人類苦難的，好像還沒有一個很具體的東西出來。（天帝教，訪談編碼008）

表6-2：當代臺灣新興宗教關於跨宗教合作能否解決全球人類和生態的苦難問題

訪談對象	主要論點
一貫道	跨宗教間的合作來解決人類的問題這條路是應該要走的。（訪談編碼001）
摩門教	其實是有限的。當神要毀滅這個世界的時候，沒有任何一個人的手可以阻止祂作這件事情。那神為什麼要毀滅這個世界？是因為人的邪惡。所以如果人選擇正義的時候，神就祝福他人，人選擇邪惡的時候，神就懲罰他人。從古到今都是這樣子。但我覺得這事情作起來是好事情，但是人的手不能取代神的手。……各種宗教之間的合作，來改善這地球的生態我覺得是很有意義的，我沒有甚麼問題。……但如果我們從大架構教義上來講，可能〈啟示錄〉裏面所寫的地球的命運不會改變。在四百年之前，戰爭的風聲，這種地震或〈啟示錄〉裏面所預言的災難，不管環保怎麼作大概都躲不掉。（訪談編碼002）
真佛心宗	不是我同意，是我們勢在必行，這是仙佛一直很強烈要求的。……我們上面的一直跟我們強調說，你真的不要去分別，不要去分別任何一個宗教，也不要去排斥任何一個宗教。不管新宗教、舊宗教、大宗教、小宗教都要去融合，因為離不開人世間天地的演繹。（訪談編碼003）
彌勒大道	宗教合作可以解決人類苦難，也可以促進宗教間的對話，能帶來人類未來美好的希望。因為宗教信仰本來就是棄惡揚善！宗教的功效應該是使這個地球、世界人類明天更美好，如果不同宗教不能和諧，甚至因為不同宗教信仰而讓我們彼此互相割裂、互相對立、互相衝突；如此，宗教本身就是一種罪惡了！……因此人類要走向和平，第一步就是宗教要先融洽，誠如剛剛所講的，要有一個共同目標來奮鬥努力；促使大家投入共同目標，也就讓宗教能夠真正合作。（訪談編碼004）

訪談對象	主要論點
天理教	宗教和宗教之間還是可以透過合作來做一些事情。例如天理教和梵蒂岡這邊有在繼續做這方面的努力。（訪談編碼005）
統一教	跟一種全球性的議題來結合是一種很好的作法。……可以跟世界議題結合，使各宗教領袖能在一起，自然的對話、自然的合作，因為為了世界問題嘛！這樣的時候，所創造出來的光景，可能會比政治家更世界性、更全體性、更全面性、更超越性。這也是我們最近一直在推動的一個方案，希望聯合國能夠成立一個上議院，由宗教領袖來組成。我覺得像這樣的例子就很具體、也很實在。和對這個世界的和平跟人類未來的福祉的發展有很明確、有功效的作法。（訪談編碼006）
玄門真宗	當然是可以！但是如果沒有政府單位出來主導，你要去找到每個宗教？第一個，不容易；第二個，也落於形式；到後來就不了了之。就像這樣（全國宗教博覽會），這一年花一千萬，到後來都落於形式。……因為開會討論，大家都覺得這樣是對啦，但是下去作的話不容易啦！因為有些東西是，她願意來參與這個，她認同你但是她不一定會全力來支持這個事情。……因為這有關於她們教義問題、甚至她們內部的問題。……從各宗教自己內部的統合執行、到這個代表來簽署的意願問題、包括會議上將來整個陸續追蹤的問題都值得考驗。（訪談編碼007）
天帝教	一個宗教要解決的絕對不會是你所在的這塊地方的苦難而已。如果是這樣的話，今天就不會有基督教傳到臺灣、佛教傳到臺灣。……所以，你如果說能夠透過宗教對話而能夠有效組織一個可以解決國內、甚至整個地球上的苦難，我非常認同，只是我們需要尋找途徑，需要有更多的努力。……因為現在全球能夠做跨宗教的合作，而實際上能夠去解決人類苦難的，好像還沒有一個很具體的東西出來。（訪談編碼008）

資料來源：本研究整理

三、關於跨宗教合作能否促進宗教間的對話問題

　　對於當代臺灣新興宗教而言，是否認同藉由跨宗教合作可以促進宗教間的對話？如果是的話，曾經有過哪些具體的實踐案例？

　　對於這個問題，深度訪談結果，受訪的新興宗教均表贊同「藉由跨宗教合作可以促進宗教間對話」的主張；但是，需要通過怎樣的合作模式，從而可以促進宗教之間更進一步的對話等方面的論述和具體的實施方案，各宗教其實並沒有明確指出。同時，關於這方面的實踐案例，亦是相當缺乏的。例如：

> 　　需要靠有識之士出來大聲疾呼，但重點還是宗教領袖、德高望重的人出來才有效。（一貫道，訪談編碼001）

> 　　應該會吧！藉由多尊重對方、多瞭解對方，至少可以讓你避開那些莫名其妙，根本就是不實的指控或者是誣衊。（摩門教，訪談編碼002）

> 　　會更融合，……這是我們應該做的，而且也是為了未來世界大同、教育、教化在鋪路。（真佛心宗，訪談編碼003）

> 　　是的！宗教合作可以解決人類苦難，也可以促進宗教間的對話，能帶來人類未來美好的希望。（彌勒大道，訪談編碼004）

> 　　當然！透過各種宗教的對談，可以取得更多的共識和進一步的體認。（天理教，訪談編碼005）

> 　　對！各種不同的宗教代表，大家一起來活動，在裡

面大家彼此來介紹自己的宗教信仰、來觀摩別人的宗教信仰，甚至我們一起作一個共同的服務活動，對現實社會提供我們的關懷、提供我們的協助。通過這樣，大家更可以培養出一起生活的一體感。（統一教，訪談編碼006）

當然是可以！但是如果沒有政府單位出來主導，你要去找到每個宗教，第一個不容易，第二個也落於形式，到後來就不了了之。（玄門真宗，訪談編碼007）

當然！因為現在全球能夠做跨宗教的合作，而實際上能夠去解決人類苦難的，好像還沒有一個很具體的東西出來。……大概世界上是有一些會議結論的東西或者是一些理論上的東西出來。……你實際上有那個行動還沒有很具體。……就是沒有一個跨宗教組織，她可以讓大家取得共識之後大家分工來做。（天帝教，訪談編碼008）

表6-3：當代臺灣新興宗教關於跨宗教合作能否促進宗教間的對
　　　 話問題

訪談對象	主要論點
一貫道	在之前亦曾經提過，去那邊主要是一個協調，讓兩方不同見解的人能一起坐下來溝通，如此他們會覺得這人來對我們是有幫忙的，所以這個邀請是有藝術的，用什麼方式來，不然對方覺得你是有目的的。這需要靠有識之士出來大聲疾呼，但重點還是宗教領袖、德高望重的人出來才有效。（訪談編碼001）
摩門教	應該會吧！藉由多尊重對方、多瞭解對方，這都會有幫助，至少可以讓你避開那些莫名其妙，根本就是不實的指控或者是誣衊。如果今天一個人認識你，他跟你當朋友，就算他不懂你們宗教的教義，但是他因為透過你的為人，可能就會知道說這一種謾罵式的批評，根本就不需要理會或回應。……所以說互相有互動交流，可以避開很多這種莫名其妙，就是純粹是誣衊的或者是誤解的這種東西。（訪談編碼002）
真佛心宗	會更融合，因為宗教間的對話我們已經開了好幾次會了，這是我們應該做的，而且也是為了未來世界大同、教育、教化在鋪路。我們也不會計較成本多少，我們只是做我們該做的東西。（訪談編碼003）
彌勒大道	是的。宗教合作可以解決人類苦難，也可以促進宗教間的對話，能帶來人類未來美好的希望。（訪談編碼004）
天理教	當然。透過各種宗教的對談，從而當中可以取得更多的共識，譬如家庭問題！當然天理教不只跟基督教、天主教對談，她本身還有跟別的宗教就各個主題來做對談的交流。所以，透過這樣的交流，得到共同的認知和進一步的體認。（訪談編碼005）

訪談對象	主 要 論 點
統一教	對！目前就是我們參與「中華民國宗教與和平協進會」，我們每一年都會有「宗教和平生活營」，各種不同的宗教代表，大家一起來活動，在裏面大家彼此來介紹自己的宗教信仰、來觀摩別人的宗教信仰，甚至我們一起作一個共同的服務活動，對現實社會提供我們的關懷、提供我們的協助。通過這樣，大家更可以培養出一起生活的一體感。所以通過這樣我們就會發現到，人和人之間的感情並不會受到不同宗教信仰的影響，更不要說會衝突啦！大家都覺得彼此的信仰都有它令人感動的地方，覺得彼此的信仰都有她美的表現的一方，所以都會這樣覺得。（訪談編碼006）
玄門真宗	當然是可以！一定可以！但是如果沒有政府單位出來主導，你要去找到每個宗教，第一個不容易，第二個也落於形式，到後來就不了了之。（訪談編碼007）
天帝教	當然！因為現在全球能夠做跨宗教的合作，而實際上能夠去解決人類苦難的，好像還沒有一個很具體的東西出來。但是對於這種理論上或是每個宗教提出自己的想法，大概世界上是有一些會議結論的東西或者是一些理論上的東西出來。那我覺得理論上的東西出來，你實際上有那個行動還沒有很具體。就是說，這個大家認同這樣的理念，那你回去以後各自就以這樣的方式、或者是如何去協助貧窮、協助苦難。但是，你說成立一個比較跨國家、跨洲際這樣的一個活動，我覺得還付諸闕如。……就是沒有一個跨宗教組織，她可以讓大家取得共識之後大家分工來做。（訪談編碼008）

資料來源：本研究整理

四、關於跨宗教合作與對話的立論依據問題

對於當代臺灣新興宗教而言，其跨宗教合作與對話的立論依據為何？在教義和經典裡，是否清楚教導要如何進行跨宗教的對話與合作？如果是的話，那教義或經典的教導又是甚麼？

深度訪談結果，受訪的新興宗教表示，在其教義和經典裡並沒有明確指示要如何進行跨宗教的對話與合作，主要還是依循著至上神、仙佛的教導或者是教祖和教義中之「原則性」的指導來進行。例如：

一貫道，主要是要靠人的智慧來進行，存禮敬，尊重各種不同宗教。

> 經典裏倒是沒有特別的教導，主要是要靠人的智慧來進行，……最高是存禮敬，尊敬各種宗教、不排斥。至於怎麼做，我想經典沒有紀載。（一貫道，訪談編碼001）

摩門教，基本上是按照福音原則，尊重其他宗教的「自由選擇權」。

> 我們就是尊重其他宗教。我們倒是沒有指說你要跟哪個教會要怎樣？按照福音的原則，在我們教會裡面常講到的就是「自由選擇權」。（訪談編碼002）

真佛心宗，主要是依據仙佛的教導，不要去分別任何一個宗教，也不要去排斥任何一個宗教。不管新宗教、舊宗教、大宗教、小宗教都要去融合。

> 我們上面的一直跟我們強調說，你真的不要去分別，不要去分別任何一個宗教，也不要去排斥任何一個宗教。不管新宗教、舊宗教、大宗教、小宗教都要去融合，因為離不開人世間天地的演繹。……原則上就是說，要打破所

有宗教的界限，不要去分任何的宗教。（真佛心宗，訪談
編碼003）

彌勒大道，主要是以彌勒信仰最高的思想「世界一家」來
完成每一件工作。

　　　那倒是沒有。彌勒信仰最高的思想，其核心價值就是
　　促使「世界一家」！世界一家、萬教一家、萬國一家，就
　　是這樣的理念驅使我們完成每一件工作。（彌勒大道，訪
　　談編碼004）

天理教，基本上是以教祖的教導「相輔相成、互助合作」
做為根基來進行。

　　　其實在教祖的教導當中，並沒有提到你跟其他宗教怎
　　麼去作，但是有一點在我們的教義寫得非常清楚就是「互
　　助合作」。……叫「相輔相成、互助合作」，其實這個面
　　會更廣。（天理教，訪談編碼005）

統一教，主要是根據教義的教導，宗教最後一定會以神為
中心、以真愛和為別人而活的精神與文化為中心、以我們都是
一家人的願景作為中心而合一起來。

　　　我們教義裡面提到，將來當神的作為的時刻到了的時
　　候，……不同宗教的人他們都會紛紛受到啟示、他們會看
　　到異象，……宗教最後一定會以神為中心，以真愛、為別
　　人而活的精神跟文化為中心，以我們都是一家人的願景作
　　為中心而合一起來。……最後宗教一定會合一起來，將來
　　的宗教一定會走向這樣的道路。這是我們的信仰，也是我
　　們教義裡面所提到的。（統一教，訪談編碼006）

玄門真宗，基本上是按照立教之初神所定的戒規「不得和

任何宗教排斥，要學習」作為最高的指導原則。

　　在我們的經典裡面說要怎麼跟其他宗教交流，應該是沒有。但是我們立教的時候，神是有來規範那個戒規。我們的戒規就是要求「不得和任何宗教排斥，要學習」，……因為我們的教義講「圓融國度」，所謂「圓融」就是涵蓋於各宗各派、要尊重各宗各派。（玄門真宗，訪談編碼007）

天帝教，主要是依據「宗教大同」作為最高的指導原則。

　　這方面我想想看，好像不是很明確的提到。……就是以「宗教大同」作為最高的原則。（天帝教，訪談編碼008）

表6-4：當代臺灣新興宗教關於宗教合作與對話的立論依據問題

訪談對象	主要論點
一貫道	經典裏倒是沒有特別的教導，主要是要靠人的智慧來進行。最開始是從本土的宗教開始進行。……最高是存禮敬，尊敬各種宗教、不排斥。至於怎麼做，我想經典沒有紀載。（訪談編碼001）
摩門教	我們就是尊重其他宗教。我們倒是沒有指示你要跟哪個教會要怎樣？按照福音的原則，在我們教會裏面常講到的就是「自由選擇權」。（訪談編碼002）
真佛心宗	我們上面的一直跟我們強調說，你真的不要去分別，不要去分別任何一個宗教，也不要去排斥任何一個宗教。不管新宗教、舊宗教、大宗教、小宗教都要去融合，因為離不開人世間天地的演繹。……原則上就是說，他要讓你打破所有宗教的界限，不要去分任何的宗教。（訪談編碼003）

彌勒大道	那倒是沒有。彌勒信仰最高的思想，其核心價值就是促使「世界一家」！世界一家、萬教一家、萬國一家，就是這樣的理念驅使我們完成每一件工作。（訪談編碼004）
天理教	其實在教祖的教導當中，並沒有提到你跟其他宗教怎麼去作，但是有一點在我們的教義寫得非常清楚就是「互助合作」。「互助合作」這一點在教祖的教導裏面非常重要，叫「相輔相成、互助合作」，其實這個面會更廣。（訪談編碼005）
天帝教	這方面我想想看，好像不是很明確的提到。……就是以「宗教大同」作為最高的原則。（訪談編碼008）
統一教	我們教義裏面提到，將來當時候到了的時候，神的作為的時刻到了的時候，會興起這樣一種靈的動工、靈的事工，不同宗教的人他們都會紛紛受到啟示、他們會看到異象，大家都是以神為中心作為父母，我們所相信的其實是共同的神，我們都是兄弟。……所以宗教最後一定會以神為中心，以真愛、為別人而活的精神跟文化為中心、以我們都是一家人的願景作為中心而合一起來、而統一起來。……神是全人類共同的父母，每一個宗教都是神的肢體、每一個人都是神的肢體，這肢體是合一的、是一體的。所以最後宗教一定會合一起來，所以將來的宗教一定會走向這樣的道路。這是我們的信仰，也是我們教義裏面所提到的。（訪談編碼006）
玄門真宗	在我們的經典裏面說要怎麼跟其他宗教交流，應該是沒有。但是我們立教的時候，神是有來規範那個戒規。我們的戒規就是要求，「不得和任何宗教排斥，要學習」。……因為我們的教義講「圓融國度」，所謂「圓融」就是涵蓋於各宗各派、要尊重各宗各派。道源本根。所以，所謂「圓融」就是你要包容這一切。所以，我們的教義裏面就是要圓融，比包容還要更高一些、比圓滿還要更高一些。所以叫「圓融國度」。（訪談編碼007）

資料來源：本研究整理

第四節　從「實踐與合作對話論」解析當代臺灣新興宗教的「宗教對話觀」

　　尼特的「實踐與合作對話論」強調，宗教對話的最終目標應是藉由宗教間相互合作、共承責任，以解決全球人類和生態的苦難，促進諸宗教真誠與和諧的對話。因此，宗教對話應和全球責任的議題及實踐相結合，以達致其預期和應有的成效。換句話說，宗教對話並非從教義、儀式、祈禱或冥想開始；而是從大家所進行的某種解放的實踐層面開始，也就是從實踐著手。如此，各宗教才會有新的機會從文本內解釋自己的傳統，並向彼此傳達和解釋他們的文本和傳統。然而，實際訪談結果卻也發現：首先，在這些受訪的新興宗教當中，只有兩個新興宗教明確表示，跨宗教的對話應和「全球責任」的議題相互關聯起來。其次，在跨宗教合作與對話方面，雖然各宗教對於「跨宗教合作能否解決全球苦難？以及能否促進宗教對話？」等問題，均予以肯定並樂觀其成，但是實際的跨宗教合作與對話的案例或者是具體的跨宗教合作與對話模式，其實還是相當缺乏的。第三，在進行社會實踐的方式上，各宗教仍是傾向自己來作。雖然對某些新興宗教來說，亦曾作過相當的努力，或曾有過實際的合作項目，但執行下來，卻也存在著許多現實上的挑戰。即使有些新興宗教表示，在其進行社會實踐時是以聯合方式居多，但深入瞭解發現，其焦點並非關注在於如何增進彼此間宗教的合作與對話上。因此，也往往將這樣的理想寄望予未來或是期待政府部門的主導來進行。例如：一貫道，即使

在臺灣的信眾人數已超過百萬，並已成為繼佛教、道教後之第三大宗教，但對於「通過跨宗教合作以解決苦難問題」或者是「通過跨宗教合作以促進宗教對話」部份，相較於自身的宗教實踐而言，仍屬少數。雖然一貫道的理事長亦是現任臺灣具代表性的跨宗教組織——中華民國宗教與和平協進會【170】的理事長，但仍是側重於自身道務的推展和「普傳」上。（一貫道，訪談編碼001）至於臺灣的跨宗教合作案例，比較典型的有二。一是曾於2001年9月18-19日，為因應美國「九一一恐怖攻擊事件」而在臺北召開的「世界宗教合作會議」，此會議即是由當時擔任世界華僧會會長以及中華民國宗教與和平協進會的理事長釋淨心負責主辦，那次大會共計來自全世界29個國家，20種宗教，139位宗教領袖出席參加，同時在大會中亦發表了《世界宗教合作會議大會共同宣言》。【171】另外一個典型的跨宗教合作案例，則是於2004年年底在南亞海嘯發生後，由世界宗教

【170】「世界宗教與和平協進會」（World Conference on Religion and Peace; WCRP）於1970年成立，「中華民國宗教與和平協進會」於1994年9月17日在臺北正式成立，同年11月25日經內政部核准為全國性的人民團體。目前共計有天主教、基督教、佛教、道教、回教、天帝教、巴哈伊教、一貫道、天德教、統一教、中華天地正教、軒轅教、天道等十三個宗教共同組成。資料來源http://*www.taconet.com.tw*

【171】此次盛會共計來自29個國家和地區，包括：阿根廷、澳大利亞、孟加拉國、布吉納法索、法國、香港、印度、印尼、義大利、日本、韓國、馬來西亞、馬紹爾群島、紐西蘭、奈及利亞、帛琉、菲律賓、臺灣、俄國、沙烏地阿拉伯、獅子山共和國、新加坡、南非、斯里蘭卡、史瓦濟蘭、瑞士、泰國、英國、美國等；以及20種不同宗教信仰的領袖：佛教、天主教、印度教、錫克教、祆教、耆那教、伊斯蘭教、神道、基督教、民間宗教、東正教、天帝教、天德教、理教、一貫道、軒轅教、統一教、天地正教、本土宗教等，一百多人參加。此外，尚有來自臺灣各地的信眾，千餘人出席開幕典禮。資料來源http://infoshare.icedsolo.com/NWO/ureligion/u001.html

博物館創辦人釋心道所發起的一項跨宗教的南亞救援行動組織
「臺灣宗教南亞賑災聯合勸募」，此救援行動組織共計來自九
個宗教代表參與。活動執行成果：則為南亞海嘯災區國家——
斯里蘭卡，共計蓋有四百九十六間房屋（含屋內水、電設施及
排水系統）、社區道路及公共設施等建設。【172】此外，玄門真
宗亦從2001年開始為促進各宗教間的交流、融合與對話，連續
七年舉辦「全國宗教博覽會」，然而其認為，執行後的成果與
其預期目標之間仍有段相當大的差距。（玄門真宗，訪談編碼
007）另外，天帝教自2005年起接受內政部委託承辦「新興宗
教的對談與座談會」，這是專屬於新興宗教的對談，但實行結
果亦發現，目前僅止於交流層面，尚未達到交流與對談後總結
出具體的後續行動方案。（天帝教，訪談編碼008）甚至，在臺
灣曾經發生過的二次天然大災難：1999年的「九二一大地震」
以及2009年的「八八風（水）災」，雖然災難發生當時各宗教
界都極力動員前往救災，但仍是以各自宗教的名義為主在做，
真正在其間進行跨宗教合作的案例其實相當有限，只有少數透
過政府搭建的平臺或者聯合祈福的方式來進行所謂的「跨宗教

【172】此救援行動組織「臺灣宗教南亞賑災聯合勸募」，共計來自：中華民國一貫道總
　　會、中華天帝教總會、巴哈伊教臺灣總會等新興宗教代表與中華道教總會、中國回
　　教協會、中國佛教會、臺灣明愛文教基金會（天主教）、臺灣基督長老教會總會、
　　靈鷲山佛教教團等傳統宗教代表，總共九個宗教團體共同發起組成，而這也是新
　　興宗教界與傳統宗教界再度合作的一個典型。此次活動的目標是為南亞海嘯災區
　　國家——斯里蘭卡，蓋一千間可以永久居住的房屋、社區道路及公共建設等，並讓
　　約六千名劫後餘生的災民受益。活動募款期間：自2005年1月1日至2005年3月31
　　止；活動執行期間：自2005年1月1日至2008年6月30日止；而活動執行結果：共計
　　蓋有四百九十六間房屋（含屋內水、電設施及排水系統），社區道路及公共設施等
　　建設。資料來源http://www.mwr.org.tw/soth_asia/index.htm

合作」。至於，欲藉由這種跨宗教合作的方式進而促進宗教間對話的合作案例，則更遑論之。雖然，中華民國宗教與和平協進會於1995年起，亦針對各宗教的青年學子為促進宗教間的對話、交流與合作而舉辦的「宗教與和平生活營」，但這個活動嚴格說起來只能算是淺層的對話，尚無法視其為深層次的宗教對話。（天帝教，訪談編碼008）

總合以上論述看來，由於尼特認為，宗教對話必須將它的場所確定在實踐正在開展的地方，也就是從解放被統治者、被壓迫者或苦難者做起；通過「實踐與合作」來開啟宗教之間的對話。因為，一但宗教人士一起奮鬥，最終他們必會談論到宗教，並分享彼此更為深層的、激勵並引導他們決意為了醫治人類和地球苦難的內在信仰。但是，當我們從這個角度來反觀當代臺灣新興宗教的「宗教對話觀」以及其實際進行的跨宗教合作與對話的情況時，卻也發現，實際的事實和尼特所主張的「實踐與合作對話」的理想之間，尚存在著相當程度的落差。

第五節　「重視宗教對話」：當代臺灣新興宗教的基本特徵？

因此，「重視宗教對話」能否作為解釋當代臺灣新興宗教生存與發展的基本特徵？

關於這個問題，通過上述對於當代臺灣新興宗教之「宗教對話觀」的討論和深度訪談的結果發現，當代臺灣新興宗教「**現階段並非那麼重視**宗教對話」。其主要原因分析如下：第

一，從「跨宗教合作能否解決全球人類和生態的苦難」來看：
雖然受訪的新興宗教均能認同並肯定「通過跨宗教合作能夠解
決全球人類和生態所面臨的苦難」之價值，亦曾為此而努力
過，或者是以著開放的心態來面對、甚至參與；但鑒於實際執
行的過程或是結果不甚理想而存在著現實上的困難。因此，通
過實際的跨宗教合作以解決社會或全球苦難問題的合作案例，
其實還是相當有限。第二，從「跨宗教合作能否促進宗教間的
對話」來看：雖然受訪的新興宗教也都認同並肯定「通過跨宗
教合作可以促進宗教對話」的主張；但是，至於需要通過怎樣
的合作從而可以促進宗教間如何對話這方面，各宗教其實並沒
有明確指出。同時，其具體的實踐案例亦是相當闕如。第三，
從「跨宗教合作與對話的立論依據」來看：鑒於各新興宗教自
身，其立教的時間、實力與影響力之有限，再加上經典或教義
中並沒有明確指示，基本上都是依循著至上神、仙佛的教導或
者是教祖和教義中之「原則性」的指導來進行跨宗教的合作與
對話。

　　綜合以上分析看來，雖然受訪的新興宗教普遍認同跨宗教
的合作與對話，然而由於宗教的現實性和差異性，或者是自身
宗教的基台與影響力等因素而會傾向於自己做；即使某些新興
宗教強調是以聯合執行的方式居多，但進一步分析發現，其主
要考慮的重點並不是在於如何增進彼此間宗教的對話與瞭解，
反而是更著重在未來操作面上的相互支持與配合。如此一來，
對於跨宗教的合作與對話問題，依目前臺灣各新興宗教普遍的
態度看來，則是傾向於將焦點集中在自身宗教的實踐以及實力
的養成上，待自身宗教慢慢茁壯發展，未來實力相當之後，再
來進行所謂的「跨宗教的合作與對話」。因此，總結上述分析

的現象與結果，當代臺灣新興宗教現階段並非那麼重視宗教間的對話，反而是更加重視自身的「社會實踐」以及自身宗教的茁壯和發展。因而在這點上是和尼特「實踐與合作對話論」之主張有著相當程度的落差。所以，筆者認為，「重視宗教對話」現階段看來，並不能作為解釋當代臺灣新興宗教生存與發展的基本特徵。

那麼，「重視宗教對話」如何才可能成為當代臺灣新興宗教生存與發展的基本特徵？筆者認為，可以從以下兩個進路達成：

首先，從「苦難的他者」——解決「社會苦難和社會災難」的問題點切入；換句話說，諸宗教需要**共同深度參與並承擔起**解決社會苦難和社會災難的責任。因為，在「面對苦難的態度」與「承擔社會的責任」這兩方面上，當代臺灣新興宗教彼此間確有其相似之處存在；亦即，有其對話的契機和共同的基礎存在。若是以此作為跨宗教對話的切入點，自是有其可能性或者適切性。但是，若就其社會實踐之施行方式或者是跨宗教的合作與對話之實踐案例來看時，卻也發現了它的理想與現實間的落差所在。由於尼特強調，宗教對話必須和全球責任的實踐相結合，宗教對話必須把它的場所確定在實踐正在展開的地方；藉由諸宗教一起奮鬥的過程，最終必會談論並分享彼此內在的宗教信念與信仰內涵。因此，如果當代臺灣新興宗教能在這方面繼續努力並加深其合作的深度時，共同進行的「社會實踐」也就有可能成為彼此間宗教對話的契入點。

其次，從「宗教的他者」——研究其他宗教的傳統和教導切入；換言之，諸宗教必須**深切研究**其他宗教的傳統、經典、教義和儀禮。由於受訪的新興宗教對於「通過與其他宗教交流後

能否對自己原有宗教信仰產生更深層次的體認上」，並沒有特別感受。但是尼特認為，各宗教基本上都是通過來自於我們的父母、老師、社會或者是宗教信仰所給予的宗教和文化透鏡來看待他者，如果依此所見的真理就將其視為唯一的、絕對的，這不僅是有限的、而且是危險的。因此，尼特主張，我們需要藉助於其他宗教的透鏡來看到我們所看不到的東西，從而拓展我們對真理的看法與理解。同時藉由共同參與解放苦難的實踐，諸宗教之間才會有新的機會從文本內解釋自己的傳統，並向彼此傳達和解釋相互的文本和傳統。如此，在共同合作之社會實踐的基礎上，諸宗教若能更進一步深切地研究其他宗教的傳統、經典、教義和儀禮，並借助其他宗教的透鏡來看待自身時，必能對自身宗教的內涵產生更深層次的體悟和昇華，從而使各自宗教獲致證成與圓滿。

因此，如果當代臺灣新興宗教能作到上述這兩項建議：共同深度參與並承擔起解決社會苦難和社會災難的責任；同時，亦能深切瞭解並研究其他宗教的傳統、經典、教義和儀禮的話。那麼，筆者認為，「重視宗教對話」未來自能成為當代臺灣的新興宗教生存與發展的基本特徵。

第六節　小結

本章重點主要在於以下五個層面：

第一，當代臺灣新興宗教之跨宗教對話的「切入點」；第二，當代臺灣新興宗教的「跨宗教合作」；第三，當代臺灣新興宗教的「跨宗教對話」；第四，從尼特的「實踐與合作對

話論」解析當代臺灣新興宗教的「宗教對話觀」。第五，論證
「重視宗教對話」能否作為解釋當代臺灣的新興宗教生存與發
展的基本特徵。

　　首先，在跨宗教對話的切入點方面：在「面對苦難」與
「承擔責任」方面，當代臺灣新興宗教之間確有其相似之處存
在，因而能成為彼此間宗教對話的共同契機與共同基礎；然而
在「合作實踐」層面上，即使均認同跨宗教的合作與對話，但
仍是傾向於自己做為主，以至實際的合作案例並不多見。所
以，欲藉由「合作實踐」來開展其跨宗教的對話，尚存在某種
程度的落差。因此，也就難成為跨宗教對話的切入點。

　　其次，在跨宗教合作能否解決苦難問題方面：受訪的新興
宗教均抱持肯定的態度，並樂觀其成。然而，通過實際的跨宗
教合作以解決社會或全球苦難問題的合作案例，其實還是相當
有限，有時甚至是傾向於被動和消極的態度。

　　第三，在跨宗教合作能否促進宗教對話方面：受訪的新興
宗教均能認同，通過跨宗教合作可以促進宗教對話的主張；但
是，至於需要通過怎樣的合作模式，從而可以促進宗教間更進
一步的對話等方面的論述和具體的實施方案？各宗教其實並沒
有明確的指出。同時，其實際的合作案例亦是相當闕如。

　　第四，在從「實踐與合作對話論」解析當代臺灣新興宗教
的「宗教對話觀」方面：分析之後發現，兩者相似之處在於：
一、肯定通過跨宗教合作可以解決全球人類和生態的苦難；
二、肯定通過跨宗教合作可以促進宗教間的對話。至於彼此間
落差之處則在於：通過跨宗教合作可以解決全球人類和生態苦
難，以及通過跨宗教合作可以促進宗教間對話之具體實踐與合
作案例的落差。

最後，關於「重視宗教對話」能否作為解釋當代臺灣新興宗教生存與發展的基本特徵問題。就當代臺灣新興宗教的「宗教對話觀」和深度訪談的資料顯示，從「跨宗教合作能否解決全球人類和生態的苦難」、「跨宗教合作能否促進宗教的對話」以及「跨宗教合作與對話的立論依據」等方面來看，當代臺灣新興宗教「**現階段並非那麼重視**宗教對話」。至於，「重視宗教對話」如何才能成為當代臺灣新興宗教生存與發展的基本特徵？則可以從兩個進路達成：一、從「苦難的他者」──解決「社會苦難和社會災難」的問題點切入；亦即，需要諸宗教**共同深度參與並承擔起**解決社會苦難和社會災難的責任。二、從「宗教的他者」──研究其他宗教的傳統和教導切入；亦即，諸宗教必須**深切瞭解並研究**其他宗教的傳統、經典、教義和儀禮。若能作到以上兩點建議，則「重視宗教對話」未來自能成為當代臺灣新興宗教生存與發展的基本特徵。

第七章 結論

尼特試圖通過「宗教實踐論」——全球負責的和相互關聯的對話模式，來解決「全球苦難」和「宗教衝突」的難題，並在「宗教多元論」與「宗教兼容論」的基礎上，為「宗教對話」困境尋求新的路徑，同時藉此表達其對於人類和生態的正義與福祉之更深層的普世關懷。因此，本書通過「當代臺灣新興宗教的實踐觀」為例證，一方面，針對「全球苦難」議題，提出當代臺灣新興宗教的回應與解答；二方面，則通過當代臺灣新興宗教「宗教實踐觀」的三個主要觀點——「社會實踐觀」、「宗教他者觀」和「宗教對話觀」來驗證尼特「宗教實踐論」的三個核心概念——「全球責任論」、「相互關聯論」以及「實踐與合作對話論」的假設和主張，從而將「新興宗教」與「宗教對話」這兩個重要領域關聯起來。此外，本書亦試圖論證「重視社會實踐」與「重視宗教對話」這兩項假設，能否作為解釋當代臺灣新興宗教生存和發展的基本特徵；同時探討這兩項基本特徵是否亦能呼應尼特「宗教實踐論」的核心主張與假設。

第一節　關於「全球苦難」的回應與解答

　　首先，從「全球苦難」問題的回應來看尼特「宗教實踐論」和當代臺灣新興宗教「宗教實踐觀」之間的關係時，其間相似之處在於：一、認同「全球苦難」的事實；二、認為「全球苦難」係人為的因素造成；三、認為宗教徒應該為解決「全球苦難」負責。至於彼此間落差或差異之處則在於：一、對於「全球苦難」的類型、範圍和層面的差異。由於尼特關注的是全球人類和生態的苦難，其包括：身體的、地球的、精神的和暴力的苦難。但是，對於當代臺灣新興宗教而言，並沒有像尼特對於全球苦難類型的區分那麼細緻；同時其所關心的範圍或層面，基本側重臺灣當地，雖然亦有全球性的關懷，但涉及範圍相對而言是比較片面的。二、對於「全球苦難」根源的差異。因為尼特認為，全球苦難的根源主要來自於人為的因素，特別是宗教間的衝突造成。但是，對於當代臺灣新興宗教而言，則普遍認為與宗教衝突比較相關的是由「恐怖主義」、「戰爭」或「武裝衝突」所引發的暴力苦難；至於「苦難的根源」，其認為主要是來自於「人心」、「人價值觀念」和「人與神分離」等問題造成。三、對於「全球苦難」之回應的落差。尼特試圖藉由宗教間實踐性的合作對話，以解決當今全球苦難問題、謀求全球人類和生態的未來福祉。但是，對於當代臺灣新興宗教而言，則是通過：和諧之道、人道救助、祭神儀式、祈禱與誦誥、己立立人、聖凡雙修、教化人心、跨宗教合作等作為來回應。

　　因此，綜合上述所示，對於「全球苦難」問題的回應，尼特的「宗教實踐論」與當代臺灣新興宗教的「宗教實踐觀」之

間，雖有其相似之處，但亦有理想假設與實際事實之間的落差
存在。

其次，再從「全球苦難」問題的解決方案來看，對於尼
特的「宗教實踐論」和當代臺灣新興宗教的「宗教實踐觀」之
間，則分別從以下三個面向來加以探討：

第一，從「全球責任論」解析當代臺灣新興宗教的「社
會實踐觀」時，其間相似之處在於：一、對於負起解決人類和
生態苦難之「全球責任」的認同；二、具有解決「全球苦難」
之具體的實踐作為；三、對於解決「全球苦難」之相似的動機
與目的性。至於彼此間落差或差異之處則在於：一、承擔「全
球責任」的範圍及層面的差異。因為尼特所倡議的是，承擔解
決全球性的人類和生態苦難的責任。但是，對於當代臺灣新興
宗教而言，其所承擔全球責任的範圍或層次，是比較偏向於地
域性的或是以臺灣地區為主；雖然亦有承擔全球性的責任，但
涉及的範圍和領域並不像尼特所提及的那麼全面。此外，由於
當代臺灣新興宗教普遍認為苦難的根源主要是來自於「人心」
的問題，因此在其進行社會實踐時，均強調了「人心教化」和
「社會教化」的重要性；同時，其認為人世間的許多苦難亦是
源自於「靈界」的問題，因此亦會協助眾生解決因已故的祖
先、親人或「亡靈」所帶來的困擾和苦難問題。然而，關於這
方面的看法，卻是在尼特的論述裡較少被提及的。二、實踐
「全球責任」方式的落差。由於尼特主張，通過「全球苦難」
作為宗教對話的共同契機，通過「全球責任」作為宗教對話的
共同基礎；但當這樣的觀點投射在當代臺灣新興宗教身上時，
並不能得到相應的證實。因為即使受訪的新興宗教均認同全球
苦難問題，也都設法回應並解決，然而一旦涉及真正實施時，

卻也發現執行上的困難存在。因此，在其進行社會實踐的方式上，通常是傾向於自己做或自己先做——換句話說，雖然都認同宗教間的合作，但鑑於宗教的排他性、現實性、差異性以及自身宗教的實力、影響力等因素的考量下會傾向於自己做。縱使某些新興宗教表示，是以聯合的方式居多，但進一步研究發現，其主要考慮的重點並非在於如何增進彼此間的對話與瞭解，反倒是著重在如何把事情做好，以及未來相互的支持與配合上。因此，若從這角度來看時，是與尼特的「全球責任論」的主張之間存在著某種程度的落差。

第二，從「相互關聯論」解析當代臺灣新興宗教的「宗教他者觀」時，其間相似之處在於：一、對於其他宗教之存在與價值的認同；二、對於宗教間交流的肯定；三、對於通過宗教間的交流可以相互學習、截長補短的肯定。至於彼此間落差或差異之處則在於：一、藉由宗教間的交流可以對自身原有宗教信仰產生更深層次的體認之落差。尼特認為，所謂的「相互關聯」是本著宗教多元的立場，宗教間互敬互重——真誠的交流與對話、真誠的傾聽與學習、相互的證成與圓滿。雖然，對於當代臺灣新興宗教而言，藉由宗教間的交流，一來可以看到自身宗教的不足而加以提升；二來亦通過這樣的交流，更加肯認自身宗教的價值和優點。但是，對於「通過交流之後能否對於自身原有宗教產生更深層次的體認」部份，實際訪談發現，受訪的新興宗教並沒有表達出這樣的感受來。由於尼特認為，我們需要藉助其他宗教的透鏡來看到我們所看不到的東西，從而拓展我們對真理的看法與理解，藉此對自身宗教的內涵產生更深層次的體悟和昇華，並使各自的宗教獲致證成與圓滿。因此，若從這個角度來看，是與尼特關於「相互的證成與圓滿」這個

主張或假設，有著相當程度的落差存在。

　　第三，從「實踐與合作對話論」解析當代臺灣新興宗教的「宗教對話觀」時，其間相似之處在於：一、對於通過跨宗教合作可以解決全球人類和生態苦難的肯定；二、對於通過跨宗教合作可以促進宗教對話的肯定。至於彼此間落差或差異之處則在於：一、通過跨宗教合作可以解決全球人類和生態苦難，以及通過跨宗教合作可以促進宗教對話之具體實踐與合作案例的落差。因為對於當代臺灣新興宗教而言，雖然均認同跨宗教的合作與對話，並樂觀其成；但當面臨實際執行時卻發現現實操作上的困難存在——亦即，不是對談後缺乏具體的行動方案，就是執行成果不盡理想而告終。即使是合作，但重點亦非在於如何通過實踐與合作來促進彼此間宗教的對話與瞭解；因此，成功的跨宗教合作與對話的實踐案例其實是相當缺乏的。所以，從這點看來時，是和尼特的「實踐與合作對話論」之間存在著相當明顯的落差。

　　總合以上的論析，可以說，尼特的「宗教實踐論」並不能完全適用於解釋當代臺灣新興宗教的「宗教實踐觀」；換言之，當代臺灣新興宗教的「宗教實踐觀」對「全球苦難」問題的回應與實際的解決情況並無法完全驗證「宗教實踐論」的基本主張與假設，兩者之間雖有相互符合及呼應之處，但亦有其相當程度的落差以及本質性的差異存在。

第二節　關於當代臺灣新興宗教的基本假設

　　對於「重視社會實踐」與「重視宗教對話」這兩項假設，能否作為解釋當代臺灣新興宗教生存與發展之兩項基本特徵的問題。

　　首先，就當代臺灣新興宗教的「社會實踐觀」和深度訪談的資料顯示，從以下四個層面來看時：第一，從「社會實踐的態度」來看——宗教徒應該為社會苦難負責；第二，從「社會實踐的定位」來看——承擔社會責任是「主業」，甚至「傳道」和「承擔社會責任」是並重的；第三，從「社會實踐的動機與目的」來看——均是本著為他人、為眾生，遵循至上神、仙佛、教祖和教義之教導而進行社會實踐；第四，從「社會實踐的結果和影響」來看——通過社會實踐，在宗教、個人、家庭、文化、社會和政府等層面均帶來相應的結果和影響。可以發現，當代臺灣新興宗教「**的確重視社會實踐**」。因此，若從「為瞭解決人類和生態的苦難問題」這個視角來看當代臺灣新興宗教的「社會實踐觀」時，是符合尼特之「全球責任論」的主張。所以，「重視社會實踐」自然也就能作為解釋當代臺灣新興宗教生存與發展的基本特徵之一。

　　其次，就當代臺灣的新興宗教的「宗教對話觀」和深度訪談的資料顯示，從以下三個層面來看時：第一，從「跨宗教合作能否解決全球人類和生態的苦難」來看——缺乏實際的跨宗教合作以解決全球苦難之實踐案例；第二，從「跨宗教合作能否促進宗教的對話」來看——缺乏具體的跨宗教合作與對話模式，

以及實際的跨宗教合作與對話案例；第三，從「跨宗教合作與對話的立論依據」來看——主要是依循著至上神、仙佛的教導，或是教祖和教義之「原則性」的指導來作。可以推論，當代臺灣新興宗教「**現階段並非那麼重視宗教對話**」，反倒是著重在自身的「社會實踐」以及自身宗教的苦壯和發展上。因而，是和尼特「實踐與合作對話論」之主張有著相當程度的落差存在。所以，「重視宗教對話」現階段看來，並不那麼適合作為當代臺灣新興宗教生存與發展的基本特徵之一。至於，「重視宗教對話」如何才有可能成為當代臺灣新興宗教生存與發展的基本特徵？則可以從以下兩個進路達成：第一，從「苦難的他者」——解決「社會苦難和社會災難」的問題點切入；換句話說，需要諸宗教**共同深度參與並承擔起**解決社會苦難和社會災難的責任。第二，從「宗教的他者」——研究其他宗教的傳統和教導切入；亦即，諸宗教必須**深切瞭解並研究**其他宗教的傳統、經典、教義和儀禮。如能作到上述這兩項建議，則「重視宗教對話」未來自能成為當代臺灣新興宗教生存與發展的基本特徵之一。

第三節　跨宗教對話的實踐願景──從　　終極關切到全球責任

　　當代德國最具影響力的新教神學家、宗教哲學家保羅・蒂利希（Paul Tillich）曾指出，「宗教是人類精神的一個方面」。【173】這意味著，如果我們由一個特殊的角度來看待人類精神活動的話，那麼，人類精神自身就表現為宗教；而這一特殊的視角就是那種由此出發我們可以探究人類精神生活的深層角度。因此，宗教不是人類精神生活的一種特殊機能，而是人類精神生活之所有機能的基礎，它居於人類精神整體中的「深層」；亦即，宗教所探究的是指向人類精神中終極的、無限的、無條件的方面。因此，「宗教」這個詞的最廣泛和最根本的意義，就是指一種「終極的關切」（ultimate concern）。也就是說，在人類精神生活裏，宗教重新發現了它的真正所在，由之出發，宗教賦予人類精神的所有機能以要旨、終極意義、判斷力和創造的勇氣。【174】

　　由於「諸宗教」存在的事實，帶來了「諸拯救」多元化的可能性，同時「宗教的差異是在上帝裏面的差異」，因此，尼特主張，通過「全球負責的和相互關聯的對話模式」來進行諸宗教對話；亦即，宗教對話的焦點應落實在多元尊重和全球責任的實踐層面上。於是，為解決這一人類共同的「苦難」經歷，進而謀求人類和生態的正義與福祉，即成為諸宗教共同的

【173】蒂利希，《文化神學》，頁1。

【174】蒂利希，《文化神學》，頁4-7、9。

實踐倫理、責任和目標。然而，當我們更深層探究這一背後
的實踐動力時，發現其實是由蘊藏著諸宗教之共同「實踐願
景」——「天下一家」的理想所推動，而這亦即是跨信仰對話共
同的「終極關切」所在。

諸宗教之間，不只是要成為尼特所謂的「好鄰居」、【175】
「摯友」，【176】還必須成為「一家人」。唯有「一家人」才

【175】尼特認為，每一個宗教都有她自己的後院，不存在所有宗教共用的「公共用地」。
為了做好鄰居，就讓每一個宗教轉向她自己的後院，整理的乾乾淨淨。建議她在
籬笆後面與一個宗教鄰居交談，而不要試圖踩入他人的院子去尋找可能與自己相
同的地方；而是盡可能真正表現我們是誰，並讓我們的鄰居在我們對著籬笆談論
時看到我們是誰，而不管他們是怎樣來看我們。同時，讓我們的鄰居可以在生活
中而不只是在我們的語言中看到我們是誰。因此，如果我們首先肯定我們確實不
同，然後開始對話，那麼我們將更容易認真對待那些差異。之後，他們將不得不
彼此傾聽，並且出現真正的交流、學習與合作。一但這發生了，那將是一種真正多
元論的對話。因為，每一個人都感到他在說出他自己的身份，並且所有人都尊重
對方的身分和差異。此外，在這樣的對話中，我們可以發現，與我全然不同的人談
論已經讓我以不同方式來理解我自己的身分，並在我自己的後院交換事物。尼特，
《宗教對話模式》，頁233-235。

【176】尼特一再重申，我們在一起首先不是分享我們的信念，而是將我們的信念付諸行
動。從這種共同的行動中已經生發深切的、寶貴的友誼。我們已彼此喜歡、彼此
關心、彼此尊重。為了和平的事業一起行動、一道奮鬥和一同受難促進了特殊的友
誼。因為這種友誼都在宗教人士之間，所以它也具有宗教的、對話的果實。我們彼
此都以朋友的身分說話，以及彼此都感到尊重和愛；同時，因為我們的目標不是證
明誰對誰錯，而是盡最大可能幫助暴力的受害者，所以我們能夠彼此接受那些差
異，與那些張力相處，並向它們學習。因此，這種倫理的或者全球負責的對話能夠
讓各宗教與其他道路的人士形成新型的友誼。這種友誼在共同的、真正為了鄰人
的福祉而愛和行動的經驗中得到磨練和強化。這樣的友誼，將產生新的能力以尊
重其他宗教朋友的他在性，對對話有耐心，或許從對話中學習並為對話所豐富。
尼特，《宗教對話模式》，頁309-310。

能產生休戚與共的同理心、手足情，共同創建美好的家園、共同為建設「人類和生態」這個大家庭的福祉而努力。由於諸宗教的差異乃在於上帝自身裡；換句話說，這也正是漢斯・昆所強調的：只有神或上帝才擁有全部的真理，諸宗教都只是「分殊」了上帝部份真理的存在而已。因此，我們都是來自於共同的父母——上帝裡的兄弟姐妹，我們都是一家人，我們患難與共、福禍同當。如此，由這「天下一家」的實踐願景或是終極關切，促使諸宗教想要承擔起解決人類和生態所遭受的「苦難」責任，進而為謀求人類和生態的正義與福祉而共同合作，以最終完成「天下一家」這一跨宗教對話之實踐願景或者是終極關切之理想所在。誠如尼特所言：

> 作為不同宗教道路的追隨者，我們全都可以並且確實經驗到一種共同的關切、共同的責任，即作為宗教人士對人類和生態普遍的苦難與非正義作出回應，因為它們正威脅著我們人類和我們的星球。……我可以說，從我自己的經驗和對他人經驗的理解來看，越來越多的來自大多數宗教道路的信徒都在關心，並且都在把他們的自己體驗為是來自其他信仰人士的同行者和共事者。【177】

【177】尼特，《一個地球多種宗教：多信仰對話與全球責任》，頁19。

第四節　本書的貢獻、限制和展望

　　首先，關於本書的貢獻，主要表現在以下幾個層面：第一，將「宗教信仰與社會（或全球）責任」、「宗教對話與宗教合作」以及「新興宗教與宗教對話」等方面，通過「當代臺灣新興宗教的實踐觀」作為切入點，從而將這些概念、議題和領域相互關聯起來。第二，通過宗教對話理論的前沿趨勢，結合當代臺灣新興宗教的實踐觀作為例證，以嘗試回應「全球苦難」的議題、解決「宗教衝突」與「宗教對話」的難題，並為「宗教對話」與「新興宗教」的研究尋求出一個新的路徑，藉此以提供學術界和宗教界，在學理及實務的研究和實踐上的參考與反思。第三，對於宗教領袖和代表者的深度訪談資料能提供研究議題更具代表性和深度的回應。

　　其次，關於本書的限制，主要反映在以下幾個方面：第一，在深度訪談的對象方面，本書除了訪談各宗教領袖與代表者之外，若能再加上各宗教的中層幹部以及一般信眾的深訪資料，則對本書的內容會更加充實與完備。第二，在文獻方面，本書是以尼特的「宗教實踐論」作為一個假設出發，試圖通過當代臺灣新興宗教的「宗教實踐觀」來驗證其有效性及可行性。因此，側重將尼特的觀點和當代臺灣新興宗教領袖的觀點之間做相互的對比、分析與檢證；至於其他學者對於尼特「宗教實踐論」的正反兩面回饋意見，則較少談論之。

　　最後，關於未來的研究展望，可朝以下幾個面向繼續開展：第一，在個案選取方面，本書只選取八個新興宗教作為個案研究典型，未來可繼續對其他的新興宗教進行探討；同時亦能結合傳統宗教的「宗教實踐觀」與尼特的「宗教實踐論」以

及新興宗教的「宗教實踐觀」進行相互的對比與檢證。第二，在問卷調查方面，本書主要是以「質性」研究為主，未來繼續結合「量性」方面的研究調查——通過問卷，獲得各宗教領袖、代表者、中層幹部以及一般信眾的反饋資料，並搜集受訪的新興宗教關於社會實踐、宗教交流、宗教合作與對話等方面的實踐資料，以期反映出「質性」與「量性」兼顧的檢證效果以及各新興宗教之間「同中有異」的差別性存在。第三，在「信仰與責任」及「合作與對話」方面，進一步突出各宗教對於社會責任和全球責任的承擔與實踐等方面的研究，並加強各宗教間的相互合作與對話的實踐案例研究；同時希冀搭建起政府、學界和宗教界關於「全球苦難」與「全球責任」之議題的交流、對話、合作的平臺，以為尋求人類和生態未來的正義與福祉而共同努力。

參考文獻

一、新興宗教著作

（一）新興宗教的經典及著作

1. 一貫道的經典及著作

中華民國一貫道總會，《一貫道師尊師母傳道80周年紀念大會暨45孝親感恩活動專刊》，臺北：中華民國一貫道總會，2010年。

北林，《白陽道脈薪傳錄》，臺北：明德出版社，2008年。

宋光宇主筆、蕭家振總編，《災劫中的尊嚴：九二一大地震一貫道賑災實錄》，臺北：中華民國一貫道總會，2000年。

慕禹，《一貫道概要》，臺南：靝巨書局，2002年。

中華民國一貫道總會網站：http://www.ikuantao.org.tw/

《中華民國一貫道總會「宗教對話」深度訪談紀錄》，2009年9月18日。

《中華民國一貫道總會「社會實踐觀」深度訪談紀錄》，2010年8月20日。

2. 摩門教（耶穌基督後期聖徒教會）的經典及著作

耶穌基督後期聖徒教會，《蒙恩的十年（1998-2008）》，臺北：中臺北支聯會，2009年。

耶穌基督後期聖徒教會，《福音原則》，臺北：臺北發行中心，2009年。

耶穌基督後期聖徒教會（臺灣）網站：http://www.lds.org.tw/

《耶穌基督後期聖徒教會「宗教對話」深度訪談紀錄》，2009年9月18日。

《耶穌基督後期聖徒教會「社會實踐觀」深度訪談紀錄》，2010年8月23日。

3. 真佛心宗的經典及著作

理筆，《大道虛空》，桃園：崇心雜誌社，2003年。

理筆，《大道崇心》，桃園：崇心雜誌社，2005年。

理心光明禪師，《崇心仙佛感應錄第三冊》，桃園：崇心雜誌社，2010年。

中華真佛心宗教會網站：http://www.holyheart.com.tw/

《中華真佛心宗教會「宗教對話」深度訪談紀錄》，2009年9月21日。

《中華真佛心宗教會「社會實踐觀」深度訪談紀錄》，2010年8月21日。

4. 彌勒大道的經典及著作

汪慈光，《熱愛大自然，展現人之美》，新竹：慈光出版社，2008年。

國際熱愛大自然促進會總會，《2009第五屆世界青年大自然之舞觀摩賽特刊》，新竹：國際熱愛大自然促進會總會，2009年。

彌勒大道總會基金會網站：http://www.maitreya.org.tw/

《彌勒大道總會基金會「宗教對話」深度訪談紀錄》，2009年9月23日。

《彌勒大道總會基金會「社會實踐觀」深度訪談紀錄》，2010年8月30日。

5. 天理教的經典及著作

今中孝信，高佳芳譯，《活得健康、走得也健康》，臺北：致良出版社，2008年。

天理教梅華會，《天理教梅華會創立四十年歷程》，臺北：天理教臺灣傳道廳，2007年。

平野知三，《天理月刊》，第151號，2010年5月。

平野知三，《天理月刊》，第152號，2010年6月。

平野知三，《天理月刊》，第153號，2010年7月。

平野知三，《天理月刊》，第154號，2010年8月。

天理教國際網站（中國語）：http://www.tenrikyo.or.jp/chi/

《中國天理教總會「宗教對話」深度訪談紀錄》，2009年9月24日。

《中國天理教總會「社會實踐觀」深度訪談紀錄》，2010年8月19日。

6. 統一教的經典及著作

世界基督教統一神靈協會，《世界和平新前景》，臺北：世界基督教統一
　　神靈協會臺北教會，1989年。

世界基督教統一神靈協會，《原理要綱第四級》，臺北：世界基督教統一
　　神靈協會臺北教會，1993年，修訂版。

世界基督教統一神靈協會，《原理講論》，臺北：世界基督教統一神靈協
　　會臺北教會，1995年，修訂版。

世界和平統一家庭聯合會，《文先明總裁演講集：祝福家庭與理想天國
　　I》，臺北：言鼎文化事業有限公司，1998年。

統一教臺灣總會網站：http://www.unification.org.tw/

《統一教臺灣總會「宗教對話」深度訪談紀錄》，2009年9月24日。

《統一教臺灣總會「社會實踐觀」深度訪談紀錄》，2010年8月18日。

7. 玄門真宗的經典及著作

中華玉線玄門真宗教會，《與神靈對話古老儀式──扶鸞》，彰化：玄門
　　真宗出版社，2006年。

中華玉線玄門真宗教會，《護國祈安暨八八水災祈願法會》，彰化：玄門
　　真宗出版社，2009年。

陳桂興，《玄門真宗的聖凡雙修》，彰化：玄門真宗出版社，2003年。

陳桂興，《第七屆全國宗教博覽會》，彰化：玄門真宗出版社，2007年。

陳桂興，《天人師》，彰化：玄門真宗出版社，2009年。

中華玉線玄門真宗教會網站：http://www.chms.org.tw/

《中華玉線玄門真宗教會「宗教對話」深度訪談紀錄》，2009年9月25日。

《中華玉線玄門真宗教會「社會實踐觀」深度訪談紀錄》，2010年8月26
　　日。

8. 天帝教的經典及著作

天帝教首席使者辦公室，《天帝教答客問》，臺北：帝教出版社，1987年。

天帝教首席使者辦公室，《首席師尊精神講話選輯——六十年來之天命信心奮鬥歷程》，臺北：帝教出版社，1989年。

天帝教天人訓練團，《天帝教初皈同奮必讀》，臺北：帝教出版社，1996年。

天帝教極院，《靜心靜坐》，臺北：帝教出版有限公司，2003年。

李玉階，《大和吼聲》，臺北：天帝教始院，1983年。

吳光衡，《天帝教復興簡史》，臺北：帝教出版社，1995年。

首席師尊言行出版編輯委員會，《師語》，臺北：天帝教始院，1988年。

教訊雜誌社，《天帝教教義——新境界》，臺北：帝教出版社，1995年。

中華天帝教總會網站：http://www.tienti.org.tw/

《中華天帝教總會「宗教對話」深度訪談紀錄》，2009年9月26日。

《中華天帝教總會「社會實踐觀」深度訪談紀錄》，2010年8月18日。

（二）中文期刊論文及研討會論文

丁仁傑，〈文化脈絡中的積功德行為：以臺灣佛教慈濟功德會的參與者為例，兼論助人行為的跨文化研究〉，《中央研究院民族學研究所集刊》，1998年春季號，第85期，頁113-177。

丁仁傑，〈臺灣新興宗教團體的世界觀與內在運作邏輯：一些暫時性的看法〉，《思與言》，1998年12月，第36卷第4期，頁67-146。

丁仁傑，〈當代臺灣社會中的宗教浮現：以社會分化過程為焦點所做的初步考察〉，《臺灣社會研究》，2001年3月，第41期，頁205-270。

丁仁傑，〈文化綜攝與個人救贖：由「清海無上師世界會」教團的發展觀察臺灣當代宗教與文化變遷的性質與特色〉，《臺灣社會研

究》，2003年3月，第49期，頁135-200。

丁仁傑，〈會靈山現象的社會學考察：去地域化情境中民間信仰的轉化與再連結〉，《臺灣宗教研究》，2005年9月，第4卷第2期，頁57-111。

丁仁傑，〈進步、認同與宗教救贖取向的入世性轉向：歷史情境中的人間佛教及其行動類型初探〉，《臺灣社會研究》，2006年6月，第62期，頁37-99。

丁仁傑，〈市民社會的浮現或是傳統民間社會的再生產？：以臺灣佛教慈濟功德會的社會實踐模式為焦點〉，《臺灣社會學刊》，2007年6月，第38期，頁1-55。

丁仁傑，〈在啟示中看見經典：以一貫道的經典運用為例與原教旨主義概念相對話〉，《臺灣社會學》，2007年12月，第14期，頁1-49。

王見川，〈臺灣齋教研究：先天道的源流——兼論其與一貫道的關係〉，《思與言》，1994年9月，第32卷第3期，頁1-32。

王見川、李世偉，〈戰後臺灣新興宗教研究：以軒轅教為考察物件〉，《臺灣風物》，1998年9月，第48卷第3期，頁61-90。

王順民，〈宗教福利服務之初步考察：以「佛光山」、「法鼓山」與「慈濟」為例〉，《思與言》，1994年9月，第32卷第3期，頁33-76。

王佳煌，〈資訊科技與宗教：迷你的社會學想像〉，《新世紀宗教研究》，2002年9月，第1卷第1期，頁143-173。

巨克毅，〈中國新興宗教的生死觀：天帝教生死理論初探〉，《宗教哲學》，1999年7月，第5卷第3期，頁79-96。

朱國斌，〈宗教信仰有多自由？：對中國內地關於「邪教」的立法及其實踐的研究〉，《香港社會科學學報》，2004年3月，第27期，頁1-26。

李亦園，〈社會變遷與宗教皈依：一個象徵人類學理論模型的建立〉，《中央研究院民族學研究季刊》，1983年，第56期，頁1-28。

李恪訓，〈統一教會的「國際集團結婚式」〉，《對話與創新——新宗教團體與社會變遷研討會》，2003年3月。

李恪訓，〈統一教會國際集團結婚式——理想家庭祝福大典項目報告〉，《世界宗教學刊》，2004年6月，第3期，頁209-214。

呂理政，〈宗教團體與社會回饋：以靈鳩山無生道場的博物館事業為例〉，《寺廟與民間文化研討會論文集（下）》，1995年。

宋光宇，〈試論新興宗教的起源〉，《歷史月刊》，1998年5月，第114期，頁79-84。

宋光宇，〈試論民國以來的黃帝信仰與軒轅教〉，《宗教哲學》，2000年1月，第6卷第1期，頁12-23。

林美容，〈臺灣本土佛教的傳統與變遷：巖仔的調查研究〉，《第一屆本土文化學術研討會論文集》，1995年。

林美容，〈從南部地區的「巖仔」來看臺灣的民間佛教〉，《思與言》，1995年6月，第33卷第2期，頁1-40。

林美容，〈臺灣齋堂總表〉，《臺灣史料研究》，1995年，第6期，頁26-41。

林美容、張崑振，〈臺灣地區齋堂的調查與研究〉，《臺灣文獻》，2000年9月，第51卷第3期，頁203-235。

林本炫，〈震災中的新興宗教：以天帝教和創價學會為例〉，《臺灣宗教學會通訊》，2000年1月，第4期，頁86-89。

林本炫，〈宗教運動的社會基礎：以慈濟功德會為例〉，《臺灣佛教學術研討會論文集》，1996年。

林本炫，〈國家、宗教與社會控制：宗教壓迫論述的分析〉，《思與言》，1996年6月，第34卷第2期，頁21-64。

林本炫，〈社會網路在個人宗教信仰變遷中的作用〉，《思與言》，1999年6月，第37卷第2期，頁173-208。

林本炫，〈臺灣的宗教變遷與社會控制〉，《輔仁學誌：法/管理學院之部》，2000年，第31期，頁1-26。

林本炫，〈臺灣民眾的宗教流動與地理流動〉，《宗教與社會變遷——第三期第五次臺灣社會變遷基本調查之研究分析研討會》，2001年2月。

林本炫、莊豐吉，〈宗教醫療與信仰改變〉，《新興宗教現象研討會》，2002年3月。

林本炫，〈「新興宗教運動」的意義及其社會學意涵〉，《世界宗教學刊》，2004年6月，第3期，頁1-26。

林榮澤，〈一貫道大專學生伙食團之研究：以發一崇德「臺北學界」為例〉，《東方宗教研究》，1996年10月，第5卷第7期，頁233-256。

范麗珠，〈全球化的新興宗教現象的理論與探討〉，《理論與政策》，2004年1月，第17卷第3期，頁119-134。

吳寧遠，〈後現代社會與宗教現象〉，《東方宗教研究》，1996年10月，第5卷第7期，頁258-269。

周平，〈全球化時代的宗教現象〉，《對話與創新——新宗教團體與社會變遷研討會》，2003年3月。

姚麗香，〈自力與他力之間——臺灣民眾宗教態度與實踐間的差距〉，《宗教與社會變遷——第三期第五次臺灣社會變遷基本調查之研究分析研討會》，2001年2月。

姚玉霜，〈新興宗教之社會文化經濟——以日本新興宗教在巴西和臺灣為例〉，《對話與創新——新宗教團體與社會變遷研討會》，2003年3月。

莊政憲，〈當代臺灣新興宗教領袖的「社會實踐觀」——以社會苦難與社會責任為例〉，《輔仁宗教研究》，2011年9月，第23期，頁135-184。

陳杏枝，〈改變命運與宗教修行的轉變〉，《宗教與社會變遷——第三期第五次臺灣社會變遷基本調查之研究分析研討會》，2001年2月。

陳杏枝，〈加蚋地區公廟神壇——兼論民間信仰與新興宗教的關係〉，《新興宗教現象研討會》，2002年3月。

陳杏枝，〈新興宗教團體與社區研究〉，《二十一世紀》，2002年10月，第73期，頁127-132。

陳杏枝，〈從宮壇到新興宗教——兩個新興宗教團體信眾之比較〉，《對話與創新——新宗教團體與社會變遷研討會》，2003年3月。

陳杏枝，〈新神佛降臨救世：一個本土新興宗教團體的研究〉，《臺灣宗教研究》，2005年4月，第3卷第2期，頁125-164。

陳家倫，〈臺灣宗教行動圖像的初步建構〉，《宗教與社會變遷——第三期第五次臺灣社會變遷基本調查之研究分析研討會》，2001年2月。

陳家倫，〈新時代運動在臺灣的發展〉，《新興宗教現象研討會》，2002年3月。

陳家倫，〈自我宗教的興起：以新時代靈性觀為例〉，《世界宗教學刊》，2004年6月，第3期，頁137-170。

陳淑娟，〈宗教建構世界秩序的可能性：以「國際創價學會」為例〉，《思與言》，1996年6月，第34卷第2期，頁67-108。

陳儔美，〈日本創價學會及其政黨關係之研析〉，《問題與研究》，1998年5月，第37卷第5期，頁47-76。

陳美華，〈「現代禪的戒律觀」對談與回應〉，《世界宗教學刊》，2004年6月，第3期，頁83-85。

郭文般，〈舊或新的宗教性？〉，《宗教與社會變遷——第三期第五次臺灣社會變遷基本調查之研究分析研討會》，2001年2月。

郭文般，〈臺灣宗教場域的組成——一個新制度論的觀點〉，《新興宗教現象研討會》，2002年3月。

華敏慧，〈現代禪教團「象山修行社區」的發展〉，《對話與創新——新宗教團體與社會變遷研討會》，2003年3月。

黃隆民，〈從新興宗教的失序現象論我國學校實施宗教教育的必要性及其可行性〉，《台中師院學報》，1997年6月，第11期，頁1-35。

黃夏年，〈對當代新興宗教現象的思考：兼談新興宗教在中國〉，《世界宗教文化》，2007年3月，第1期，頁6-10。

董芳苑，〈「類似基督宗教在臺灣」——摩門教、耶和華見證人、統一教會之探討〉，《臺灣文獻》，2000年9月，第51卷第3期。

游謙，〈飛碟會陳恒明與末劫明王：一個末啟修辭法的分析〉，《中外文學》，1999年11月，第28卷第6期，頁44-69。

游謙，〈傳統術數與學校教育的關係〉，《宗教與社會變遷——第三期第五次臺灣社會變遷基本調查之研究分析研討會》，2001年2月。

游謙，〈從歷史脈絡談新興宗教與主流教派的關係〉，《慈濟通識教育學刊》，2004年6月，第1期，頁124-144。

張立德，〈新興宗教及傳統宗教現代化的瓶頸〉，《宗教哲學》，1998年10月，第4卷第4期，頁109-124。

溫金柯，〈現代禪的戒律觀〉，《對話與創新——新宗教團體與社會變遷研討會》，2003年3月。

楊惠南，〈解嚴後臺灣新興佛教現象及其特質——以人間佛教為中心的一個考察〉，《新興宗教現象研討會》，2002年3月。

鄒川雄，〈從現代社會的反身性論當代基督教的新興現象〉，《對話與創新——新宗教團體與社會變遷研討會》，2003年3月。

趙星光，〈本土新興宗教的全球化質素——以清海教團為例〉，《對話與創新——新宗教團體與社會變遷研討會》，2003年3月。

趙星光，〈宗教消費商品化：論當代宗教與社會互動關係的質變〉，《宗教哲學》，2004年6月，第30期，頁1-19。

趙建智，〈臺灣新興宗教的「正統」與「異端」研究：兼論「彌勒大道」的宗教型態與發展策略〉，《臺灣史料研究》，2005年12月，第26期，頁63-98。

鄭志明，〈臺灣民間宗教的文化意識〉，《歷史月刊》，1995年3月，第86期，頁68-72。

鄭志明，〈臺灣「新興宗教」的現象商議〉，《宗教哲學》，1995年10月，第1卷第4期，頁83-100。

鄭志明，〈臺灣「新興宗教」的文化特色（上）〉，《宗教哲學》，1999年1月，第5卷第1期，頁175-190。

鄭志明，〈臺灣「新興宗教」的文化特色（下）〉，《宗教哲學》，1999年4月，第5卷第2期，頁170-188。

鄭志明，〈臺灣新興宗教的救劫運動〉，《宗教哲學》，2000年9月，第6卷第3期，頁141-160。

鄭志明，〈臺灣民眾宗教信仰的生死關懷〉，《宗教與社會變遷——第三期第五次臺灣社會變遷基本調查之研究分析研討會》，2001年2月。

劉怡寧、瞿海源，〈塵世的付出、來世的福報——臺灣社會中的宗教捐獻現象〉，《宗教與社會變遷——第三期第五次臺灣社會變遷基本調查之研究分析研討會》，2001年2月。

劉秋固，〈從超個人心理學看天帝教與現代人類精神〉，《宗教哲學》，2000年3月，第6卷第1期，頁101-114。

劉阿榮，〈宗教 vs. 科技——新世紀的辯證和想像〉，《社會文化學報》，2000年12月，第11期，頁59-80。

歐陽新宜，〈大陸社會動員的理論探索與建構：「法輪功事件」為例〉，《中國大陸研究》，1999年1月，第42卷第5期，頁53-73。

鍾秋玉，〈靈性權威與修行〉，《新興宗教現象研討會》，2002年3月。

鍾秋玉，〈大學新興/傳統宗教社團學生之宗教態度與行為研究〉，《實踐

通識論叢》，2006年1月，第5期，頁1-24。

鍾國發，〈世界現代化進程與新興宗教運動〉，《宗教哲學》，1998年10月，第4卷第4期，頁85-96。

瞿海源，〈臺灣新興宗教信徒之態度與行為特徵〉，《宗教與社會變遷——第三期第五次臺灣社會變遷基本調查之研究分析研討會》，2001年2月。

瞿海源，〈新的外來宗教〉，《臺灣文獻》，2001年12月，第52卷第4期，頁65-86。

瞿海源、章英華，〈臺灣外來新興宗教發展的比較研究〉，《新興宗教現象研討會》，2002年3月。

瞿海源，〈臺灣的新興宗教〉，《二十一世紀》，2002年10月，第73期，頁103-113。

瞿海源，〈臺灣新興宗教研究的展望〉，《世界宗教學刊》，2004年6月，第3期，頁171-178。

魏千峰，〈各國新興宗教政策之探討〉，《對話與創新——新宗教團體與社會變遷研討會》，2003年3月。

魏千峰，〈新興宗教之法律規範：美、德、日、俄、台等國制度比較〉，《世界宗教學刊》，2004年6月，第3期，頁115-136。

顧忠華，〈巫術、宗教與科學的世界圖像：一個宗教社會學的考察〉，《國立政治大學社會學報》，1998年，第28期，頁57-79。

顧忠華，〈從宗教社會學觀點看臺灣新興宗教現象〉，《第一屆宗教學研習會「宗教研究：問題與方法」論文集》，1998年7月。

龔立人，〈新興宗教與宗教自由：法輪功個案〉，《輔仁宗教研究》，2001年6月，第3期，頁187-207。

（三）中文書籍資料

丁仁傑，〈臺灣歷史重層化過程中的基本宗教行動類型初探——兼論當代

臺灣的新興宗教研究〉,《邁向21世紀的臺灣歷史學》,臺北:稻鄉出版社,2002年。

丁仁傑,《社會分化與宗教制度變遷:當代臺灣新興宗教現象的社會學考察》,臺北:聯經出版社,2004年。

王見川,《臺灣的齋教與鸞堂》,臺北:南天出版社,1996年。

李亦園,〈宗教問題的再剖析〉,《臺灣的社會問題》,臺北:巨流圖書公司,1984年。

李亦園,《文化的圖像上:文化發展的人類學探討》,臺北:允晨文化公司,1992年。

李美足,〈山達基——新興宗教運動〉,林美珠編,《宗教論述專輯第五輯:新興宗教篇》,臺北:內政部,2003年。

宋光宇,《天道勾沈》,臺北:元佑出版社,1983年。

宋光宇,《宗教與社會》,臺北:東大圖書公司,1995年。

林美容,《人類學與臺灣》,臺北:稻鄉出版社,1989年。

林美容,《臺灣人的社會與信仰》,臺北:自立晚報社文化出版部,1993年。

林本炫,《臺灣的政教衝突》,臺北:稻鄉出版社,1990年。

林本炫,〈一貫道與政府之關係——從查禁到合法化〉,《宗教與文化》,臺北:學生書局,1990年。

林本炫編譯,《宗教與社會變遷》,臺北:巨流圖書公司,1993年。

林本炫,〈社會學有關「新興宗教運動」定義的意涵〉,林美珠編,《宗教論述專輯第五輯:新興宗教篇》,臺北:內政部,2003年。

金勛,《現代日本的新宗教》,北京:宗教文化出版社,2003年。

金勛,《韓國新宗教的源流與嬗變》,北京:宗教文化出版社,2006年。

高師寧,《新興宗教初探》,北京:中國社會科學出版社,2006年。

姚玉霜，〈新興宗教——個人、社會秩序〉，林美珠編，《宗教論述專輯第五輯：新興宗教篇》，臺北：內政部，2003年。

梁淑芳，《天帝教性命雙修道脈傳承之研究：論呂純陽祖師與涵靜老人之關係》，臺北：帝教出版社，1997年。

董芳苑，《臺灣民間信仰之認識》，臺北：永望文化公司，1983年。

董芳苑，〈臺灣新興宗教概觀〉，《認識臺灣民間信仰》，臺北：長春文化事業公司，1986年。

董芳苑，《探討臺灣民間信仰》，臺北：常民文化公司，1996年。

游謙，〈新興宗教與主流教派的關係：比較宗教學的觀點〉，林美珠編，《宗教論述專輯第五輯：新興宗教篇》，臺北：內政部，2003年。

張家麟，〈靈驗、悸動與宗教發展：新興宗教山達基個案研究〉，林美珠編，《宗教論述專輯第五輯：新興宗教篇》，臺北：內政部，2003年。

張家麟，〈當代臺灣新興宗教研究趨勢之分析〉，《當代臺灣宗教發展》，臺北：文景書局，2005年。

張家麟，〈論宗教商品化與宗教發展：山達基教會個案研究〉，《當代臺灣宗教發展》，臺北：文景書局，2005年。

張家麟，〈國家對宗教的控制與鬆綁：論臺灣的宗教自由〉，《國家與宗教政策》，臺北：文景書局，2005年。

張家麟，〈新宗教申請案行政裁量許可權〉，《宗教論述專輯第八輯：宗教法制建立與發展篇》，臺北：內政部，2006年。

張家麟，《新宗教建立衡量指標之研究》，彰化：中華玉線玄門真宗出版，2007年。

張全鋒，〈從統一教會的發展省思政府對新興宗教應有的態度〉，林美珠編，《宗教論述專輯第五輯：新興宗教篇》，臺北：內政部，2003年。

曾傳輝，〈世俗化進程中的新宗教運動〉，《宗教社會學通論》，成都：四川大學出版社，1992年。

趙星光，〈世俗化與全球化過程中新興宗教團體的發展與傳佈〉，林美珠編，《宗教論述專輯第五輯：新興宗教篇》，臺北：內政部，2003年。

蔡德貴，《當代新興巴哈伊教研究》，北京：人民出版社，2006年。

鄭志明，《臺灣的宗教與秘密教派》，臺北：台原出版社，1990年。

鄭志明，〈臺灣「新興宗教」的現象分析〉，《臺灣當代新興宗教》，臺北：靈鷲山般若文教基金會，1996年。

鄭志明，《臺灣民間的宗教現象》，臺北：大道文化事業有限公司，1996年。

鄭志明，《臺灣新興宗教現象──扶乩鸞篇》，嘉義：南華管理學院，1998年。

鄭志明，《臺灣當代新興佛教──禪教篇》，嘉義：南華管理學院，1998年。

鄭志明，《臺灣民間宗教結社》，嘉義：南華管理學院，1998年。

鄭志明，《臺灣新興宗教現象：傳統信仰篇》，嘉義：南華管理學院，1999年。

鄭志明，《當代新興宗教：修行團體》，宗教文化研究中心，2000年。

鄭志明，〈泰國德教會的發展〉，林美珠編，《宗教論述專輯第五輯：新興宗教篇》，臺北：內政部，2003年。

戴康生主編，《當代新興宗教》，北京：東方出版社，1999年。

瞿海源，〈探索新興宗教現象及相關問題〉，《氾濫與匱乏長篇》，臺北：允晨文化公司，1988年。

瞿海源，〈臺灣社會的功利思想與新興宗教〉，《氾濫與匱乏長篇》，臺北：允晨文化公司，1988年。

瞿海源，〈解析新興宗教現象〉，宋文里、徐正光合編，《臺灣新興社會運動》，臺北：巨流圖書公司，1989年。

瞿海源，〈臺灣的民間信仰〉，《民國七十八年度中華民國文化發展之評估與展望》，臺北：行政院文化建設委員會，1990年。

瞿海源，〈臺灣與中國大陸宗教變遷的比較研究〉，林本炫編譯，《宗教與社會變遷》，臺北：巨流圖書公司，1993年。

瞿海源，〈解嚴、宗教自由、與宗教發展〉，中央研究院臺灣研究推動委員會編，《威權體制的變遷：解嚴後的臺灣》，臺北：臺灣史研究所籌備處出版，2001年。

魏千峰，〈新興宗教之法律規範——美、德、日、俄、台等國制度比較〉，林美珠編，《宗教論述專輯第五輯：新興宗教篇》，臺北：內政部，2003年。

羅德尼・斯達克、威廉姆・希姆斯・本布里奇（Rodney Stark & William Sims Bainbridge）著，高師寧等譯，《宗教的未來》（The Future of Religion: Secularization, Revival and Cult Formation），北京：中國人民大學出版社，2006年。

（四）碩博士論文（按年代順序排列）

劉純仁，《大戰後美國政府對宗教團體課稅之研究——兼論統一教在美國之稅務糾紛》，淡江大學美國研究所碩士論文，1989年。

林榮澤，《臺灣民間宗教之研究：一貫道「發一靈隱」的個案分析》，臺灣大學三民主義研究所碩士論文，1991年。

陳淑湄，《天理教在臺灣之發展》，中國文化大學日本研究所碩士論文，1992年。

陳淑娟，《宗教與世界秩序：國際創價學會的全球化現象》，東吳大學社會學系碩士論文，1994年。

張維安，《人間佛教與生活實踐——慈濟現象的社會學解析》，清華大學社會人類所碩士論文，1996年。

莊佩琦，《科學與宗教：臺灣新興宗教中的知識份子》，國立臺灣大學心理學系研究所碩士論文，1996年。

金思良，《太虛大師近代中國佛教復興運動的理念與實踐(1890-1947)》，中正大學歷史研究所碩士論文，1997年。

楊弘任，《另類社會運動：一貫道的聖凡兼修渡人成全——以寶光建德天一宮員義區與天祥聖宮學界區為例》，清華大學社會人類學研究所碩士論文，1997年。

吳靜宜，《一貫道「發一崇德」的制度化變遷》，臺灣大學社會學研究所碩士論文，1998年。

林佩君，《新聞論述建構之新興宗教語藝視野——以中國時報、聯合報與自由時報為研究物件》，輔仁大學大眾傳播學研究所碩士論文，1998年。

陳信成，《一貫道的末劫救贖觀初探》，輔仁大學宗教學系碩士論文，1999年。

蔡中駿，《一貫道禮儀實踐研究——以發一崇德組為例》，玄奘人文社會學院宗教學研究所碩士論文，1999年。

李雪萍，《臺灣的比丘尼僧團及其不同的生命經驗：一個社會學的個案研究》，東海大學社會學系碩士論文，2000年。

林原億，《高雄文化院的扶鸞儀式研究》，輔仁大學宗教學系碩士論文，2000年。

蔡美蓉，《志願工作者之組織社會化歷程及其關鍵影響因素：以一家宗教慈善組織為例》，台大心理學研究所碩士論文，2000年。

鍾秋玉，《禪修型新興宗教之社會心理學研究：以印心禪學會為例》。國立政治大學心理學研究所博士論文，2000年。

蘇全正，《臺灣民間佛教「巖仔」信仰之研究》，國立中興大學歷史學系碩士論文，2000年。

胡潔芳，《慈惠堂的發展與信仰內涵之轉變》，花蓮師範學院碩士論文，

2001年。

夏明玉，《民國新興宗教結社——萬國道德會之思維與變遷（1921-1949）》，東海大學歷史研究所碩士論文，2001年。

張芝怡，《新興宗教奧修在臺灣的發展——以門徒之奧修經驗及消費特性為考察》，東海大學社會學系碩士論文，2001年。

張琳，《日本新宗教在臺灣發展之研究——以「世界真光文明教團」為例》，輔仁大學宗教學研究所碩士論文，2001年。

羅國銘，《臺灣當代在家佛教中的維鬘傳道協會：一個區域性新興教團個案的探討》，輔仁大學宗教學系碩士論文，2001年。

袁亦霆，《新興宗教中知識份子參與靜坐修煉的宗教經驗——以天帝教為例》，政治大學社會學研究所碩士論文，2002年。

許雅婷，《母娘與祂的兒女——慈惠石壁部堂宗教人的經驗世界》，東華大學族群關係與文化研究所碩士論文，2002年。

陳穎川，《威權政治對宗教型非營利組織影響之研究——以錫安山與法輪功為例》，南華大學非營利事業管理研究所碩士論文，2002年。

葉惠仁，《天德教在臺灣的發展 (1926~2001)》，淡江大學歷史學系碩士論文，2002年。

劉怡寧，《當神聖和世俗相遇——宗教組織的形成與發展以靈鷲山佛教教團為例》，臺灣大學社會學研究所碩士論文，2002年。

蔡志華，《彌陀慈惠堂乩示活動之研究》，臺南師範學院鄉土文化研究所碩士論文，2002年。

陳道容，《論新興宗教信徒入教因素及其影響——山達基教會個案研究》，真理大學宗教學系碩士班碩士論文，2004年。

莊錫賓，《日蓮正宗在臺灣之傳播研究——以宜蘭妙照院為例》，佛光人文社會學院宗教學研究所碩士論文，2004年。

汪圓善，《彌勒大道的宗教型態》，輔仁大學宗教學系研究所碩士論文，

2004年。

蔡合綱，《真佛心宗組織、儀式及其教義初探》，真理大學宗教學系碩士班碩士論文，2005年。

張馨方，《唯心宗禪機山運用文化活動推展弘法事業》，佛光人文社會學院藝術學研究所碩士論文，2005年。

楊偉湘，《密宗瑜伽的修煉──阿南達瑪迦在臺灣之發展歷程與社會實踐》，臺灣大學社會學研究所碩士論文，2005年。

許怡真，《宗教市場中的新興宗教──以山達基教會為例》，國立政治大學宗教研究所碩士論文，2006年。

蔡秀菁，《宗教政策與新宗教團體發展──以臺灣地區新宗教申請案為焦點》，真理大學宗教學系碩士班碩士論文，2006年。

賴耀申，《將「佛教創立」視為歷史上的「新興宗教」運動：佛教興起之社會因素研究》，華梵大學東方人文思想研究所碩士論文，2007年。

黃俊諭，《宗教商品化之探討──以佛乘宗大緣精舍為例》，東海大學宗教研究所碩士論文，2007年。

林枝葉，《從新興宗教的觀點論述基督教地方召會──以高雄縣林園地方召會為例》，高雄師範大學臺灣文化及語言研究所碩士論文，2008年。

莊政憲，《新興宗教與宗教對話──以當代臺灣新興宗教的實踐觀為例證》，北京大學哲學系、宗教學系博士論文，2011年。

（五）英文期刊論文、研討會論文及書籍資料

Bainbridge, William Sims（1996）. *The Sociology of Religious Movements.* London: Routledge.

Barker, Elieen（1993）. *The Making of a Moonie: Choice or Brainwashing?* Hampshire, England: Gregg Revivals.

Barker, Elieen（1995）. *New Religious Movements: A Practical Introduction.* London: HMSO.

Barker, Elieen（1999）. "New Religious Movements: Their Incidence and Significance". pp.16 in Bryan Wilson and Jamie Cresswell（ed.）*New Religious Movements: Challenge and Response.* London and New York: Routledge.

Beckford, James A.（1977）. "Explaining Religious Movement", *International Social Science Journal 29,* 2:242.

Beckford, James A.（1985）. *Cult Controversies: Their Social Response to the New Religious Movements.* London and New York: Tavistock Publication.

Beckford, James A.（1988）.*New Religious Movement and Rapid Social Change.* Beverly Hills, CA.: Sage.

Berling, Judith（1980）. *The Syncretic of Lin Chao-en.* IASWR Series, New York: Columbia University Press.

Brece, Steve（1996）. "The New Religions of the 1970s." pp.169-195 in *Religion in the Modern World: from Cathedrals to Cults.* New York: Oxford University Press.

Campbell, Colin（1982）. "Some Comments on the New Religious Movements: the New Spirituality and Post-Industrial Society." pp.232-242 in Eileen Barker（ed.）*New Religious Movements: A Perspective for Understanding Society.* New York: Edwin Mellen Press.

Chryssides, George D.（1999）. *Exploring New Religions.* London: Cassell.

Fiorenza, Francis Schussler（1991）. "Theological and Religious Studies: The Contest of the Faculties." in Barbara G. Wheeler and Edward Farley（ed.）*Shifting Boundaries: Contextual Approaches to the Structure of the Theological Education.* Louisville: Westminster/John Knox Press.

Gort, John（1991）. "Liberative Ecumenism：Gateway to the Sharing of Religious Experience Today." *Mission Study* 8: 73.

Heim, S. Mark（1995）. *Salvations: Truth and Difference in Religions.* Maryknoll, N. Y.: Orbit Books.

Heim, S. Mark（2001）. *The Depth of Riches: A Trinitarian Theology of Religious Ends.* Grand Rapids: Eerdmans.

Hertel, Bradley R.（1977）. "Church, Sect, and Congregation in Hinduism: An Examination of Social Structure and Religious Authority." *Journal for the Scientific Study of Religion.* 16(1): 15-26.

Hexham, Irving & Karla Poewe（1997）. *New Religions as Global Cultures: Making the Human Sacred.* Boulder, COLO.: Westview Press.

Melton, Gordon J.（1999）. "Anti-cultists in the United States: An Historical Perspective." pp213-233 in Bryan Wilson and Jamie Cresswell（ed.）*New Religious Movements:Challenge and Response.* London and New York: Routledge.

Moberg, David O.（1961）. "Potential uses of the Church-Sect Typology in Comparative Religious Research," *International Journal of Comparative Sociology,* 2 (March):47-58.

O' Dea, Thomas（1966）. *The Sociology of Religion.* Englewood Cliffs, New Jersey: Prentice Hall.

Richardson, James T.（1978）. *Conversion Careers: In and Out of the New Religions.* Beverly Hills, CA.: Sage.

Richardson, James T.（1985）. "Conversion to New Religions: Secularization or Re-enchantment?" pp.104-121 in Philip E. Hammond（ed.）*The Scared in a Secular Age.* Berkeley, CA.: University of California Press.

Robbins, Thomas（1988）. "Cult, Converts and Chrisma: The Sociology of New Religious Movements." *Current Sociology* 36(1): 1-248.

Robertson, Roland（1979）. "Religious Movements and Modern Societies: toward a progressive problemshift", *Sociological Analysis*. 40(4):297-314.

Robertson, Roland（1991）. *Globalization: Social Theory and Global Culture*. Thousand Oaka, CA.: SAGE.

Sarliba, John（1995）. *Perspectives on New Religious Movement*. London: Geoffrey Chapman.

Stark, Rodney（1987）. "How New Religion Successes: A Theoretical Model." pp.11-29 in David G. Bromley and Philip E. Hammond（ed.）*The Future of New Religious Movement*. Macon, GA.: Mercer University Press.

Stark, Rodney & William Sims Bainbridge（1985）. *The Future of Religion: Secularization, Revival and Cult Formation*. Berkeley, CA.: University of California Press.

Stark, Rodney & William Sims Bainbridge（1987）. *A Theory of Religion*. New York: Peter Lang.

Troeltsch, Ernst（1931）. *The Social Teaching of the Christian Churches*. London：Allen & Unwin.

Wilson, B. R.（1973）. *Religious Sects: A Sociological Study*. London: World University Library.

Wilson, Bryan（1982）. "The new religions: Some Preliminary Considerations." pp.16-31 in Eileen Barker (ed.) *New Religious Movements: A Perspective for Understanding Society*. New York: Edwin Mellen Press.

Wuthnow, Robert（1980）. "World Order and Religious Movements." pp.47-65 in Eileen Barker (ed.) *New Religious Movement: A Perspective for Understanding Society*. New York: Edwin Mellen Press.

Yang, C. K.（1961）. *Religion in Chinese Society.* Berkeley, Los Angeles, London : Unversity of California Press.

二、宗教對話著作

（一）中文期刊論文及研討會論文

王志成，〈論宗教對話的軸心式轉變〉，《新世紀宗教研究》，2006年6月，第4卷第4期，頁1-19。

王志成，〈保羅・尼特論宗教間關係模式〉，《輔仁宗教研究》，2002年12月，第6期，頁205-221。

巨克毅，〈論宗教衝突與和平實踐之道〉，《博學》，2003年12月，第1期，頁87-102。

狄明德，〈社會關懷與宗教對話：天主教角度〉，《臺灣宗教學會通訊》，1999年7月，第2期，頁39-44。

何光滬，〈宗教對話問題及其解決設想〉，《國外社會科學》，2002年，頁2-9。

李孝忠，〈宗教對話的初探：以臺灣基督長老會的宣教運動為基礎〉，《神學與教會》，2006年6月，第31卷第2期，頁392-409。

呂一中，〈基督教與臺灣新興宗教的對話：以幾個新興宗教團體為例〉，《玉山神學院學報》，2003年6月，第10期，頁157-165。

宋興洲，〈論文明衝突與宗教對話〉，《宗教哲學》，2004年11月，第31期，頁51-66。

吳汝鈞，〈宗教對話與生命教育〉，《鵝湖學誌》，2005年12月，第35期，頁1-34。

吳汝鈞，〈關於宗教對話問題〉，《正觀》，2002年9月，第22期，頁5-21。

林鴻信，〈基督教與天主教的宗教交談：基督徒的自由〉，《臺灣宗教研

究》2000年10月，第1卷第1期，頁91-106。

林鴻信，〈無我的宗教智慧：從《壇經》看《聖經》〉，《臺灣神學論刊》，2005年，第27期，頁13-40。

約翰・麥奎利（John Macquarrie），〈世界宗教之間的對話〉，《世界宗教文化》，1997年冬季號，第12期。

段德智，〈試論希克多元論假說的烏托邦性質：對21世紀基督宗教對話形態的一個考察〉，《宗教哲學》，2001年7月，第7卷第2期，頁30-40。

姜家雄，〈從文明衝突到宗教對話〉，《新世紀宗教研究》，2005年9月，第4卷第1期，頁118-146。

莊慶信，〈宗教對話理論：從宗教哲學看多元論及包容論的困境及出路〉，《哲學與文化》，2005年4月，第32卷第4期，頁89-107。

莊政憲，〈宗教對話與全球責任──當代臺灣新興宗教領袖對宗教倫理論述的分析〉，《新世紀宗教研究》，2011年3月，第9卷第3期，頁67-102。

陳南州，〈宗教對話：評介普世教會協會宗教對話指導方針〉，《玉山神學院學報》，2003年6月，第10期，頁211-225。

黃懷秋，〈從雷蒙・潘尼卡的多元理論說到宗教對話〉，《成大宗教與文化學報》，2006年12月，第7期，頁1-17。

黃懷秋，〈宗教的真偽與正信迷信之差別：從宗教對話的立場所作的思考〉，《新世紀宗教研究》，2006年9月，第5卷第1期，頁1-25。

陸達誠，〈全球化與基督宗教對話神學的演進〉，《哲學與文化》，2005年4月，第32卷第4期，頁167-189。

葉海煙，〈關懷「他者」的宗教對話：以哲學意義為核心的展開〉，《東吳哲學學報》，2002年12月，第7期，頁83-105。

曾慶豹，〈後自由神學對宗教對話理論的批判性考察〉，《中原學報》，2001年11月，第29卷第4期，頁439-455。

張志剛，〈論五種宗教對話觀〉，《世界宗教文化》，2010年4月，第2期，頁1-7。

董芳苑，〈相遇與瞭解：基督徒對他宗教應有的態度〉，《臺灣宗教研究》，2003年6月，第2卷第2期，頁17-38。

劉述先，〈對於「全球對話的時代」的回應〉，《鵝湖》，2006年11月，第337期，頁1-12。

劉述先，〈全球倫理與臺灣本土化〉，《新世紀宗教研究》，2003年3月，第1卷第3期，頁1-16。

劉述先，〈全球（世界）倫理、宗教對話與道德教育〉，《International Journal of Philosophy》，2002年6月，第1卷第1期，頁163-171。

蔡維民，〈「宣教主義」下的宗教對話：兼從臺灣長老教會傳統看宗教對話並建議〉，《世界宗教學刊》，2003年5月，第1期，頁101-127。

蔡彥仁，〈早期羅馬帝國基督教的發展：從宗教融合的理論與實踐之觀點論析〉，《臺灣宗教研究》，2005年，第4卷第2期，頁159-203。

鄭志明，〈民間宗教的社會關懷與宗教對話〉，《臺灣宗教學會通訊》，1999年7月，第2期，頁36-38。

鄭志明，〈臺灣新興宗教的宗教對話〉，《成大宗教與文化學報》，2001年12月，第1期，頁33-56。

賴品超，〈宗教對話的生態轉向：從儒耶對話到耶佛對話〉，《新世紀宗教研究》，2005年12月，第4卷第2期，頁51-81。

（二）中文書籍資料

王志成，〈宗教實在論、宗教反實在論與宗教對話〉，《宗教比較與對話》，北京：宗教文化出版社，2003年，第4輯。

中華民國宗教與和平協進會，《第九屆宗教與和平生活營專輯》，臺北：中華民國宗教與和平協進會，2007年。

列奧納德‧斯維德勒（Leonard Swidler）著，劉利華譯，《全球對話的時代》（The Age of Global Dialogue），北京：中國社會科學出版社，2006年。

思竹，〈巴別塔的倒塌：雷蒙‧潘尼卡論多元問題的挑戰〉，《宗教比較與對話》，北京：宗教文化出版社，2003年，第4輯。

約翰‧洛克（John Locke）著，吳雲貴譯，《論宗教寬容》（On Religious Tolerance），北京：商務印書館，1982年。

約翰‧希克（John Hick）著，王志成譯，《宗教之解釋：人類對超越者的回應》（An Interpretation of Religion: Human Responses to the Transcendent），成都：四川人民出版社，1998年。

約翰‧希克（John Hick）著，王志成、思竹譯，《信仰的彩虹：與宗教多元主義者的批判》，南京：江蘇人民出版社，1999年。

約翰‧希克（John Hick）著，陳志平、王志成譯，《理性與信仰：宗教多元論諸問題》（Problem of Religious Pluralism），成都：四川人民出版社，2003年。

約翰‧希克（John Hick）著，王紅梅譯，〈基督教信念與信仰間對話〉，《宗教比較與對話》，北京：宗教文化出版社，2003年，第4輯。

約翰‧希克（John Hick）著，王志成譯，《多名的上帝》（God Has Many Names），北京：中國人民大學出版社，2005年。

約翰‧希克（John Hick）著，王志成、朱彩虹譯，《上帝與信仰的世界：宗教哲學論文集》（God and the Universe of Faith: Essays in the Philosophy of Religion），北京：中國人民大學出版社，2006年。

保羅‧尼特（Paul Knitter）著，王紅梅譯，〈在諸宗教中尋找共同的底線〉，《宗教比較與對話》，北京：宗教文化出版社，2003年，第4輯。

保羅‧尼特（Paul Knitter）著，王志成、思竹、王紅梅譯，《一個地球多種宗教：多信仰對話與全球責任》（One Earth Many Religions:

Multifaith Dialogue & Global Responsibility），北京：宗教文化出版社，2003年。

保羅・尼特（Paul Knitter）著，王志成譯，《宗教對話模式》（Introducing Theologies of Religions），北京：中國人民大學出版社，2004年。

保羅・尼特（Paul Knitter）著，王志成譯，《全球責任與基督信仰》（Jesus and the Other Names），北京：宗教文化出版社，2007年。

雷蒙・潘尼卡（Raimon Panikkar）著，王志成、思竹譯，《宗教內對話》（The Intrareligious Dialogue），北京：宗教文化出版社，2001年。

雷蒙・潘尼卡（Raimon Panikkar）著，王志成譯，《對話經：諸宗教的相遇》（The Unavoidable Dialogue: the Encounter of Religions），北京：宗教文化出版社，2008年。

漢斯・昆、秦家懿（Hans Küng & Julia Ching）著，吳華譯，《中國宗教與基督教》（Christianity and Chinese Religions），北京：三聯書店，1990年。

漢斯・昆（Hans Küng）著，楊德友譯，〈什麼是真正的宗教：論普世宗教的標準〉，劉小楓編，《20世紀西方宗教哲學文選》，上海：三聯書店，1991年。

漢斯・昆、卡爾-約瑟夫・庫舍爾（Hans Küng & Karl-Josef Kuschei）編，何光滬譯，《全球倫理：世界宗教議會宣言》（A Global Ethic: The Declaration of the Parliament of the World's Religions），成都：四川人民出版社，1997年。

漢斯・昆（Hans Küng）著，周藝譯，《世界倫理構想》（Global Responsibility: In Search of a New World Ethics），北京：三聯書店，2002年。

漢斯・昆（Hans Küng）著，楊煦生、李雪濤等譯，《世界宗教尋蹤》，北京：三聯書店，2007年。

參考文獻　287

戴・諾亞著，王瑜琨譯，〈耶穌與世界宗教〉，《宗教比較與對話》，北京：宗教文化出版社，2003年，第4輯。

(三) 碩博士論文（按年代順序排列）

史宗玲，《猶太存續 vs. 美國同化：三位元美猶小說家的對話論》，國立師範大學英語學系研究所碩士論文，1998年。

蔡振興，《人人皆可成基督嗎？——基督宗教與當代新儒家會通對話之詮釋》，輔仁大學宗教學系研究所碩士論文，2003年。

陳立信，《多元社會中的宗教對話：以臺灣兩個宗教對話個案為例》，國立政治大學社會學研究所碩士論文，2005年。

李茂榮，《在差異中的真理與交談——宗教交談中詮釋學的向度》，輔仁大學宗教學系研究所碩士論文，2007年。

楊麗芬，《宗教對話之研究——以世界宗教博物館為例》，國立政治大學東亞研究所碩士論文，2007年。

張家榮，《臺灣佛教學術高等教育發展現況之研究：以南華大學宗教學研究所佛學組與中華佛學研究所為例》，南華大學宗教學研究所碩士論文，2008年。

(四) 英文期刊論文、研討會論文及書籍資料

Amaladoss, Michael（1992）. "Liberation as an Interreligious Project." in Felix Wilfred（ed.）*Leave the Temple*: *Indian Paths to Human Liberation.* Maryknoll, New York: Orbis Books.

Hick, John（1977）. *God and the Universe of Faiths.* London: Macmillan.

Küng, Hans（1991）. *Global Responsibility:In Search of a New World Ethics.* New York: Crossroad.

Panikkar, Raimon（1993）. *The Cosmotheandric Experience: Emerging Religious Conciousness.* Maryknoll, N.Y.: Orbis Books.

Moon, Sun Myung（1992）. *Essentials of Unification Thought: the Head-Wing Thought.* Japan: Unificatin Thought Institute.

Wilson, Andrew (ed.)（1991）. *World Scripture: a Comparative Anthology of Sacred Texts.* Minnesota: Paragon House Publisher.

三、宗教學、宗教哲學著作

（一）中文期刊論文及研討會論文

宋光宇，〈二十世紀中國與世界宗教互動之回顧與展望〉，《「二十世紀的中國與世界」國際學術研討會》，2000年1月。

張志剛，〈宗教是什麼〉，《北京大學學報》，2006年，第3期。

（二）中文書籍資料

丁仁傑，《社會脈絡中的助人行為：臺灣佛教慈濟功德會個案研究》，臺北：聯經出版社，1999年。

王雷泉主編，《二十世紀中國社會科學：宗教學卷》，上海：上海人民出版社，2005年。

包爾丹（Daniel L. Pals）著，陶飛亞、劉義、鈕聖妮譯，《宗教的七種理論》（Seven Theories of Religion），上海：上海古籍出版社，2005年。

布朗尼斯勞・馬林諾夫斯基（Bronislaw Malinowski）著，費孝通譯，《文化論》（The Scientific Theory of Culture），北京：華夏出版社，2002年。

布朗尼斯勞・馬林諾夫斯基（Bronislaw Malinowski）著，李安宅譯，《巫術、科學、宗教與神話》，北京：中國民間文藝出版社，1986年。

西格蒙德・佛洛伊德（Sigmund Freud）著，李展開譯，《摩西與一神論》（Moses and Monotheism），北京：三聯書店，1989年。

米爾恰・伊利亞德（Mircea Eliade）著，王建光譯，《神聖與世俗》（The Scared and the Profane），北京：華夏出版社，2002年。

村上重良著，張大柘譯，《宗教與日本現代化》，北京：今日中國出版社，1990年。

彼得・貝格爾（Peter L. Berger）著，高師寧譯，《神聖的帷幕：宗教社會學理論之要素》（The Scared Canopy: Elements of a Sociological Theory of Religion），上海：上海人民出版社，1991年。

金白莉・帕頓、本傑明・雷依（Kimberley C. Patton & Benjamin C. Ray）主編，戴遠方、錢雪松、李林等譯《巫術的蹤影：後現代時期的比較宗教研究》（A Magic Still Dwells: Comparative Religion in the Postmodern Age），北京：中國人民大學出版社，2005年。

卡爾・拉納（Karl Rahner）著，朱雁冰譯，《聖言的傾聽者：論一種宗教哲學的基礎》，北京：三聯書店，1994年。

林國平主編，《當代臺灣宗教信仰與政治關係》，福州：福建人民出版社，2006年。

保羅・蒂利希（Paul Tillich）著，陳新權、王萍譯，《文化神學》（Theology of Culture），北京：工人出版社，1988年。

柯利弗德・格爾茨（Clifford Geertz）著，韓莉譯，《文化的解釋》（The Interpretation of Cultures），南京：譯林出版社，1999年。

約翰・洛克（John Locke）著，王愛菊譯，《論基督教的合理性》（The Reasonableness of Christianity），武漢：武漢大學出版社，2006年。

約翰・希克（John Hick）著，何光滬譯，《宗教哲學》（Philosophy of Religion），北京：三聯書店，1988年。

馬克斯・繆勒（Max Muller）著，陳觀勝、李培茱譯，《宗教學導論》（Introduction to the Science of Religion），上海：上海人民出版社，1989年。

馬克思・韋伯（Max Weber）著，康樂、簡惠美譯，《新教倫理與資本主義精神》（Die protestantische Ethik und der Geist des Kapitalismus），桂林：廣西師範大學出版社，2007年。

孫亦平主編，《西方宗教學名著提要》，南昌：江西人民出版社，2002年。

孫尚揚，《宗教社會學》，北京：北京大學出版社，2003年。

威廉・詹姆斯（William James）著，尚新建譯，《宗教經驗種種》（The Varieties of Religious Experience），北京：華夏出版社，2005年。

威爾弗雷德・坎特韋爾・史密斯（Wilfred Cantwell Smith）著，董江陽譯，《宗教的意義與終結》（The Meaning and End of Religion），北京：中國人民大學出版社，2005年。

恩斯特・凱西爾著（Ernst Cassirer），甘陽譯，《人論》（An Essay on Man），上海：上海譯文出版社，2004年。

麥爾威利・斯圖沃德（Melville Y. Stewart）編，周偉馳、胡自信、吳增定譯，《當代西方宗教哲學》（Philosophy of Religion: an Anthology of Contemporary Views），北京：北京大學出版社，2001年。

湯瑪斯・盧克曼（Thomas Luckmann）著，覃方明譯，《無形的宗教：現代社會中的宗教問題》（The Invisible Religion），北京：中國人民大學出版社，2003年。

張志剛，《宗教文化學導論》，北京：人民出版社，1993年。

張志剛，《走向神聖：現代宗教學的問題與方法》，北京：人民出版社，1995年。

張志剛，《宗教學是什麼》，北京：北京大學出版社，2002年。

張志剛，《宗教哲學研究：當代觀念、關鍵環節及方法論批判》，北京：中國人民大學出版社，2003年。

張志剛主編，《宗教研究指要》，北京：北京大學出版社，2005年。

張志剛，《宗教哲學研究：當代觀念、關鍵環節及方法論批判》，北京：中國人民大學出版社，2009年，增訂版。

張珣、江燦騰合編，《當代臺灣宗教研究導論》，北京：宗教文化出版社，2004年。

單純，《當代西方宗教哲學》，北京：中國社會科學出版社，2004年。

楊慶堃（C. K. Yang）著，范麗珠等譯，《中國社會中的宗教：宗教的現代社會功能與其歷史因素之研究》（Religion in Chinese Society: a Study of Contemporary Social Functions of Religion and Some of Their Historical Factors），上海：上海人民出版社，2007年。

詹姆斯・利文斯頓（James C. Livingston）著，何光滬譯，《現代基督教思想：從啟蒙運動到第二屆梵蒂岡公會議》（Modern Christian Thought：From the Enlightenment to Vatican II），成都：四川人民出版社，1999年。

愛彌爾・涂爾幹（Emile Durkheim）著，渠東、汲喆譯，《宗教生活的基本形式》（The Elementary Forms of the Religious Life），上海：上海人民出版社，2006年。

凱利・詹姆斯・克拉克（Klley James Clark）著，唐安譯，《重返理性：對啟蒙運動證據主義的批判以及為理性與信仰上帝的辯護》（Return to Reason），北京：北京大學出版社，2004年。

漢斯・昆（Hans Küng）著，鄧肇明譯，《為什麼我還是個基督徒》，香港：基督教文藝出版社，1989年。

漢斯・昆（Hans Küng）著，楊德友譯，《論基督徒》（On Being a Christian），北京：三聯書店，1995年。

路易斯・波伊曼（Louis P. Pojman）著，黃瑞成譯，《宗教哲學》（Philosophy of Religion），北京：中國人民大學出版社，2006年。

魯道夫・奧托（Rudolf Otto）著，成窮、周邦憲譯，《論「神聖」》（The Idea of the Holy），成都：四川人民出版社，1995年。

鄭志明，《宗教與文化》，臺北：臺灣學生書局，1990年。

鄭志明，《當代宗教與社會文化：第一屆當代宗教學學術研討會論文集宗教與文化》，嘉義：南華管理學院，1999年。

鄭安德編，《明末清初耶穌會思想文獻彙編》,北京：北京大學宗教研究所出版，2003年。

顧忠華，《韋伯：「新教倫理與資本主義精神」導讀》，桂林：廣西師範大學出版社，2005年。

（三）英文期刊論文、研討會論文及書籍資料

Küng, Hans（1988）. *Theology for the Third Millennium*：*an Ecumenical View.* William Collins Sons & Co., Ltd. and Doubleday.

Matin, David A.（1965）. *Pacificism: An History and Sociological Study.* New York: Schocken.

Schillebeeckx, Edward（1990）. *The Church: The Human Story of God.* New York: Crossroad.

Weber, Max（1956）. *Sociology of Religion.* London: George Allen & Unwin.

四、宗教史、宗教學史、思想史、哲學史著作

牟鐘鑒、張踐著，《中國宗教通史》，北京：社會科學文獻出版社，2003年。

克里斯多夫・道森（Christopher Dawson）著，長川某譯，《宗教與西方文化的興起》（Religion and the Rise of Western Culture），成都：四川人民出版社，1998年。

阿諾德・湯恩比（Arnold Toynbee）著，劉北成、郭小凌譯，《歷史研究》（A Study of History），上海：上海人民出版社，2005年。

阿爾伯特・甘霖（Albert Greene）著，趙中輝譯，《基督教與西方文化》（Christianity and Western Culture），北京：北京大學出版社，

2005年。

約翰・麥奎利（John Macquarrie）著，高師寧、何光滬譯，《二十世紀宗教思想》（20th Century Religious Thought），上海：上海人民出版社，1989年。

約翰・麥奎利（John Macquarrie）著，何菠莎、周天和譯，《二十世紀宗教思想》（20th Century Religious Thought），北京：宗教文化出版社，2006年。

埃里克・夏普（Eric J. Sharpe）著，呂大吉、何光滬、徐大建譯，《比較宗教學史》（Comparative Religion a History），上海：上海人民出版社，1988年。

楊曾文主編，《日本近現代佛教史》，浙江人民出版社，1996年。

奧斯維德・斯賓格勒（Oswald Spengler）著，吳瓊譯，《西方的沒落》（The Decline of the West），上海：上海三聯書店，2006年。

霍伊卡（R. Hooykaas）著，丘仲輝等譯，《宗教與現代科學的興起》（Religion and the Rise of Modern Science），成都：四川人民出版社，1999年。

羅伯托・希普里阿尼（Reberto Cipriani）著，高師寧譯，《宗教社會學史》（Sociology of Religion: an Historical Introduction），北京：中國人民大學出版社，2005年。

五、其他著作

約翰・洛克（John Locke）著，葉啟芳、瞿菊農譯，《政府論》下篇（The Second Treatise of Civil Government），北京：商務印書館，1964年。

約翰・洛克（John Locke）著，瞿菊農、葉啟芳譯，《政府論》上篇（The First Treatise of Civil Government），北京：商務印書館，1982年。

鄭志明，《兩岸宗教交流之現況與展望》，嘉義：南華管理學院宗教文化研究中心，1997年。

瞿海源、張苙雲主編，《臺灣的社會問題》，臺北：巨流圖書公司，2005年。

六、網路參考文獻

中華民國一貫道總會網站：http://www.ikuantao.org.tw/

中華真佛心宗教會網站：http://www.holyheart.com.tw/

中華玉線玄門真宗教會網站：http://www.chms.org.tw/

中華天帝教總會網站：http://www.tienti.org.tw/

中華民國宗教與和平協進會網站，http://www.tcrp.org.tw

「中央政府所轄宗教團體數及社會團體數（1977-2010）」，http://www.moi.gov.tw/stat/index.aspx

「人民團體法」，http://www.moi.gov.tw/files/civil_law_file/人民團體法。

「內政部統計應用名詞解釋」，http://www.moi.gov.tw/stat/index.aspx

天理教國際網站（中國語）：http://www.tenrikyo.or.jp/chi/

「世界宗教合作會議」，http://infoshare.icedsolo.com/NWO/ureligion/u001.html

耶穌基督後期聖徒教會（臺灣）網站：http://www.lds.org.tw/

統一教臺灣總會網站：http://www.unification.org.tw/

「臺灣宗教南亞賑災聯合勸募」，http://www.mwr.org.tw/soth_asia/index.htm

「臺灣宗教簡介」，http://www.moi.gov.tw/dca/02faith_001.aspx

「臺灣省戒嚴令」，http://zh.wikipedia.org/wiki/臺灣省戒嚴令

「臺灣社會變遷基本調查資料」，http://www.ios.sinica.edu.tw

彌勒大道總會基金會網站：http://www.maitreya.org.tw/

附錄一、當代臺灣新興宗教「宗教對話」深度訪談紀錄

附錄1-1：當代臺灣新興宗教「宗教對話」深度訪談提綱

一、關於「全球人類和生態的苦難」（全球苦難）問題的提出

當代傑出的神哲學家、思想家、宗教對話理論研究家以及社會活動家保羅・尼特認為，當今全球的人類和生態正遭受到各種苦難的威脅，包括：由於**貧窮**所造成的饑餓、疾病……等**身體的苦難**；由於**濫用**地球資源、破壞生態環境所造成的**地球的苦難**；由於錯誤與不公正的**傷害**所造成的**靈性的或精神的苦難**；由於武裝、軍事衝突所造成的**暴力的苦難**。

1. 請問您身為一位宗教領袖，對於現今全球人類和生態正面臨著各種苦難的看法是甚麼？

  （1）對於**身體的苦難**，您的看法是：

  （2）對於**地球的苦難**，您的看法是：

  （3）對於**靈性的或精神的苦難**，您的看法是：

  （4）對於**暴力的苦難**，您的看法是：

2. 請問您身為一位宗教領袖，您認為是否應該為現今全球人類和生態的苦難負責？如果是的話，為甚麼？以及應該如何負責？

3. 請問您認為上述所提到的這些全球人類和生態的苦難之中，有哪幾個苦難問題的根源是來自於宗教間的衝突？如果這些

苦難並不是來自於宗教間的衝突，那您認為這些苦難的根源是來自於哪裡？

4. 請問您認為每個宗教都有它存在的價值和優點嗎？當您和其他的宗教交流時，您認為藉由這樣的經驗，可以讓您重新學習並對您原本的宗教信仰產生更深一層的體認嗎？

5. 請問您認為各宗教間是否應該制定出一個大家可以共同認同、分享以及遵守的價值觀、道德理念與信念等的「全球倫理宣言」？

6. 請問您認為各宗教間應該展開對話的方式是甚麼？對話的內容是否應該要和全球責任的議題聯繫在一起？

7. 請問您認為各宗教間是否能夠通過共同承擔全球責任、攜手合作的方式，來解決全球人類和生態的苦難，進而促進各宗教間的對話？

二、關於「全球人類和生態的苦難」（全球苦難）問題的解答

（一）關於「全球責任」的提議（對全球人類和生態的苦難負有全球責任）

　　保羅・尼特認為，當今全球的人類和生態正遭受到各種苦難的威脅，因此，宗教徒不應該坐視不顧，更應該站出來呼籲，並對這些全球的苦難負責。

1. 請問您，在貴宗教的宗教實踐中，有哪些具體的作為是用來解決這些全球人類和生態的苦難？

（1）對於解決**身體的苦難**的具體作為：

（2）對於解決**地球的苦難**的具體作為：

（3）對於解決**靈性的或精神的苦難**的具體作為：

（4）對於解決**暴力的苦難**的具體作為：

2. 請問貴宗教進行社會實踐的目的為何？是為了獲得社會大眾的認同以及貴宗教的發展，還是因為進行社會實踐本來就是貴宗教的使命之一，同時也是教義的教導？

3. 請問貴宗教的社會實踐的具體方案是甚麼？是貴宗教自己單獨做？還是會聯合其他宗教一起做？聯合的具體方案是甚麼？

4. 請問在貴宗教的教義和經典裏，是否清楚教導貴宗教要如何進行上述四個面向（身體的、地球的、靈性的或精神的、暴力的苦難）的宗教實踐？如果有的話，那教義或經典的教導是甚麼？

（二）關於相互關聯的提議（肯定宗教的多元性）

保羅・尼特認為，宗教是多元的，各宗教都有其存在的價值和優點，各宗教之間應該相互學習與尊重，同時藉由交流當中，可以對自己原來的宗教產生更深一層的體認。

1. 請問您身為一位宗教領袖，是否有和其他宗教交流的經驗？如果是的話，可否請您分享這些交流的經驗？

2. 請問您在與其他宗教交流的經驗中，是否能理解其他宗教的價值與優點？如果是的話，可否請您談談其他宗教所具有的價值和優點？

3. 請問您在經由與其他宗教交流之後，是否對自己原來的宗教信仰產生更深一層的體認？如果是的話，可否請您分享都有哪些深一層的體認？

4. 請問在貴宗教的教義和經典裏，是否清楚提到貴宗教與其他宗教之間的關係以及相處的模式？如果有的話，那教義或經典的教導是甚麼？

（三）關於合作對話的提議（通過各宗教共同承擔全球責任、攜手合
　　　作，以解決全球人類和生態的苦難，進而促進各宗教間的對
　　　話）

　　保羅‧尼特認為，宗教間的對話不應只停留在理論的層面，更
應著重在實踐的層面上。亦即，宗教間的對話應該要和全球責任聯
繫在一起。藉由，各宗教間共同承擔全球責任、攜手合作，以解決
全球人類和生態的苦難，進而促進各宗教間的對話。

　　1. 請問您身為一位宗教領袖，是否同意藉由跨宗教間的合作來
　　　解決全球人類和生態所面臨的苦難？如果是的話，可否請您
　　　說明曾經有過哪些具體的合作方案？

　　2. 請問您身為一位宗教領袖，是否同意藉由這種跨宗教間的合
　　　作可以促進宗教間的對話？如果是的話，可否請您說明曾經
　　　有過有哪些具體的實例？

　　3. 請問在貴宗教的教義和經典裏，是否清楚教導要如何與其他
　　　宗教之間進行對話與合作？如果有的話，那教義或經典的教
　　　導是甚麼？

三、關於「全球人類與生態的福祉」的理想

　　保羅‧尼特認為，宗教對話的最終目標是要解決人類和生態的
苦難，以追求人類和生態的福祉。

　　1. 請問您身為一位宗教領袖，您覺得人類和生態的未來是甚
　　　麼？

　　2. 請問在貴宗教的教義和經典裏，是否清楚提到對於人類和生
　　　態的未來的期許？如果是的話，那教義或經典的教導是甚
　　　麼？

附錄1-2：中華民國一貫道總會「宗教對話」深度訪談紀錄（訪談編碼001）

訪問人員：莊政憲

受訪人員：秘書長　蕭家振先生

訪談時間：2009年9月18日，上午九點。

訪談地點：中華民國一貫道總會　臺北縣中和市建八路2號11樓

訪問者：秘書長您好，感謝您今天撥空接受我的訪問。當代有一位非常傑出的思想家、他同時也是宗教對話理論研究家以及社會活動家——保羅‧尼特。他認為，當今全球的人類和生態正遭受到各種苦難的威脅，包括：由於貧窮所造成的饑餓、疾病……等身體的苦難；由於濫用地球資源、破壞生態環境所造成的地球的苦難；由於錯誤與不公正的傷害所造成的靈性的或精神的苦難以及由於武裝、軍事衝突所造成的暴力的苦難。因此，如果從這個觀點來看，想請教秘書長您，身為一位宗教領袖，對於現今全球人類和生態所面臨的各種苦難（身體的、地球的、靈性的、暴力的苦難）的看法是甚麼？首先，對於身體的苦難，您的看法是？

蕭秘書長：就貧窮來看，如果大家都富裕那就沒有甚麼事好做，生老病死本來就很正常，貧富也是一樣。我不敢說前世定，我這世就很富有，貧窮不一定就是壞事，富有也不一定是好事。報紙上有些富家子弟就是因為太富裕了，反而更墮落了，不是好事情。古人說：「貧家出孝子」，所以貧窮和疾病是很自然的事。問題就是說，在你面對貧窮時你是抱著甚麼態度，那是很重要的。同樣在面對饑餓時你是用搶啊來滿足嗎？所以說貧窮就怨天尤人，我覺得說倒是不必。至於疾病，當然要看醫生，找出病因。萬一說，20年前被判絕症，但他卻活過了20年。所以說，最主要是我們的

看法和態度問題。

訪問者：那針對地球的苦難，不知道秘書長您的看法是？

蕭秘書長：是這樣子啦！我們常講說，胡主席也說，包括動物都是一樣，濫殺、濫墾造成整體的不和諧，跟自然不和諧的話，自然就會反撲，不管是種族、宗教，甚麼時候會反撲我們不知道，最好是不要，不過這我不敢說，說實在的我不知道。

訪問者：因為社會上由於很多的錯誤和不公正，促使種族之間、性別之間、強國對弱國、有錢人對貧窮人所造成的靈性的或精神的傷害，針對這點，不知道秘書長您的看法是？

蕭秘書長：對別人我是無權要求，提供參考而已，對自己可以。比如說我看到毒品，我可以要求不要吸、不要碰。如果你經不起說我富裕，我可以要求說我對貧窮的人不要有一種傲慢，對貧窮人要保持一種尊敬，畢竟個人的際遇不一樣。比如說我舉個例子，印地安的一個年輕人，看到一個老先生坐在門口，很自然的坐在那邊，但當那些人類學家過去看到他說，我們應該要幫助他。如果站在文明來看他說他好可憐，我們應該幫助他，生活怎麼這麼貧困。可是，他並不覺得啊！就好像這次「八八水災」，很多原住民同胞說要把他們遷下來，遷下來是好啊，可是他就是不適應，他就習慣原始那個生活，也許我們看到他很落後，可是他並不覺得，他覺得過得很好。所以說，貧富之間，富者不要因為你富就瞧不起人家，貧者也不要因為你貧就羨慕人家，那倒不必，安於你的生活。富而好禮不是更好嗎？貧也貧的自在就好了，不必去羨慕，最後無能為力就可能走極端了，這是我們所不願樂見的。富者要更謙卑，今天你富有也許是運氣好，講運氣好不太對，應該說是你的努力得來的，但也是很多人幫助你的。比如說一個大工廠的老闆，如果員工都不幫你的忙的話，你的錢能賺進來嗎？所以你應該要更尊敬他們，我覺得這樣會比較好。

訪問者：那像社會上很多的不公正所造成的傷害，不曉得您的看法如

何？

蕭秘書長：不公正的東西自古以來就有了，以臺灣做例子，很多媒體應該從教育著手。這個教育包括廣泛的從家庭、社會著手，最好是從正面的教育著手。當然貪污犯法是不公，但也不必因為這樣就非把他趕盡殺絕。呼籲我們的法律能公正一點，既然貪了就要秉公處理。何況是人，錯不要緊、錯不可怕，怕就怕你不懂得反省。

訪問者：那對於暴力的苦難，軍事、武力的衝突，戰爭等，您的看法是甚麼？

蕭秘書長：我們倒不願意看到這種情況，而是要尊敬彼此、不同意見的人。以臺灣做例子，早期臺灣有人去拜石頭、樹頭，他很相信。因為早上風吹方向不同，就給他某些啟示，那這對他來講這是很對的，但我們認為這怎麼可能？我們太理性了，但他不這麼認為。又好比我們不是講到愛的教育嗎？絕對不能用打的，但打就是壞嗎？敲他一頓，但觀察，發現還是有效果。

訪問者：剛剛提到這些全球的苦難，不曉得秘書長您覺得，身為一位宗教領袖，應不應該為這些苦難負責？

蕭秘書長：對！自救也不對，他救也不對，應該更積極通過各種管道來推動、負責。否則弄不好又造成各種衝突，這是我們所不願見到的。

訪問者：那麼對於這些苦難，您認為哪些是因為宗教和宗教之間的衝突所造成的？如果不是，那苦難的根源又是甚麼？

蕭秘書長：苦難主要還是在人的內心裏面，那是很可怕的。如果大家能像中國人說的「君子風度」，你的看法怎樣，我的看法怎樣。但很難，有時我們覺得何必這樣呢？往往都是意識形態所引起的。

訪問者：那您覺得對於身體的、地球的、靈性的（精神的）或者是暴力的苦難中，有哪些苦難是宗教和宗教之間的衝突所引起的？

蕭秘書長：我覺得都有。我舉一個小例子，莊子和老子在路上走，談論生病，莊子說生病不好但我欣賞它，這就很瀟灑。但現代人不是，為甚麼我會得到這種病，上帝對我不公平、佛陀對我不公平，他就埋怨了。埋怨就糟糕了，我坦然接受，反省過來可能是甚麼原因造成的。

訪問者：所以，您認為很多的事情、很多的問題、以及很多的苦難的根源還是在於自己的內心，如果內心能夠很平和，很多事情就會沒有甚麼？

蕭秘書長：本來就沒有甚麼事情，其實是自己內心在那邊作祟而已。舉個例子，你罵我來懲罰自己，因為你罵我是錯在你不是我。

訪問者：相信秘書長有很多和其他宗教交流的經驗，那您覺得每個宗教都有她存在的價值和優點嗎？在您和其他宗教交流的經驗當中，是否可以通過這過程去學習其他宗教的優點，進而對自己宗教產生更深一層的體認？

蕭秘書長：真的有不同的地方，如果沒有不同的地方，那就只有一個宗教而已。因為不同，所以站在她的立場，她不認為是缺點她認為是優點，但站在另外的立場可能就有不同的觀點。所以就通過對談來達成某些共識，如果沒辦法達成共識不要緊，但不要因此而說這不行，你這個不對我才對的話，那可能就要幹起來了。因為這緣故我經常和不同教派的神職人員一起聊天，我個人覺得這看法很好，能給我某種啟示。排除這八萬三千九百九十九個法門都不好，它都有它的好處，我既然選擇這個，就尊重我的選擇，我也要尊重你的選擇。既然八萬四千法門都好，你選擇A法門，我選擇B法門，我尊重我的選擇，但我也要尊重你的選擇。

訪問者：有一位很有名的宗教對話家漢斯‧昆（孔漢思）先生曾提議，宗教間應該共同制訂出 一份「全球倫理宣言」來，就此，不曉得秘書長您覺得各宗教之間是否應該制定一個大家可以共同遵守、認同的價值觀？

蕭秘書長：應該要！應該要有一個大家可以遵守的最大公約數，如此可以避免造成一些不必要的衝突。例如在海外的華人，他們覺得根好像斷掉一樣，而通過中華文化就如同根一樣，使他們重新找到，所以這也是一貫道能在海外傳的快的原因。所以通過中華文化，海峽兩岸都可以接受，就好像公約數一樣。所以「全球倫理」讓各宗教有個方向一樣，不要太偏離，偏離就會造成不必要的衝突。所以有個共同目標，大家一同關心，可見這是需要，這是我個人的看法。

訪問者：現在宗教間的對談和交流越來越頻繁，那您覺得宗教間的對話應該用甚麼方式來展開？是否應該要和「全球的責任」聯繫在一起？

蕭秘書長：如果有一個宗教聯合的機構那會是一個很好的平台，例如，「世界和平超宗派超國家協會」或者是「中華民國宗教和平協進會」。如果沒有一個平台，大家就不知怎麼去著手，會有隔閡。例如我們舉辦「宗教和平生活營」，有一個議題大家可以共同來關心、討論。我就參加過兩屆，第六和第七屆。

訪問者：秘書長您是否認為，如果各個宗教之間能共同承擔全球責任、一起合作的話，可以進一步促進各宗教之間彼此的對話嗎？

蕭秘書長：在之前亦曾經提過，去那邊主要是一個協調，讓兩方不同見解的人能一起坐下來溝通，如此他們會覺得這人來對我們是有幫忙的，所以這個邀請是有藝術的，用什麼方式來，不然對方覺得你是有目的的。這需要靠有識之士出來大聲疾呼，但重點還是宗教領袖、德高望重的人出來才有效。

訪問者：接下來想再針對「全球責任」的部份深入請教秘書長，保羅‧尼特認為，對於這些全球的苦難，宗教徒應該要負起責任來。因此，對於這些苦難問題的解決，在一貫道的宗教實踐當中，都有哪些具體的作為？

蕭秘書長：這牽涉到救濟部份。比如說，慈濟功德會她的主軸是在「普濟」上面，在教義的發揚上面並不是作的最好，但在救濟、幫助這個區塊上她確實作的頂呱呱。比如說發生災變，雖然說我們不懂，但起碼可以盡一下心力，例如幫助清理、打掃水溝這可不可以？可以呀！所以這次水災我們發動將近十萬人幫忙，但這不是我們的主軸，我們的主軸還是在傳播教義上面，這就是所謂的「普傳」。但也有很多教派是所謂的「普覺」，重點是擺在自我修行。只要我修行就好，社會我管它幹甚麼。我今天修行，我成道、成佛了，我再來救濟，那是她們的教義你不能說她錯。我只要在洞裏打坐修行就可以了，那不管。但你說這可能嗎？這邊發生災變了，你不去看一看，一點慈悲心也沒有，即使你不去作但也要講出來說，鼓勵信徒們去作吧！交代下去，但你的主軸還是在修行、還是在「普傳」。

訪問者：所以，救濟對一貫道來說是兼著做的是嗎？

蕭秘書長：救濟是要，但有時還是要上電視臺講一講你的教義和修行，所以這三個都要兼顧，但主要還是以你的主軸為主，其他兼顧。

訪問者：所以，在一貫道的主軸是以「普傳」為主？

蕭秘書長：對，是以「普傳」為主。但剛講到的世界災難，如果發生災變，我們會過去救濟，但救濟之後還是會回到主軸來。但那只是應變措施，隨著需要我們就會過去協助。例如，這次馬來西亞需要我們就過去協助，所以說，救難也是另外一種修行方式。所以我相信各宗教之間都有不同的修行方式，但當世界災難發生時大家都會伸出援手出面救濟。例如：921大地震發生時我去災區看，各宗教都有，很多教派都進去救助、幫忙，絕對不能缺席，站到第一線去。那是很自然的就會進去，一定會關心的。畢竟只有一個世界而已，大家都在神之下。我再舉一個例子，曾經有一位牧師在佈道時，要大家相信上帝，說信上帝有福了，能得到上帝的幫忙……等等。有一位信徒就問他，牧師你的大兒子呢？「我的大兒子發

生車禍死掉了」；你的二兒子呢？「生病在醫院的加護病房」；那你的老婆呢？「我的老婆在精神病院」。那你不是說信上帝就會得平安嗎？怎麼家庭這麼不幸？牧師說：「你這個問題很好（這故事我也經常告訴我的信徒），上帝是藉著我的家庭，我可以接受上帝這樣的安排，也要告誡你們，你們能像我這樣嗎？我的家庭發生災變，但我對上帝的信仰還是不變的」。若是一般人，一定會說哪裡有神？大兒子車禍死了、二兒子在加護病房、老婆在精神病院，那這上帝不是騙人的嗎？不！還是要虔誠的信仰。所以災變不一定就是壞事，神也許要藉此來懲罰或告誡我們。例如，這次「八八水災」這麼嚴重，神也是一樣告誡我們不能太過度開發，要做水土保持，不能因為經濟利益就破壞整個大自然。這是神的大悲心、大愛心，可是我們人有時沒有想到，就怪東怪西。

訪問者：所以說，這不是只是一個災難而已，如果瞭解的話，可能這背後有一些神的安排？

蕭秘書長：一定有的，只是我們不知道而已。

訪問者：那在一貫道的宗教實踐或社會實踐中，最主要的目的是甚麼？是為了得到社會大眾認同？或是貴教的發展？還是教義很自然的教導，應該要去做的？

蕭秘書長：應該這麼說，就以一貫道來說，一貫道從各種災難的發生到最後，媒體幾乎很少報導。包括921大地震，有一次我們在石岡再進去的一個村落，在河床旁邊有慈濟、一貫道、長老教會……都有，都在幫忙蓋帳篷，當時我們的道親很可愛，就說：「喂！記者，你怎麼只有拍他們沒有拍我們？」記者說：「我們沒有飯吃啊」！道親說：「我們這有便當、飯都有」。記者說：「抱歉我們這底片沒有了」。那這有甚麼暗示呢？他講的飯吃，我的底片沒有了，要不然我怎麼飯吃？他有來要求才拍，我給你們報導，半分鐘五萬塊、十萬塊。道親說，不要，我要把這錢拿來救災。所以一貫道在整個災變當中，我們的出發點就是有難就去救難，「遇

難救難、遇災除災」。遇到災難就去救難，遇到災變就幫忙減輕。這是我們的出發點，社會了不瞭解，那是一回事，我們不計較。如果報導就要花幾萬塊我們幹嘛！所以做就好了，曾有道親提出，有記者來為甚麼都不報導，我說不要緊，災民點滴在心頭，有做到他就知道了。還有這次「八八水災」，在屏東，我們主要的都清理完了，第二天有一個團體來了，拿水就沖啊！結果記者就拼命的拍照，我們的道親就很奇怪？怎麼會這樣呢？正在做時他不來拍，都弄好了就來拍。我說，不要緊啦！不要緊啦！計較這麼多幹嘛！套句台語說「吃人家的稻穗尾」──亦即人家都做好了，你撿人家的功勞。所以做一個宗教人就不要計較這麼多，既然要幫忙，如證嚴法師講的「歡喜做、甘願受」，歡喜來接受，他不報導是他的事情，他要報導也是他的事情，何必在意那些東西呢？你若在意的話，你的出發點就有問題了。我喜歡揚名，那就和初衷不一樣了。有一個笑話，我也很喜歡，早期車掌好像晚娘面孔，做久了有職業病，「上上上！快快快！」。曾經有一位車掌，很不一樣，態度非常好，「慢慢走、小心」。有人就覺得很奇怪，問說：「奇怪！我坐公車這麼久為什麼妳這麼好？」車掌就說：「你不知道，我告訴你，三年前我看一個報紙，曾經有一位車掌幫助一位老太婆很好，笑容可掬很親切，後來老太太死掉，死時寫了一份遺囑，有一部份財產要交給她」。她說，我要看看有沒有這樣好心的老太婆，可是三年下來，她碰不到，可是她卻發現一點：「當我對大家好時大家也對我好，我已經把它當作我工作的一部份，至於有沒有那好心的老太婆，那不重要了」。這很重要！也許你的出發點是要讓人家來注意，但當你真正做時，已經變成生活的一部份時，有沒有外界的認同那不重要了，他不報導我們也是照樣辦啊，他不拍我們，我們一貫道也已傳遍快接近一百個國家以上了！對不對！他會報導我們就會增快嗎？不盡然！他不報導我們就會減慢嗎？也不盡然！所以一遇有災變，包括在世界各地重大的，我們不能說全部啦，但盡量去提供我們小小、一定的幫忙啦。情況不多，這是我們的一點心，透過各種管道去協助，至於外界知不知道不重要。

訪問者：所以，在世界各地的災難的實際需要，是通過一貫道在各地的分會來瞭解並向總會尋求支持？

蕭秘書長：如果我們不知道那就沒辦法，只要我們一知道這訊息，我們就會努力邀請各地道親一起來努力、盡一點心力，畢竟地球只有一個，大家都是地球人，命運共同。

訪問者：那這種宗教實踐或社會實踐，會不會聯合其他的宗教團體一起做？

蕭秘書長：我們有聯合的，也有自己做的，都有。例如南亞海嘯，發生災變時，我們聯合當地的宗教團體，還有斯里蘭卡的國會議員。之後成立了，我們就幫忙蓋了五百多間房子給他們。蓋好第二批我去看時，他們全村出來迎接我們，我們都覺得不好意思。所以都會有。

訪問者：那在一貫道的教義和經典裏，會不會清楚教導如何對這些全球苦難進行宗教實踐？

蕭秘書長：在教義、經典裏有清楚告訴我們「遇難救難、遇災除災」，遇到災難就要去救難。平常對信徒上課時也會清楚提到，跟他們講說：「自己好不是好，像我們的同胞有遇到災難，就要盡我們的力量，站在同理心的立場去幫助他們」。所以我們平常都會教導他們。

訪問者：接下來想對「宗教多元」的問題，再深入地請教秘書長。相信秘書長您有很多宗教交流的經驗，那麼，在與其他宗教交流的過程中可否請您談談其他宗教的優點和價值？

蕭秘書長：比如說她們對醫療的重視，像馬偕醫院、東海大學等等，這塊都是很重要的。尤其現在社會很亂，主要是亂在教育上。

訪談者：為甚麼您對醫療很重視？

蕭秘書長：因為醫療畢竟能幫助人類解決痛苦。一貫道對教育也非常重

視。這次水災，警專學校學生協助救災時住我們道場，校長見我們道親人都很好，就問說你們這品性是怎麼教的？是不是以後可以教教我們的學生？換句話說，我們對這教育是很重視，問題是如何教育出來？一貫道天天法會、天天上課，天天講師教育這東西，你說不會變好嗎？才怪呢！所以說，裏面放的是哪一種東西，你那一種東西就比較強。例如一個小孩子，這邊阿伯罵一句，那邊阿姨罵一句，他不懂，都放在裏面，有一天就浮現出來了。所以說他藏甚麼不知道，依佛教講有三世因果嘛！這理論正不正確是一回事，但最起碼他藏到裏面去了，所以說，多聽。多聽一些好的故事、有意義的、正面的多聽，大概就是好的。壞的偶爾會有一二句，還是會有但畢竟比較少。雖然一貫道還沒有辦社會教育，但最起碼這一塊區域比如說教徒的聚會，我們就是天天辦法會，這樣自自然然教出來就會比較好。

訪問者：所以，未來一貫道有可能會辦大學？

蕭秘書長：所以我們目前有成立三個學院，已經在向教育部申請了。人難免有一些病痛存在，雖然救他們的靈性部份，但我們也有一些小的診所，至於大的醫療機構，可能要等以後慢慢來，急不得。所以靈性的部份是通過教育，至於肉體部份是通過醫療，所以兩者都要。至於物質方面，大企業倒是沒有，小企業還有一些，所以生活上也需要，但這兩個大區塊還是主要。

訪問者：那麼，通過這種與其他宗教間的交流、學習是否會讓您對原來的一貫道信仰產生一種更新的體認？

蕭秘書長：對！別人提出這一些讓我們思考不足的地方，然後去充實，不然我們也不知道。因為一般人都滿足於自己，我才是最好的，可是說不定你這是往外看而不是往內看。通過別人的看法，例如這杯茶，我覺得很好喝，但別人不一定覺得好喝。如此我就要去思考，如何通過別人來修正我自己的看法。

訪問者：那通過一貫道的教義和經典是否清楚提到如何與其他宗教的相處？

蕭秘書長：有，在經典裏有提到「敬天地、禮神明」，包括很多。例如，在10月31日要舉辦的「全球和平大會」，提到「under God」，在神底下。你有沒有拜耶穌？有啊！每天都在拜啊！有沒有拜阿拉？有啊！每天都在拜啊！換句話說，我們都相信五教聖人都是必需要的、都是必需要的聖人，都各有長處。所以對五教的人我們都不排斥，你的《佛經》我們幫你發揚不好嗎？你的《聖經》我們幫你實踐不好嗎？

訪問者：所以，在一貫道的教義中有清楚提到「敬天地、禮神明」作為一個依據，所以各個宗教都是一樣的，好像是上帝在地上不同的顯現。接下來，關於「合作對話」的問題，想再深入地請教秘書長。秘書長您是否同意，通過跨宗教間的合作能夠解決全球苦難的問題？如果是的話，可否請您分享都有哪些具體的合作方案？

蕭秘書長：跨宗教間的合作來解決人類的問題，這條路是應該要走的。在臺灣，例如人往生，他要行佛教的誦經儀式或者是基督教的禱告、告別儀式都可以。我不會說不行我不來這遭，若有師父在誦經我照樣合掌起來，這些都是可以接納的，不能排斥。如果說不行，那是一貫道的，若你爸爸是基督徒，如果一定要用一貫道的儀式那就糟糕了，不僅不能幫人家還造成更大的困擾。所以這時候宗教人應該不要造成一些不必要的紛爭。

訪問者：那您認為，這種跨宗教間的合作能進一步促進宗教之間彼此的對話嗎？

蕭秘書長：在臺灣，比方說我們那「宗教徒協會」，用中性的名詞化解不必要的紛爭。例如聯合辦一個音樂晚會，那怎麼祈福？不要緊，就是各宗教到時請星雲法師來看那稿，那稿裏面都是中性的，就是不強調哪一個教派。所以當時的活動外國的大使館都覺得很好奇，都有派人參加，還算不錯，因為是跨宗派的。事實上對整個社會、國家也應該是這樣。

訪問者：那一貫道的教義和經典裏是否清楚教導如何和其他宗教進行對話與合作？

蕭秘書長：怎麼進行倒是沒有特別教導，主要是要靠人的智慧來進行。最開始是從本土的宗教開始進行。

訪問者：如果教義或經典裏沒有清楚的教導，那會不會因為宗教領袖或負責的人有所不同而進行的方式亦有所不同？

蕭秘書長：基本上我講過，既然是五教聖人，最高是存禮敬，尊敬各種宗教、不排斥。至於怎麼做，我想經典沒有紀載，《聖經》我也翻過好像裏面也沒有，雖然我不是基督徒但《聖經》我也有看過。

訪問者：所以，基本上原則可能在那邊，但做可能因人而有所不同。但會不會有很大的差別？

蕭秘書長：難免會的，畢竟是人嗎！有人可能會比較open一點，有人可能會比較保守。

訪問者：保羅‧尼特認為，宗教對話的最終目標應該是追求人類和生態的福祉，不知道秘書長您對人類和生態的未來的看法為何？

蕭秘書長：套一句中國的講法就是「世界大同」。宗教的最終目的就是「世界大同」。人間有愛，一切都是神的國度、非常詳和。

訪問者：那教義和經典裏面是否清楚提到？

蕭秘書長：我們相信未來一定是這樣的。教義和經典講說最後一定是「三期末劫」，一定是「人間大同」。我們相信一定會實現的，但甚麼時間我們不知道，我們在和時間拔河，勝利一定會看得到，也不是我們該知道，只有上帝知道，盡我的本分，該盡的盡力就好了！能力強的為千萬人服務，而能力小的為百千人服務。

訪問者：再次感謝秘書長今天撥空接受訪問。謝謝！

附錄1-3：耶穌基督後期聖徒教會「宗教對話」深度訪談紀錄（訪談編碼002）

訪問人員：莊政憲

受訪人員：中臺北支聯會會長　梁世威先生

　　　　　桃園支聯會會長　　蔡福安先生

訪談時間：2009年9月18日，下午三點。

訪談地點：耶穌基督後期聖徒教會臺灣服務中心　臺北市金華街183巷5號4樓

訪問者：二位會長您們好，很感謝您們今天撥空接受我的訪問。當代有一位非常傑出的思想家、他同時也是宗教對話理論研究家以及社會活動家——保羅・尼特。他認為，當今全球的人類和生態正遭受到各種苦難的威脅，包括：由於貧窮所造成的饑餓、疾病……等身體的苦難；由於濫用地球資源、破壞生態環境所造成的地球的苦難；由於錯誤與不公正的傷害所造成的靈性的或精神的苦難以及由於武裝、軍事衝突所造成的暴力的苦難。因此，如果從這個觀點來看，想請教二位會長的是，身為宗教領袖，您對於現今全球人類和生態所面臨的各種苦難（身體的、地球的、靈性的、暴力的苦難）的看法是甚麼？首先，對於身體的苦難，您的看法是？

梁會長：在我們教會裏面苦難本來就是生活中的一部份。從我們教會的英文名字「LATTER-DAY SAINTS」中的「LATTER」，其實它有兩個意思，一個是說這是「末世」，就是跟「LAST」是一樣的意思；另外一個是說「比較後面的一個時期」，所以我們後來改成「後期聖徒」而不用「末世聖徒」。後期聖徒是和耶穌基督那個時代來比，我們是比較接近後期、他來臨之後的時期，其實這個時期就是耶穌基督第二次再來之前的那個時期。在《聖經》裏面講到末世時代會有很多的災難，我們相信這個時代是一個末世的時代，所以她的苦難，也許地球的苦難這些可能會比較

多。但是我們也知道，在這個苦難之後是耶穌基督第二次的來臨，整個地球將會更新，會進到另一種榮耀。

訪問者：所以，對你們而言苦難算是一種必然的結果，不管是身體的、地球的、靈性的（精神的）或者是暴力的苦難？

蔡會長：如果從我們教義的解釋，我們相信人來到這世界是有目的的。相信有一位至高之神，有一個「救恩的計畫」。所以我們從前生（出生前）來到今生，然後通過死亡我們會回到神的面前，經過審判到不同的榮耀的國度去蒙受祝福。教義上講說，人來到這世上，是一個救恩計畫。我們的天父要我們來到這世上去經歷、學習，因為我們在智慧、在靈性上需要經歷這一段，可以幫助我們進步。我們來到世界上另外的一個目的是取得骨肉身體，所以你提到身體的苦難，如果你今天沒有身體，你大概不太能去體會說天氣很炎熱、饑餓的感覺、暴力的苦難等，如果你沒有身體你大概很難去經歷這些東西。所以我們教義說，我們相信我們來到這世界上取得骨肉身體，我們看不到神，我們可以用我們自己的自由意志來做決定，抉擇好的或不好的。我們生活周遭的苦難很多的部份是這種不同的人、不同的個體或團體運用他們的選擇權，用他們的自由意志作選擇之後的結果。對人來講他最大的苦難可能是夫妻吵架、兒女不合、親子關係不好，這可能是正常社會裏對一個人而言最大的苦難，如果這關係沒有弄好的話。那這苦難的來源是甚麼？是他們夫妻之間的選擇所導致的。神讓我們作選擇，讓這個大團體作選擇，如果我們運用這選擇權，如果我們選擇好的，我們的靈性會進步，我們的痛苦或者苦難就會減少。對於群體而言也是一樣，國與國之間，當一個國家的領袖或者是一個宗教的領袖他決定發動戰爭，帶來的結果是他的自由意志導致其他人的苦難。我們相信這個自由意志是必要的，如果說我們來到這世上像機器人是接受指令的，那就沒有所謂的學習和成長。所以你可以想像說，我們這個地球，神設計時是一個人如果做壞事或者是一個軍事領袖決定要發動一場不義的戰爭，結果他的軍隊可能第二天就生大病了，神就馬上懲罰他了，那神的這個計畫就不能

夠實現了。所以神允許人用自由意志作選擇，必然結果就會有好的和不好的結果，所以這苦難，對我們來講在教義上只是人今生一個必要的。神給我們身體、給我們自由選擇的意志、自由選擇的權利。當人運用他的選擇權，當他能分辨善惡，選擇善的或好的，他的靈性就在進步、這個社會就在進步。所以苦難就是大概那個選擇不好的結果。

訪問者：因為人自由意志的選擇所帶來的結果，所以說，對您而言也是去尊重人自由意志的選擇，因此苦難也算是一個必然的和必經的過程。但如果說，今天人選擇的是一個好的，那是否也會導致這苦難？還是說苦難本來就是，通過這苦難你能去經歷更多靈性的成長，然後對神的一種體會嗎？所以對您而言這是一個必經的過程，而不管是甚麼樣的苦難？

蔡會長：對我們而言苦難好像無法分的這麼細，我想這邊歸這四類，也是不錯的歸類。如果說我們在解釋時說地球的苦難，或者說國與國之間的戰爭等暴力的苦難，就按照《聖經》〈啟示錄〉裏所講的，當耶穌第二次來臨之前，會有戰爭，戰爭的風聲，之後會有許多這種暴力的苦難、地球的苦難，之後基督第二次來臨，地球會得到更新，蒙受樂園的榮耀。按照〈啟示錄〉裏所講的，那就是我們的信仰。身體的苦難或靈性的苦難，福音裏面強調最多的是靈性的苦難，一個人犯罪，那罪的定義是甚麼？對於我們基督徒來講，就是當你知道神的誡命而不去服從時就犯了罪。人沒有辦法靠自己來擺脫這種靈性的苦難，例如，我今天講了，我已說了。我現在的作為不能改變我昨天說謊話的事實；或者說罪的影響，人沒有辦法靠自己克服，所以我們講基督的贖罪在這苦難當中所扮演的角色。對於靈性苦難之罪的部份，人沒有辦法靠他自己的力量來克服這種罪的影響力，人也沒有辦法靠自己的力量來克服死亡。所以我們講基督的贖罪，在人的救恩計畫、神的救恩計畫中，派一個救主來幫助我們克服身體的死亡和靈性的死亡。所以關於靈性的苦難，就我們的教義而言，會把基督的角色放進去。人無法靠自己克服罪的影響力，只有經由悔改，然後從基督的贖罪中

得到罪的赦免。

訪問者：那麼對於二位會長而言，身為宗教領袖（或者是宗教徒），您覺得是否應該要為上述的這些苦難負責？

梁會長：其實在我們的《信條》裏提到，人為自己的罪行而受懲罰。其實我們不需要為別人的罪負責，包括我們的親人。

蔡會長：這裏的「負責」的用法可能比較像是說我們有一定的責任去改善大環境，如果是這個意思，沒有錯，不只是教會的領袖，我們教導教友也是這樣。教友對自己的生活、自己的家庭、社區，廣義來講包括社會、國家或者是地球都有一定的責任。因為我們是一個入世的宗教。

梁會長：不單是改善，包含我們作的所有事情，不單會影響到我們自己，也會影響到我們周圍所處的環境。

訪問者：如果說我們要負責的話，那以貴宗教的立場而言，要怎麼去負責？

蔡會長：教會內的、對教友的部份我們就不講，我們對外的，比如說我們是全世界捐助最多的麻疹疫苗的宗教組織，和紅十字會合作、和天主教合作。捐了幾百萬支的麻疹疫苗給非洲的小孩。另外還有捐給營養品，給那些太貧窮、饑餓的孩子，他們無法吸收正常的穀物，教會有發展出一些特別的營養品給那些非洲的孩子，教會的工廠就作那些東西然後運到非洲去。教會在亞洲，比如說印尼海嘯，我們教會在那邊協助他們好多年，一直到去年才結束這個案子。我們是最後一個撤離的，我們不是第一個進去協助的單位，但我們是最後一個撤離的單位。幫助他們蓋學校、蓋房子，甚至幫他們蓋清真寺，所以一直到去年還是前年才結束那個項目。在中國，教會捐了很多的輪椅。我上上禮拜在蒙古從外蒙回來，教會在蒙古協助他們有幾個部份，比如說幫助他們挖井，也有送烏蘭巴托大醫院治療眼疾的設備。外蒙古還是比較落後，有眼疾：像網膜、青光眼的疾病……等，然後很多人就瞎掉，可是那是可以治療的，所以教會就捐了很昂貴的

眼睛手術的機器給蒙古的醫院，所以那裏的人，有那種眼疾的就去醫院可以接受治療，甚至是免費的。在臺灣作的比較少，因為在臺灣，基本上基礎建設都還不錯，也比較少有甚麼大規模的災難。這次「八八水災」，教會也有援助一些太麻里的組合屋的傢俱。

梁會長：這一次（「八八水災」）就是，一方面是實際去賑災這事，另一方面是看之後的一些後續要做的事情。

訪問者：所以，就有一些規劃嗎（「八八水災」）？對於後續要做的事？

蔡會長：比較沒有名氣啦！做的事情人家比較不知道。

梁會長：我們通常會找另外一個機構合作，像我們會和慈濟合作，和世界展望會或者是政府機關一起合作。

訪問者：那麼對於上述的這些苦難，您覺得哪些是由宗教之間的衝突所引起的？

蔡會長：戰爭可能會有一部份是由宗教的衝突所引起的，像以巴戰爭，至於其他比較感覺不是。

梁會長：臺灣宗教比較自由，所以臺灣比較感覺不到。但像在印尼、東南亞、柬埔寨、緬甸那一帶，常常有回教和佛教的衝突，包括還有像印度、巴基斯坦這一帶。在臺灣因為宗教很自由，而且大家已經習慣於互相批評都無所謂。那我們教會是，我們通常不去對其他宗教作任何批評，那他們批評我們時，除非是有些錯誤的報導，否則我們通常也不會作很大的回應，讓大家自己去看清這個事實就好了。其實講到這些苦難，有些人覺得是苦難，但對另外一些人來說可能覺得不是苦難。也許有些人覺得生病是一種苦難，但是像我們教會裏有很多家庭，專門領養那些有殘疾的小孩子，他們不覺得那是一種苦難，他們覺得那是一種很好的禮物。

訪問者：所以說，心境的不同，對於苦難的解釋也就不同。接下來我想

再請教二位，您是否覺得各個宗教都有她存在的價值和優點？

梁會長：其實在我們教會，如果您有研究我們教會早期的時候，我們教會早期是在東岸紐約那邊，是一個復興的教會。但由於講說「復興」，對於其他的宗教而言，其實我們教會受到蠻多的苦難。但也正因為這樣，所以我們更能夠體會其他的人如果有同樣的情形，他們會有那種甚麼樣的感覺。所以對我們教會來講，我們倒不希望說跟其他教會有任何的衝突。

訪問者：所以，基本上就是尊重其他的宗教？

梁會長：對！像我們辦一些活動我們都會邀請其他宗教來，像回教的理事長，他們也都來過我們這邊。我們這邊也會常常過去。

訪問者：所以，就是互相交流和拜訪？

梁會長：對！

訪問者：那在這種有機會和其他宗教交流的過程中，會不會說通過其他宗教可以去學習，然後反而可以對自己原來的宗教產生更深一層的體認？

梁會長：我們教會跟其他教會比較不同的地方是，我們相信神能跟人來往，我們相信獨一無二的真神。每個教會可能都有一部份的真理，但是只有跟神直接來往的教會可以有神全部的真理。所以每個教會其實都有相近之處，就像是基督教和佛教之間，如果在經典的深入的研討部份，其實他們都有相近之處，表面上一些可能形式會有所不同。

訪問者：所以說，對您們而言，不同宗教都有她真理的部份？

梁會長：我們也用《聖經》，其他教會也用《聖經》，但在《聖經》中有些部份像剛才蔡會長所講的，就是將來我們離開世界以後會回到不同的榮耀、不同的國度。那這在一些教會中他們並不這樣講，同樣是一本《聖經》，但對它的解釋會有所不同。

訪問者：那麼，對貴宗教而言，是否認同各宗教之間應該制定出一個大家可以共同認同、遵守的價值觀或者是信念的規範，例如「全球倫理宣言」？

蔡會長：我們倒是有很清楚的，比如說「家庭文告」這東西，很清楚講述我們對家庭的看法，包括我們的道德觀也在裏面，價值觀也在裏面。我們的另外一份文告是關於基督的，很清楚的講到我們教會對於基督的看法。不過從教育的角度我們講說，我們每個人來到這世界上，我們本來就是天父靈體的孩子，我們來到世界上，從父母身上得到我們的身體，從天父身上得到我們的靈體。我們來到世界上，我們本身的靈體就有一定的這種光或者是對真理的認知，我們中國傳統的講法叫「良知」。這個東西，各個國家跟種族其實差距是不大的，沒有一個種族說，我今天殺了一個人，我的良心覺得很愉快。除非教義給他特別某種奇怪的教義，不然的話，應該人類各個種族之間，各個民族、宗教之間那個良知應該很接近的。這些基本的原則或真理的原則是超越宗教的，這些比如說寬恕、愛、包容、尊重，這些基本的美德的屬性應該在各個宗教其實都還蠻接近的。所以如果有個所謂的全球的道德或倫理的規範，我相信差距應該也不會太大。

訪問者：目前各宗教的對話其實算蠻頻繁的，不曉得對貴宗教而言，認為宗教間的對話應該要用甚麼方式展開？

梁會長：在信仰裏面，我們真正在意的是我們跟神之間的關係。因為，宗教本來就是人跟神之間的關係，至於人跟人之間的關係是我們奉行神所要我們做的誡命之後所產生的結果。因為神本來就是一位慈愛的神，如果大家能照著祂的吩咐來做的話，這個世界不會有甚麼問題。但是，就是因為一部份的人不願意按照神所教導的方法來做，所以回歸到神要我們做的事的話，大家就能有比較一致的看法。

訪問者：那宗教間的對話是否應該要和「全球責任」聯繫在一起？

蔡會長：我們教會其實還蠻樂觀其成的，就好像我們教會的人道援助，通

過天主教或者是和其他宗教合作的方式來做。如果用你的辭彙，所謂的「全球責任」，我們目前做的大概就是蠻接近的，我們會跟紅十字會或跟其他的宗教組織合作。因為在臺灣我們教會比較小，慈濟比較大，相對來講我們會跟慈濟合作。當然，慈濟在臺灣人數很多，那我們相對來講我們教友少，所以有些時候救災就跟慈濟合作，可能效率會高一點。就好像，我們東西要送過去，如果送到慈濟這條線，在本地她有比較好的、有效率的發送方式，這個我們大概都不會排斥，應該還蠻樂見這樣的方式。

訪問者：反正就是怎樣把東西送到需要的人的地方去？

蔡會長：對！所以倒沒有甚麼宗教的顧慮。

梁會長：她們如果有需要用到我們的地方，我上次去拜訪慈濟時也是這樣講，有些地方她們可能沒有去到，那因為我們教會在全世界幾乎，除了一些有宗教管制的國家之外，大概我們都有點在那邊。

蔡會長：因為慈濟也會在國外援助嘛！如果她真的去援助菲律賓，我們在菲律賓有好幾十萬個教友，慈濟在菲律賓我相信大概沒有十萬、百萬個教友，我不知道她會不會排斥，但是如果她的東西要出去，在當地我們有我們教會的組織，而且教友人數有一定的數量，多的地方，其實她跟我們合作，也許效率會高一點。

訪問者：就等於說，您本身也贊同宗教間可以通過合作，共同來解決苦難的問題。那通過這種合作當中，您是否也能認同藉此來增進宗教間彼此的對話？

蔡會長：應該會吧！因為我認為多尊重對方、多瞭解對方，都會有幫助，至少你可以避開那些莫名其妙，根本就是不實的指控或者是誣衊。如果今天一個人認識你，他跟你當朋友，就算他不懂你們宗教的教義，但是他因為透過你的為人，可能就會知道說這一種謾罵式的批評，根本就不需要理會或回應。我們教會──耶穌基督後期聖徒教會，外號「摩門教」，外面

的批評最多了，啊！是多妻制。其他基督徒在攻擊我們說你們這多妻制。但亞伯拉罕、以撒、雅各，亞伯拉罕幾個老婆？雅各幾個老婆？你會不會因為說亞伯拉罕有幾個老婆就說亞伯拉罕有道德問題？會一直批評他？不會！因為他是信心之父。天主教、基督教、猶太教都很尊敬他，回教也很尊敬他。沒有一個回教徒會說，亞伯拉罕有第二個老婆，所以他這個人的道德不行、有問題。可是我們教會的教友大概莫名其妙承受這種誣衊很多。拜託！一百年前的事情了好不好。中國一百年前是甚麼樣子？對不對！所以說互相有互動交流，可以避開很多這種莫名其妙，就是純粹是誣衊的或者是誤解的這種東西，至少這個部份可以除掉。當這個部份除掉之後，我相信就是說你今天是個基督徒，雖然跟我們的教會不一樣，但其實我們的差距沒那麼大。

訪問者：其實根源都是一樣。接下來想再針對「全球責任」的部份深入請教二位會長。保羅‧尼特認為，對於這些全球的苦難，宗教徒應該要負起責任來。因此，對於這些苦難問題的解決，在貴宗教的宗教實踐之中，都有哪些具體的作為？

蔡會長：我們教會，在臺灣比較看不出來，因為臺灣是一個基本上政府還算是一個不錯的地方，基礎建設、教育、醫療資源都還算不錯的一個地方。在臺灣可以看到慈濟在災難上有很大的動員力量。如果用全球角度來看，比如說我們教會捐輪椅，在全世界可能排行第一名吧！提供疫苗給那些非洲的小孩，因為他們沒有疫苗的注射，像小兒麻痺的疫苗，那種死亡率很高。像捐給蒙古醫院眼睛手術的機器，派醫生去訓練那裏的醫生等。

梁會長：現在教會有幾個方向，第一個方向是乾淨的水，不管是挖井或是引乾淨的水到村莊裏面去。第二是新生兒的照顧，減少新生兒的死亡率。第三是視覺，就是視力。第四是輪椅，從不能行動到能行動。這是目前幾個大的方向。

訪問者：這些看起來比較像是屬於解決身體苦難的部份，那對於解決地

球苦難的部份，不知道貴宗教的具體作為是甚麼？

梁會長：自然的一部份。我們教會並沒有說是環保，但教友幾乎都很重視這些，都會去實踐。

蔡會長：教友都會去實踐啦！因為這跟教義沒有太大關係，比較算是公民責任的感覺。在我們的教義裏面不會特別把這塊拉出來，但是如果你問說教友實踐的好不好，應該算是實踐的很好。

訪問者：所以說，是個人自己本身或者是家庭自己本身很重視這個部份，算是公民資質這個概念？

蔡會長：對！就好像說選舉，我們鼓勵教友都去投票。我們教會也不會表達政治立場說你應該支持哪個黨派、支持誰？但我們鼓勵教友說你去瞭解，然後你去投票。

梁會長：去選出正義的人。如果我們教友有意願，我們也會鼓勵他出來選，在美國我們政界的教友還不少。

訪問者：那對於暴力的苦難的部份，貴宗教有沒有實際的解決方案？

蔡會長：我們譴責暴力，在教友的家庭之中我們很強調這部份。你看我們的「家庭文告」，我們的教友不可以有家庭的暴力。

梁會長：有時後發現到鄰居或者是一些周遭的人他們可能有家庭暴力的情形的話，我們會鼓勵教友去把這情形告訴當地的主管機關。

訪問者：那麼貴宗教在作這些宗教實踐或者是社會實踐的目的是甚麼？是為了獲得社會大眾的認同或者是教會的發展？還是教義的教導？或者是這本來就是我應該要作的事？

蔡會長：在我們教會的《摩爾門經》〈摩賽亞書2章17節〉裏面有教導：「看哪！我告訴你們這些事，是要你們學習到智慧，使你知道你們為同胞服務時，只是在為你們的神服務而已」。所以這個就是我們的教義，當

我們為同胞服務，我們透過為同胞服務，來表示我們對神的愛或者是表達我們對神的服務。

訪問者：所以，這一方面是教義的教導，一方面也是你們應該要去作的事情？

梁會長：這跟〈馬太福音25章40節〉裏面講的也是一樣。就是說「我實在告訴你們：這些事你們既作在我這弟兄中一個最小的身上，就是作在我身上了」。

蔡會長：所以在〈摩賽亞書2章17節〉的教導，我們透過為同胞服務，來表達我們對神的那種事奉的心願、或行動或作為，這是教義上的基礎。

訪問者：那貴宗教在做社會服務時，通常是自己作？還是會聯合其他宗教一起作？

梁會長：不一定是宗教，像過去兩年我們都有跟新環境基金會，在世界清潔日一起參加全省的清潔活動。

訪問者：所以說，不一定會跟宗教團體一起作？

梁會長：就是任何我們覺得有意義的事情，教友也有能力可以做得到，我們就會去作。

訪問者：除了跟NGO合作或者是政府合作之外，有沒有跟宗教團體一起合作？還是只是自己作或者只是和非宗教團體一起合作？

蔡會長：都有。

梁會長：目前是跟非宗教團體比較多，因為其實每個宗教團體自己本身都有一些活動。有時候我們比較少被邀請。

蔡會長：我們能見度比較低，教友在臺灣也不多，我們沒有那個份量邀請哪個臺灣大的宗教來跟我們作，目前還沒有那個份量吧！

訪問者：您太客氣了！所以，在教義和經典的教導，主要是以〈摩賽亞書2章17節〉和〈馬太福音25章40節〉作為最主要的經典教導？

蔡會長：因為耶穌教導我們把這事情作在弟兄中最小的一個身上，就是作在我身上。這在教導同樣一個原則，我們透過為人類同胞服務，來事奉我們所信仰的神。這個是我們教義的一部份，所以倒不是說為了甚麼發展啦。我們在印尼海嘯幫印尼人民蓋清真寺，我想這在其他宗教大概很難想像。

訪問者：所以，我覺得從這點可以看到貴教的胸懷，不會因為宗教信仰的不同而選擇性的作一些事情。接下來想對「宗教多元」的問題，再深入地請教二位。相信二位會長有很多機會和其他宗教進行交流，是否可以請您簡單分享和其他宗教交流的經驗？

蔡會長：常被邀請。

梁會長：我們邀請他們來時，他們倒也蠻能接受的。

訪問者：那麼在與其他宗教交流的過程中，是否看到其他宗教所具有的優點和價值？通常你們覺得其他宗教的價值和優點會有哪些？

蔡會長：各個宗教都會有一部份的真理。我們的基本信念是，我們歡迎人們帶著他們所擁有的真理，來到我們的教會，看看我們的教會是不是能夠再增添一點真理上去，那我們相信在我們教會裏面有一些其他地方沒有的，包括：權柄或者說這種救恩的教義。

訪問者：那麼在交流的過程中，是否通過彼此學習，可以重新反觀自照，進而對自己原有的宗教信仰產生更深的一層體認？

梁會長：這樣子講，我們來看看就是說，佛教和慈濟所作的作法跟我們教會的作法。一般佛教只要有心信就好，你到廟裏面去拜，或怎麼樣的拜，以她的發展是比較容易的。但是在我們的教會就有比較多的誡律，所謂的誡命。那這些誡命，因為我們相信它是神要我們這樣做的，所以我們沒辦

法把它放鬆。例如，我們教會要交什一奉獻，什一奉獻是一個比較低級的律法，真正神的律法是所有的人民在一起，彼此分享所有的東西。什一奉獻是教友奉獻自己收入的十分之一來讓神在地面上的組織可以運作，可以照顧一些人。雖然我們看到佛教他們有比較容易的方法可以吸引到教徒，可是我們沒有辦法去跟他們一樣的作。就是，我們比較強調我們跟神之間的關係，因為神所吩咐的我們不能改。不能因為世俗或是其他宗教有那樣的作法我們就改變神所要我們作的事情。

訪問者：所以說，您也看到了其他宗教的優點，同時也看到了不同宗教之間的差異性。但就是說，通過這樣的交流的過程當中，是否讓你更加堅信自己的宗教信仰或者是對自己原來的宗教有更深一層的體會？

梁會長：坦白講，像我們教會很注重家庭，我們相信將來得到救恩是以家庭為單位。我自己看到我自己的大學同學聚在一起，連同加拿大回來臺灣的總共九個人，裏面有四個是離婚的。有宗教信仰的都比較好，包括有一個大學同學他現在不在臺灣，他是基督徒，他把他的事業賣掉以後，跟他太太去傳教四年，去阿拉伯。在我們教友裏面也可以看到就是說，他很忠心的遵守神的誡命的時候，他的家庭都會一直很好。包括那離婚的講，他說，看你們就是很高興的樣子，你們生活得很快樂！他們的事業成就比我們大，可是他們不快樂！

訪問者：所以，通過這種交流的過程當中會更加肯定自己所堅持的？

梁會長：對！

訪問者：那麼在貴宗教的教義或經典當中，是否有提到貴宗教和其他宗教的關係？

蔡會長：「判教」和「復興」是我們教義的一個主軸。就是說，我們相信神創造這個大地，從亞當、挪亞、亞伯拉罕、摩西，各個福音期，然後到耶穌基督。神所用的方法就是祂召喚一些人，這些人我們叫「先知」，就好像亞伯拉罕，我們尊稱他是個先知，就好像摩西，他是個先知。神召喚

先知來教導這個救恩計畫（救恩計畫就是：神的存在，人跟神的關係，人為甚麼要來到這世上？人從哪里來？今生的目的？死後要往哪裡去？），神所用的模式是透過祂所揀選的先知來教導祂的子民，有關於祂的計畫，我們講說這叫「福音」。《舊約》是耶穌誕生之前的這些先知在講這些救恩計畫，包括這個救主、這個彌賽亞的來臨。《新約》就是耶穌誕生之後的先知、耶穌的使徒他們所寫的關於耶穌的教導，這位彌賽亞的教導。他的使徒所寫的，告訴耶穌基督就是《舊約》當中歷代先知所預言要來的那個彌賽亞。我們的教義也有《摩爾門經》，這是古代美洲大陸另一群人民，當中也有先知，他們在教導同樣的一位神，教導同樣的一個彌賽亞要來，然後他來所發生的事情。從這個教義的大架構來看，當耶穌基督來到世上之後，不接受他是彌賽亞的，從我們今天全宗教的分野來看，這群人還在，就是我們所說的猶太教。他們還在等這個《舊約聖經》預言的彌賽亞要來，一個像大衛王一樣的彌賽亞來拯救他們以色列人，他們不承認耶穌是個彌賽亞。接受耶穌是這個彌賽亞的這些人到哪裡去了呢？就是早期的基督徒。早期的基督徒在耶穌死後大概一百多年，這些使徒都死光了，保羅後來被召喚當使徒，他之前的彼得、雅各和約翰後來都殉教了，我們相信這些使徒都殉教之後，神的教會就中斷了，就發生了「判教」。那麼「判教」之後，所以才會有所謂的「復興」，這是我們教義的基本架構。所以神今天一樣透過祂過去幾千年所用的方式，祂一樣召喚先知，來教導這個救恩計畫。召喚先知來組織祂的教會，教導的是同樣一位救主、贖罪的教義。所以，如果說我們跟一般的基督教會在交流的時候，會有一些教義上的立場不同的解釋。就好像說你是一個天主教徒，你就會說，哦！不！沒有！不需要復興。因為，今天的教宗有從彼得一脈相傳的使徒的權柄。如果是一般的基督教，他們是從馬丁路德宗教改革之後分出來的，他們覺得天主教，羅馬教皇所定的教義，包括贖罪券的使用，這個都已經偏離《聖經》了，所以她們從傳統的天主教會裏面分出來，就是我們看到的長老會啦！浸信會啦！這些人。所以在教義上理解，不管你從哪個時期看，大概可以看到今天的主要宗教，回教、天主教、猶太教都是崇拜亞伯

拉罕、以撒、雅各的神，天主教、東正教，因為羅馬帝國的分裂，到今天所有基督教會，基本上拜的都是同一個神，信仰的都是同樣一個亞伯拉罕、以撒、雅各的神。可是，會有這麼多不一樣的宗教，就是因為她們對於某一個教義上的某個點有不同的解釋。就好像今天猶太教還在，世界各地都有，因為她們不承認耶穌就是那個彌賽亞，所以會有一個這樣不一樣的教會，因為對於教義不同的解釋。那相對於其他的信仰，比如說佛教，我記得，達賴喇嘛有一次人家問他這個至高之神，他說佛教沒有至高之神的概念。他們沒有這個至高之神，沒有造物主的概念。

訪問者：所以，對於所謂的一神教，其源頭基本上是一致的。就是所謂的亞伯拉罕這信仰的祖先一脈下來的。但除了一神教之外，還有像是佛教、道教、印度教……等這些大宗教，那麼在貴宗教的教義或經典裏是否清楚提到應該如何與其他宗教相處？

蔡會長：我想用我們的《信條》大概可以很完整的回答你這個問題。

梁會長：《信條》是我們第一任的先知，就是復興教會的先知，約瑟·斯密，那個時候寫給報社的教會基本信仰，總共有十三條，很簡單。

蔡會長：現在我跟你分享第十一條：「我們要求有特權，可依照自己良心的指引，崇拜全能的神，並容許所有的人都有同樣的特權，讓他們自行選擇崇拜的方式、處所或對象」。所以這裏就講，我們希望我們有這樣的權利，按照我們良心的指引來崇拜我們全能的神。然後我們也希望、容許所有的人都有同樣的特權，讓他們自己去選擇他們崇拜的方式、處所或對象。所以縱使有這麼多不同的宗教，這也是我們的信條，我們要容許所有的人都有這樣的權利，讓他們自己去選擇他們崇拜的方式、處所或對象。所以這是我們一個大的架構或是信仰的一個基本的原則。

訪問者：那您是否同意通過這種跨宗教間的合作，可以去解決人類和生態所面臨的苦難問題？

梁會長：其實是有限的。當神要毀滅這個世界的時候，沒有任何一個人的手可以阻止祂作這件事情。那神為什麼要毀滅這個世界？是因為人的邪惡。所以如果人選擇正義的時候，神就祝福他人，人選擇邪惡的時候，神就懲罰他人。從古到今都是這樣子。但我覺得這事情作起來是好事情，但是人的手不能取代神的手。

蔡會長：如果用現代的辭彙講，現在講環保嘛！當人們作環保，作對這些有益於環境或生態的事情，那麼我相信這是好事，也會得到祝福。但如果我們從大架構教義上來講，可能〈啟示錄〉裏面所寫的地球的命運不會改變。在四百年之前，戰爭的風聲，這種地震或〈啟示錄〉裏面所預言的災難，不管環保怎麼作大概都躲不掉。但是這種東西，如同我剛剛前面所講的，我們尊重人的其他宗教或其他宗教團體，她都應該有她崇拜的方式、特權，讓她們自由選擇她們崇拜的方式、處所、物件。那麼，各種宗教之間的合作，來改善這地球的生態我覺得是很有意義的，我沒有甚麼問題。今天在臺灣，如果你說我是一個宗教領袖，有人來邀請我們，我們大概很高興，我們大概沒有那麼大的份量被人家邀請。

梁會長：《舊約》裏面講到亞伯拉罕跟他的侄子羅德的這個所多瑪和俄摩拉的毀滅。義人他可以跟神討價還價，所以當100個義人、50個義人，最後到5個義人都找不出來的時候，這個城市還是要毀滅掉。那如果說他真的找到義人時，有些情況下神就饒恕、寬恕這個城市。

訪問者：所以也就是說，關鍵是到底有沒有義人？或者有沒有符合神的盼望？否則即使是宗教間的合作，表面上解決了這些苦難問題，但事實上也不是神所悅納的？

蔡會長：環境或者是環保大概很重要，但是心靈的環保可能更重要。好比說，現在的人比以前更誠實了嗎？或者說現在這個社會雖然科技進步了，但我們自己、我們的孩子、我們的社區，大家更誠實了嗎？我們的政治人物更誠實了嗎？這可能比宗教環保更會影響神對這個地球的作為。

訪問者：現在這種苦難的現象是已經很普遍了，或者說他是一種既存的事實。因為保羅‧尼特認為它是一個事實，他覺得是一種危機，他覺得宗教徒應該出來做一點事情，所以他呼籲跨宗教的合作能夠去改善、解決這種苦難的問題。因此，對於貴宗教而言，有沒有比較具體的跨宗教間合作的方案，是共同來解決這些苦難的問題？

梁會長：像這次「八八水災」有很多機構去參與，我們教會也有參與。有些原住民跟我們教會去參與的人說，你們能不能幫我們去弄一些山豬肉來？我們實在沒辦法再繼續吃這些素食。這其實和宗教沒有甚麼關係，它是生活的部份，它的文化也不是宗教能改變的。在臺灣的山地部落有很多是天主教進去，她有她相當大的影響。我自己在印尼的時候看到就是，印尼人很窮，我自己曾經有一個任務，去到一戶人家裏面，他的整個房子不大，裏面住了七、八個人。我住的旅館一個晚上的費用就是他一年的租金。可是這些人他不會不快樂！在我們來講可能我們住到哪種環境，可能我們會覺得不快樂！可是對印尼人來講，我沒有錢，我隨時可以到一個親戚家住，我不需要得到他的許可，我可以住到他家裏面去吃他的，那家人也就自然而然承擔起這樣的責任。有時候我覺得我們想用自己的價值觀去改變別人的時候，反而是他們的痛苦。他可以接受的時候對他來講是一種幸福，他不可以接受，你認為是幸福是快樂的事情，對他來講未必。

訪問者：所以，也許在我們眼裏來看他是一個苦難或受苦，但也許他自己可能安於其中或安於現狀？

梁會長：環保說吃素，對很多環保人士來講這是極端重要的事，他也吃得非常高興。可是你要一個原住民去吃素，不需要超過一個禮拜，他就已經受不了了，因為吃素對他來講是一件非常痛苦的事情。

訪問者：那麼，對於這種跨宗教間的合作，按照您過去的經驗來看，是否能增進宗教間彼此的對話？

梁會長：會更加瞭解。像我們教會的總會會長他也會邀請其他教會的人到

我們教會來演講。他也應邀去其他教會演講。

訪問者：那在貴宗教的教義或經典裏是否清楚提到貴宗教要如何與其他宗教進行交流和合作？

梁會長：基本上如蔡會長剛剛所講的，我們就是尊重其他宗教。我們倒是沒有指說你要跟哪個教會要怎樣？按照福音的原則，在我們教會裏面常講到的就是「自由選擇權」。

蔡會長：你剛剛講到跨宗教間的合作，比如說「八八水災」，很多義工去，可能有個宗教團體組織的比較好，許多義工透過她就比較有效率的去服務。可是你問這些義工他甚麼信仰？就好像你問你的左右鄰居、你社區的人士，大部分的臺灣人說我是佛教，可是他也不是真正的佛教，因為他也吃肉、也拜拜、也燒金紙，所以這比較像是佛道教混合的。這些佛道教混合的居民你問他說你信甚麼教？他說我信佛教，可是那個佛教跟比較嚴謹的佛教教義也差距蠻大的。他也不見得說是屬於那個組織的，哪一個佛教組織或者是那一個寺廟。就好像過年，大家這個廟拜完那個廟拜嘛，也未必說一定是屬於這家廟的。在臺灣，若以生活中來講，很多人大概是介於這樣的，其實信仰的關係在他們的生活中不是那麼大，他們所占的比重沒有那麼高。像「八八水災」這樣的事情發生，那個社區的力量反而更大，倒不是跨宗教就解決什麼問題。天主教徒、基督教徒在臺灣的比例本來就不是那麼重，大部份的人都是傳統信仰，傳統信仰是甚麼廟都拜，他也未必屬於哪個特定的宗教組織。他今天可能參加慈濟的，明天可能參加佛光山的。要用宗教合作的整合、然後所謂的力量，因為這樣的居民他沒有太清楚或太強烈的宗教認同，這樣的人、民眾還占相當高的比例，而且可能還是大多數。所以號稱所謂的「宗教聯合」，然後會解決問題，如果我們用「八八水災」來講，可能今天這個太麻里淹大水，這邊有效率就是那個社區的人他們自己出來。

訪問者：反而是他們自己社區的人作的還比較多？

蔡會長：對！如果我們把跨宗教的比例拉太重，以我自己的經驗，在臺灣大部分人他沒有那麼清楚的宗教歸屬。

梁會長：在我們教會沒有特別講到這方面。只有一則，在教義和〈聖約58篇26節〉講說：「看哪！凡事都要我命令是不適宜的，凡事都要被迫的人就是懶惰而不聰明的僕人，所以他得不到酬賞。我實在說世人應當熱心作好事，憑自己的自由意志作許多事，促成許多正義。因為他們都有能力，他們是自己的主宰。世人只要作好事絕對不會失去他們的酬賞」。所以，我們鼓勵教友們自己本身就是要去作一些好事。

蔡會長：熱心作好事，包括這些環保啊、生態啊！

訪問者：所以，等於說教會的教導會比較強調在回歸到自身個人自由意志的選擇，那對整個教會的組織而言，教義是否清楚指示整個教會的組織要做這事？

梁會長：那是透過教會的組織來運作。像我們捐款是捐給教會，然後教會統一去作。若莊先生有機會去鹽湖城，可以去參觀我們教會的福利廣場。在那裡面有準備好的衣服，那衣服都是已經用真空壓得非常緊的。醫療的藥材、器材，還有一些物資。當世界上甚麼地方發生災難時，她們可以隨時從那邊包一架飛機把這些東西送過去。把教友的力量集中起來，但教友個人要做甚麼好事，教會不會去阻止。

訪問者：基本上，教會整體上也是有個指導，而這指導就是按照您剛剛所念的教義？

梁會長：教會組織上作的是比較會去過濾，把錢用到正確的、會幫助人的組織上。而不會說，給了這個錢之後，其實跑到一些以慈善為名但實際上卻是中飽私囊。

訪問者：依保羅・尼特的觀點來看，宗教對話其實有一個最終的理想，就是要來解決人類和生態的苦難，以謀求人類和生態的幸福。那麼，對

貴宗教而言，您覺得人類和生態的未來是甚麼？

梁會長：我們有一部短片叫「人類尋求幸福或尋求快樂（Man＇s Search for Happiness）」。人到世界上來就是要得到幸福，如果我們作的好，有時候可能在今生會有一些苦難，但是就長久來講，能夠得到永生就是一種幸福。

訪問者：那麼在經典或教義之中是否也有清楚的教導？

蔡會長：是！

梁會長：在《信條》第十三條裏提到：「我們信要誠實、真誠、貞節、仁慈、有品德，並為所有的人作有益的事。的確我們可以說我們聽從保羅的教訓，我們凡事相信、凡事盼望，我們已經忍受了許多的事情，希望凡事都能忍受，任何有品德、美好、受好評或值得讚揚的事，我們皆追求之」。

蔡會長：像環保啦！生態啦！都是好事嘛！

梁會長：我們不局限在宗教，不管政府或者其他的組織他們有一些好的事情，那我們教會也會一起參與。

蔡會長：像有些落後的國家，我們教會會推行一種識字計畫，讓他們能有基本的閱讀、寫作、書寫的能力。

梁會長：現在大陸就有蠻多我們教友義務性的去教英文。

蔡會長：退休的教友去中國教英文或者是作人道的援助。

梁會長：去幫助他們那邊的人提高教育水準。

訪問者：再次感謝二位會長今天撥空接受訪問。謝謝！

附錄1-4：中華真佛心宗教會「宗教對話」
　　　深度訪談紀錄（訪談編碼003）

訪問人員：莊政憲

受訪人員：宗主　陳政淋先生

訪談時間：2009年9月21日，下午一點。

訪談地點：中華真佛心宗教會　桃園縣八德市茄苳路725巷79號

訪問者：宗主您好，感謝您今天撥空接受我的訪問。當代有一位非常傑出的思想家、他同時也是宗教對話理論研究家以及社會活動家——保羅・尼特。他認為，當今全球的人類和生態正遭受到各種苦難的威脅，包括：由於貧窮所造成的饑餓、疾病……等身體的苦難；由於濫用地球資源、破壞生態環境所造成的地球的苦難；由於錯誤與不公正的傷害所造成的靈性的或精神的苦難以及由於武裝、軍事衝突所造成的暴力的苦難。因此，如果從這個觀點來看，想請教宗主您，身為一位宗教領袖，對於現今全球人類和生態所面臨的各種苦難（身體的、地球的、靈性的、暴力的苦難）的看法是甚麼？

陳宗主：對於身體的苦難，這是個人的福報，再怎麼好的環境下，跟你前世的造業好壞，這都有關係。這是對個人來講是如此，但是對眾生來講，外國我不知道，在臺灣主要是水資源、農藥、空氣這三項。這三項會影響到我們未來身體的苦難。因為現代人最多的是甚麼？癌症。癌症是我們未來的趨勢，可是這不算是很大的苦難，因為每個人都有他獨特性的一個免疫力，對宗教而言也同樣是如此。那你說貧窮、饑餓、疾病，這本身對我們眾生來說跟個人的前世福報都有關，當然你如果福報好，說真的你這些病就會比較少。福報好，你身體會減少很多的病痛。你如果業障大，這些貧窮、饑餓、疾病就會比較多。福報好的時候，說真的對我們的生活環境

也會幫助很大啊！好比說，同樣是人，手伸出來有同樣長嗎？有些福報好的很好，有些福報比較差的，怎麼辦？就要比別人更加的努力。難道不用嗎？人家有好的福報是因為前世就種好了，你如果前世沒有種好，你這世有秀才命來講，但是你福報不好你享受人間的福祿就少，就會產生貧窮、饑餓和疾病。對於地球的苦難來說，濫用資源這是很正常的。因為你如果沒有開創？你就沒有建設。一般開創的話，現在的人有可能會過頭。但是過頭並不代表說一定不好，可是像屏東那邊，還是台西、雲林那邊，超抽地下水，結果現在比海平面還要低。現在還碰到地球暖化，沒多久那邊差不多幾乎都沉在水裏了。但是相對來說，我們人世間濫用水資源、還有濫用黑資源（石油），現在有很多客觀的環境，在我們人世間裏面，包括破壞的生態，我所說的是用我們的角度，沒有牽涉到任何一個宗教，我們有一套叫《大道系列》，全世界沒有人有，包括所有的經典都沒有人寫。在這套裏面有提到地球的苦難要如何去排除？因為在七、八年前，我們仙佛就有交代說，未來20年後會為水而戰爭。甚至20年以後，現在的人類還在用黑資源，可能到後來產生對地球生態破壞很大。在差不多民國60幾年（1970年代）的時候，我們臺灣已經有人用甘蔗和番薯來提煉。當時在日本很早就在用了，製造出酵素，然後製造出生質汽油，這是目前在巴西使用。臺灣是在民國60幾年的時候，有一位陳武行博士，他向政府提出申請，臺灣當時甘蔗和番薯很多，臺灣當時生活很貧窮，他因為有去日本留學和生活過，所以瞭解這個。所以他就是要將這一套帶回臺灣。他也有去發明，也向當時的國民黨政府提出申請，原本國民黨政府有答應，但是因為已經在石油方面投資了很多錢，當時的政府概念沒有像現在的人那麼全面化，後來在民國80幾年（1990年代）我們才再接觸到陳武行博士，但是這一套當時的股東拿去巴西，去那邊開發，所以巴西沒有受到世界石油經濟風暴，她就是用這種番薯、甘蔗提煉出酵素，酵素提煉出來因為沒有農藥，但是相對而言，現在臺灣人最多是甚麼病？農藥。所以提煉出酵素可以改善農藥殘毒，那時候如果有用，現在臺灣的科技不只這樣而已，還會是更先進的科技。所以說，濫用地球、水資源來講，這都簡單。我們仙佛

在講，未來你就要去深海，你拿深海那些可燃冰，這個還沒報導我們仙佛已經講了，媒體還沒報導，七、八年前我們仙佛已經講了，你要到深海水資源去。未來人世間有很多的車，不是在路上走而是在空中飛。有人聽了說我們是瘋子，但是十幾年前我們仙佛所講的都如實地已經在現在應驗了。包括差不多在六、七年前，當discovery頻道播出來的時候，人家才說你們宗教真的很先進。而且他先進都是告訴你說，他們不是地球人，他們只是來到這邊為了渡四億佛子，包括之前有個宗教，他們都跟她講要世界大同。那你世界大同如果沒有按照一步一步來走，你世界沒辦法大同。每個人誰都不服誰，所以你說濫用地球資源、破壞生態環境，包括未來他們也說，未來的人不用吃飯，你想到會很好笑吧！未來的人不用吃飯？未來的人也不會受到這些病痛。因為我們現在都可以用基因改造，他都告訴我們說，未來的人沒有所謂的癌症，因為癌症是現在這個時候才這樣，未來的人不用吃飯，吃錠劑就可以了，一顆錠劑裏面，一個禮拜、一個月不用吃，它可以緩和我們的新陳代謝，未來的人就會把好的基因全部提升，像我們現在只講DNA而已，對吧！很少人講到RNA，對吧！很少人講，甚至講到TNA的時候，根本就沒有人知道了，它會自主發光。所以一般我們看佛祖的像，只畫頭上發光而已，錯誤啦！人是全身發光，不是只有頭頂發光而已。那是為了要顯現與眾不同，所以他只有畫頭頂發光而已。

訪問者：接下來想請問宗主的是，您身為一位宗教領袖，您是否覺得應該要為這些苦難負責？

陳宗主：其實，我們真的在做了，我們已經在做了。當然你現在所說的，對於身體的苦難、地球的苦難、靈性的苦難、暴力的苦難，這幾年我們早就已經在做了。包括未來我們有一個「藍金企業」，是指所有的生化科技、太空科技都是指「藍金企業」。包含現在說的太陽能，還有一種你大概沒聽說過的「月辰能量」。「月辰能量」比太陽能量還強，我們只知道太陽能量很強，我們可以用太陽能量來造福我們人世間，但

是你不知道地球所處的是相對空間，既然有太陽的能量的話，那麼上面的也要求我們要從深海水資源去擷取未來我們人類所要運用的資源，包含可燃冰、包含未來還有CO_{3600}。CO_2、CO_{56}就很嚇人了，但他說未來你們會用要CO_{3600}，但是可能有些人會想說，你們是瘋子。包含現在臭氧層破洞，我們仙佛也有交代，要用甚麼去補啊！對啊！很簡單的，包括現在美國太空總署現在也沒辦法。但是中國過去有女媧補天，用甚麼補？用五方石或五色石。所謂五方石是金、木、水、火、土，金、木、水、火、土代表五色，你如果用玻璃在太陽光照之下會反射幾種色彩出來？七彩色彩對不對，那七彩色彩最主要是五個型色，在這五色裏面藍、黃、青、黑、白五色裏面，你要怎麼把它送到地球臭氧層去把它補起來？這我們仙佛都有說，在我們的書裏面都有說。為什麼？因為我們仙佛他講他不是地球人，由於地球生態一直暖化，所謂「人不按天理，天就不按甲子」，所以，未來人的災難會更多。所以對於這些苦難，我們早已經在做了，所以我們都很如實按部就班早在我們立堂之初，按照仙佛恩師一直強加要求我們一定要去做這些事，未來你如果不去做的時候，對未來的眾生會產生生活上更大的苦難。

訪問者：那麼宗主您覺得在這些苦難當中，有哪些是因為宗教之間的衝突所造成的？

陳宗主：我想伊拉克戰爭是宗教戰爭，那為甚麼會這樣？我跟你誰都不服誰。為什麼會誰都不服誰？就是說，一個是真主阿拉！他是先知嘛，他是永遠獨一無二的。一個說我天主基督，我獨一無二。如果照上蒼來講，這只是宗教而已，在宗教裏面本來只是各化一方，那各化一方的話就變成每一個宗教都是上蒼所化的。你父親跟我父親過去是親兄弟，是同一個爺爺生的，我父親和你父親是親兄弟，我父親和你父親難道沒有叔叔、沒有伯父、沒有姑姑？有啊！這都有啊！還有我母親，有我阿姨、我舅舅，這都有啊！難道說我父親比較差一些，你父親就比較偉大嗎？所以宗教就認為說，只有我父親是真的，你父親和他父親都不是真的。你認為呢？用一個

很簡單的就是說，天底下所有的宗教本來就是一體所化，一體所化到人世間，各教的聖人就是針對各地方去引渡，所以說「儒道釋耶回、同源本一家」，這就是我們比別人特殊的地方。所以，別人說單一宗教，我們說全體宗教。因為你的角度就是說，宇宙眾生，這些我渡的就是我的，他們會執著在這裏。那我們宗脈雖然引用真佛心宗，那可不可以用真儒心宗？可以啊！那可不可以用真聖心宗？可以啊！那可以用真耶心宗嗎？可以啊！可以用真回心宗嗎？可以啊！為什麼要用真佛呢？因為是說在人世間裏面，所有的人過去的成就在現在人的認知裏，佛比神、比禪還大，他們認為是這樣子。但講真的，你用甚麼名稱去把它歸納說你是最高貴的，那你是自己標榜自己，你對其他的，難到只有我父親才是最高貴的嗎？那你父親不是最高貴的嗎？你阿姨、你舅舅、你伯父、你叔叔、你姑姑難道不高貴嗎？對嗎？那都是我們一體所化的兄弟姊妹。在人世間裏面，你的和我的就要分那麼清楚？你若占我便宜，我就要用同樣方式回報，就是常常如此。

訪問者：所以，您認為說暴力的苦難有些是因為宗教之間的衝突引起的，那對於其他的苦難您認為跟宗教之間的衝突有關係嗎？

陳宗主：這個都有關係！因為每一個人他對於後學所教的，他會認為說我的才是真的，我的是真神，他們一直在鼓吹自己，鼓吹自己這是本來就應該也無可厚非的，但是就是你鼓吹自己你也要讚歎別人。那你能不能讚歎別人？你能不能肯定別人？你如果只肯定自己而不肯定別人、而不讚歎別人，你還要把別人比下來的話、還認為他不對的話？那這樣的話，所有宗教在真正的平等當中就沒有一個真正的平台，若這樣的話，你認為會不會產生爭鬥？

訪問者：所以，很多的行為本身都是因為宗教的教導所產生出來的？

陳宗主：強加於思想觀念當中，認為說我們所有的只有這樣子才對，只有我的才是真的、你們都是假的。

訪問者：所以，其實這些苦難都是跟宗教有關？

陳宗主：這本來就是，天地當中所有的苦難都是宗教所衍生的，包含我們中國也是一樣。歷朝皇帝一上台，對某個宗教比較信仰的話就排斥其他宗教。難道不是這樣嗎？我們坦白說，是一直到民國以後才改變這個情況。那你知道這個過程原因是怎麼產生的嗎？這個過程原因就是在340年前，差不多在明朝、清朝的交界之際，那時候清朝一上台應該實施選舉制度，那時候中國有一尊關聖帝君，還有孔夫子，是不是一文一武？對吧！在中國來講就是文武聖人。在340年前，在天界裏面，因為看到在地球空間裏面各個國家很多都是為了宗教、為了地權霸主，你看只要有一個朝代改朝換代，你看要死多少人？只要稍微一個改朝換代最起碼要死20幾萬人。

訪問者：那這個跟宗教有甚麼關係？

陳宗主：跟宗教也有關係、跟改朝換代也有關係。為什麼牽涉到宗教會牽涉到改朝換代？過去在中國是連誅九族，那你有聽過連誅十族嗎？很少但是有，十族是甚麼？朋友！我只是認識你而已，然後他出事結果你也被殺頭。跟你是親戚關係那也就算了，但只是朋友關係就被殺了，你心會甘願嗎？所以過去我們中國的朝代就有很多這種情形，連誅十族，只是朋友而已也不是太深交就被殺了，你那種怨氣會消嗎？絕對不消嘛！不消就產生甚麼？不斷的循環產生怨氣，排到哪裡就產生災難，天災人禍對不對！

訪問者：您剛才說有很多的苦難是因為宗教引起的，那誅十族跟宗教有甚麼關係？

陳宗主：誅十族跟改朝換代有關係，跟宗教沒有甚麼關係。跟宗教有關係是皇帝或者是各地區的高官想做甚麼會排斥你這個宗教，這就會有關係。

訪問者：您的意思是說，因為他以這個宗教為主，所以他的很多制度政策都是以這個為主，然後會造成很多的衝突？

陳宗主：例如，佛教進入中國和臺灣，佛教和道教也會產生對立和隔閡，

難道不是嗎？所以，我們上面有交代，要成立一個宗教大學。那勢在必行，而我們也朝這個目標在走。那為甚麼要設立一個宗教大學？就是說「有宗教的名項，而沒有宗教的門牆」。也就是說每個宗教都可以共事在一起，互相讚歎、也相互的鼓勵、也相互成全。你有聽說過關聖帝君現在是做第十八代的玉皇大天尊嗎？第十七代的玉皇大天尊姓張，在1960年左右他就準備退位了，然後由五教聖人共舉關聖帝君，當時實際上有五、六位，稱為五常真君子，當時關聖帝君被推舉當選，這是整個天界去投票的，推舉出五常真君子，但有一個但書是有下到凡世間來當人，那有下到凡世間來當人的就只有他一人。所以在340年前，再拖差不多200年之後，天界已經開始共舉這個制度以後，耶穌教在美國、歐美當中就開始實施民主制度。到了140年前，在這200年期間，關聖帝君都很謙虛，認為比他行的還很多，為甚麼要他出來當？一直到140年前，差不多在清朝末年光緒那個時候，他才開始勉為其難答應說好他來做。他做了之後開始在人世間當中實行三綱、五常、四維、八德。

訪問者：相信宗主你有很多跟其他宗教交流的機會，那您是否認為每個宗教都有她的價值和優點？同時在這種交流過程中，您會不會覺得藉由這樣的交流，反而能讓你對自己原本的宗教信仰產生更深一層的體認？

陳宗主：其實每一個宗教都有她的優點、都有她的不同、也有她值得肯定的地方。因為一個宗教能傳到現在，都有她很特殊的地方。那特殊的地方都是我們必須讚歎的，那她不足的地方是我們可以幫她彌補的。全世界沒有人敢這樣講，唯獨我們宗脈，我們就是敢這樣講。那為甚麼我們敢這樣講，就是這個「崇心人文科技大學」，「儒宗聖教、演繹五教、儒道釋耶回、同源本一家。真佛心宗、不分彼此、顯真如自性、大道普天下」。為什麼要做「崇心人文科技大學」？這是一個沒有宗教門牆，融合五教和平的綜合國際大學。有人說，現在學校多，大家都要關起來了，你不一定要教育孩子啊，你可以教育大人啊，對吧！你雖然有辦法大學畢業出來，但你對人世間的心靈醫學，因為在心靈醫學裏面，一般人空虛，他有很多

錢，就是整天一直努力但他心靈上空虛，空虛的話每個宗教都可以滋潤他，你到那邊去最起碼他不會做壞事，對不對！他還可以幫忙這個宗教來做弘揚，那你何樂而不為？我們就是要做這個動作，讓所有的宗教可以更好的相互包容、相互讚歎、相互成全。那我們在人世間才真正的為上蒼把所有的宗教都和平的相處在一起，那也是人世間所應該有的基本條件。我的宗教、你的宗教，不好意思，不一樣，我的宗教比較優秀！愈大的主事者他沒有這種心胸，因為他過去的教育就是如此，那為什麼今天我們有這麼寬大的心胸？就是說，你可以包容所有的宗教啊、你可以附和所有的宗教啊、你可以去消除團結任何宗教啊、你可以平等任何宗教啊，你為什麼不要做？那就是我們仙佛恩師所教導的教育、教化。

訪問者：所以，就是各宗教一起來，因為宗主剛才也提到說比較大的宗教本身就會認為說我就是最好的，那麼有沒有可能說我們大家討論，去共同制定出一個大家可以共同遵守的全球倫理規範？

陳宗主：可以啊！我們現在就已經在做倫理規範了。那所有宗教的倫理規範，第一個，其實在我們的整個《大道系列》叢書，我們仙佛恩師教導我們，就是要和平相處，因為我們人都會爭奪說你的和我的，而沒有辦法打破一個思想觀念說，你值得肯定、值得我們稱讚，而我的也值得你肯定、也值得你稱讚。這個才是真正叫做互相。就是要打破宗教的一個隔閡和唯我獨尊的觀念，要大家一起來，各渡有緣。

訪問者：接下來想再請教宗主，您覺得說如果各宗教之間要進行對話的話，應該要如何展開？要用甚麼方式比較合適？

陳宗主：其實你今天要真正對話，你就要進入國家殿堂。比如說現在內政部有一個宗教合法化，目前裏面有27、28個單位，這27、28個單位大家就可以共同來發言。但是相對來講就變成是說，天主教跟基督教很少跟外面的對話，神愛世人，神愛世人它沒有發覺到，神也愛任何一個世人。其他宗教她也應該愛，但是她沒有做到這一點，她只是愛她底下的人。為什

麼今天我們要設立一個崇心人文科技大學？就是說，我是宗教，但我沒有宗教的門牆。我們要結合所有各宗教來為了未來人類的教育、教化。你的好，也要贊成別人的；我的好，也要肯定別人的。要互相交流、要有一個平台。我們仙佛交代要結合全世界「九九八十一」所正規大學當姐妹校，這樣才能由大學來影響。「九九八十一」是點，你才能影響到面。

訪問者：那現在這所大學已經向教育部申請了？

陳宗主：還沒！之前本來要在民國93年（2004年）、94年（2005年）期間要出來，因為有很多原因之下到現在還沒有完成。未來因為臺灣的大學會愈來愈多，愈來愈多會愈來愈收，然後一些大學會收起來，那未來我們就是用買的，直接買大學來改名。否則你現在政府規定要押七億，再加上設立基金總共要十二億，要押十二億在那裏。如果是這樣的話，對一個宗教大學而言，你倒不如去用買的，買一個大一點的，然後再改名。那對一個大學來說，你要靠甚麼來支援？你要靠旗下所有的這些公司來回饋給這個大學、供給給這個大學，你這樣的話才沒有後顧之憂。這也是我們仙佛所教的，不要把宗教當宗教經營，你會死得很難看！要把宗教當做企業來經營。因為，你如果當作宗教來經營的話，如果眾生不給你捐款呢？因為今天我們不是佛光山、不是慈濟，今天我們說真的我們沒有辦法跟人家去比，如果你要做大的話，而且未來對於人世間更有利益你就要結合世界大學，一定要有一個宗教大學跟世界平起平坐，而且要有科技、要有人文，就是要告訴你人文當中保持傳統優良的倫理道德，而且開展未來科技，朝向更蓬勃發展。這是我們的目標，也是我們本身要走的路，而且我們目前也是按照這樣在走。

訪問者：所以，宗主您也會認同就是說，各宗教之間大家應該共同攜手合作來解決這些苦難的問題？

陳宗主：本來就是這樣，你如果沒有從宗教的教育、教化去紮根的話，而且要從小就開始紮根起來，不然等到你長大要去改變他很困難。

訪問者：那宗主您是否也認同，就是說各宗教我們一起來做、一起來解決人類和生態的苦難，同時藉由這樣的合作可以促進各宗教之間彼此的對話？

陳宗主：會更融合，因為宗教間的對話我們已經開了好幾次會了，這是我們應該做的，而且也是為了未來世界大同、教育、教化在鋪路。我們也不會計較成本多少，我們只是做我們該做的東西。

訪問者：剛剛宗主您也說，對於解決上述的這些苦難您都已經在做了，那在貴宗教的宗教實踐當中，都有哪些比較具體的作為？

陳宗主：第一個教育、教化要紮根下來，不是一天、二天就可以看到成績的。好比以慈濟來說，也是這一、二十年才發展起來的。在之前的二十年雖然有人去，但不是被很多人所認同。包括說我們現在十三年了，但是在八、九年前我們就已經紮根在做這些事情。所以這些大學只要是有宗教系的，我們都會跟他們互相做touch、互相保持聯絡。只要有甚麼學術研究會、只要用的上我們的，你通知我們，我們就一定會去。如果要比較具體的話，第一、你先要改善他的環境；對於苦難，你如果沒有給他飯吃，你要叫他如何？相對於現在外國很多宗教團體都有這樣子做，包含天主教跟基督教，尤其是基督長老教會，他們是已經做了很徹底。但是他們做了很徹底只是對於他們教會的成員而已，對其他的人他們就沒有。例如長榮集團的張榮發，他是一貫道興毅組的，他對於菩薩立願說，只要他的公司開到哪？他的道就行到哪。所以他的道就是只要他的東西到哪（就是指港口）？那個港口裏面就有設他的道場。那他就是受益他的這些人。但是相對來看慈濟，她有很多優點的地方，對不對！你全球各地都有她的慈濟人，你只要有災難的地方，你第一個看到的是甚麼？藍衣服的，那些師姐第一個到現場，全世界每一個地方都看得到。但是她只有做人間的菩薩、去幫助別人，但在這教化的過程她沒有很徹底。她沒有從心靈上去提升，為甚麼心靈上可以去提升？心靈上去提升就是說，要從我們的眼、

耳、鼻、舌、身、意，你要去真正的改變。我們中國人說「助人為快樂之本」，但是真正要幫助人，助人不是快樂，助人本來就是應該、助人本來就是無為、助人本來就是理所當然。你認為助人為快樂之本，你心裏覺得很輕鬆，你今天幫助別人，結果你也產生了「耀心」。對一般眾生來講是對的，但對一個真正有修持的人，你跟他講「助人為快樂之本」，那你就錯了。你要真正幫助別人的話，你要無所求，你甚至連那個念都沒有。那你認為說，你去幫助別人，而不要想得到任何的回報、也不要想說去宣揚我們的名聲，自然而然當中去做就是無為。

訪問者：也就是說，您們在做這些宗教實踐是很自然的事情、是本來就應該做的，而不是說要為了這個宗教的發展？為了得到好的名聲？

陳宗主：對於想要真正提升來講，在你的八識裏面已經輸入了「助人為快樂之本」，但相對來看，就代表說你在人世間所做的是「陽善」。你只是在人世間做「陽善」而已，你在人世間得到好名聲、得到未來我的福報。「我做人，我在慈濟修得多好」，修得多好你會跟別人講嗎？修得好不好是人家看你的行為，不是自己說我今天修得多好。沒改都不會好，人就是有缺點。甚至有人說，你就是這樣，前輩子沒做好，這輩子才受苦受難，你就是這樣，今天如果不是我幫助你，你今天就過不了關了。所以，有些人就會舉高，認為幫助別人很了不起，如果用這種心態的話，我相信對於受施者，他心理上會很不舒服。幫助別人，不留名，感恩。大家有這個緣，互相成全。未來再遇到這個問題，不要重蹈覆轍。跟人家結一個緣，不要說我今天幫助你我很了不起。真的人世間有很多這樣的人，這種眾生也很多，這都是教育問題。

訪問者：那在真佛心宗所做的宗教實踐或社會實踐當中，有沒有比較針對上述所提到的這些苦難問題的解決？比較實際的作為都有哪些？

陳宗主：我剛有說，第一，你先要救助他的生活，讓他沒有後顧之憂。最起碼能夠讓他去上班。是不是這樣？你在你的事業體裏面就要有這些東

西，這個人如果還是可造之材，你就把他安插一個職位讓他去上班、讓他去顧他的家庭，難道不是嗎？如果今天，他能夠上班了，他最起碼不會苦難，難道不是嗎？那如果說今天你讓他苦難，他今天就已經沒錢了，我明天的飯在哪裡？我今天不知道，那會不會很苦？一個人沒有問題，一個人飽了就代表一家人都飽了。但如果說家裏有妻小的，再加上小孩從小就要繳學費甚麼的，你能不能幫他徹底解決困難？這個在天主教和基督教在國外是很多，他們都已經作很多了。我們現在只是在拿他們的優點在實施我們應該做的。我們認為應該是這樣子，而且讓大家能夠有一口飯吃。第一個你在宗教裏面教導他心性能夠提升，而不要去執著說我要在人世間賺多少，你賺多少是你的福報，你可以領一份薪水、二份薪水、三份、四份、五份、六份、七份、八份、九份、十份，你有沒有那個本事？你沒有那個本事你就不要這樣去妄想。有些人有那個本事他可以得到一百份薪水，對不對！就像郭台銘和台積電那些人，人家一個月就可以得到幾百份薪水，是不是？所以你說，人比人會氣死人，有些人二萬塊可以養家餬口，還可以存錢。有的人賺五萬塊，還會負債、還會跑路，怎麼會差這麼多？思想觀念他能不能知足而常樂？人的計算、人的打算，都不如天算。

訪問者：那貴宗教在做宗教實踐或社會實踐的時候，大部分是貴宗教自己單獨做？還是會聯合其他宗教一起做？

陳宗主：我們目前都是自己來，因為我們要自己來做出成績之後，我們才能夠跟其他宗教，按照這個模式。其實我們是拿別人的模式，別人已經有的模式在做。

訪問者：就是拿別人已經有的模式來學習、然後去做，等做出成績之後，再慢慢聯合其他宗教一起來做？

陳宗主：對！包括現在一貫道的寶光組，寶光祖在30年前從臺灣去南洋時才一千萬，那30年後現在多少你知道嗎？幾百億元。現在很多外國天主教和基督教的教會也是如此，為什麼我們今天不用一般的宮、壇，而是用教

會？因為用教會，你對外的感覺，人家講說你這個比較不同。是不是這樣子？你看天主教會啊、基督教會啊、佛教會啊、道教會啊，那跟一般的寺廟、宮、壇層次有沒有差很多？而且我們所有的想法不是我們很厲害，而是來自於我們仙佛恩師他很多的教導，而且他是對於主事者相當嚴苛，錯誤的話，他是把主事者當場拉起來當場給你沒面子。不像一般宗教，仙佛對主事者畢恭畢敬，沒有這回事。我們仙佛是比主事者更大、大好幾倍，他把主事者拉出來當場殺雞儆猴。那如果你主事者認為說我們仙佛為什麼讓我沒有面子？就是要給下面的人警告說，你今天主事者這樣不對，如果你也是有這樣的毛病，你也要改變。如果你認為說仙佛今天很不給我面子，那你就會產生對立，你如果這個角度上你不能克服的話，永遠主事者你只是在人世間，哇！我們宗主怎樣……，你只會迷失在掌聲之中。你在人世間你沒辦法服侍人了，之後呢？到天上你可以服侍眾神嗎？比你更大的還有一大堆呢！你在人世間你都不能服侍每一個人，每一個人都是你的兄弟姊妹，也都是跟你一樣平起平坐。

訪問者：那麼在貴宗教的教義和經典裏面是否清楚教導要如何進行宗教實踐與社會實踐？

陳宗主：其實這裏面（《大道系列》）都有清清楚楚的教導。

訪問者：宗主就您的立場來看，您剛剛也提到說每個宗教都有她的價值和優點，那更具體來說，您覺得每個宗教都有哪些價值和優點？

陳宗主：第一個，教化人心、引渡有緣這個是最基本。再來是，散播歡樂、散播大愛，這是每一個宗教都有。原則上就是說，以佛教來講就是慈悲、以道教來講就是無為、以儒教來講就是惻隱、以耶教來講就是博愛、以回教來講就是清真，每個宗教都有具備，但這當中實施最好的是誰？耶教。

訪問者：對於真佛心宗來講，您本身的教義就是強調五教融合，那您跟其他宗教有沒有比較實際的交流經驗？

陳宗主：在耶穌基督聖誕時我們一定會去到基督教會或天主教會做禮拜，我們大約都會提前一個禮拜去。我們大概在十二月初就開始放聖誕樹，大概放到過年後我們才收起來，足足一個多月的時間。我們只要仙佛恩師聖誕，我們會唱四種歌：第一個是臺語、第二個是國語、第三個是日語、第四個是英語。我們跟仙佛祝壽都一律是這樣。

訪問者：因為，對貴宗教來說，您們是五教融合，不過對其他宗教來講您們也是一個宗教，算真佛心宗。

陳宗主：你剛剛有提到，我們有沒有具體的對他們的一些支持，講實在的，只要他們有用到我們的地方我們絕對義不容辭。基督教和天主教比較有排他性，唯獨在這七、八年來，真理大學，她是用學術的角度會跟你相互結合。像現在輔仁大學偶而也會，但不是輔仁大學本身，而是他們的一些教授。而且我們也有參加臺灣宗教學會，他們裏面只要有甚麼活動都會通知我們。

訪問者：那除了傳統的五大宗教之外，還有其他的新興宗教，那您們有沒有機會和他們相互交流？

陳宗主：其實我們對任何宗教都不會排斥。因為你不要只有說五大宗教，其實所有的宗教都是，除了姑姑、阿姨、伯父、叔叔之外，難道他們沒有親戚嗎？對不對？天底下任何宗教都必須要相互讚歎，不只是光對五大宗教，因為天底下所有宗教都是平等的。好比說今天我們真佛心宗，我們裏面是用道教的體系，我們又用儒教的扶鸞方式，而我們的扶鸞方式和別人的又不大一樣，我們也有拜懺，一般道教沒有人在用拜懺，只有佛教才用拜懺，但是我們是真佛心宗，我們是用道教、又有佛教，所以他當時就是不要給你分甚麼宗教，包含今天，我說我們又是入基督教、又是入天主教，大家說你們好像雜菜麵一樣，沒辦法從小就是這樣開始的。所以，耶穌聖人他們也經常會來，但是有很多人都認為說我們都是邪魔歪教，沒關係你認為就好、你高興就好，但是我真的就是有這些東西，不是空口說白

話。

訪問者：因為真佛心宗本身就是強調融合的、五教融合的一個宗教，而且您本身也可以直接通神靈，那有沒有您實際跟其他宗教交流的經驗，可否談談您的感受？同時您除了直接可以通神靈之外，那在跟其他宗教的交流過程中有沒有可以從中學習到甚麼？或者甚至是從他們身上可以進一步對原來的宗教信仰產生更多、更深一層的體會？

陳宗主：太多了！慈悲和博愛是第一個，接下來是福德，再來是智慧。太多了，將近有十種，那是甚麼？那是能量體。你說我們做了甚麼？實際上我們不會去宣揚說我們做了多少，我們都已經按部就班在做了，至於效果上那要等到未來，真的我們成功了，原來一路上走過來就是這樣。

訪問者：您們的教義和經典主要是根據仙佛的指示來完成的，那在仙佛的教導中有沒有清楚地教導要如何對待其他宗教或要如何跟其他宗教相處？

陳宗主：不要跟人家相比，不要跟人家比高比大，不要去排斥任何宗教。第一個就是不批評人家、不標榜自己好，要互相讚歎，而且每個宗教要互相融合，而且我們也提供她們經典不足的地方我們幫她融合。所以，我們的《大道系列》就是未來要入彌勒淨土內斂的精修課程。仙佛說，五百年後有宗教名項，沒有宗教門牆。所以我們現在是在為五百年之後鋪路，也是為了在二十一世紀這一百年裏面所有未來眾生的福祉在鋪路。所以我們是大道先鋒部隊。

訪問者：那宗主您本身是否也同意這種跨宗教之間的合作？

陳宗主：不是我同意，是我們勢在必行，這是仙佛一直很強烈要求的。就像仙佛常講的，他們不是地球人，他們離開地球看有情空間的話，佛和魔是同一個、佛與魔同一體，人是佛與魔的綜合體。對不對！稱讚你一句，馬上就很高興、對你就好印象；但是反過來批評你一句，你感覺如何？待

會會發生甚麼事？所以人就是如此，佛和魔的綜合體。如仙佛所講，離開地球空間看有情眾生，當該是佛與魔的同一體。

訪問者：所以您也同意說，宗教之間應該要一起合作來做事、一起來改變？

陳宗主：本來就是，這是人的私心而不是上蒼的指示。絕對不是聖人的意思，而是人的私心。人的私心導致人無法改變過去，就比如說，這是我的、這是你的，就有你我的分別。

訪問者：因為，這是目前的情形，人世間有這麼多苦難，所以通過跨宗教之間的合作可以來解決這些苦難，同時也增進彼此間的瞭解和對話。因為人世間就是這樣的，您們瞭解仙佛的指示、他的盼望、他的理想，所以您們照這條路來走，那有沒有比較具體的跟其他宗教之間的合作方案？

陳宗主：我們上面的老闆，我們稱為大老闆。和天主教、基督教的天父是同一尊。基督教說聖父、聖子、聖靈是三個同一體，其實三個是不同體。聖父是聖父、聖子是聖子、聖靈是聖靈。我們上面的一直跟我們強調說，你真的不要去分別，不要去分別任何一個宗教，也不要去排斥任何一個宗教。不管新宗教、舊宗教、大宗教、小宗教都要去融合，因為離不開人世間天地的演繹。你如果認為說，宗教誰的正確？只不過她做的比較好而已，還是說她今天剛出來而已。因為她已經做了一段時間了，她有她基本的信徒，我只要走穩我的腳步就好了。原則上就是說，他要讓你打破所有宗教的界限，不要去分任何的宗教，如果你去分任何的宗教的話，那他今天所教給你這些思想觀念就完全白費了。

訪問者：那有沒有比較具體的都做了甚麼？因為仙佛的教導是教導給您們，但對其他宗教來講，她們可能也不知道、也不一定有接觸？

陳宗主：對！但是現在有很多宗教她們都有這種觀念。這十幾年來我們也

經常跟她們互相融合在一起，包含所有的學術、包含所有的法會、包含人世間所有這種開會的，我們也經常在做。

訪問者：那有沒有比較具體的，你們一起去做甚麼事？

陳宗主：經常做。

訪問者：比如說這次的「八八水災」，有沒有一起去做？

陳宗主：我跟你說，「八八水災」臺灣人太多人做了。我們拜懺我們都有做，那你說要到外面做的話，我們也有參加幾個團體，那都是最基本的。你說我們要去跟人家合作，第一個你是小團體，人家不甩你。對不對？你看哪些電視台，你如果不是大團體，沒有人會理你。對不對？你只不過是一個小團體，你幾個人在做，新聞不會給你報導。他都給你報導大的。你再怎們做就是說，我們有在做但新聞不會給你報導。今天如果佛光山出來做，媒體會去報導嗎？會嘛！有可能嘛，媒體會去嘛！慈濟出來做，媒體會不會去報導？會！但是今天如果是一所國中去或是一個教育團體去，媒體會報導嗎？不要說我們哦，因為媒體的版面只要這麼多，每次報都是那幾個。而且經常報不好的，好的有報但是很少。所以你有沒有覺得說現在社會是甚麼在殘害？是媒體在殘害。

訪問者：最後一個問題想請教宗主，當然宗教對話的目的是要去解決紛爭，但是保羅•尼特認為，宗教對話最主要的目的就是要去解決人類和生態的苦難，去謀求人類和生態的福祉。宗主你也是身為一位宗教領袖，不曉得你對人類和生態未來的看法是甚麼？

陳宗主：如果只靠宗教去做，難做。因為有的人根本不相信宗教，對吧！我剛剛講過，甚麼最黑？「黨」最黑（尚黑）。你如果佛教來做，今天道教、回教、天主教會認同你嗎？你宗教只是在做一部份而已，你不能用宗教去作到全部，不可能！因為宗教只是在教化人心這一部份可以，教化人心、心靈上的提升可以，你八識若沒有提升，你無法善化。

訪問者：所以說，宗教所做的是在很重要的教化這部份，那對於其他的部份就必須要集合其他的力量來做？

陳宗主：其他部份一定要靠社會，那靠社會是甚麼？一定要集團，要有好的集團，那好的集團就是說對眾生的福祉、對人類未來的福祉福報，你要先作起來放。所以仙佛恩師一直很強調，你現在就要規劃全盤，你不能把宗教帶入這個，人家不會相信。他說未來五百年就沒有宗教了，你還要用宗教作甚麼？他很現代哦！他說你們現在只是科學剛起步而已，未來沒有宗教，你必須要用集團，世界有很多大集團，大集團當中就是要創造人類的福祉。這部份就是說，你宗教是輔助、大學也是輔助，你集團才是真正的。你如果是一個好的集團，她會造就有多少人的福祉？不是像私人集團說，只有我好就好，這種集團是沒甚麼用，你要說真正能造福人世間的，而且不會認為說自己有多麼了不起，那才是真正未來人類世界當中，不要說救星，人類世界就是要這樣做。而這也是玉皇大天尊玄靈高上帝的政策，我們就是按部就班在執行他的政策。所以你說具體嗎？我們真的很具體；那你說有在執行嗎？我們已經在做了。那你說未來的成果？你要到未來才看得到。你說現在看得到嗎？看不到！我們現在只是按照他的計畫、按照他當時的schedule，你甚麼時候要做甚麼？甚麼時候要做甚麼？這個部份作到哪？這個就是我們的思想觀念，是來自於仙佛的，他一直很強烈的要求我們，他不跟任何人去比高比大，我在書裏面就有寫：「不可同其他宗教比高比大、不可輕視所有宗教的信仰、不可損壞宗教信眾、不可為非作歹」。這裏面的話就是我們最基本的教義。還有我們今天為甚麼會設立「崇心人文科技大學」的動機，這裏面都寫：「成就世界大同、實踐蓮花淨土」。我們現在只是按部就班在作，可能假以時日你改天有空再來的時候，你會說，宗主你以前講的你們現在都開花結果了。我們現在開始播種，我們已經播種一段時間了，我們未來真的開花結果，你說要具體，到時候才能拿到。我們現在只是在執行動作當中，你說要具體，現在沒有看到具體，包含慈濟說，慈濟具體的東西你可以去看嗎？有啊！她有影片記

錄啊！我們那上面也有啊！你只要點真佛心宗四個字我們網路上都有。其實講真的，人世間離不開甚麼？教育、教化，思想、觀念，行為、動作。你若有那個思想，你就有那個行為動作，有那個行為動作，你就有那個結果。我們現在是在思想跟動作，結果還沒出來，看未來。那為甚麼我們今天可以作到現在這個局面？跟我們的思想有關。第一個，仙佛所教導的他不會對你有任何保留，而且他還會給你有很多的賜良言，都不是我們人世間所想像得到的。包括一個宗教平等，你若問別人，沒有一個人不會說他不是天下唯一的。大家都是天下唯一的，你要叫他讚歎別人，怎麼可能？那種心胸和眼光就不同，那個我們也遇到很多，所以今天唯有我們把宗教大學設立起來，才能在世界的舞台上跟人家平起平坐，不是要跟人家去爭權作龍頭老大，我們沒有這個思想觀念，我們只是在執行上蒼——玉皇大天尊玄靈高上帝所交付給我們的使命。因為我們的老闆就是他的兒子，誰你知道嗎？關平！三國時代的關平，關公的兒子關平，關公作玉皇大天尊，所以他的兒子就起來做南天主宰，他是我們的大主席，所以我們是針對我們的老闆所交代的來作。我們也不知道能不能做好，就是盡全力去做，至於能不能作到甚麼條件，就由上蒼去安排，他把話都下到《大道系列》，我們就按部就班去執行。

訪問者：再次謝謝宗主今天撥空接受我的訪問，謝謝！

附錄1-5：彌勒大道總會基金會「宗教對話」 深度訪談紀錄（訪談編碼004）

訪問人員：莊政憲

受訪人員：院長 汪慈光先生

訪談時間：2009年9月23日，下午二點。

訪談地點：彌勒大道總會基金會　新竹縣峨眉鄉湖光村14寮1號

訪問者：院長您好，感謝您今天撥空接受我的訪問。當代有一位非常傑出的思想家、他同時也是宗教對話理論研究家以及社會活動家——保羅‧尼特。他認為，當今全球的人類和生態正遭受到各種苦難的威脅，包括：由於貧窮所造成的饑餓、疾病……等身體的苦難；由於濫用地球資源、破壞生態環境所造成的地球的苦難；由於錯誤與不公正的傷害所造成的靈性的或精神的苦難以及由於武裝、軍事衝突所造成的暴力的苦難。因此，如果從這個觀點來看，想請教院長您，身為一位宗教領袖，對於現今全球人類和生態所面臨的各種苦難（身體的、地球的、靈性的、暴力的苦難）的看法是甚麼？

汪院長：最近在網路上有看到一則消息，這是英國廣播BBC的一則報導：英國「新經濟基金」組織不久前對全球178個國家及地區做了「幸福指數」大排名，不起眼的南太平洋島國「萬那杜」當選為地球上最幸福的國家，這項統計的其他前五名都是南美國家。萬那杜並不是一個富有的國家，這國家為什麼能這麼快樂？能快樂到有沒有錢都很快樂，錢對他們的生活來說已經不是最重要了。並且在其他前五名的南美國家都是發展中國家，也有社會治安的問題，可是他們卻是很幸福、快樂。所以說貧窮、疾病、饑餓，應該不是造成苦難的主要原因之一，苦難應該是心態的問題。全球的經濟大國中，包括美國、日本、德國、法國、英國、義大利、加拿

大，這些八G的國家都排在50名以後。美國排到150名、日本排第95名、英國排到108名、俄羅斯排名第172名，這些都是全世界第一、第二大經濟體系的國家，物質生活豐富到不得了，整個社會福利也很好，衛生健康各方面都不是問題，環境都很不錯。除了美國比較亂一點之外，日本的環境就非常乾淨整齊、物質生活又非常豐富，那為什麼美國排到一百名之後？日本也排名到第95名？而一些發展中的國家，經濟能力不強，治安又不太好，社會福利也不夠，為甚麼調查出來的結果卻是全世界最幸福國家的前幾名？所以說，這應該是心態的問題。

　　彌勒大道是以信仰彌勒為主，彌勒佛的心法是教導我們「和諧」才是最重要的。而英國這份調查報告，也讓我們深思：世界上的一個窮困小國，為什麼會成為最幸福、快樂的國家？「親情」！在家庭中，夫妻、父子、父女、母子、母女之間的親情很濃厚，整個家庭很和諧。有「和諧」，一家人就能共度苦難，即使貧窮仍然可以過得很快樂。好比現代化的社會，富裕的家庭有很多，可是並不是每個富裕的家庭都幸福！為甚麼？因為家庭不和諧。所以在彌勒佛的教誨之下，彌勒大道強調「和諧」是人類二十一世紀的主流價值。和諧，才有幸福快樂可言；不和諧，談不上幸福、快樂。彌勒佛是全世界所公認的快樂佛、歡喜佛，彌勒佛之所以展現歡喜與快樂的精神，其根本原因是和諧。彌勒佛教導我們要跟天、地、萬物和諧；跟每一個人和諧；跟所有的生命和諧；跟飛、潛、動、植和諧，和諧才能營造出一種幸福、快樂的環境。所以您這裏所講到「身體的苦難、地球的苦難」，人類與生態今天會面臨這麼多的苦難，一言以蔽之就是我們沒有做到和諧！人類不懂得跟地球和諧，只會濫取資源，甚至就是濫墾、濫伐、濫植、濫建；破壞大自然，不知道與大自然和諧、好好的生活在一起。所以，人與人之間如果能夠把和諧真正地建構起來，那麼身體的苦難、地球的苦難、靈性的苦難、暴力的苦難，這些問題應該就可以根本解決。探究解決「身體的苦難」的這個問題，如果我們只是做到：他沒有飯吃，我拿飯給他吃；他沒有衣服穿，我拿衣服給他穿；他沒有屋

子住，我蓋屋子給他住……，這些都是好事，但是這只是暫時解決身體苦難的做法，一個人的「心態」若是沒有改變，他身體的苦難不可能得到真正的解決。

　　我們就事論事，像這次「八八水災」，說實在的，看到有些災民的反應，令大家真得感到內心難過。有些宗教團體很熱忱到災區救災、賑災，從早到晚很辛苦忙碌，還煮了飯菜給災民吃，素食便當一盒盒的發送，有些災民不但不感激還不接受，非大魚大肉不吃。大家都已經在天災的困境之中，應該要感恩與珍惜所得到的一切飲食，然而事實上，許多災民的心態並非如此，所以這就是我們講的心態問題。我們若是懂得和諧，就要有感恩的心！和諧是什麼？和諧就是一種感恩、一種歡喜、一種喜悅、一種包容、一種寬恕、一種體恤、一種關心、一種關懷、一種安慰、一種鼓勵。和諧的內涵是很豐富的，和諧能營造出人與人之間一種很美好的人際關係，那是一種互相信任、扶持、溫馨、溫暖、充滿幸福的人際關係。所以說，和諧讓人與人之間的高牆、你我彼此間的防範之心瓦解了。和諧，小至人與人之間的關係可以得到莫大的改善，大則讓一個國家變得國泰民安，讓社會安寧和諧，家庭也能幸福美滿。

　　和諧可以從兩方面來講：一種是「內在的和諧」，是我自己的身、心和諧，就是自己跟自己和諧。自己跟自己和諧，身、心、靈都能得到非常的安寧平靜，心情不會忽好忽壞，情緒不會忽高忽低、喜怒無常。一個能夠身心和諧的人，他神清氣爽、心境平和，不會輕易憂鬱、隨便動怒、怨天尤人或悲觀頹喪。因為一個人的情緒不穩、忽好忽壞，當然會影響到人際關係！如果你本身在火冒三丈，人家就不願接近你；如果你總是憂鬱、面無表情，人家也不願接近你，如此人際關係一定大受影響。如果自己跟自己和諧了，身、心、靈都很安寧平靜，時時流露出滿足、喜悅與快樂，如此人人都喜歡跟我們在一起，自然能享受到和諧的人際關係所帶來的幸福，這也就是第二種和諧「外在的和諧」，從自身的和諧進而與天、地、人、萬物都能夠和諧。所以和諧的意義很重大，自己跟自己和諧是第

一要務。自己跟自己和諧以後，進一步我跟爸爸、媽媽和諧，跟先生、太太和諧，跟兄弟姊妹和諧，跟兒女和諧，與所有的家人都要和諧。進一步與我的長官、同事同仁、下屬都要和諧，和諧的人際關係讓人與人之間的距離愈來愈近，疏遠、隔離、冷漠、疏離就會慢慢地淡掉。現今雖然科技這麼進步、資訊這樣發達，可是人跟人之間的距離好像愈來愈遙遠，人的關係愈來愈冷漠，這就是因為和諧沒有建構起來，而人的問題正是一切苦難的根源，所以我個人的淺見是：要解決身體的苦難、地球的苦難、靈性的苦難、暴力的苦難，根本的解決之道就是一個和諧。

訪問者：那麼，對於這些全球性的苦難問題，院長您身為一位宗教領袖的立場，是否認為應該要為這些苦難負責？

汪院長：我們都是為眾人服務、幫助大家的服務員，不敢說宗教領袖。我們的職責就是要服務大家，所以面對全球性苦難的問題，良心的使命之下，我們百分之百的要負責。地球是我們共同的家，彌勒佛宣導地球一家、世界一家、天下一家、萬國一家，甚至萬教一家。所以在彌勒大道的角度來看，基督徒、天主教徒、回教徒、佛教徒、印度教徒、摩門教徒、猶太教徒、東正教徒……，不論各門各教、還是無神論者，我們都是一家人。我們根本源頭就是一家人，信仰不一樣沒關係；國籍不一樣沒關係；種族、民族、膚色不一樣沒關係；文化不一樣、信仰不一樣沒關係；風俗習慣、語言不一樣沒關係；再多再多的不一樣都沒關係，但是不要忘記我們根本源頭都是一家人。這怎麼證明呢？您跟我現在看這桌上的毛巾都是白色的，全世界有60幾億人，每一個人來看這條毛巾都會是白色的。剛剛我們喝的咖啡，我想全世界60幾億人喝的味道、感覺都應該是一樣的，有些苦、還帶有甜甜甘甘的，這是因為每個人的覺性一樣，所以我們根本源頭都是一家人。人類要和諧，就不要看不同的差異，看不同的會爭執、摩擦、不合……。人類從古到今，因為都是看不同的，所以才會爭吵、沒完沒了！如果我們看彼此間相同的，即使你跟我的宗教信仰不一樣，我們還是一家人。信仰是自己的事，要選擇什麼信仰是個人的事，可是不要忘了

我們還是一家人，大家都是相親相愛的兄弟姊妹，這也是彌勒大道之中很重要的人生觀、價值觀、生存觀、生活觀。

訪問者：那麼，如果說，要為全球的苦難負責的話，那依照院長您的看法是會怎麼樣來具體負責？

汪院長：這是一個非常大的事情，也不光是我們這個團體可以去完成。這是要全世界所有不同宗教信仰的人，一起奮鬥和努力而完成。就拿這次「八八水災」的救災工作，在災區我們看到各個宗教團體，大家為了救災，各自的宗教色彩先擺一邊，信仰不一樣也沒關係，大家一起為救災救難的工作而努力！其實宗教與宗教之間，本來就有排斥性，有些不同宗教信仰甚至會水火不容。佛教和基督教之間就是一個例子，還有像伊拉克戰爭，其實就是一種宗教戰爭，從十字軍東征就一直打，到現在還是打，那只是另外一種形式的十字軍東征而已！所以宗教本身存在的排他性、排外性是很強的。聯合國也有辦全球性的宗教論壇，那些都是好的，但那只是治標，不能真正解決問題。如果宗教論壇能夠讓所有宗教都相融和諧、變成一家人的話，世界和平的問題就可以很簡單、輕鬆地解決，但是事實上並沒有那麼容易！

　　一位對信仰根深蒂固的回教徒，不可能接受佛教的教義，也不可能接受印度教、基督教、天主教與其他宗教的教義。一位虔誠的佛教徒也是如此，他覺得走佛教的路才是真理，自己信仰的路才是究竟圓滿，對其他的信仰，佛教稱為「外道」。宗教的排他性是一個既存的歷史事實，也是現有宗教界中很現實的問題，可是從這次八八水災的救難工作中，不同宗教可以為了一個救災的行動，即使信仰不一樣、內心都多少存有一點門戶之見，然而一旦投入救災的行列之中，大家行動一致，一起來救同胞、兄弟姊妹的災難。因此發現，不同的信仰也可以很融洽的共處共事，但是要有一個正向的目標，引導大家一起來完成。話說如此，並不是我們希望天天發生大災難，然後大家一起來救災，才能產生和諧，如果這樣的話，那就本末倒置，是很奇怪的事情。以小弟的淺見來說，現在全世界、全人類

有一個空前的大災難，就是不和諧！不同國家與國家之間的衝突，還有像在非洲的種族與種族之間的衝突，像中東那種宗教跟宗教之間的衝突，還有很多地方因為不同的膚色、民族之間而產生了衝突，甚至像文化、思想的不一樣也有產生衝突，這個世界上每天發生無數次的衝突！還有很多是家庭的衝突、人與人之間的衝突、企業之間的同行相忌、許多財團跟財團的衝突……，有許多衝突是我們看不到的，但是人們在衝突之間的明爭暗鬥，帶來了人類社群的危機重重。這種種的衝突，已經儼然成為整個世界人類的一種無形火藥庫，人類最後會毀在這不和諧的導火線之下。

　　全世界所有的宗教應該要看見這個事實，大家一起來救苦難的地球。彌勒大道有熱愛世界理想，我們當然希望能夠扮演聯合起各宗教的角色，一起來解救人類的苦難。但是這一切還在努力當中。第一個苦難就是目前地球的暖化、氣候反常，這是大災難。我們應該把個人的信仰先擱置一邊，為了救我們共同的家，為了一起來救這苦難的地球而努力。如果地球發生了什麼問題，我們什麼都不用談了，家都沒有了還談什麼？還講什麼信仰！那第二步要做的行動就是和諧，我們要如何一起來宗教大團結，一起來挽救全人類因為不和諧所造成的種種的苦難，我們要努力消弭這些苦難，掃除一切的不和諧現象。

訪問者：所以，您覺得這才是治本的，這種宗教的論壇只是治標而已？

汪院長：是的！事實上有很多宗教論壇，還有很多是關於世界和平的論壇，談了好幾年，談歸談，談到最後事實還是沒有辦法改變。所以，今天如果不從根本下手，再談上100年還是老樣子。我們要告訴全世界各種宗教信仰的人，今天人類共同的危機就是地球暖化、氣候大反常，這是刻不容緩要解決的問題。宗教之間雖然彼此各有成見，各有各的主觀看法；可能佛教的教義跟基督教的教義恐怕有一些衝突，回教教義跟基督教的教義也是存在著矛盾，雖然想起來、據理力爭的時候，大家都會不舒服、不高興，可是今天為了我們共同的家，已經面臨危機重重，在此時的燃眉之急，應該要把個人的成見通通擱在一邊，一起大團結，共同設法來救這苦

難的地球，想怎麼樣的辦法，要讓地球無形的導火線、火藥庫能夠拆除，這才是根本的解決之道！

訪問者：院長您剛剛提到這些全球的苦難根源是來自於衝突、來自於不和諧。那您覺得說，主要是因為宗教跟宗教之間的衝突而引起的這種全球性的苦難？還是有其他的原因？或者說，在這些苦難當中，有哪些是因為宗教衝突所引起的？

汪院長：宗教衝突的苦難，當然會引起一些爭端，這是針對目前全球苦難的一種客觀看法。其實我們看國際間的恐怖份子，這個在小弟的淺見，會演變成今天的局面，宗教衝突是其中因素。因為歐美是基督教的代表，中東是回教的代表！美國要把阿富汗、伊拉克、伊朗這些回教的基本教派一網打盡，因為這些是恐怖份子的大本營！可是講良心話，所使用的做法，有點欺人太盛。想把人壓得死死的，得到的結果就是人家會反彈！如果能尊重別人的信仰，我尊重你伊斯蘭教的信仰，我信仰我的主耶穌、你信仰你的穆汗默德、阿拉，不要互相侵犯壓制，信仰是自由的！西方人講自由、講民主、講人權，那就應該要尊重他人的信仰自由，不應該是信仰不同就把以前的各種老帳清算。因為以前十字軍東征就是宗教戰爭，跟回教戰爭幾乎都是失敗，成功沒有幾次，所以還有那種報復心，這是小弟的一個淺見。我們就要互相尊重！宗教信仰就是要互相尊重、和諧！宗教信仰不一樣沒關係，我們是一家人，我們是一家人就彼此尊重！好像哥哥信仰佛教、姐姐信仰基督教、妹妹信仰回教、弟弟信仰別的，我們都是一家人沒有關係。但是個人的信仰互相尊重，這是基本的一種人權思想、基本的一種自由思想。

訪問者：所以就是說，暴力的衝突主要是因為宗教間的衝突引起的。那像身體的苦難、地球的苦難、靈性的苦難，主要是因為不和諧所引起的嗎？

汪院長：其實今天世界有這麼多的苦難，不只是宗教間的衝突，還有就是

每一個人的價值觀有問題，亦即是心態的問題！為什麼美國和英國是全世界前幾大經濟體系，他們在全世界最幸福國家的統計中卻是排在100多名以後？當富裕的生活中，而人們不再感受到幸福，這是價值觀出了問題。像是發生了世界性的金融風暴，都是人們把經濟遊戲玩過火了、玩過頭了。所以在美國有擠進排名世界500強大企業、世界前10大富翁，有許多非常富有的人，把人的價值觀完全建立在財富、權勢、地位、身份之上。當一個人把價值觀設定在財富、權勢、地位、身份之上，這個世界一定會大亂。因為人有這麼多，而財富只有這麼一點；權勢和金字塔的尖頂一樣只有一點點；地位崇高人人愛，但是機會不多，卻有很多人去搶！這是因為今天的社會價值觀所造成。如果你有錢你就是老大，高高在上，人家對你唯唯諾諾、畢恭畢敬！如果今天你沒有錢，沒人會看得起；沒有地位、身份、沒權勢，沒有人會看在眼裏。所以說，讓很多人只好不擇手段，小至人與人之間就相殘相害；大至財團跟財團、公司跟公司之間的相殘相害、互相併吞；最後達到嚴重是國與國之間的戰爭。一切都是心態的問題，人心為了金錢、為了權勢，因而造成了種種的苦難。

訪問者：所以，很多都是因為心態的問題、價值觀的問題，簡單來講就是因為不和諧的問題。

汪院長：是的！價值觀正確、心態健康，貧窮坦白講並不丟臉、不可恥。像在南美排名全世界第二名到第五名最幸福的國家，都不是富裕的國家，國民的生活窮困、社會也動盪不安，可是他們很幸福快樂，這是因為他們的心態健康與價值觀比較簡單自然，他所看重的不是金錢與權勢。在彌勒大道的信仰裏面，人本身的價值是至高無上。古人所講的：天、地、人並稱三才，人與天、地是一樣的重要，因為有天、地、人三大柱子，才能撐起整個世界！然而天無言、地無言、由人代言，所以人本身是很重要的。彌勒信仰很強調「以人為貴、以人為尊、以人為上、以人為本」，在世界上沒有比人更有價值的了，也沒有一種東西能比生命更可貴。但是現今人類的價值觀錯誤，認為還有比人本身更有價值的事物、有更珍貴的東

西，所以大家就爭相搶取佔有身外的財貨、名利……。如果價值觀正確，明白身體是上天所賦予的，有神聖的尊嚴，我的身體是何等寶貴、生命是無價！如果肯定了自己人本身的價值，再怎麼窮，人本身的價值並沒有減少；再怎麼富貴，人本身的價值也沒有比較增加。所以，貧窮的人只要能認識人本身的價值，他就不會自卑、自艾、自憐、看不起自己；富貴的人如果能夠認識人本身的價值，他不會傲慢自大、目中無人。所以我們今天應該在心態問題和價值觀問題上面來把他調和一下，如果人們真的能夠冷靜下來、好好地想想，世間還有比人更有價值的嗎？人本身的價值是無上的，生命的可貴是無與倫比的，應該從這方面來思考就可以解決你所提的苦難的問題。

訪問者：我想院長您也是有很多機會跟其他宗教做交流，那院長您是否認為每一個宗教都有她的價值和優點？

汪院長：當然的，每一個宗教都有她的優點與價值！像基督教和天主教都有二千多年了，如果沒有宗教的價值不可能存在這麼久，況且現在全世界的廣義基督教約有20億信徒，如果東正教、猶太教、摩門教算進去的話，應該是全世界最龐大的宗教體系。佛教徒約有3.6億多、回教徒約有12億多、印度教徒約有8.2億，這些能發展至今日，並且成為非常龐大的宗教組織，其存在與發展都有她的意義與價值。

訪問者：那您覺得她們的價值和優點是甚麼？除了人數多能夠肯定之外，還有沒有比較具體的價值和優點？

汪院長：基督教、天主教、回教，她們的核心信仰、最高信仰就是「上帝」，冥冥中有上帝在監督我們。虔誠的基督徒、天主教徒、回教徒，他做甚麼事情會想想，有天父、有上帝、有阿拉，祂在監督我，我做甚麼事情總是要三思，不可違背上帝與真理。除了說少數比較偏激的回教徒跟基督徒的作風極端、激進以外，其他有上帝信仰的人都尚能保有善良的心。以我們彌勒大道來說，也傳道到印尼、馬來西亞，坦白講印尼的人民很單

純，當然也有一些思想偏激的回教徒，但是他們絕大多數是比較溫和派的回教徒，溫和派的回教徒都很善良，他們真得是讓上帝來主宰一生，他不敢亂來，因為他心中有上帝在監督。你今天如果要得到上帝的垂憫，你所作所為就不能太過份；你太過份，上帝不高興，你到時候你怎麼回到上帝身邊啊！所以說，在這個世界上除了少數的比較極端的回教徒以外，大多數的回教徒都很善良、很虔誠。而少數基本教派的回教徒會開車子、裝炸藥去炸死人，覺得這樣就是得到上帝的恩寵，那是扭曲了上帝的真理！因為在上帝的眼中全世界每一個人都是上帝的子民，怎麼可能說我抱炸彈去炸死別人，那麼上帝就會特別賞識你？上帝是每個人的，不光是回教徒、天主教徒、基督徒所專屬的上帝，你怎能說抱著炸彈去炸死別人，然後贏得上帝特別賞識你，難道那些被炸死的人，他們的生命沒有意義嗎？而佛教徒本身就是強調因果論！善良、有修為的佛教徒也很好，為甚麼？他要做什麼事之前必須要考慮，種什麼因得什麼果。種惡因，你就得惡果；種善因，你就得善果。佛教的因果論，這幾千年來也真的教化了不少人，將人不好的心念收束起來，這個宗教的力量是值得肯定的。所以說全世界的兩大宗教思想體系，不論是以「一神論」的上帝思想，或是佛教所謂的「因緣論」、「因果論」，這都讓很多人扼惡行善的影響力與教化的功能，每個宗教都有她的價值與優點。

訪問者：那在院長您和其他宗教交流的經驗當中，您是否覺得可以通過其他宗教來學習，甚至可以重新的對自己原來的宗教——彌勒大道產生更深一層的體認？

汪院長：在與其他宗教交流的結果，使我們更加肯定彌勒大道的對世界的使命與責任！新竹教區有一位神父，來我們這裏參訪過幾次。雖然他是天主教的神父，與我們彌勒大道的信仰不同，但是來我們這裏做交流，我們彼此間的互動非常好。因為我們之間不談意識形態的宗教信仰，而是講「慈」。彌勒是梵語，華語譯為「慈」，就是慈愛。慈愛是做人做事的最高原則，我們要有慈的眼睛、慈的耳朵、慈的鼻子、慈的嘴巴、慈的

身心，渾身就是充滿慈。慈就是帶給人家快樂、帶給人家幸福、帶給人家歡喜、帶給人家希望、帶給人家光明。我們跟這位神父不談彌勒信仰，而是講慈，他很能接受這觀點。我想，所有宗教的教主，他的出發點都是好的。耶穌基督講博愛、佛陀講慈悲、彌勒佛講慈，應該都是殊途同歸的，我們要看宗教的一個原始的精神，不要在教義上去對立比較，不同宗教的教義一攤開，一定會有爭執，我們都不要講教義，講慈愛可以吧！我們講快樂吧！慈愛是人人所需要的，而彌勒佛是全世界所公認的快樂佛、歡喜佛、幸運佛、笑佛！快樂、幸福是所有不同宗教的人都需要的，快樂、幸福、歡喜、笑容，這些是最大公約數！是共同的價值！哪個不需要啊？任何人都需要的。所以今天來到這裏，我們不要談彌勒信仰，我們談快樂、談幸福、談歡喜、談笑容。

訪問者：所以，在您跟他互動的過程中，反而更能肯定自己的信仰，為甚麼？

汪院長：是！當我們看到不同宗教的人士能夠共同接受慈愛的觀念，從這裏發現到，原來宗教本身還是可以融合的。只要我們不要針對教義來爭論，而是拿一個各門各教的一個最大公約數！之前印尼一個很大的公司來到這裏訪問，這公司裏有很多回教徒，小弟：我們是世界一家，雖然我們來自不同社會、不同信仰，但我們都是一家人。他們聽到這世界一家，高興得不得了，不同宗教也可以變成一家人，他們歡天喜地說：您怎麼把我們當作一家人？小弟說：我們本來就是一家人啊！我看是白色，您看的也是白色；我吃糖是甜的，您吃的糖也是甜的，所以我們根本就是一家人。他們聽了很高興，所以我們後來發現，不是基本教派的回教徒是很溫和的！還有天主教徒，他們也是很溫和。即使信仰不同，我們都可以一起來追求世界的和平，一起追求慈愛，一起追求幸福、快樂，一起來追求歡喜、希望、光明。這是最大公約數，有誰是不希望的呢！

訪問者：關於這最大公約數的問題，因為很多的宗教之間，由於教義的不同、信仰的不同，當然會有很多的衝突和意見不同的時候。曾經有位

學者倡議，我們是不是可以一起來制定一個大家可以共同認同的、大家可以共同遵守的道德觀、價值觀、倫理觀，或像這種所謂的「全球的倫理的規範」出來？不曉得您的看法為何？

汪院長：我百分之百同意！因為這最大的公約是大家共同的價值，共同追尋的一個法則。剛剛我們所談的「慈」，應該就是大家可以共同遵守的一個價值。慈帶給人家快樂、幸福、歡喜、笑容、希望、光明，這應該大家都能接受的！因為有慈，才有和諧可言，人人都有慈愛之心，自然就和諧。我帶給你快樂、你帶給我快樂，這就是和諧！我帶給你歡喜、你帶給我歡喜，這就是和諧！有了這最大公約數，信仰不同、教義不一樣都沒有關係，為了全世界的和諧，人類彼此之間要有一種共同的價值、共同的規範、共同的核心思想，這應該是可以明定出來。

訪問者：那您覺得說，宗教之間的對話應該用甚麼方式來展開是最好的？因為您剛剛也特別提到說，只是理論上的對話其實沒有太大的效果，而需要大家一起來做。所以說，我們宗教之間的對話是否應該要和「全球責任」的議題聯繫在一起？

汪院長：有兩種方式，第一個就是小弟剛所講的，我們應該為地球的暖化、氣候的反常……這些問題尋求共識，宗教要放下各自的教義執著，我們一起來解救共同的家。第二點就是，現今世界埋了一個無形的炸彈，一旦爆發世界就毀滅了，這無形的炸彈就是不和諧。我們看不見的無形不和諧太多了，這其實是暗潮洶湧，很可怕。但是要來完成「和諧的世界」這目標之前，應該要讓大家出自願意地來參與這項工作，我們起碼要有一個平台，一個能讓各門各教能交流溝通的平台。目前我們就是朝這個方向在努力，我們已經辦了五屆「舞頌天地情」的熱愛大自然文化的推廣活動，這項活動全名叫作「世界青年大自然之舞觀摩賽」。目的是為了讓不同宗教信仰的年輕人，一起來跳大自然之舞、跳大自然快樂操、唱大自然之歌，以熱愛大自然文化將不同國籍、種族、文化、膚色、宗教信仰、語言的各種藩籬打破，並且融合為一家人。我們已經舉辦五屆這樣的活動，

效果非常好！我們每一首大自然之歌的歌詞，都是強調熱愛大自然、熱愛生命、維護生命、光輝生命，歌詞中更表達了禮敬天地、禮敬每一個人、禮敬所有生命的真諦，把和平、幸福、快樂通通寫在一首首的大自然之歌裏，青年們一面唱、一面跳，在潛移默化之中、耳濡目染之下，每一首歌的歌詞真義就慢慢地進入年輕人的腦海裏。我們連續辦了五屆，真正看到大融合的成效，不論是回教徒也好、天主教徒、基督教徒、佛教徒、甚至印度教徒，所有參予活動的青年們都來自不同國家、地區，不論是非洲、歐洲、美洲、亞洲的各國青年，即使膚色不同，只要一、二天的時間，很快的就完全打成一片了。從這幾年的經驗中告訴我們一個事實：熱愛大自然文化的推廣，正是一個最恰當的國際交流平台。

訪問者：所以，您基本上也是同意通過宗教之間的合作，一起來解決比如說您剛提到的地球暖化的問題；換句話說，通過這種宗教之間的合作，我們可以實際來解決全球苦難的問題。那麼，除了這個之外，院長您是否也能夠認同通過這種宗教之間的合作，亦可以促進宗教之間的對話？

汪院長：是的，宗教合作可以解決人類苦難，也可以促進宗教間的對話，能帶來人類未來美好的希望。因為宗教信仰本來就是棄惡揚善！宗教的功效應該是使這個地球、世界人類明天更美好，如果不同宗教不能和諧，甚至因為不同宗教信仰而讓我們彼此互相割裂、互相對立、互相衝突；如此，宗教本身就是一種罪惡了！你我因為宗教信仰不同而發生戰爭，這是上帝不願意看到的結果。你說基督教、天主教的上帝和回教的上帝有不一樣嗎？難到世界上有兩個上帝？不可能！不同信仰都是上帝的子民，上帝愛人，不可能在祂的子民那裏發生戰爭！因此人類要走向和平，第一步就是宗教要先融洽，誠如剛剛所講的，要有一個共同目標來奮鬥努力；促使大家投入共同目標，也就讓宗教能夠真正合作。

訪問者：所以，您所謂的那個平台就是指年輕人這個平台？

汪院長：對！當然還有另一種方式，是以講座的型態來建構平台，這是大自然文化的一種講座。邀請知識份子、學者一起來論述「熱愛大自然的文化」、「熱愛大自然跟宗教的關係」、「熱愛大自然跟醫學的關係」……，把很多專業學術跟熱愛大自然結合，我們一起來論述。熱愛大自然文化是促使全世界上，不同的宗教信仰、國籍、膚色、種族、民族互相交流的一個很重要平台，目前我們正往這方面在努力，而且慢慢可以看到成效呈現。

訪問者：接下來想再針對「全球責任」的部份，深入請教院長。保羅‧尼特認為，對於這些全球的苦難，宗教人應該要站出來呼籲甚至為這些苦難負起責任來。那剛剛在院長的談話當中也一直強調我們應該去負責解決。因此，在彌勒大道裏面，對於這些苦難的問題解決，在貴教的宗教實踐當中，都有哪些具體的作為？

汪院長：社會層面的具體行動，我們都有在進行，當然像921大地震、南亞海嘯、四川大地震、緬甸突來的大颱風……，還有最近這次的「八八水災」，在我們能力範圍內，物力、人力、財力都盡力去做。各種宗教的情懷都是有難救難、有苦救苦，我們在這方面也是量力去做，這也是一個宗教人本來該做的，這是最基本。除此之外，我們還要看到另一層面的問題，也就是我們的下一代、E世代的青年，他們的心靈真是非常的苦悶，而且充滿叛逆。現在的年輕一代，都比較叛逆，從小學、中學一路上來都很難教！因為有不少彌勒弟子是從事教育工作，面對現在的小學生都很難教，到了中學、高中、大學都一樣是很難教。這是一種帶給家庭的苦難！孩子不聽話：爸爸媽媽講話的不聽，師長在講話他根本不管你，老師在上面講，他在下面玩、講話。甚至你不能講他，一講他就回去告訴他爸媽，爸媽明天找人來跟老師算帳，孩子變成這樣子，這是很令人憂心的事情。今天彌勒大道針對這個苦難，付諸了實際行動，我們在全省各地、在很多國家，推動熱愛大自然文化的活動，協助學校教育的工作，讓孩子的氣質改變。我們的課程不論動態、靜態都有安排，以推廣大自然快樂操為主。

在臺灣已經推動幾百所學校了,在香港、馬來西亞、印尼、緬甸、甚至加拿大、美國,都積極在推動這項熱愛大自然文化的活動。

訪問者:所以,你們的宗教實踐就是說,它包含了一個實際上哪裡有苦難你們就會去做?另外一個就是比較屬於心靈的、教化的層面。一個是實際的社會實踐,另一個是屬於教化人心的部份?

汪院長:對!這種教化的工作完全是以一種文化教育的角度去做,我們不參雜任何宗教色彩。尤其到社區去推動這些活動與課程,現在已經擴大範圍到近百個社區都在推動熱愛大自然文化。然而,我們到社區推動也好、到學校推動也好,宗教的事我們絕對都不提。

訪問者:所以,您剛提到的這些熱愛大自然文化的活動,這些基本上都不談宗教?

汪院長:對,完全不談宗教。我們的學校都嚴格規定不講宗教,很多社區也有這方面的規定。只要有宗教色彩就不能進去推廣,這是因為擺不平。一個彌勒大道進去,那連同佛教、基督教、天主教……其他教門都想進去,如此一來校長、主任、老師會很煩惱的,所以宗教的團體他們一律不要讓她進去,我們很清楚這些難為之處,所以宗教一律不談。話又說到今年八月我們在北京舉辦一場「舞頌天地情」的國際性活動,籌辦的整個過程是很艱難的,需要配合當地的事項有很多,而且調查我們的一切都很清楚。因為我們在香港、印尼雅加達以及印尼棉蘭市都已經辦過這樣的活動,都是非宗教性的,都是以熱愛大自然文化來教育我們的下一代,宗教一個字都不談,我們就是把彌勒的精神,發揮成熱愛大自然的文化。彌勒的文化其實就是熱愛大自然的文化,因為彌勒祂強調要成就人間淨土!所以說環保的開山祖就是彌勒!彌勒在三千多年就已經發大願要讓人間變淨土了、世間變天堂了、紅塵變佛國了。把佛國、把天堂、把淨土建立在地球上,這是最環保的!天堂什麼污染都沒有啊!空氣污染、水源污染、大地污染、食品污染,一切污染都沒有了,連心靈污染也沒有了,才可以

叫佛國、淨土、天堂啊！真正環保的開山祖是彌勒佛，祂不但重視外在環保，也重視內在環保、心靈環保。所以彌勒文化就是熱愛大自然的文化。

訪問者：所以說，熱愛大自然文化本身也是一種宗教實踐？

汪院長：是的！但是它絕對不涉及任何宗教信仰。

訪問者：那麼，在彌勒大道所做的這些宗教實踐當中，特別是一個新的宗教她本身要發展，實際上是做了很多的事情然後贏得大家的認同和接受。所以說，當貴教在做這些宗教實踐或是社會實踐的時候，最主要的目的是為了甚麼？是為了贏得社會大眾的認同或者是貴宗教的發展？還是說，這本來就是教義和經典的教導，本來就應該要去做的事？

汪院長：在彌勒大道所做的這些宗教實踐當中，這些能夠利益社會的行動，這本來就是該做的！因為我們都是一家人啊！我帶給大家幸福、快樂，帶給大家有希望、有光明，帶給大家很活潑、很有朝氣，這些本來就應該做的。你信不信仰彌勒，這個我們從來不要求。你是不是要信仰彌勒、你認不認識彌勒這不重要；要緊的是你能快樂，你能有喜悅的心，你的未來充滿幸福、光明，這是我們樂意見到的。

訪問者：不管別人對你們的看法是甚麼？

汪院長：不管別人對我們做這些事的看法如何，我們所要達到的結果，就是希望你能快樂起來、希望你能幸福起來，希望你能歡喜、希望你有笑容、希望你能開心、開朗。你這樣就做會影響很多人跟你一起快樂，如此整個社會的安寧和諧，那不是夢！彌勒大道做許多事情的訴求點，是因為彌勒佛有大願：讓所有的家庭幸福美滿，社會安寧和諧、國泰民安、富裕康樂，世界能永世太平。你信不信仰彌勒，這不是彌勒佛要的目標，彌勒佛的胸襟像虛空一樣，所謂「彌勒肚大能容、容天容地」。人們信仰不信仰彌勒佛不是最重要的，重要的是你快樂嗎？你能離開痛苦走向快樂嗎？你能離開黑暗走向光明嗎？你能離開憂鬱走向喜悅嗎？因為人人快樂了、

人人歡喜了、人人幸福了、人人都有笑容了，這世界多美好啊！實現美好的世界這才是彌勒佛的心願，你信仰什麼已經不重要，要緊是人類最大的公約數！共同的價值：和諧、幸福、快樂！世界都和諧了、人人都和諧了、人人都幸福快樂了、世界一家、世界太平，這不再是夢，而是可以實現的。

訪問者：那像你們在做這些宗教實踐或社會實踐的時候，大部分是自己做？還是會聯合其他宗教一起來做？比如說臺灣這次的「八八水災」，我看到很多宗教團體他們都自己來，很少大家一起聯合來做事情？

汪院長：因為宗教本身就是有排他性，所以一起聯合，好像在臺灣不多，其實在世界各地也不多。彌勒大道雖然都是比較趨向自己來做，但是不排斥與其他宗教一起聯合，比如這次的八八水災救災工作，我們也看到很多不同的宗教信仰，一起為我們的同胞來解決苦難，大家雖有不同的宗教信仰，但是為了救災，彼此間還是可以合作。

訪問者：那這個時候是不是說，你們自己先來，而沒有說我先找其他宗教一起來做這個事情？

汪院長：沒有！因為在臺灣的宗教界中，似乎還沒有這種風氣！面對任何的宗教信仰，我們都覺得是一家人，雖然我們放開雙手歡迎大家，但是因為宗教本身既有的排他性依舊存在，再加上如果你太主動積極、出盡鋒頭，有些宗教就會顧慮光彩被他教遮蓋、搶走，因而猶豫是否聯合。更且我們還不算是很大的宗教團體，不希望他人誤會我們去聯合別人的目的是在攀龍附鳳。基於多方考慮，我們還是先自己去作。但是如果他教有邀請我們一起來做，我們考慮共事的範圍與內容，在具備客觀因素之下，還是會接受邀請、前往共事。例如天主教邀請我們一起辦活動，我們也有參加，與天主教一起完成工作。

訪問者：如果說，其他的宗教來邀請你們，通常你們都會去？

汪院長：通常我們都會去！如果說哪個宗教前來邀請，我們盡可能的在時間上、各方面的需要都儘量地配合。除非是一種比較屬於宗教意識形態的活動，我們就會考慮要不要參加。屬於社會活動的我們都儘量配合，屬於宗教性活動我們有所斟酌。

訪問者：比如說？

汪院長：比如說宗教博覽會，各門宗教都集合起來，各自來論述自己的宗教門派，展示自己的宗教產品，像這種比較屬於宗教性的活動，我們就不參加了。我們覺得不必這樣的推銷自己的宗教，好像大家都在爭奇鬥豔，如此的動作大可不必。

訪問者：那像甚麼祈福大會啦，那種你們會參加嗎？

汪院長：會參加。

訪問者：比如說這次的「八八水災」祈福大會？

汪院長：這次「八八水災」的祈福大會我們有參加！但是以往有的經歷，不是每一次都去。祈福我們會去，如果只是宗教博覽會我們不會參加。祈福大部份我們都有參加啦！只要是政府舉辦的祈福大會，我們都會參加。我們是社會的一份子，希望能盡上一點棉薄之力，能對社會有點貢獻，所以我們儘量去作。

訪問者：那在彌勒大道所做的宗教實踐或社會實踐當中，在貴宗教的教義和經典裏面是否有清楚地給予這方面的指導？比如說，為甚麼我要去作社會實踐？以及，我應該要怎麼作？

汪院長：我們的教義中，沒有具體標明說要如何作。但是彌勒佛的宏願就是要促使世界一家，所以我們所做的一切，就是往這一個目標邁進。

訪問者：所以，這是一個最高指導原則？

汪院長：對，這是最高指導原則！因為要促使世界一家，同胞有苦難，我

當然要去幫忙。不必等人家開口講，我就要主動去幫忙。

　　慈濟算是臺灣比較大的宗教團體，它是全國知名、也是全世界知名的。還有佛光山、法鼓山都是社會資源比較豐富的大型宗教團體，他們救濟這方面做得都很出色，這些團體的工作都是比較偏重於救難。相對的我們這方面也有去做，但是我們的力量不如他們，社會資源也沒那麼多，當然我們也會去做，但是從不跟人家比較！因為我們本身具備資源的因素，比較有把握就是從事教化工作，亦即是對社會的教化工作、對下一代的教化工作，對熱愛大自然文化的一種宣揚。我們這方面作的比較多。我們比佛光山、法鼓山、中台禪寺、慈濟功德會、一貫道等，我們在這方面做得比較多。這10多年來，全省加起來我們已經跑了幾千所學校了。我們從老院長，1998年就開始推動了，進入社區、小學、中學、高中還有監獄，我們十多年前就開始了。我們社會教化的工作，重點是放在推動熱愛大自然文化，因為熱愛大自然文化就是熱愛天地、熱愛生命、熱愛父母、熱愛師長、熱愛飛、潛、動、植。這樣的工作已經進行了十多年，在這方面我們做得比較有心得、比較有把握。因為我們瞭解我們自己的不足，也瞭解自己有把握的事情是什麼。救難的工作對我們而言，資源是不夠的，畢竟我們還是一個新興宗教！不像慈濟、法鼓山、佛光山有這麼龐大的社會資源。雖然我們的社會資源沒有其他宗教來的豐富，但是我們瞭解自己有把握、能做得是教化的工作，而這種教化工作不是宗教教化工作，是非宗教性的社會教化工作。

訪問者：因為這種社會教化的工作相對來講它很有成效，所以，這會不會變成是你們發展教務的一種策略之一？

汪院長：說策略這倒是沒有，不過因為跟校長、主任、老師都很熟悉，我們已經從事這教化工作這麼久了，他們也看到彌勒大道沒有代價、不求回報，投入那麼多的資源去教化孩子們，師資、教材、交通……都是我們自行奉獻，學校只要把門打開、孩子交過來，我們就是義務的為他教育。孩子經過一年、二年、三年，整個都變了。以前孩子調皮、不聽話，現在也

懂得聽爸爸媽媽的話、也尊重師長了，而且也有笑容、快樂起來了。所以家長看了很高興，校長、主任、老師看了也都很高興，小朋友自己也很高興。

　　有些校長跟我們很熟絡後，他會追根究底的問，我們這團體是甚麼樣的性質？我們當然會告訴他彌勒大道是個支持社會教化工作的宗教團體，因為沒有宗教情懷的驅使，沒有人會願意要這麼作，彌勒弟子就是有一種宗教情懷：要助彌勒佛把世界一家的宏願，一步步的實現出來。因為我們是一家人。你們需要我們的力量幫忙，在我們的能力範圍內會量力的幫忙，什麼代價、回報、感謝、感恩我們都不要，只要你能夠成就、你的孩子能快樂起來，這就是我們最大的報酬。孩子們能夠活潑、身心健康，懂得孝順父母、尊重師長，同學之間能夠和諧，這就是給我們最大的回報。也有些校長、老師在瞭解我們是宗教團體後，也對彌勒信仰有興趣，他會來我們這裏參訪。也會到各地分會參觀，他們能夠接受以後，覺得我們這宗教團體不錯，所以也會要求加入彌勒大道。我說：你願意我們都不拒絕，你不願意我們也不會不高興，因為我們本身有非宗教性的一面！

　　所以說，我們是非常真誠、不求任何代價，願意把非宗教性的這種熱愛大自然文化推廣出去，讓我們的下一代能夠身心健康，充滿光明、充滿希望，讓每個孩子都有笑容，讓孩子們原有的純真、善良能夠散發出來。不要讓孩子為了學業被壓的死死，不要孩子為了成績老是要拼死拼活、拼好成績、拼第一名、拼考上好學校，而折磨不成人樣。如果小時候就灌輸追求勝負之心、輸贏的心、成敗的心，整個心靈被扭曲、價值觀完全扭曲，這是很可憐的。我們看到下一代的危機，我們不跳進去不行，所以今天會推廣熱愛大自然文化，就是要引導下一代要愛國家、愛父母、愛師長、愛一切的人、愛大自然、愛天地、愛所有的生命。因為歌詞裏面都是這樣的涵義，孩子們邊唱、邊跳，慢慢就改變了，我們看了好高興！

訪問者：所以，這是最好、最大的回報？

汪院長：看到孩子的笑容就是我們最大的回報、最高興、最有價值的回報。看到孩子的健康、孩子的快樂、孩子的笑容就是我們最大的回報。

訪問者：接下來想再針對「宗教多元」的問題，深入地請教院長。因為保羅‧尼特肯定宗教是多元的，因為他認為每一個宗教都有她的價值和優點，通過各宗教之間其實是可以相互的去學習，同時藉由這種交流當中，進而能對自己原來的宗教產生更深一層的體認。就像剛剛院長您也提到回教和天主教有來這裏交流過，所以相信院長您有很多這方面關於宗教交流的經驗，那麼，可否請您再跟我們多談談這方面交流的經驗？

汪院長：在臺灣宗教界互相交流經驗不是很多。不過，我本身以前是學佛的，也親近過很多法師。因為我目前是負責一個宗教團體，要跟別人交流其實也需要有些考慮與顧慮。人家願意接受嗎？那交流的結果會變成怎樣呢？並且在臺灣宗教界互相交流、進而能產生交流成效的情況並不是很多，所以這些都是需要列入考慮的客觀因素。彌勒大道與團體之間也有進行過交流，輔仁大學、真理大學、玄奘大學、佛光大學在幾年前，內政部指定他們要來參觀我們彌勒大道。您剛提到的真理大學張主任就是那個時候來的，同行的還有佛教的師生、天主教的師生、基督教的師生一起來，一共有20幾個人來參觀我們。那時候是由小弟主持，他們提了許多問題，我們也一起交流過宗教發展的經驗，我們以非宗教的社會教育在國內發展，也是因為我們辦得很活潑，在其他宗教裏面是比較少見的，這樣的做法很符合目前社會需求，所以真理大學的張主任最後起來講一個結論，他說：汪院長，你們能夠滿足社會的需求，你們這個宗教將來一定很有前途。一個宗教如果不能滿足這個社會的需求，那麼這個宗教團體勢必會慢慢沒落。

　　我們就是因為看到下一代的弊端與問題癥結「不快樂」！下一代不快樂而且不好教導，針對這問題我們才研發出熱愛大自然文化的活動，並且努力把這樣的活動發揚光大。光講理論孩子是不聽的，所以要配合動態的課程來帶動。剛才提到那一次宗教系的師生來到我們這裏的宗教交流

會，我們就安排了動態活動讓這二十多名師生觀看！那些出家人、修女們還說：你們的宗教好活潑啊！確實如此，我們這個團體真得很活潑、很快樂！那些出家人看了很高興、感到很驚訝，怎麼宗教團體可以辦的這麼活潑的、這麼有朝氣！真理大學宗教研究所的張主任看了也很訝異的說：彌勒大道真的與眾不同。如果說我們這樣做有甚麼心得想法？其實很簡單的一個理由，我們希望儘量的把健康、陽光、光明與希望呈現出來，讓各種宗教團體與更多的人能看到陽光、健康、快樂、希望、光明，雖然有不一樣的信仰，可是我們都可以很快地融合在一起。倒是我們所辦的活動，所產生的宗教交流卻是非常頻繁、而有效益，這也是出乎我們當初的意料之外！例如我們剛所講的「世界青年熱愛大自然之舞觀摩賽」，那是很多不同宗教信仰的青年在其中互相交流，青年各自有不同宗教信仰，都能先擱在一邊，不同的膚色、種族、民族、國籍、文化也先擱在一邊，大家一起快樂、一起歡喜，年輕人該有的朝氣活力通通展現出來，真的變成一家人。

訪問者：它基本上不是以宗教名義辦的？

汪院長：不是！因為以宗教名義就不好舉辦。但是參予這個活動中的每一個人，各有不同宗教信仰，彼此都知道是對方是不同的宗教信仰，但是大家樂意一起來為這活動一起歡樂、高興、歡笑，一起來付出奉獻。

訪問者：剛剛院長也有提到，彌勒大道是一個包容度很寬、心胸方面也很寬的宗教，特別院長您又是一個負責人的立場，很多情況是宗教負責人其實對整個宗教會帶來很大的影響。因為目前實際存在就是這麼多的宗教團體，比如說，在臺灣內政部登記有案的就有27種宗教類型，她已經是既存的，事實上已經存在這麼多各種不同的宗教團體；所以說，特別是負責人的立場，有沒有機會彼此間更多的交流，即使說貴宗教是很寬大的？

汪院長：現在正在建築我們的彌勒聖地，等彌勒聖地建設好之後，彌勒大

道要辦一些真正宗教交流的活動。因為我們沒有適當、足夠寬大的場地，以往所辦活動都是到外面租借場地，如果以後有了恰當的場地，我們也想計畫進行宗教交流，透過用心的安排與準備，我們邀請各宗教來進行交流，如此才不失禮於各門宗教，也足以表示我們對各宗教的禮敬與尊重。我們是很有心，希望我們明年年底或者是後年年初，開幕的時候已經有人跟小弟建議：院長！院長！開幕的時候我們就把各門各教都請過來！像佛光山、慈濟、中台、法鼓山，還有說這些天主教方面、基督教都請過來共襄盛舉！我們都是一家人！我說：好！沒有問題。那天到來我們一定發邀請函，來不來沒關係。以前我們這個宗教團體發展的過程坦白講很辛苦，剛開始的時候真是萬事起頭難，經營非常不容易啊！好不容易現在也慢慢能夠有一些發展了，我們很多的想法現在也慢慢能夠付諸實行。雖然說彌勒弟子是遍佈全球60幾個國家，但是畢竟一個新興宗教的資源仍然有限、能力還是有限，其實我們是樂意與其他宗教進行交流，但是宗教之間的交流，也會面臨到一個現實的問題，發起宗教交流的這個人（或宗教），是否在世界上有足夠的份量去發揮她的影響力，畢竟這個世界還是很重視這些現實層面。一個宗教團體如果本身份量不夠，人家也覺得你要做這件事是否別有意圖，想藉此打響自己宗教的名聲，如果讓人誤解成我們有沽名釣譽的企圖，那這種宗教交流就毫無意義可言。所以說我們身為一位宗教人，決定要做一件事之前，社會世俗面的觀點也要考慮進去。所以小弟有在考慮：等我們累積更多的經驗，在整個宗教界能夠發生足夠的影響力，同時也有了莊嚴與完備的硬體建設，彌勒大道才以誠懇盛重的態度去邀請其他宗教做交流，人家也比較樂意來共襄盛舉！

　　展望未來，我們將會很樂意的在宗教交流方面多下功夫，邀請不同宗教都來參與熱愛大自然的活動，一起唱大自然之歌、跳大自然之舞、跳大自然快樂操，一起來論壇熱愛大自然文化，一起來討論如何面對地球暖化、氣候反常……等所有的苦難？宗教團體應該要怎樣來幫忙解決這些問題。在香港一位何博士，因為感受到這件工作的重大，所以全身投入熱愛

大自然文化行列，成為一位全職義工。她在更早之前已經說過了，聖地蓋好以後，我們要籌辦一個熱愛大自然文化的論壇，邀請所有宗教界、學術界一起來進行為期一星期的論壇，這已經籌畫一、二年的事了，我們也希望說能夠實現。所有的宗教，在你自己的信仰立場，從基督教、天主教、回教、佛教……等各門宗教的角度來論談，我們如何推廣熱愛大自然文化？我們如何能幫助地球解決暖化的問題？科學家有科學家的角度，說減碳節能，這個沒有錯，可是光就這方面還不能百分之百的解決問題。那麼宗教人有宗教人的看法吧！我們宗教團體的看法又是甚麼？大家可以匯集所有的意見加以整合，我們各門宗教、學術專家先達成共識，發揮我們的影響力來幫助這個世界解決苦難的問題，甚至還可以將這些世界的宗教、所有學術界討論的結論與擬定的做法反應給聯合國，讓全球一起來做！這是我們未來的一個展望，這一切都是希望我們的世界更和諧。現在若是要談跟各宗教進行交流，我們很明白自己在這方面的經驗還不夠，不是不想作，而是時機未到，但是我們很期待在彌勒聖地開幕以後，這裏會成為「熱愛大自然文化」的重鎮，這個聖地的名稱叫作「大自然文化世界」，我們期待能夠早日進行這件工作。

訪問者：這變成是一個好像觀光的景點？

汪院長：未來這裏不光只是觀光景點，這「大自然文化世界」同時也是發展愛大自然文化的全球中心！我們建設聖地，把宗教色彩降低到最低程度，並且告訴許多彌勒大道的兄弟姊妹說：今天這個「大自然文化世界」能讓各門各教信仰的人都願意來，讓大家來到此地要感受什麼？感受快樂！任何人來這裏是希望能得到快樂、幸福、喜悅、笑容、開心、開朗。你來這裏，拜不拜彌勒佛這不是最重要的，你信不信仰彌勒佛也沒關係，希望你來到這裏能夠得到幸福快樂、得到和諧，然後展開你的笑容，開開心心來、開開心心回去，讓你的人生向幸福快樂展開，這是我們最主要的目的。你是否願意信仰彌勒，對我們而言這是小事，然而我們最渴望的就是，你進入這個「大自然文化世界」，整個胸襟都打開了，歡喜的心流出

來，笑容展現出來。回去的時候也把同樣的心情帶回家。下次再來、每一次來，都能讓你更開心、更開朗、更快樂、更喜悅、更有笑容，這是我們最大的目的。所以我們在這裏，專門傳播快樂、傳播喜悅、傳播幸福、傳播笑容、傳播開心開朗，除此之外，別無其他所求。

訪問者：那麼在院長您與其他宗教的交流過程時，在彌勒大道的經典和教義裏面是否有清楚提到，怎麼樣與其他宗教之間的相處和交流的模式？

汪院長：這點倒是沒有特別的記載，但是剛才小弟說的，我們彌勒信仰最高的一個思想核心價值就是促使世界一家！我們都是一家人，這是最高的核心思想，在這樣一個核心價值的大前提之下，所有的彌勒弟子在面臨不同信仰的人，都會抱以和諧的態度去相處、去共事，從每一件事上去促使世界一家。

訪問者：所以，怎麼去完成會不會因為不同的負責人而有不同的作法？還是說，基本上不會差太多？

汪院長：基本上不會差太多！任何宗教信仰以及在世界上所有的人，沒有一個人不希望快樂，沒有一個人不希望歡喜、高興、幸福，沒有一個人不喜歡笑容，沒有一個人不喜歡開心、開朗。任何一種宗教信仰都一樣，這種共同的價值是一定的。所以，我們才要在這裏營造出喜悅、快樂、歡喜的氣氛、磁場。希望每一個人來到這裡，只要從橋頭走過來，歡喜心、快樂心、幸福感自然而然的充滿心中，在不知不覺中笑容就展現出來。唯有幸福、快樂帶來的和諧，才能讓我們真正成為一家人，未來在「大自然文化世界」開幕以後，所有的彌勒弟子會努力維護這種和諧的磁場，促使世界一家早日來臨。

訪問者：所以，像這樣的一種想法、這樣的理念、這樣的精神，從院長您身上展現出來。那麼在這裏的每一個人是否都是這樣子？

汪院長：彌勒大道的每一位兄弟、姊妹做得比我更好！我們是充滿信心，相信一定可以作到全世界的大和諧。不同宗教信仰者，都是我們最親愛的兄弟姊妹、至親的家人！不管您是甚麼信仰，即使是無神論者，在我們的眼中看來，都是最親愛的兄弟姊妹、一家人。在這裏的「大自然文化世界」是屬於大家的，是屬於全世界每一位兄弟姊妹的家園，不是光是屬於我們彌勒大道的聖地。任何人願意回家看看我們都很歡迎。雖然彌勒大道的教義和經典裏並沒有明文記載要怎麼跟各門宗教去交流，但是大方向、大目標、大原則已經很清楚了，彌勒大道正一步步的實現、一一的去完成，這是我們已經有把握的地方。

訪問者：所以，院長您現在這樣作也是一個大原則、也是老前人的指導，然後您本身也是按照這樣的指導在作？

汪院長：上一代的彌勒弟子都是很有愛心，但是比較保守。雖然如此，是我們的老院長秉持著慈愛世人的胸懷，帶領我們進入社會，本來我們這宗教團體都是在自己的信仰範圍內、彌勒道場的內部運作求發展，幾乎很少踏入社會！早期的彌勒弟子都是些忠厚老實的善良人，很少走出自己的信仰範圍、與社會活動接軌。自1998年開始，老院長帶領我們進入學校、監獄去服務更多的人，然後1999年就開始辦理大型活動，從幾百人到幾千人的大型活動一系列展開，這個活動名稱是「良心光明大會」。宗旨在對社會大眾闡述道德、良心，並且編成話劇演出、成立合唱團，以話劇和合唱的型式把道德良心宣揚出來。從1990年就開始辦理全省的大型活動，直到現在，我們的所有的活動是更加的發揚光大。而且我們現在有分成兩大類的發展方向：一類是屬於宗教性的活動，另一類是屬於非宗教性的活動。宗教性的活動是彌勒大道針對彌勒弟子的信仰教育；非宗教性的活動是面對整個社會各階層的交流、各國交流、不同宗教信仰的互相交流。

訪問者：那在跟其他宗教的交流，院長您是這樣作，但彌勒大道在全省有其他分院！其他分院有其他分院的負責人，其他國家有其國家的負責人。那他們的做法都是一樣嗎？

汪院長：各國的做法都要配合總會的指導原則。

訪問者：基本上就是抓住最高的指導原則來作嗎？

汪院長：是！「世界一家」就是我們最高的指導原則！所以不光是我們在這裏要做的事，其他各國都要一起來進行。

訪問者：所以，作法上面會不會因為負責人不同，可能作法上面會有差異？

汪院長：絕大多數都會是一樣的，當然也有少數例外的國家。例如在日本的分會，他們發展的非常成功，辦得很好。但是日本有他自己的民族性，只要他能掌握大原則，在發展的作法上就可以活潑應變。

訪問者：因地制宜？

汪院長：對！因為民族性有不一樣，確實需要因地制宜。就像韓國也有韓國的民族性，韓國的儒家思想還是很濃厚，不過韓國還是能夠配合總會的各項政策與推廣活動。日本的民族性與其文化相較之下，的確是與眾不同，所以就這方面來說，並沒有強求日本分會一定要進入社會、辦哪些活動，這是因為日本社會的需求不一樣。日本是一個高度開發的國家，說實在的日本人甚麼都有了，日本的文化、舞蹈、音樂、藝術各方面，真是太豐富了。但是日本人現在最大的問題就是信仰空虛、心靈空虛，她們需要在心靈上得到安寧，然而宗教信仰才能讓人心快樂、幸福，心靈得到安寧！所以她們很需要宗教信仰的活動來慰藉她們的心靈，她們追求彌勒信仰，因而得到幸福、快樂、滿足。我們全世界上這麼多的分會，只有日本是比較跟總會有不一樣的作法。除了日本以外，其他尚有許多國家在深度文化方面的活動並不多，各項文化活動還需要加強，所以這些都是我們要努力耕耘的地方。

訪問者：那像在總會這邊，跟其他宗教的交流也是在等待那個時機？

汪院長：非作不可，只是時機還沒有到。

訪問者：那相對的其他地方大概的情況也是如此吧？

汪院長：是的！因為總會怎麼做，各分會就怎麼做！而且我們只要開始去做，年輕的一代都會響應熱烈，所以在世界各地，熱愛大自然的青年交流是很頻繁的。像在印尼蘇北棉蘭市，舉辦了熱愛大自然文化的活動，雖然說我們彌勒大道是主辦單位，但是回教徒都來參加，佛教徒也來參加，基督徒、天主教徒都來參加，從活動中我們看到了宗教無隔閡的和諧景象。熱愛大自然文化的活動在印尼是辦得最成功，目前已經有成立四百多個青年團隊。

訪問者：接下來想再針對「宗教間的合作對話」的問題，深入地請教院長您。院長您基本上同意就是說，通過跨宗教之間的合作是能夠一起來解決全球苦難的問題。那麼在彌勒大道跟其他宗教之間，有沒有這種比較具體的跨宗教之間的合作方案？

汪院長：方案是有，不過目前我們還沒能實現出來。誠如前面所說過的，要等到「大自然文化世界」先建設完成，我們才能進一步來完成第二階段的工作。我們會先籌辦熱愛大自然文化的論壇，邀請各界精英份子、宗教領袖一起來共襄盛舉。

　　基督徒以基督教的角度來看熱愛大自然文化是甚麼？怎樣才算熱愛大自然文化？站在基督徒的立場、基督的信仰，你應該怎麼解決地球的暖化、氣候反常這些問題？其他還有回教、基督教、佛教、印度教……等各宗教，都可以就熱愛大自然的主題去深入論談。並且還有從醫學的角度、以藝術的角度、以物理的角度……等等，請各學術界來談論這個問題，希望讓全球重新看見熱愛大自然是一件重要的大事，人人都應該要覺醒，結合更多人的力量，一起來救地球。這事我們已經計畫二年了，這一定要去做的。但是要先有一個完備的硬體空間！未來這裏的環境建設成功，我們可以準備住宿、用餐，在這裏也有論壇的空間，風景漂亮、空氣清新、環境優美，我們很歡迎大家，因為我們是一家人，大家一起為共同的家好好

地打造，一起開創全人類光明的前途。

訪問者：像院長您剛剛談的這種方式是由彌勒大道來主辦，然後邀請別人來參加。那院長您本身有沒有用彌勒大道去參與其他宗教團體所主辦的活動，一起合作來解決全球苦難的問題？

汪院長：彌勒大道也有參加其他宗教聯合的祈福活動！我們在韓國有一位彌勒弟子，他是彌勒大道在地區性的負責人，他自己本身也是一位學者，是哲學教授，每年也有代表彌勒大道參加世界和平教授學會（Professors World Peace Academy）所舉辦的論壇，參加的人員都是國際學者，這是結合國際學術力量促進世界和平的組織，都是致力在尋求和平解決的方案，而我們這位韓國的彌勒弟子已經參加這論壇將近有十年了。

訪問者：他基本上是去參加！

汪院長：對！人家主辦我們去參加。

訪問者：但還沒有說我們聯合幾個其他的宗教一起來作？

汪院長：目前我們還沒有這樣做。在臺灣要聯合各宗教辦活動的機會不多，除了祈福活動有一起做，其他的還很少。

訪問者：所以，院長您基本上也是同意說，跨宗教之間的合作是可以一起來解決問題的？

汪院長：是的！

訪問者：同時也可以幫助宗教之間的對話？

汪院長：是！

訪問者：但實際上做的相對就比較少？

汪院長：是！但是我們快要開始了，我們要主動去做，因為這是彌勒大道的責任、使命，總是要有人登高一呼！

訪問者：所以，未來的規劃就是，這會成為你們一個很重要的部分？

汪院長：對！我們在一、二年前就很積極在規劃這件事。但是我們會先讓自己產生的足夠的影響力，才會進一步進行這件重要的工作。

訪問者：所以，先壯大自己，有一定的影響力之後再來談？

汪院長：勉強可以這樣講，因為這是免不了要面對的現實層面！

訪問者：好像有一個對等的立場，這樣就好談？

汪院長：是的！門當戶對，這是現實層面的問題！

訪問者：那在教義和經典裏面，有沒有清楚教導怎麼樣跟其他宗教之間進行對話與合作？

汪院長：那倒是沒有。彌勒信仰最高的思想，其核心價值就是促使世界一家！世界一家、萬教一家、萬國一家，就是這樣的理念驅使我們完成每一件工作。

訪問者：那麼彌勒大道的教義和經典是通過院長您和老院長所寫下來的，還是？因為有些宗教它可能是仙佛的啟示然後把它整理出來的。

汪院長：大部分是我們老院長留下來的教導與著述，還有部份是小弟根據彌勒的精神、思想而論述出來。彌勒大道也有仙佛批訓啟示的修身真理，但是作為依循的並不多，這一部分都作為參考性質。

訪問者：然後成為大家去信奉的指導？

汪院長：不敢說這是信奉的指導！其實這只是讓我們眾多彌勒弟子有個依循的方向。因為任何的論述都必須要經得起時間的考驗！論述是不是合時合宜？是不是合乎人性的需求？是不是符合整個時代的演變？是不是能夠滿足整個社會的脈動？論述要經得起種種考驗才能保留、流傳下來、成為歷史的經典與一門宗教的教義。如果經不起考驗，老早就被淘汰掉了，也不會有人想要去探究其奧義。所以能夠一直保留下、流傳到今天，就是必

定有它的價值、可參考性！簡單來說，彌勒大道多年來的努力結果，讓我們印證一件事實：依照目前彌勒大道所提倡的論述，走這個方向是可行的、是對的，所以這些論述才會存在、成立。

訪問者：也就是說，在這邊的經典和教理基本上是自己創造出來的？

汪院長：是！

訪問者：比較不是從以前留傳下來的這些各宗教的經典？

汪院長：其實小弟過去對各門各教也有興趣去瞭解！對佛教、基督教、天主教、回教，還有老莊、孔孟的思想都曾經涉獵，有些還深入去研究。從當中也知道各種宗教的教義都有她的優點以及她比較不夠的地方。比如說佛教，她沒有上帝的思想；基督教、天主教、回教不講因果、不講因緣，這都是宗教教義不夠的地方！老子所強調的無為、自然，已經是超越了世俗之見。可是一個宗教信仰如果不論述到上帝，不能體認到還有一位至高的主宰者，這個宗教就缺乏了一種神聖的歸屬感、凝聚力，所以老子太強調無為與自然，它是能讓一個人的修為高尚，可是要成為一個宗教還力量不夠。為甚麼回教徒、基督徒、天主教徒，他能為了宗教信仰而犧牲？因為他有一個很強烈的上帝思想。由於對上帝的專一信仰，驅使他去作一些人家做不到的事情，但是不明因果的真理、挺險走上極端，這是很可怕的。看過這麼多宗教，小弟心中在思考著，彌勒大道如何能促使各宗教和諧共存、互相學習對方的優點，互相彌補信仰教義的不足，集各門各教的大成，把不夠的彌補起來，將優點發發揚光大。

訪問者：但是，我舉個例子；比如說，以一貫道來講，她也是強調五教融合。

汪院長：五教融合，倒是有不少宗教都有這樣的講法。

訪問者：對！但基本上她也有用其他宗教的經典，雖然她基本上是以中國文化為主軸。那像在彌勒大道這邊，會去用其他宗教的經典嗎？比如

說：聖經啦！可蘭經啦！孔子的教導啦！儒家的教導啦！佛經啦？

汪院長：若論個人的興趣閱讀與參考進修是有的，但是彌勒大道並沒有正式引用其他宗教的經典來宣教傳道！

訪問者：還是說這些經典基本上是通過老前人也好，或是院長把它融會貫通之後再把它疏理出來？

汪院長：早期透過老前人或是小弟把過去對經典融會貫通之後，再疏理出來的思想、論述，的確對彌勒弟子的個人修為有所幫助。其實論源頭，我們最早源頭師承是跟一貫道一樣，在1939年時，因為思想不一樣就開始分家。

訪問者：所以，師承是指？

汪院長：金公祖師和師尊、師母，這師承是一樣的。但到1939年就分家了，所謂分家就是我們跟隨師母，叫「先天大道」。一貫道從那時候就跟隨師尊，一直傳到現在。我們師承先天大道，所以彌勒大道是以先天為體，以彌勒的慈為用。在先天的家園裏，我們沒有國籍之分、宗教信仰之分，沒有種族、膚色、民族之分，我們都是先天的兄弟姐妹，真正是一家人。我們為甚麼對世界一家很有信心？就是從先天大道、彌勒大道這個「先天思想」把它整個提煉出來。先天的思想是中國老子所開發出來，但是我們的祖師與師母大人，更進一步開創出先天大道。所以，我們跟一貫道根本就沒有瓜葛，雖然師承一樣，可是從1939年就已經分家了，這六、七十年來，根本就是他們走他們的、我們走我們的，各自發展。

　　師承是從先天，先天對我們的影響很大。因為，在沒有天、地、人以前，地球都沒有，哪來的各門各教？哪來的千差萬別？哪來的釋迦佛、基督、孔子、穆罕默德？這一切都不存在！在先天的境界裏面是一團虛靈。以先天的角度來看，全世界所有的兄弟姊妹，都是真正最親的兄弟姊妹。那時候也沒有分你是甚麼國籍的人，也沒有分你是甚麼宗教信仰的人，也沒有分你是黑人、紅人、白人，沒有分甚麼種族與民族，一切文化

思想、風俗習慣、文字語言、貧賤富貴都沒有分。先天境界裏面，我們真正是最親的一家人。因為有了天、有了地球、有了人以後，才有分你是哪一國籍的人，你是甚麼宗教信仰的人，你是甚麼種族、膚色、民族的人，這叫後天。先天的相反是後天，沒有天地以前是先天，先天是真正一家人，無彼無此、無你無我。這樣一個先天思想對我們彌勒大道的影響最深，回歸人人本固有的先天之根，人人都回歸本固有的先天之根，人間淨土、世間天堂、大同世界、彌勒佛國自然實現出來！但是先天本身是無形的，要怎麼實踐？就是慈！彌勒就是慈，彌勒有兩個解釋：第一、彌就是展則彌綸六合，勒就是隱則退藏於密。第二、彌勒是先天，是論其「本體」；彌勒是慈，是論其「妙用」。體用是合一的，所以怎麼實踐先天？慈！慈是彌勒大道最重要的一個實踐的價值，慈就是帶給自己快樂、帶給別人快樂，帶給自己幸福、帶給別人幸福，帶給自己希望、帶給別人希望，帶給自己光明、帶給別人光明。慈的實踐就是先天的成就，在無量的慈愛裏面沒有仇人、沒有冤家、沒有不喜歡的人，這好比每一個人的母親一樣，媽媽的心中每個孩子都是好孩子，這個孩子忤逆不孝，她也是很疼愛。慈是沒有界限的、沒有分別的。這個孩子多窮、這個孩子多有錢，在媽媽的心中都是心肝寶貝，媽媽的心就是慈心，慈是超越一切。

　　彌勒大道整個思想就是：體是先天，瞭解原來我們是最至親、至親的一家人。在先天的角度看，再分國籍、宗教信仰、種族、膚色、民族這是很沒有意義。但是今天已經有現象世界了，我們要記住先天的本體，那先天的本體畢竟比較抽象，只要我們把無量無邊的慈愛發揮出來，熱愛天地、熱愛一切的人、熱愛所有的生命、熱愛一切飛、潛、動、植、一花一草一木、一沙一石，熱愛這個地球等等。以一個無窮熱愛的心，其實就已經達到先天境界了。

訪問者：最後想再請教院長的是，保羅・尼特認為，宗教對話的最終目標或理想，應該是要能夠解決全球的苦難，然後去謀求人類和生態的福祉。因此，不曉得院長您對於人類和生態的未來，您的看法是如何？

汪院長：小弟的看法就是一定要走向和諧。不走向和諧，人類的苦難永遠不能解決。宗教的對立、國家的對立，尤其現在這個是兩極的世界，窮的很窮、富的很富，這是一種對立。貧窮人占全世界80%、甚至90%；小弟看過一份報紙，在中國大陸有錢人只是一小部份，但是貧富懸殊，富有的人掌握了全國多數的資源，貧富本來就是一種對立。今天如果和諧的話，有錢的人就有同情心、悲憫心，貧窮的人們也是我的同胞、都是我的兄弟姊妹，我有財富，只要撥出十分之一就可以養活大家！每個有錢人都拿出十分之一，您還是很有錢的人，對財富也沒有多大的損失。可是拿這些十分之一出來，你這些窮苦的兄弟姊妹，大家就有飯吃了，日子就過得去了。這就是一個群體和諧的問題，若是不懂得和諧，就談不上什麼慈愛，更不會憐憫他人的苦難。所以說，要解決地球的苦難、人類的苦難、世界的苦難，和諧應該是擺在第一。沒有和諧，你就沒有同情心，沒有悲憫、憐憫心，沒有民胞物與的心！如果我們能夠熱愛一切的生命，就要素食，這也是與全體生命的一種和諧。彌勒是素食主義的開山祖，在彌勒信仰中是很重視素食，非常強調吃素的重要。或許你今天還沒有吃素，但是你要瞭解吃素的重要，這是一種與天地萬物和諧、與生命和諧的覺醒。在彌勒信仰裏面，吃素是一種對生命的熱愛。如果能夠把慈發揮到極至，看到天上飛的鳥類、地上跑的動物、水中游的魚類，都是我們的兄弟姊妹、是同胞啊。這些兄弟姐妹我們不忍心吃他！所以在彌勒信仰裏面我們是很尊重生命，今日的地球為甚麼這麼多苦難？其實已經很多的專家學者在提醒了，聯合國去年一月初就呼籲，素食才能救地球。要吃一磅的牛肉，要付出十六磅的穀物。一磅的牛肉要幾千加侖的水，一磅的穀物只要幾十加侖的水，吃肉所付出的大自然成本太大了。這是專家學者研究出來的，今天就是因為很多國家大量畜牧，浪費大自然資源太多了，幾乎人類把大部分的水，都用在畜牧事業上。美國80%的穀物，都拿去畜牧了。其實美國的穀物收成起來，就可以養活全世界的人。但是她只拿十分之一、二來養活自己，然後賣一些到國外去。十分之七、八都是拿去養牛、養豬、養雞、養鴨，然後再吃它的肉，這付出的成本太高了。你要付出十五、六公斤的

穀物，才能取得一公斤的肉，不只是穀物的浪費，巴西亞馬遜雨林，兩分鐘的時間就被砍除一個足球場這麼大的熱帶雨林，只為了種植大豆來養更多的牛只。所以為了畜牧，熱帶雨林不斷被砍筏，這是人類的浩劫啊！今天吃肉不吃肉、素食不素食？坦白講，這個不是宗教問題，這是人類能不能繼續生存的問題。所以說，彌勒佛是站在一個尊重生命的立場，來強調素食。但是現在的專家學者是為了救地球、救世界人類自己，要永續生存就要少吃肉。因為你多吃肉，70%、80%的水源都拿到畜牧上去，還有穀物、糧食，70%、80%都拿去給動物吃，然後人類讓她挨餓，然後有錢的人等著去吃那些動物的肉，這是不和諧的結果。所以說，和諧還是一個最主要的根本解決之道。我們跟一切飛、潛、動、植和諧，我們跟所有人和諧，這樣才能解決人類這些種種苦難的問題。因為和諧是一種尊重、互相禮敬，如果不從這裏解決，你說要用科學的方法來解決，很難！科學畢竟還不是治本，治本要從心靈下手，這個才是根本解決之道。

訪問者：再次感謝院長您今天接受我的訪問，謝謝！

附錄1-6：中國天理教總會「宗教對話」 深度訪談紀錄（訪談編碼005）

訪問人員：莊政憲

受訪人員：臺灣傳道廳廳長　三濱善朗先生

翻譯人員：臺灣傳道廳翻譯委員　陳惠卿女士

訪談時間：2009年9月24日，上午十點。

訪談地點：中國天理教總會　臺北市北安路625號

訪問者：廳長您好，感謝您今天撥空接受我的訪問。當代有一位非常傑出的思想家、他同時也是宗教對話理論研究家以及社會活動家——保羅·尼特。他認為，當今全球的人類和生態正遭受到各種苦難的威脅，包括：由於貧窮所造成的饑餓、疾病…等身體的苦難；由於濫用地球資源、破壞生態環境所造成的地球的苦難；由於錯誤與不公正的傷害所造成的靈性的或精神的苦難以及由於武裝、軍事衝突所造成的暴力的苦難。因此，如果從這個觀點來看，想請教廳長您，身為一位宗教領袖，對於現今全球人類和生態所面臨的各種苦難（身體的、地球的、靈性的、暴力的苦難）的看法是甚麼？

三濱廳長：天理教創立的時間還不是很長，我們的創教者中山美伎也是為了拯救這個世界而創立了天理教，才開始講解救人的教義。所以天理教到現在才172年的時間。天理教的創教者我們稱之為「教祖」，教祖是女性。教祖在創教當時的一個宣言：「今為拯救世界而降臨世間」，所以可以說，天理教一開始就講明是為了拯救世界。教祖就是來傳達創造世界人類的父母神的教義，那當然就牽涉到為甚麼父母神會來創造世界人類。我們的教義很明確講說，當初父母神之所以創造世界人類，因為祂是創造世界人類的神，然後創造世界人類成為祂的子女，希望能夠神、人共樂！神、人能過著一個非常和平、康樂的生活，所以才來創造這世界人類的。

當初立教之初世界的情況又是甚麼樣子呢？其實就是說，因為當初父母神創造世界人類的原因是希望神、人能和樂，看到大家過得很幸福美滿。但是在那個時候祂看到世界的現狀已經離祂的目標、祂的理想太遙遠了，相距太遙遠了。人類已經違背了祂當初想要讓人類過康樂生活的那個原意，而且，反而過著每天那麼難過、受苦那麼多，所以希望拯救世界人類，來開始傳達這樣的訊息。可以說那個時候，就父母神看來，當時的社會、世界的情況，就你這些問題都可以包含在裏面。因為有很多人身體不適而受病痛所苦，也有很多是因為環境不好受窮困所苦，還有國家跟國家、人跟人之間的那個競爭，大一點就是戰爭，小一點就是人際關係的糾紛。太多的不愉快、不如意了！讓父母神覺得很難過，所以祂才講說，祂要來拯救這個世界。所以，我們很確認的就是說，當初教祖為了拯救世界人類，所以，這個拯救世界就包括所有的這些苦難，我們的教義都非常明確的有寫出來。

訪問者：那麼對於這些全球的苦難，站在天理教的立場是否認為，宗教人應該要為這些苦難負責？

三濱廳長：當然。

訪問者：如果要為全球這麼多的苦難負責？那麼站在天理教的立場要怎麼為這些全球的苦難負責？

三濱廳長：對於上述的這些苦難，我們的教祖的教導裏面有講的很清楚可以得教的方法，然後教義裏面也有很清楚明確的指示說要怎們做。一個就是我們奉行祭神的祭典，那我們的教義很明確的教導就是說，在我們天理教本部有一個我們稱為「原地」的地方，那個「原地」就是孕育人類、孕生人類的起始點。那父母神說，在這個地方奉行那個「聖舞」，就是拯救世界之道。我們在那邊奉行的祭典、奉行的聖舞，就是真的可以徹底來切除我們所有的苦難，不管是身體的疾病，或者是世界的紛爭、國家的紛爭，去除那個苦難根源的一個祭典、拜神的儀式。

訪問者：所以，只有在那個地方（「原地」）奉行聖舞嗎？會不會在其他地方奉行呢？

三濱廳長：剛剛講在「原地」奉行的聖舞，是在「原地」才可以奉行的。但是世界各地的教會都可以承襲「原地」的理，然後來奉行這個拜神的方式，來奉行聖舞。

訪問者：所以，在各個地方也可以奉行這個聖舞，也一樣具有意義在裏面嗎？

三濱廳長：當然一樣有意義在裏面，但在「原地」所奉行的聖舞是有不同於教會的意義。所以，雖然說目前天理教還不是說那麼普及到世界各地，但是不管是在哪個國家的教會所奉行的聖舞，都是為了祈求世界和平，為了讓當地能夠過著和平安樂的生活而奉行的祭典。基於我們的教義本來就是要拯救世界人類，所以不管是在日本、在臺灣、在韓國，世界各地教會所奉行的聖舞、所奉行的祭典，都是按照教祖當時候教的如實地把它奉行。但是根源地奉行的聖舞是有些不一樣的東西，但是每個教會都是承襲教祖所教導的如實地來奉行以拯救世界。教祖是在41歲的時候來開始講解天理教的教義，一直到她90歲隱去身影那年，她就是用這幾十年的時間來教導人們怎麼樣來得救，怎麼樣來過好的康樂生活。教祖在這50年間，她就是親自去示範，示範怎麼樣來幫助大家。而且她除了親自示範之外，她還用寫的，就是用口述、用筆錄，親身來實踐給大家看，來教導這個教。所以這個50年期間，教祖她自始至終一貫的主張，一貫地的表現、要追求，就是要教導大家拯救這世界的聖舞。從頭到尾很有連貫性地來教導大家。

訪問者：除了聖舞之外，貴宗教還有沒有具體的做了哪些宗教的實踐或是社會的實踐？

三濱廳長：教祖自己本身有教導好幾種可以具體去幫助人的「神授之理」來幫助人。那教祖教導的這個「神授」，其實到現在我們還是有啊，在生

病的時候，我們可以馬上幫助他做求神的工作，一個幫助他的具體動作。我們天理教的教義就是從教祖她開始講解父母神的教義，都是由她來教導，她親身實踐給大家看所留下來的。而不是說教祖教導後，由後來這些學者、有學問的人聚集起來所寫下的那些資料，不是這樣，完全是教祖自己口說、筆述、親自實踐這樣留下來的典籍。教祖本身的出身是在日本奈良縣，那個時候是叫做大和地區，是在大和地區的一個農家的小女子。當然，教祖出生的時代是很封建的社會，所以女人是沒有地位的，女人是沒有到外面去的，都是在裏面，沒有受甚麼教育。因為教祖出生的時代是非常封建的時代，而且是非常偏僻、偏遠的農村，所以她本身沒有受很多教育。那個時代為了小孩的教育還是有設一些小的私塾，教祖在那邊受了一、二年的教育。教祖大概從九歲到十一歲的年齡到私塾上過課。這只是一個簡單的可以寫、可以讀這樣，並沒有甚麼特別再去受甚麼哲學啦，甚麼這方面高深的學問，完全沒有。可是她完全沒有受甚麼教育，她為甚麼有辦法講出可以拯救人類、拯救世界的那種高深的言論？那是因為創造人類的父母神，附在教祖身上，通過教祖的嘴巴來講出這些教義。這裏要跟你強調的是，天理教的教義並不是由幾個學者來寫成的東西，而是由一個沒有受教育的教祖所講述、所寫，因此可以證明說她本身就是由父母神透過她來傳達天理教的教義。所以，當初就是沒有人相信。因為就是農家的一個主婦而已啊！很平凡的一個女人家，怎麼會去講那些有的沒有的，沒有人會去相信她的。所以為了證明她所講出的聖言，她就開始來幫助人家，實踐救人的行動來證明。就是讓大家親眼去目睹「神蹟」，她救人的神蹟。她的第一個神蹟就是「安產」，保護女人家的生產。那個時代我想不只日本，包括我們臺灣，還有世界各國都一樣，生產對女人來講是一個難關。因為那個時代醫學沒有那麼發達，所以生產真的好像過一個鬼門關一樣，當然有很多都是因為生產不適，不只孩子，有時候是母子雙亡的情形也很多。所以當初就是為了能夠平安生產，大家都是到處求神拜佛，那種比較迷信方式的情形很多。現在多多少少都還有，所謂的求安產這樣。就是為了平安生產，會忌口啊！然後叫你不可以做這個、不可以做那個

啊！現在還是有嘛！所以教祖那個時候就是透過這個安產，來證明說父母神確實可以佑護平安生產，讓大家實際上看到這個情形。就是說用實際的例子給大家看，你不用去做那些特別的動作、那些迷信的方法，都不用。你絕對可以平安生產、可以得救。所以教祖用實際的例子——「安產神許」來印證，來給大家見到這個神蹟。那個時後透過安產，一個、二個、三個持續出現，剛開始都被講說一定神經有問題、講那些有的沒有的，然後笑她又是狐狸附身啦甚麼的，就很多人用異樣的眼光看她，但是就是因為藉由生產得到佑護的人開始出來說：「不是哦！她是真的可以幫助我們」，那樣的話開始出現。所以，「安產神許」變成天理教拓展天理之道的一個開端。結果就是因為大家都有聽到風聲，可以保護生產的，所以，大和地方有一個安產的神哦！這樣從這個村落傳到那個村落。但是後來大家的講法有一點改變了，本來只是想說安產而已，可是後來就變成了她是一個不可思議的神，她可以來救助我們，只要有任何困難，都可以祈求她幫忙。教祖是親自用實證讓大家親眼去目睹這個神蹟，還有很多是醫生已經宣佈沒有救的、束手無策的，但是後來得救的那個神蹟就開始一直出現出來。因為教祖那時救了很多人，所以大家都很欽慕她。結果就有別的勢力團體開始對教祖的作為、拯救的行為展開攻擊。別的勢力團體，其實講像神道啦！佛教啦！其他的宗教就開始反對了、開始攻擊了，甚至政府方面也開始鎮壓。可是政府為甚麼會來鎮壓，其實跟天理教的教義有關。因為父母神是說，世界人類都是平等的，沒有甚麼高低之分。因為日本已經將天皇神格化了，所以當然對於教祖的父母神教導，沒法理解世界人類通通是一樣的，這等於完全違背了政府的神道的講法。因為父母神講，世界人類都是祂的子女，一律平等。所以，以我們的立場我們都是兄弟姊妹，大家都是兄弟姊妹，這就是天理教的信仰和教義。就是因為天理教的教義是這樣的主張，跟我們國家政府的教導完全不同，等於是對立，所以才會受到鎮壓。所以天理教從創教以來，一直都是受到政府的壓抑，一直到戰爭（二次大戰）結束。當時是軍國主義，天皇是神，怎麼會跟一般百姓一樣？因為教祖說：「不管你是達官貴人、或是一般平民百姓，在父母神眼

光當中都是一樣，都是祂的子女，我們都是兄弟姊妹」，這種說法怎麼可能讓這神道為主的國家認同呢？在明治時代，一樣有階級之分，武士是最上層，雖然農民是排在第二，其實並不然。因為農家其實在當時候是生活最困苦的階層，農民幾乎都是過得很辛苦的。像你這邊所提到的貧窮、饑餓，教祖說先拯救這些，先拯救一般老百姓。所以天理教的信仰其實就是拯救社會、一般的百性，就是我們人類。教祖其實是從她的近身救起，因為她本身是農家嘛！她看到都是農家生活困苦的一面，所以從近身救起。最終目標就是拯救所有人，並不是有分別，沒有！只是先從近救起。因為同樣地，這些農家都是沒有甚麼學問的人，所以教祖當初在幫助大家、在拯救大家時，她是用那種最實際、最簡單的言語的表達，來拯救他們、來幫助他們。所以教祖的教義裏面，很多都是用那種農作物啦！還有田地啦！就是因應當時候她身邊的這些人，為了幫助他們、讓他們可以瞭解，所以就用他們能夠接受，他們最切身可以感受到的言語來教導他們。當然不是只有拯救這些農人，她的教義就是可以適用到各個階層，所有世界人類都可以理解的。那也有用歌的方式把它留下來，或者是寫下來。當時候寫的東西是用最簡單的平假名，因為她受過二年的教育，平假名是幾乎一般人都可以看得懂，所以她就用平假名寫。她寫下來有一千七百一十一首，有一點像「和歌」，是用日本的詩歌方式寫下來的。也是為了讓大家方便記，然後也可以朗朗上口，用歌的表達方式記錄下來教導。雖然用平假名記錄下來的這些歌，但裏面卻蘊含了人類為什麼被創造？人類生存的目的是甚麼？人類怎麼樣才能得救？通通蘊含在這些歌曲當中。

訪問者：接下來想請問廳長的是，您覺得在這些苦難當中，有哪些是因為宗教之間的衝突所引起的？

三濱廳長：因為人的想法、思想沒有按照神的意思、沒有遵照神意，所以才會產生這些衝突和苦難。一般我們都認為身體是我的，可是對父母神來講，身體並不是我們的東西、不是人類自己的東西。我們的教義裏面講說：「父母神說，身體是神借給你的，是我們向神借來使用的一個借貸之

物」。如果身體是我們的話，是我們可以自主的話，應該沒有人會生病，一定不會讓自己生病的。所以，由此可以證明說身體其實不是屬於我們的，不是我們可以自主的。

訪問者：所以，這些苦難是因為人的心沒有聽神的話所造成的？

三濱廳長：確實是這樣子。像我們身體裏邊血液的循環，身體裏邊我們沒辦法control，可是為甚麼血還是在造、在跑？心臟為什麼還是在跳？那我們的教義裏面就是說，身體不是屬於我們的東西，但我們有一樣是屬於我們自己的東西，那就是我們的「心」，我們可以自主的心，我們可以自由自在來使用我們的心。就是因為我們的心沒有按照父母神所教導的來走，結果就會導致各種不幸發生。所以在我們的教義裏面就是，把違背神意的心靈的想法我們叫作「心塵」來比喻、來教導。你看那灰塵只要積多成垢的話，你真得很難掃的乾淨。所以，我們教義裏面很明確的講說，所有的疾病、所有的不幸，都是因為你的心被「心塵」蒙蔽的關係，你用了錯誤的想法的關係。

訪問者：所以，這些苦難的造成是因為「心塵」的關係，那跟宗教之間的衝突有沒有關係？

三濱廳長：追根究底的話，會有這些衝突還是因為你的「心塵」，心不夠乾淨啦！心不夠乾淨來引起的不是嗎？例如，一個簡單就是，因為你的欲望引起的，因為你的高傲、驕傲，我最正確啦，我的想法最正確的！當然還有別的一些錯誤的心念都有啦！但是，這樣都是造成所有不幸的原因。

訪問者：所以，宗教和宗教之間的衝突也是因為「心塵」所引起的？

三濱廳長：最根本的就是「心塵」。可是天理教對其他宗教，只要是大家認同的宗教的話，幾乎沒有甚麼批判，都非常的認同，這是天理教的主張，不會說輕易去批判別的宗教。

訪問者：如果是這樣的話，那廳長您是否認同每一個宗教都有她的價值和優點？

三濱廳長：當然！我們不會去否定別的宗教的價值和優點。

訪問者：那廳長是否認為，在跟其他宗教交流的過程中，可以去學習，並重新對自己的天理教產生更深一層的體認？

三濱廳長：當然就是說不會去否定別的宗教，但是在一些活動當中也可以讓自己更確認說我們教祖的教導，我們父母神的教育絕對是非常值得信賴、非常可貴的，不會讓人絲毫有懷疑的，會更加確信。所以，雖然說我們的歷史還不是很久，但是我們還是有到世界各地去傳達天理教的教義，將父母神拯救世界人類的想法傳達給世界各地。很巧的是在9月20日出刊的《天理時報》當中，刊載了我們受邀參加由天主教梵諦岡所主辦的「世界和平祈福大會」。我們和梵諦岡交流已有85年了，雖然我們的歷史只有172年。我本人亦曾經兩次代表出席世界宗教和平大會，一次在義大利米蘭，另一次在比利時。我想可以受邀參加的話，也是梵諦岡他們認同，雖然天理教的歷史不長，但也是認同天理教，所以才邀請天理教參加。

訪問者：所以這是由天主教所主辦，邀請世界各個宗教來參加？

三濱廳長：對！邀請世界各個教派、教別來參加。這次的專題演講是由天理教的代表主講，以「心靈成長是人類永遠的課題」為主題來演講。其實就是說，科學能夠發展到現今，也是在神的佑護下才能夠有今天的成果。簡單的一句話來講就是說，現在世界有很多的不幸、宗教的戰爭、核子問題等，我們天理教就是確信說，跟著人類心靈層次的提升，這些問題都可以得到解決。所以對人類和生態的未來，我並不覺得悲觀。因為只要人們瞭解神意，來改變心靈的想法、提升心靈的層次，應該所有的問題都可以得到解決。現在環保也是一個很大的課題，這個環境問題其實也跟我們教祖所教導的心念——心的想法有關係。我們教會裏面講說，世界宇宙都是神的軀體——「神軀」，我們人類所藉以生存的世界萬物都是父母神賜給我們的。所以，不管是你的農作物、還有你的飲食、可以吃的東西，這些都是因為有神的佑護然後你才能夠吃到。我們的教祖的教導裏面也有說：

「連一片菜都不能夠隨意浪費」，這就是要我們好好珍惜萬物。只要你沒有那麼大的欲望，這個也要開發、那個也要開發的話，只要你能夠好好珍惜這個大自然資源的話，因為這些都是父母神賜給我們，應該不會有這些環保的問題。所以在我們教義就是說，不要甚麼都是以自我為中心，不要甚麼都是為我、利己，這就不對。你要為對方設想、站在別人的立場去想，這是我們的教義。其實我們堅信，只要能夠把我們這個「心」的想法傳達給世界人類知道，更多人知道的話，應該能夠帶領這世界走向和平之道。因為梵諦岡有認同天理教的教義，所以二個宗教已經有交流85年，他們對天理教也有認識，所以梵諦岡也是一個值得贊同、敬佩的宗教。天理大學也有和梵諦岡的一所很有歷史性的大學舉行對談，一次在梵諦岡，一次在天理大學。這二次的對談可以說是梵諦岡第一次和「外教」站在對等的立場來舉辦對談。

訪問者：因為每個宗教都有她很強烈的看法，覺得她就是最好的、就是真理。因此，想請教廳長您是否認同，各宗教之間應該制定出一個大家可以共同認同的、遵守的價值觀或者道德觀，比如說「全球性的倫理規範」的東西？

三濱廳長：這個要放在以後，將來有可能，現在這個階段不大可能。

訪問者：那麼廳長基本上是認同這樣的想法就是了？

三濱廳長：對你提出的這個問題我是還沒有深入想過，但是我認為現在每個教團都有很多不同的意見，像伊斯蘭教本身就有各種不同的教派，所以現階段要共同制定一個倫理規範，要達到這個層次、境界的話還要很久很久，要放在未來，現階段是有點難。

訪問者：廳長剛剛有提到，梵諦岡和天理教本身已經有對談了，那麼想請問廳長的是，您認為宗教之間的對話應該用甚麼方式展開？

三濱廳長：當然每個宗教都是有自己的信念才建立的，所以其實就是互重、互相尊重。

訪問者：那廳長是否同意，宗教之間的對話應該要和「全球責任」的議題聯繫在一起？

三濱廳長：我剛剛也強調，對世界的未來並不感到悲觀。最主要就是說，只要大家能夠把心靈的層次一直去提升的話，一定有辦法達到世界和平。

訪問者：所以，就是從心靈著手，也就是說，每個宗教都能提升心靈的話，自然就能促進對話？

三濱廳長：對！沒錯！如你所知，我們天理教真的還不是那麼大，那麼被知道，臺灣知道的人也沒有很多，雖然是現在力量還不夠大，但是還是朝著就是說盡我們的力量，讓更多人知道我們父母神的教導，然後把這教義給推廣出去，讓更多人來一起信仰天理教，一起走向幸福康樂。

訪問者：接下來想再請教廳長的是，您是否覺得透過跨宗教之間的合作，可以共同來解決全球苦難的問題，同時它也能夠促進宗教之間的對話？

三濱廳長：當然！宗教和宗教之間還是可以透過合作來做一些事情。例如天理教和梵諦岡這邊有在繼續做這方面的努力。透過各種宗教的對談，從而當中可以取得更多的共識，譬如家庭問題啦！當然天理教不只跟基督教、天主教對談，她本身還有跟別的宗教就各個主題來做對談的交流，所以透過這樣的交流，得到共同的認知和進一步的體認。

訪問者：那麼天理教在做這種宗教實踐或社會實踐也好，她的目地是為了要獲得社會大眾的認同？還是為了天理教的發展？或者這是教祖的教導，是本來就應該作的事？

三濱廳長：我們其實是遵照我們的教祖、父母神的教導的教義，是遵照那個來做的社會實踐。

訪問者：那麼在天理教的教義和經典之中，或者是教祖的教導當中，是否清楚教導天理教和其他宗教之間的關係以及和其他宗教之間的合作？

三濱廳長：其實在教祖的教導當中，並沒有提到你跟其他宗教怎麼去作，但是有一點在我們的教義寫得非常清楚就是「互助合作」。「互助合作」這一點在教祖的教導裏面非常重要，叫「相輔相成、互助合作」，其實這個面會更廣。

訪問者：所以，在天理教與其他宗教的交流過程當中，基本上是以教祖的這個教導（「相輔相成、互助合作」）為根基。但會不會因為將來隨著負責人的更換，則天理教與其他宗教之間的關係、交流和合作會有不同的運作方式？

三濱廳長：當然，實際上因為負責人改變，或許有一些作法會改變，這也不能說不可能，不可能完全都不會改變。但是，最基本的還是以教義為基礎，這個教義是絕對不會變的。人是會變，但是教義是絕對不變。

訪問者：保羅・尼特認為，宗教對話的最終理想和目標是解決人類和生態的苦難，以追求人類和生態的福祉。因此，不曉得廳長您對於人類和生態的未來的看法是甚麼？

三濱廳長：當然，尼特先生的想法沒有錯，就是通過宗教對話來解決世界的和平。但這只是其中的一個方法，並沒有辦法可以完全解決世界的苦難。

訪問者：那廳長認為最好的方法是甚麼？

三濱廳長：當然通過宗教對話可以解決一些問題，但最基本的還是要從人心作起。

訪問者：那是否就是說，當人的「心塵」能夠被掃盡時，就能夠實現世界的和平與福祉？

三濱廳長：對！掃盡人的「心塵」，通過教祖所教導的祭拜儀式，那是一個具體的方式來掃盡人的「心塵」。

訪問者：再次感謝廳長今天撥空接受我的訪問，謝謝！

附錄1-7：統一教臺灣總會「宗教對話」深度訪談紀錄（訪談編碼006）

訪問人員：莊政憲

受訪人員：會長　李恪訓先生

訪談時間：2009年9月24日，下午三點。

訪談地點：統一教臺灣總會　臺北市羅斯福路三段273號4樓之1

訪問者：會長您好，感謝您今天撥空接受我的訪問。當代有一位非常傑出的思想家、他同時也是宗教對話理論研究家以及社會活動家──保羅‧尼特。他認為，當今全球的人類和生態正遭受到各種苦難的威脅，包括：由於貧窮所造成的饑餓、疾病⋯⋯等身體的苦難；由於濫用地球資源、破壞生態環境所造成的地球的苦難；由於錯誤與不公正的傷害所造成的靈性的或精神的苦難以及由於武裝、軍事衝突所造成的暴力的苦難。因此，如果從這個觀點來看，想請教會長您，身為一位宗教領袖，對於現今全球人類和生態所面臨的各種苦難（身體的、地球的、靈性的、暴力的苦難）的看法是甚麼？

李會長：當然各苦難有它的一些基本的原因，但我覺得這些苦難也有它共同的因素造成。像人的生、老、病、死，作為一個身體的苦難來看的時候，它有它現實的原因，就是一個人他自己本身是不是能夠管理好自己；也有它的靈方面的因素，就是這個人在生命誕生的時候，他也必定有來自他的祖先的影響要素。靈的要素決定他的性格，也會決定他人生的遭遇，所以如果他有甚麼問題的話，我們說有他祖先因素造成的。至於地球的苦難，地球的資源啦、生態的破壞啦、環境的保護啦，我覺得也是因為人對自然界的無知、還有人的貪欲，那更重要的是人不明白自然界是怎麼形成的，換句話說，對神的創造、整個創造原理是甚麼我們不知道，特別進一步來看就是，對神為什麼要創造這個世界的原因跟心情不明白。所以，

跟這世界存在的原本的理想性、這世界存在的目地性，我們人不知道；再加上人自己的貪欲的話，就變成了相反，兩個不是在一致的方向、一致的軌道上。今天假使說，神創造的整個宇宙，祂的原理是：不是為自己而是為別人的話，那人為自己貪欲的話，可以破壞整個現實的環境。我們看今天很多的自然環境所帶來的災害，很多都是起因於我們的無知。人對自然界，以自己貪欲的動機去開發、去佔有、去破壞。所以我覺得這也是貪欲所造成的不幸的結果。至於靈性的苦難，當然說社會的錯誤和不公正，這也是人墮落的關係。人墮落就是不明白神創造這個世界是為了甚麼？不知道我們自己本身的生命的意義跟價值，當然也不知道人跟別的個體之間的關係是怎樣？換句話說，人在這地上，有他上下垂直之縱的關係，天、人的關係；有橫的，我跟其他人的關係。所以每個人都有跟神之間縱的關係，還有人跟人之間橫的關係。人跟神之縱的關係，天、人的關係是最根本的，這個出現問題的時候，人和人水平的、橫的關係就會有問題。一個不敬天的人、一個不尊敬神明的人、一個不相信神的人，他不會尊重別人的生命，不會在意別人幸不幸福，對別人也不會關心，當然橫的關係也不會很好。這樣就比較容易造成社會的不公、社會的欺凌、社會的錯誤或者是不義這樣的情形。所以，我說人的墮落就是：基本上人離開了神，這種縱的關係失去了，因為天、人的關係是所有關係的根本，人沒有尋找到，人沒有接連起來，所以其他的關係就變得非常的不穩定，甚至會造成不正常的威脅，我也覺得跟這是有關係的。就是因為縱的關係沒有建立起來，橫的關係就不會建立起來。例如，在一個家庭裏面，假使子女和父母的關係不好，兄弟姐妹也沒辦法合一，那這樣子在家庭沒有辦法建立起來的時候，將來一個人到社會上去的時候他也沒辦法有縱的關係，橫的時候也不會建立好的關係，就會衝突、跟別人衝突。所以，我們衝突的關係，從一個人、到家庭、到一個社會，然後再進入到民族、到國家、到世界，呈現出來的就是這種暴力的苦難、武裝衝突、戰爭等。所以每一種苦難有它現實歸於這種苦難的因素，但更背後來看的話，我會覺得說，還是起因於人離開了神、人不認識神、人不相信神這樣的一個結果。

訪問者：所以，會長您認為這些苦難的因素主要是因為人離開了神、人不認識神？

李會長：對！

訪問者：那麼對於這種全球的苦難，會長您身為一位宗教領袖，是否覺得應該要為這些苦難負責？

李會長：那當然！

訪問者：那如果要負責的話，應該要以甚麼樣的方式具體地去負起責任來？

李會長：心情上，沒有任何一個人是可以單獨、自在、或幸福地生存，我們不是跟這個社會、跟這環境完全的脫節，也不可能是這樣子的一個人，因為社會跟我們有密切的關係。今天即使你過著一個潔身自愛的生活、即使你過著沒有違反法律、或者是跟別人結仇的生活，但是別人他們的錯誤或是別人他們帶來的禍害，可能會影響到你和你的家庭。所以，沒有人會置身於事外，全人類大家是一個共同體、全世界是一個共同體，你的事就是我的事，「人饑己饑、人溺己溺」，這樣的同理心、這樣的關愛心。所以，當然我們不能視別人的苦難而不見，也不能夠看到這世界的不幸而無動於衷，因此身為一個宗教的負責人和領袖的時候，這樣一個悲天憫人的心情和想法是很基本的，所以當然是我們要負起這樣的責任。那要怎麼作呢？其實我覺得是，從「己立而立人」來開始。自己本身去努力去作，能夠慢慢成為一個典範；也許一個人、二個人是有限，但是當我們去作，成為一個典範的時候，只要是合乎人類共同的內心的一個基本的盼望，或是人類共同內心基本的心理的時候，它就會造成人的一種吸引力，人會瞭解，然後慢慢會參與進來，然後我們就可以有影響力。因為我們知道，任何一個事情都是從一個人開始。過去宗教也是一樣，從一個人開始，任何學說從一個人開始，任何思想從一個人開始。假使你是合萬人共同的一個心理的願望的時候，它自然就會形成一個吸引的力量，慢慢變成一個大

家共同支持、共同看法後，它就會有更大的影響力，這樣的話就會風行草偃。自然一開始大家不會覺得你有甚麼影響，可是後來慢慢形成一個氣候、或是一個影響力，人家會覺得說這是一個普世價值的時候，慢慢就會變成是一種普世的。所以我覺得還是要從「己立而立人」開始。

訪問者：那麼，對於這些全球性的苦難，會長您覺得有哪些是因為宗教之間的衝突所引起的？

李會長：從現實社會裏面來看時，跟宗教之間的衝突，直接跟間接當然都會有一些，比如說現在的戰爭和武裝的衝突，以目前當然給人感覺和宗教之間的衝突是蠻大的。例如，基督教和猶太教之間，或者是基督教和其他宗教之間的衝突。那戰爭帶來的普遍影響，例如：貧窮啦、饑餓啦、疾病啦，都會有。宗教面的衝突，有！但是，可能它有局限性。但是廣義的來說，也可以說是因為人的心裏面，對宗教的要素太少，或者是對宗教的執著太深，所造成的衝突；造成的這種身體的苦難、地球的苦難、靈性的苦難、暴力的苦難，都有可能。

訪問者：所以，這種宗教之間的衝突，只是一個結果或者只是一個表象，甚至說宗教之間的衝突還有更內的原因？

李會長：我覺得是有這樣的一種情況。

訪問者：如果說，這些苦難並不完全是宗教之間的衝突所引起的，那您覺得造成這些苦難背後的最主要根源是甚麼？

李會長：衝突呢，那是一種對信仰的執著，我的信仰是對的，你的信仰不對。我的信仰才正確，你的信仰不正確。一直強調這些的時候，才會造成彼此之間互相排斥別的宗教，甚至消滅她的宗教，才會產生這樣的衝突。那這種衝突當然會帶來人類更多的禍害，我們生活的環境被破壞，我們身體的生活條件也變不好了，饑餓啦！生病啦！當然都是會有關係。但是宗教衝突的背後，其實我們可以說，宗教衝突的產生，可以說人本身對宗教也有他認知上的錯誤或是偏差。神是全人類的神，每一個人，不管你是甚

麼宗教，在神來看的時候，都是祂的孩子。神是回教徒的神、佛教徒的神、基督教徒的神、或者是我們東方的儒家思想的神，神是他們的神。神不是只照顧猶太教、只照顧基督教、只照顧回教、只照顧佛教，神不是這樣。瞭解神這樣一個特質之後，沒有人會看到另外一個人處在苦難當中、沒有人會看到另外一個人處在不幸當中，他的苦難、他的不幸，我們會深切地感受到就是我的苦難、就是我的不幸。所以我覺得，如果我們對神真正的瞭解的時候，可以超越自己所設定的自我為中心的狹隘教規，我會覺得說，基本上不是宗教和宗教之間的衝突，是人本身不認識宗教的真正的本意，或者說人不認識神。由於人不認識神，所以大家都強調自己的神才是真正的神，而不去尊重別人的神。所以我覺得，宗教之間衝突的最根本的原因還是因為人墮落以後，人離開了神、人不認識神，所以才會帶來宗教之間的衝突。所以這樣算不算是宗教之間的衝突呢？也許是，但最根本來說還是：人跟神脫節，天人不合一。

訪問者：相信會長有很多跟其他宗教交流的經驗，那麼藉由這種交流的經驗當中，您是否同意每一個宗教都有她的價值和優點？

李會長：當然！各個宗教她能夠經過這麼長的人類歷史留傳下來，贏得那麼多的人的信仰和跟隨，必定有她能夠滿足這個人心裏面基本追求的價值的內容，換句話說，她對他們的生命的貢獻有不可否認的事實。所以說，基本上每一個宗教都有她的優點。再說，「宗教」她的意思就是「根本的教育」，神為了拯救這地上的人，在不同的地方、不同的環境，用不同的方式和不同的力量，把他們帶到一個更高的水準的心靈次元，最後能跟作為大家共同的父母連結起來，我們都是兄弟姐妹、都是一家人。所以，不管你是甚麼宗教，在神來看都是一家人。我們不用再分那麼明確的你我、彼此，而是以神為共同的父母、一家人的生活。所以，最後的時候我覺得會是這樣子。

訪問者：那在會長您和其他宗教交流的經驗當中，您是否覺得可以通過其他宗教來學習，甚至可以重新的對自己原來的宗教產生更深一層的體

認？

李會長：會啊！就是不同的宗教，她們當然有的歷史比較久，有的歷史比較新。比較久的人她們也經過許多經驗的累積，有很多是值得我們去學習的。比較新的時候，她們有許多新的創見、新的一種啟示或者感動，也許是過去傳統所沒有想到的，我想這都有她的意義和價值。對於看到過去傳統宗教的時候，的確發現到，她們經過那麼長的歷史當中所對人類的貢獻、對人們心靈的貢獻，這也是事實。她們甚至可以說是新宗教的基礎。那對於新宗教來說，她們也有她們獨特的來自於上天的啟示、來自於上天的感動，有她們獨特的看法。那這樣的看法，也許可以符合俗世的、人間的、在當代裏面所需要的一個價值觀，也有她的可取之處。那通過這樣的時候，我們當然可以反觀我們自己，我們可以發現到，有些地方可能是我們已經有的這樣的一個內容，我們當然也很感動。有些地方可能是我們沒有想到，使我們原來的東西可以再更充實，我想都有它的好處啦！

訪問者：其實，每個宗教對她本身的信仰也好、真理也好，都有某種程度的執著，那麼在這麼多的宗教當中，您覺得是否應該制定出一個大家可以普遍去認同的、去遵守的道德觀、價值觀或者是信念，關於這方面的全球性的倫理規範或者是宣言出來？

李會長：基本上應該是要這樣子做啦！即使是很多的宗教，她們有很多的不同點，但我們可以從相同的地方先來開始。也許剛開始相同的地方，我們發現只有一項、二項、三項，或者說愛、或者說家庭、或者是神聖的婚姻等等。沒有關係，我們先從這些共同點之中再慢慢開始來架構，也就是從最基礎的，我們說「求同存異」，從「同」這邊來開始。那慢慢地可以進一步去發展，來建立起一個更成熟的全球共同的倫理架構、或者是共同的信念，我覺的是可以。但是，要能夠放下自己的己見，也是不容易。所以，基本上的基準就是：你也是神所給予的啟示而建立的宗教，我也承認你也是有得到神的啟示而發展另外的一個信仰。從這樣的一個觀點來看，你得到神的啟示是甚麼樣的一個內容？我也得到神的啟示是甚麼樣的一個

內容？裏面當中有同的地方，而不同的呢？也許有她的獨特性，神給她不一樣的看法，就先放在一邊，從這裏開始慢慢建立起來。我想如果能這樣做那當然是很好。但是，基本上是要先互相地尊重、彼此承認，然後能夠放下自己本位的主義和思想，這樣才有辦法出發。

訪問者：所以，就是相互的尊重、承認，然後求同、存異，尊重彼此間的差異性。那麼，由於現在宗教之間的對話也愈來愈頻繁，那會長您覺得宗教之間如果要展開對話，應該要用甚麼樣的方式來展開會比較合適？是不是應該跟「全球責任」的議題聯繫在一起？

李會長：這是很好的。如果沒有一個「全球性的責任」來做目標的話，很難對話。變成公說公有理、婆說婆有理，各自表述，所以那並不是真正的對話。通過對話當中，我能夠真的進入到你的思想，你能夠真的進入到我的思想裏面，這個能夠共同一體來做這是很好，這樣子宗教的對話，能夠有一個全球性的共同議題，來做這樣子的對話是比較具體，也比較能夠看到成效。比如說，現在大家關心環境保護，不管是溫室效應也好或是空氣的污染也好，宗教人對這樣的議題，我們知道是可以共同來討論的，並且通過大家的關心，能對人類將來的福祉是重要的。那宗教人追求的也是這東西，關心的也是這東西。大家就一起互相的對話，那這樣的對話會更有意義，而對人類也更有實質的貢獻，也會超越我們自己個人本身的限界。

訪問者：所以，會長您本身也同意，通過這種跨宗教之間的合作可以共同來解決這些全球性的苦難問題，進而也能夠增進宗教之間彼此的對話？

李會長：對！

訪問者：接下來我想再針對「全球責任」的問題，深入地請教會長。保羅・尼特認為，對於這些全球性的苦難，宗教人士應該要站出來並呼籲，甚至應該要為這些苦難負起責任來。因此，對於這些苦難問題的解決，在統一教的宗教實踐或社會實踐之中，都有哪些具體的作為？

李會長：對於身體苦難的部份，因為我們前面也講過，身體的苦難它有自己本身的責任，那也有就是承受著先天靈性的影響。所以在我們這邊的話，我們首先會教育人們這個神賦予的責任分擔是甚麼？我們的身體就是神的殿，我是神的住家、是神的殿。所以不能夠任意的對待自己的身體，要當作是神要住的神殿一樣來對待它。那我們教會裏面也有醫院，我們醫院也重視西方的醫學，也有重視東方的醫學，融合起來，來醫治人的生理的病痛。靈性的方面我們會追求一種像祖先的解怨、祖先的解放，使我們背後祖先的怨結、祖先的捆綁，能夠通過祖先解怨來釋放。使人在心靈面不再那麼被壓制、或者被壓抑、或是被一種無形的靈的因素影響，所以我們有這樣一個活動。使人在心靈面、在身體面，都能得到解決。地球苦難的部份，當然我們教會裏面也重視環保的教育。因為在我們的信仰裏面，神創造人時就給人三個大的祝福。第一個祝福就是：神祝福我們每一個人都可以成為祂的孩子、像神一樣、跟神一樣的完全。第二個祝福是：神祝福每一個人都能夠建立一個理想的、幸福的家庭。神給人的第三個祝福是：人能夠去主管這個萬物、能夠去愛這個萬物，人能夠創造人幸福生活的環境，人成為萬物愛的主人。所以，人能夠發展科學，去發展更合適人生活的高度物質文明。不僅這樣，人還能夠去愛萬物，愛花啦！愛動物啦！愛自然界啦！愛這個環境啦！保護它們。所以，有這種環保的教育、這種心情的教育、愛萬物的教育。我們事實上也有通過許多教會舉辦的會議，像我們有這教授會議啦！科學家會議啦！還有給這輿論領袖的會議啦！甚至是高層的社會指導者的高峰會議啦！在會議當中我們一起討論許多關於人類所面臨的問題，環保問題當然也在裏面，我們會討論。所以從上層的世界精英或是領導階層，給他們這樣的影響，讓他們的影響力能夠再發揮下來，來影響下層的普羅大眾。我們也在一般評論當中，也給予的時後，那麼上、下一起，來建立一個新的文化、新的看法，這樣子來改善。至於靈性的苦難，講到社會問題的時候，我們最近有比較常舉辦的就是「國際指導者會議（International Leadership Conference）」，這Conference主要是在講「善的治理（Good Governess）」。不管是領袖也

好、或者是領導階層也好，給予我們所帶的這一切一種善的治理。「善的治理」可能不是只有組織、管理的政策，或是發展面而已。一個指導者首先必須成為楷模、成為一個典範、成為一個有德者、成為一個有人格者，統稱來講要成為一個有能者。這樣能夠借用善的治理，來消除所謂的社會的不公、社會的不義或者是社會的錯誤等等，使它們慢慢能夠除掉。那對於比較大的課題時，在我們教會裏面，最近展開這種世界性的和平運動的一種活動，闡釋神主義、頭翼思想、神為中心的父母主義，促進南北韓的合一、南北韓的對話、南北韓的互動，我們教會的文鮮明總裁，也曾經去過北韓，跟金日成領袖見過面，也坦率的跟金日成領袖說，應該接受神主義、讓南北韓的離散家人能夠相重逢、叫北韓也不要發展核子武器，能夠真正為世界和平提供我們的努力。最近也在中東常常舉行中東和平的活動，我們號召全世界各地愛好和平的有志之士，大家一起到中東協助當地的區域和諧，我們去拜訪猶太民族、也去拜訪阿拉伯民族，發起一個互相可以對話、互相可以互動的橋樑一樣的角色，能夠帶來那邊的和平。還有在兩岸的和諧、兩岸的對話，我們也希望說在兩岸方面，能夠消除不必要的誤會和衝突，而能夠以著共同的兩岸發展來發展。特別是我們最近世界和平統一運動所展開的「GPF；Global Peace Festival，全球和平大會」。通過這Global Peace Festival，來再次喚醒大家「天下一家」「One Family Under God」這樣的願景、這樣的理想，這樣人類所共同追求的目標，我們都是一家人、世界一家、在神之下的一個大家庭。這樣子能夠來改善這些各種不同層面的苦難，這是一些我們一直做的比較實質的內容跟活動。

訪問者：那麼，當貴宗教在做這些宗教實踐或社會實踐的時候，其主要目的是為了甚麼？是為了贏得社會大眾的認同？或者是為了貴宗教的發展？還是這本來就是貴宗教教義的教導，本來就是應該要做的事？

李會長：說起來應該說是，本來就應該要做的啦！我們教義裏面的教導就是這樣子。因為，我們教義的核心其實就是真愛、為別人而活的生活、為別人而活的精神。家庭裏面，父母為孩子、孩子為父母、丈夫為太太、太

太為先生，這是真愛、為別人而活的精神。那把這精神推廣到我們所生活的社會環境，老師來教育孩子、為孩子好，學生也尊敬師長、為了師長努力地學習。在一個公司也是一樣，老闆為員工、員工為老闆，大家互相為了對方時，這公司當然會發展，當然這公司會創造更多的利潤。國家也是一樣，政府為國民、國民也能夠為政府，政府愛百姓、百姓也擁戴政府，這樣一種互相為了對方的時候，那時候國家就會興盛，國家就會富強康樂，成為一個就是有愛、互相為了對方、為別人而活的這樣一個文化、一個國家。那世界也是這樣子，彼此為了對方而存在。這是我們教義的一個基本內容，對於這個社會實踐或是宗教的實踐，我們的教義就是會促使我們要為別人而活作為出發點。另外，我們也是為了神的盼望，神盼望這樣，我們就代替人、代替其他人來完成神的盼望吧！就是想要來實現神內心裏面的渴望。另外一個就是，我們通過這樣的一個活動，可以給世人作為親身參與的內容。教育其實並不是用嘴巴去講，而是我們做給別人看，這比較重要。這也是我們通過身教而來給與別人一種教育。所以，我們這樣做可以說是教義使然，同時也是為了神的心情跟盼望。

訪問者：那在貴宗教做這些社會實踐的時候，大部分是貴宗教自己做？還是會聯合其他宗教一起來做？

李會長：當然聯合其他宗教一起做是最好，我們也嘗試過這樣子。在過去我們有許多的超宗派，在基督教裏面，不分你我的教派的差異，超宗派，我們來對現實的社會或人類來做一些貢獻。那超宗教，各自不同的宗教，大家一起來。比如說，和平的運動、世界和平運動，當然是大家一起來做會更有意義、更有力量的，我們當然是能夠希望這樣子。但是要大家一起來做時，的確有它的困難，因為每個宗教都有她想扮演的角色。那當然合作的時候就會想到我的角色、我的立場、我的位置是甚麼？所以，我們可能是把宗教的不同性、宗教的差別性，把它放在比較淡的位置是比較好。所以為了這樣去進行時，我們最近文鮮明總裁就號召所謂的「和平大使」。「和平大使」是甚麼？是「peace-maker」，帶來和睦、帶來和諧，

大家都是和平大使。不管你是什麼宗教，我們都是帶給這世界和平、帶給別人和諧的和平大使。這樣子就是我們不要分哪一個宗教信仰、也不要分是哪一個族群，大家共同來致力，每一個宗教都可以來當和平大使。最近文鮮明牧師號召和平大使，在全世界190幾個國家都展開，很多的想要追求世界和平的不同宗教的這些信仰者，一致認為這是很不錯的方案，我們先不要談自己的信仰，一起為世界和平提出我們所能做的貢獻。

訪問者：那麼在貴宗教的教義和經典裏面是否有清楚教導要如何進行這些宗教實踐或社會實踐？

李會長：有！之前講過，神祂的盼望基本上就是三大祝福。三大祝福就是：個人的完全、一個家庭的完全、還有世界的完全，每一個人都成為像神一樣完全的人。這是在《聖經》裏面，〈馬太福音5章48節〉耶穌講的話：「你們要完全像你們的天父完全一樣」，我們可以成為神的孩子。那怎麼樣可以成為神的孩子呢？心中有神，那我們的身體能夠力行實踐有神的這個心跟方向，心跟體能夠以神為中心合一起來就是了。從這裏開始，跟我們中國儒家的，從誠意、正心開始，然後修身、齊家、治國、平天下這樣一樣的。從我們個人、到家庭、到世界，我們的路程應該是這樣子的。所以，我們的經典是這樣子的時候，我們當然會先關懷個人的修為、個人的完全，每個人自己本身的身體對真理的力行程度怎麼樣？你的靈性對這世界的關懷是怎麼樣？從這邊來開始。然後進到家庭、經營家庭，以家庭做為基礎，培養人和人互動的關係以後，然後到社會、然後到世界，所以我們從個人的完全、到家庭的和睦、到社會的教育、到世界的和平，我們都有一系列的追求的目標跟步驟。所以，個人的修為在教會裏面來完成它，教會給我們指導，我們應該怎樣成為一個完全人啦！那我們也有主張這種神聖婚姻的教育，建立一個理想的家庭。我們有社會教育的機構，我們有：環宇國際文化教育基金會啦！青少年純潔運動協會啦！家庭聯合會啦！甚至大學生的我們有這原理研究會啦！對青年的時候我們有青年聯合會啦！女性我們有世界和平婦女會啦！進一步的我們還有超宗教、超國家

聯合會啦！這些都是我們在社會裏面所建立的許多不同的組織，給與不同的族群教育，然後慢慢的來建立一個世界的和平這樣的一個規劃、有這樣的一個步驟，我們是按照這樣子的來做。

訪問者：接下來想再針對「宗教多元」的問題，深入再請教會長一些問題。相信會長您有很多跟其他宗教交流的經驗，那麼可否請您分享和其他宗教之間交流的經驗和感受？

李會長：基本上我本身就有經歷不同宗教信仰的路程。從以前我是在基督教的家庭長大，這本身就帶有它的差異性。當然我可以知道他們之間互動的關聯，對我來講它是種差異性。我跟神的關係會進入到更深的層次面，假使我們的信仰是跟神聯結更深關係的時候，我覺得我的信仰是在前進。那在我的朋友當中有很多是不同的信仰，有佛教的朋友、也有回教的朋友，在基督教裏面也有不同教派的朋友。像我們臺灣這邊的時候，我們統一教會，她也是作為我們臺灣由十三個宗教一起成立的「中華民國宗教與和平協進會」的成員之一。宗教本身先能夠和平的共處，再來世界能夠包容多元的文化，然後社會能夠和諧的共處。所以這樣一種方式也在我們臺灣熱烈地進行。所以，我的朋友裏面有很多是天主教的神父、也有佛教的法師、也有回教的老師，都有。

訪問者：所以，您也會認同說，每一個宗教都會有她的價值和優點，那可否請您談談每個宗教都有哪些價值和優點？

李會長：我覺得各宗教對人類的歷史發展、人類心靈的提升、人類文化的進展，各宗教都有著別人所沒辦法取代的貢獻。所以我覺得應該要首先肯定並且深深地感謝，各種宗教在過去的歷史裏面給人類這麼多偉大的貢獻。所以各種宗教，都有各種各樣的特色，這種特色就是，她這一點真的比我們強。比如說，這是我的看法，也是我的淺見。像佛教，她重視個人的修行，當然她們也關心世界或是社會、人類的議題，但是她們在個人的修為上面，真的是很徹底、也很深刻。像基督教，她們把握到人跟神的關係是非常密切的，這也是其他宗教比較不容易看到的特色。那我們中國的

儒家思想當然很重視家庭，甚至和朋友的關係，這也是很重要、很好。所以各種宗教都有她們的獨特性，所以今天應該不是說每個宗教都在強調她們的獨特性而產生的排斥的現象，而是各個宗教能夠貢獻她們的獨特性，而產生更完備的、共充實的、更豐富的一個多元的世界文化。對於未來世界一家的世界文化的時候，每個宗教都可以有她們獨特的貢獻，那是別人無法取代的，所以對於各種宗教我們都應該給予她們感謝的掌聲。

訪問者：所以，在您跟其他宗教的交流過程當中，您是否覺得，通過這樣的交流，可以讓您學習到其他宗教的價值和優點，同時也會讓您對自己原有的宗教產生更深一層的體認？

李會長：有啊！像我們講的三大祝福來看的時候，像我們講的第一祝福，重視個人的修為，我們會發現到佛教有很多東西值得我們借鏡。像控制自己的欲望啦、主管我們自己的欲望啦，我們就不需要埋頭摸索，可以參考她們的經驗，跟她們請教她們的經驗和路程，這些都可以成為我們寶貴的經驗。那當然我們統一教會被稱為新興的宗教，我們教會很多的成員，也不會像基督徒對神、或是對他們所相信的救主耶穌基督有著那麼自然、親切、親密的關係。看到他們這種禱告的深刻、聖歌的歌唱、進入到跟神之間那種互動的親密，這些都值得我們去學習和參考的。我想各宗教都有她們獨特的點，都能夠幫助我們在追求我們自身信仰的目標提供相當的貢獻。

訪問者：那在貴宗教的教義和經典裏面，是否清楚教導貴宗教和其他宗教之間的關係以及相處的模式？

李會長：關係！確實說起來大家都是兄弟。像我們覺得，猶太教是我們的大哥、基督教就是我們的二哥、統一教是小弟。我們會有這種感覺，他們之間可以看出有一脈相傳脈絡下來的歷史路線，所以，今天講實在話，統一教會作為一個新興宗教，她也不是突然蹦出來的一個全新的東西。事實上，她是經由過去的許多的宗教前輩或是信仰的祖先，一個一個這樣行走過來以後，他們的信仰的內容和信仰路程，成為我們的一個典範、成為我

們的一個學習，在他們的基礎上，我們再作更深的或更高次元的提升。所以不同的宗教信仰之間也有一種大家都是兄弟的關係。在我們的信仰裏面也會常講這是一種「亞伯、該隱」的關係啦，在亞當家庭裏面，亞伯跟該隱是兄弟嘛！所以大家都是兄弟的關係。所以，我們在基督教當中的時候，我們也有作這種超教派的活動，把大家聯結起來。在宗教裏面，我們有超宗教的活動，甚至我們從年輕人開始，像我們有「宗教青年生活營」（RYS；Religious Youth Seminar），我們跟不同宗教的青年領袖、或是不同宗教的未來領袖、年輕人，我們把他們聚集起來，給他們不同宗教的視野，跟經歷不同宗教的儀式、教義，或是不同宗教的體驗，在這個生活營當中，由不同宗教青年來參加，他們可以跟別人來分享、跟別人來見證自己的信仰，大家能夠從這當中來瞭解別人的信仰，所以在這樣的基礎上建立起互相的尊重，那這些年輕人將來都會成為他們不同宗教的領袖或未來的指導者，從這開始給他們建立起大家互相尊重的一個基本的觀念，慢慢讓大家可以建立起一種大家都是兄弟、都是一家人的關係。對未來世界和平、對宗教的合作會有很大的幫助。

訪問者：所以，您剛剛所說的這些都是因為在貴宗教的教義或經典裏面有很清楚的教導，所以才會做這些事？

李會長：對！

訪問者：所以，它會不會隨著不同的地域或者負責人的不同而產生不同的作法出來？

李會長：不會！

訪問者：那接下來想再針對這種「合作對話」的問題，再深入地請教會長。會長您也是身為宗教領袖的立場，您是否會同意，通過這種跨宗教之間的合作能夠共同來解決全球人類和生態面臨的苦難問題？如果是的話，有沒有甚麼具體的合作方案？

李會長：剛剛講過，跟一種全球性的議題來結合是一種很好的作法。所

以，我們的文鮮明總裁，他最近一直宣導的一個具體的建議案，他覺得說現在的聯合國應該再加上一個功能，現在的聯合國是各國代表成立的一個聯合國大會，這聯合國大會由各國的代表出席，由各國的政治界領袖來成立這樣一個大會。但我們覺得這樣還不夠，因為每一個國家基本上會為自己國家的利益著想，所以在大會裏面，大家都會搶著自己國家的利益、他不能失去自己國家的利益，這樣的話他回去沒辦法對自己的國民交代。所以文鮮明牧師說，這個有她先天上的限界、有她的極限，因此，文牧師跟聯合國提出建議，主張現在的聯合國大會作為像「眾議院」（下議院）一樣的一種單位，再成立一個「上議院」。上議院是誰來呢？是各宗教的領袖、精神領袖來成立上議院。宗教人比較會超越國家的界限，比較容易超越膚色、種族、民族的差異，當然宗教之間也有他們信仰的衝突，也是有。所以，讓宗教人能夠一起聚集，像聯合國裏面這樣的一個上議院，宗教人士來關心世界的問題、來超越國家的立場，站在天下蒼生的觀點來思考人類所面臨的各項議題的時候，也許會比各國只為了自己國家利益的關係來考慮世界問題的時候，更會有實質上的貢獻。所以文鮮明總裁他這樣的構想，我覺得是很好，這當中的時候可以跟世界議題結合，使各宗教領袖能在一起，自然的對話、自然的合作，因為為了世界問題嘛！這樣的時候，他們所創造出來的光景，可能會比政治家更世界性、更全體性、更全面性、更超越性。這也是我們最近一直在推動的一個方案，希望聯合國能夠成立一個上議院，由宗教領袖來組成。我覺得像這樣的例子就很具體、也很實在。和對這個世界的和平跟人類未來的福祉的發展有很明確、有功效的作法，我覺得這是很好的事情。

訪問者：所以，對於這種跨宗教的合作，在文鮮明總裁的倡議之下，那有沒有去聯合其他宗教一起來解決人類和生態苦難這方面的合作方案？

李會長：我們是很想要努力這樣子作，但是作為新興宗教，我們首先就會被，也不能說是排斥啦！就是我們可能不被信任吧！我們開始可能是這樣子，所以可能需要贏得大家更多的信賴感。要不然作為一個小弟的立場，

去號召大哥們一起來做的時候，可能開始會有一些困難；但是，總是這樣的理想、熱忱，實現下去的時候，總是大家看得到。反正，現在以後，或許哪一天被感動了，大家一起來合作，我們當然是希望能夠這樣子。所以我們也通過一種我們叫作「超宗教的議會組織」或「世界和平議會」啦等等，一起來推動這些很實際的這種人類問題的時候，我們不得不承認，任何一個單獨的信仰團體都不太能夠主導，因為這世界本身就已經是有著許多不同的宗教信仰的團體存在，這是我們必須要能夠接受的。因此，你怎能不顧基督徒的世界呢？你怎能不顧回教徒的世界呢？你怎能去否定佛教徒的世界呢？當然，大家都必須要能夠一起，但是，這是一條漫長的道路，但是將來人類應該是會往這方向去走。目前就是我們參與「中華民國宗教與和平協進會」，我們每一年都會有「宗教和平生活營」，各種不同的宗教代表，大家一起來活動，在裏面大家彼此來介紹自己的宗教信仰、來觀摩別人的宗教信仰，甚至我們一起作一個共同的服務活動，對現實社會提供我們的關懷、提供我們的協助。通過這樣，大家更可以培養出一起生活的一體感。所以通過這樣我們就會發現到，人和人之間的感情並不會受到不同宗教信仰的影響，更不要說會衝突啦！大家都覺得彼此的信仰都有她令人感動的地方，覺得彼此的信仰都有她美的表現的一方，所以都會這樣覺得。事實上，以目前來看的時候，年輕的新興宗教比較、很難說能夠有甚麼樣的主導的力量，但是我們也是很支持像這樣的「中華民國宗教與和平協進會」，我們是覺得說，像這樣的方向我們應該努力來作啦！在臺灣，我們現在也是加緊推動和平大使，不同宗教、不同族群、不同黨派，大家一起成為和平大使，投身在和平的工作。我們真的在到的地方就給大家帶來和平、帶來和諧、帶來這種為別人而活的一種愛的氣氛。所以，和平大使本身也是我們現在推動的一種超宗派、超教派的活動。

訪問者：所以，通過參與這種「中華民國宗教與和平協進會」也好，或是通過「中華民國宗教與和平協進會」所舉辦的這種跨宗教的「宗教和平生活營」的活動也好，您是否覺得，藉由大家一起去參與一些事情的方式，可以進一步增進各宗教之間彼此的對話？

李會長：是！因為不同宗教信仰之間彼此都是兄弟啦！兄弟都共同生活在一個家庭，所以當這個父母出現的時候，兄弟就以父母作為中心，大家就是一起生活了嘛！當大家都能夠對神可以更真實的去瞭解，大家都能夠覺得神就是我們共同的父母、神就是我們生命的主人、神就是我們愛的中心的時候，大家都能夠以神為中心，那大家就能聯結兄弟姊妹的關係，變成一家人一樣。

訪問者：那在統一教會的教義和經典裏面，是否有清楚教導如何與其他宗教之間進行跨宗教的對話與合作？

李會長：有！在我們覺得說，統一教會就是要去侍奉別的宗教團體。把別的所有宗教團體，在我們教會來講就是，當作我們的不同宗教的互動當中，最後能夠以神為中心合一起來，我們覺得宗教是可以合一起來的。並且通過靈界的推動、靈界的帶領跟啟示，現在可能不同的宗教他們可能會有衝突、會有紛歧，但將來靈界呢？真正明白，神就是我們的共同父母、我們都是兄弟姊妹，大家不要爭、不要吵、不要鬧，大家能夠以神為中心合一起來。靈界就會來啟示這些，靈界就會來給你啟示、靈界就會來帶領。我們教義裏面提到，將來當時候到了的時候，神的作為的時刻到了的時候，會興起這樣一種靈的動工、靈的事工，不同宗教的人他們都會紛紛受到啟示、他們會看到異象，大家都是以神為中心作為父母，我們所相信的其實是共同的神，我們都是兄弟。所以大家不是以拳頭相向，而是互相手攜手，所以宗教最後一定會以神為中心，以真愛、為別人而活的精神跟文化為中心、以我們都是一家人的願景作為中心而合一起來、而統一起來。所以，那個時候宗教和宗教之間將不再是仇敵的、對立的、紛爭的，而是大家彼此可以互相信賴的來展現我的成果、展現我的貢獻、展現我的獨特性，讓別人能夠來分享，所以那是一種分享式的、為別人而活式的，而不是佔有式的。所以，時後到了的時候，這終必完成，因為神是一個的神，神不是分裂的神。神是全人類共同的父母，每一個宗教都是神的肢體、每一個人都是神的肢體，這肢體是合一的、是一體的。所以最後宗教

一定會合一起來，所以將來的宗教一定會走向這樣的道路。這是我們的信仰，也是我們教義裏面所提到的。

訪問者：我想最後再請教您一個問題，保羅‧尼特認為，宗教對話的最終目標或最終的理想應該是要能夠去解決全球人類和生態的苦難，進而能夠去謀求全球人類和生態的福祉。那麼，想請問會長的是，您對人類和生態的未來的看法是甚麼？

李會長：有希望的，並且是可能實現跟完成的！當然有挑戰，但是，是能夠克服的。人類的智慧，特別是相信神的人，帶有這樣一種超越性的一種智慧跟尊敬神的心情的時候，雖然有挑戰，但一定有路可以超越、可以提升。只要我們放棄對自我的主張，而能想到別人的立場、為別人而活的時候，這樣的智慧就會不斷的湧現出來，人類沒有不能解決跟克服的難題。是不容易的、是很困難的，也不容懷疑的。因為神的存在，神必定會實現、必定會作成這事情。在人也許會說不可能，在神來看，時候到了的時候，世界必會改變、人性必會改變。所以，一個自由、和平、統一、幸福的世界一定會來到。對我來說，這不是一種信念而已，而是一種實體的感受跟經驗。比如說，經過在統一教會的這20年、30年的信仰生活的學習和修煉當中，我發現到，現在的我跟30年前的我，在個性上、人格面上、在愛的能力上，比以前有很多的進步、有很多的成長、有很多的改變，覺得人是會改變的、人性是可以改變的、人心是可以改變的。當這樣子改變了以後，我們會發現到，我們周圍的一種善的氣氛會慢慢的形成，而天國的那個環境於焉作成。所以，我是覺得說，我對天國的信念，跟未來人類幸福的、和平的、自由的、統一的一個世界，必定會實現的理由是，因為我看到自己的改變、我看到我自己的成長、我看到我自己的提升。隨著人的改變，這世界會跟著改變。我覺得是可以作到的，不是江山易改、本性難移，而是人性是可以改變的，這世界可以變得更好。

訪問者：再次感謝會長今天撥空接受訪問。謝謝！

附錄1-8：中華玉線玄門真宗教會「宗教對話」深度訪談紀錄（訪談編碼007）

訪問人員：莊政憲

受訪人員：創教宗主　陳桂興先生

訪談時間：2009年9月25日，下午三點。

訪談地點：中華玉線玄門真宗教會總會　臺中縣大里市中興路一段161號

訪問者：宗主您好，感謝您今天撥空接受我的訪問。當代有一位非常傑出的思想家、他同時也是宗教對話理論研究家以及社會活動家──保羅·尼特。他認為，當今全球的人類和生態正遭受到各種苦難的威脅，包括：由於貧窮所造成的饑餓、疾病……等身體的苦難；由於濫用地球資源、破壞生態環境所造成的地球的苦難；由於錯誤與不公正的傷害所造成的靈性的或精神的苦難以及由於武裝、軍事衝突所造成的暴力的苦難。因此，如果從這個觀點來看，想請教宗主您，身為一位宗教領袖，對於現今全球人類和生態所面臨的各種苦難（身體的、地球的、靈性的、暴力的苦難）的看法是甚麼？

陳宗主：這個也跟我們創教的理念差不多。這個苦難，包括身體的、地球的、靈性的、暴力的部份，也離不開宗教的範疇。一個宗教我們把她定位就是：從眾生的帶領，包括身、心、靈各方面整個的引導；宗教就是給眾生的依靠、給眾生的歸宿、給眾生人生的帶領和指導。所以，針對這方面其實也都是宗教裏面的功課，也算是宗教裏面應該如何把教義落實來做這些東西。所以，從這裏我們看起來包括像你所說的身體的、地球的、靈性的、暴力的苦難等，其實就是要看這個宗教給大家、或是說給信眾、信徒、甚至是給社會其他有因緣的人，應該要從觀念開始。也就是說，這個宗教從教義出發，能夠帶領信眾給他生活上的觀念改進。所以，我們宗

教裏面有句話講「修行」，宗教人常講修行，那修甚麼行呢？修甚麼？行甚麼呢？這修行的過程當中其實是從觀念開始。所以不管你是身體的苦難也好、地球的苦難也好，地球的苦難包括剛剛講的環保的問題，這都是觀念問題，從觀念的部分去切入，當他認同了觀念就是類似於他對我們的信仰。所以說，觀念的帶領其實跟信仰是等同，那信仰切入以後，你要帶領他從修、從行，落實於去行做，這樣做就比就容易。當他信仰你了，包括像慈濟有在推展環保，環保志工的問題、出門帶筷子的問題。一個宗教來推展環保的問題，或是推展對地球的概念、或是對生態的這些問題的概念的引導，其實總歸一句，他要回到信仰的問題。那信仰的問題就是說，你這個宗教從教義裏面怎樣能落實來帶領信眾的觀念，從觀念轉換為信仰，然後再帶領。

訪問者：所以，您本身也是同意，目前全球的人類和生態正面臨到這麼多苦難的威脅？

陳宗主：這是對的，應該都不離這一些啦！我們講身、心、靈嘛！我們講不管是怎麼樣讓眾生安住啦！這個我看都離不了這些問題。所以，現在的宗教，我覺得所謂的新興宗教更有這個責任。我們在參與這個宗教的過程當中，我們也不知道學界怎麼認定新興宗教和傳統宗教的分野？那我一直覺得新興宗教更應該展現現代化的、跟社會密切貼切生活的那種教義。你傳統宗教的教義可能來自於幾千年的、幾百年前的聖人他們的實踐或是把它轉化出來推展那個教義。但是新興宗教更應該以現代的社會、現代的生活、甚至是現代人的語言，像傳統宗教有很多的語言是幾百年前使用的辭彙，所以語言啦！辭彙啦！或是各方面的展現，新興宗教應該要更貼切生活、貼切於現代。那既然貼切生活、貼切於現代，那所謂的現代的問題，教義更應該比較能夠展現、或甚至比較能帶領現代的人。

訪問者：那麼，針對這些全球性的苦難問題，您是否覺得，身為一位宗教領袖應該要為這些苦難負責？

陳宗主：我們已經在做了。

訪問者：那都有哪些具體的作為？

陳宗主：我們有在推展，一般講我們叫「聖凡雙修」。我們玄門真宗的另外一個代號就叫「聖凡雙修」。每一個宗教有每一個宗教的修行、有她的方法，那我們講「聖凡雙修」。「聖凡雙修」我們講就是「聖」和「凡」，那「聖」跟「凡」用現代話來講就是「精神」和「物質」，就是精神和物質並重。有些宗教它可能重「聖」輕「凡」，就是把修行拱得非常高，然後會鄙視於生活。我們就以吃素這件事來說好了，佛教可能蠻強調吃素，吃素的人就很尊高、很尊崇，那沒有吃素的人好像就沒慧根。但是我們不這樣講，我們強調「聖凡雙修」。在「聖凡雙修」裏面，希望大家精神和物質並重。那精神、物質並重的這個觀念的傳達，其實也就是能夠落實於剛才所講的苦難啦、疾病啦、貧窮啦、環保問題，從這方面去推展。所以一開始玄門真宗在推展就是從這方面在推展。

訪問者：也就是說，有靈性的修持，還有就是實際上去解決生活上所面臨的各種問題？

陳宗主：對！從「聖凡雙修」裏面我們把它濃縮有四個，就是：家庭、事業、人際關係、還有健康。那人際關係那就是跟一般宗教修行比較不一樣，一般宗教修行，可能有很多宗教她要以獨特的一個人自己去修行，或是要離家的那種感覺，那我們不是。不但你家庭要經營的好，你社會要去服務。所以，我們的功課裏面就有包括要志工；我們在推志工講習營，志工的工作在推，對社會服務。還有我們生命教育，我們有成立生命教育中心，防治自殺、還有防治憂鬱症，包括最近我們「八八水災」，我們正在推展這個生命教育。全方位落實於社會、落實於家庭、落實於生活。

訪問者：那對於這些苦難問題，您覺得哪些是因為宗教和宗教之間的衝突所引起的？

陳宗主：宗教跟宗教之間的衝突，因為我們有辦「全國宗教博覽會」，辦過七屆。我們深入去拜訪所有的宗教，我們非常的理解宗教的排他性比政治的排他性還高。同一個宗教，一貫道好了，這一組跟那一組是不互相往來的，甚至是互相講壞話、排斥。那佛教是「山頭」，我們辦宗教博覽會邀請了這個山頭，另一個山頭就不會來。那甚至是佛教單位來了，她的信徒是排隊進來，聽完演講，排隊出去，就是不准他們去參觀別人的。這種排他性，這種自以為她就是尊的、別人就是卑的，這種態度其實在宗教裏面相當不好。那我們的教義和門下的戒律規範第一個就是：對所有的宗教不起分別、排斥。嚴禁我們的教徒對任何宗教起了排斥或毀謗。因為一隻手伸出來每一個都是手指，那我們最好，其餘還有四個在下面；所以我們對任何宗教都不排斥，這是我們的教義。那這種宗教間的衝突在外國比較明顯，在臺灣因為宗教造成的災難，我們在臺灣我還看不出來，但是排他性其實很大。尤其在臺灣信眾的排他性，但實質上在信仰其實還算蠻融合的。有很多的道教徒都拜觀音、佛祖，其實他不知道那個教別不一樣。但是，因為排他性造成的問題，在臺灣包括我們參與的很多宗教，大概很少。

訪問者：那除了臺灣之外，您覺得哪些是因為宗教之間的衝突所導致的苦難？

陳宗主：在外國，你像那個以阿戰爭，那個應該就是宗教的問題。其實在我們的認知裡，美國對其他的外援，這個部份其實也涉獵其中一點點，只是沒有講開來而已。像臺灣其實有一點點明顯，就是長老教會的問題，所以我們在臺灣應該還算是很好啦。要不然在臺灣，在政治上比較強勢的應該算是長老教會，還有一個台獨的宗教，除了長老教會以外，還有一個萬佛會吧！萬佛會，佛教單位的，但是那個都在臺灣來講，應該影響力還很低啦。在世界上像以阿戰爭那樣，在臺灣沒聽說過。

訪問者：如果說，這些苦難不是因為宗教和宗教之間的衝突所引起的，那您覺得這些苦難的根源是來自於甚麼？

陳宗主：在臺灣來講，其實我覺得臺灣因為這段期間過度的民主化造成了某一部份的紛擾啦！臺灣的政治啦、包括族群的分裂啊這一方面。但是純粹要講到貧窮、饑餓、疾病、生態破壞這些方面，我覺得這是觀念問題。主要是觀念問題。其實我們有做過調查，真正在臺灣信仰宗教的比例，臺灣宗教也算很發達，但是願意通過宗教來改善自己的比例還是不高。其實臺灣的民間信仰會很有發展，就是因為，真正臺灣的觀念認為他就應該歸屬一個宗教——正信，就是一個完整宗教的概念還不是很夠。

訪問者：所以，您說觀念問題，是因為觀念才導致這些苦難？還是因為人心的問題？

陳宗主：對！就是觀念、人心的問題。應該講說，從觀念的傳達，包括政府、包括宗教傳達給一般的眾生或人民，或者叫正確的引導實在不夠。

訪問者：所以說，就是因為沒有一個正確的觀念，而導致對這些問題的認識不清進而導致很多錯誤？

陳宗主：對！導致很多錯誤，甚至造成不必要的爭執或傷害。

訪問者：我想接下來再請教的就是說，以宗主來講，就像您辦宗教博覽會，有很多的機會去拜訪其他的宗教、去接觸他們。那您覺得每個宗教都有她的價值和優點嗎？

陳宗主：對！應該都有。我們不排斥人家，因為每一個宗教都有每一個宗教的立基點，她的基礎點在那裡。但是，我們臺灣比較有危機的是民間信仰的問題。民間信仰因為政府比較寬鬆的對待，所謂信仰的自由啦！但是在信仰自由的框架下，又沒有適當的去做規範，讓人家去依循；所以現在的宗教很亂，尤其在臺灣，亂到裝神弄鬼這些事情很嚴重。

訪問者：主要是因為民間信仰的關係？

陳宗主：對！民間信仰。民間信仰政府沒有做好去規範啦！像在外面會起乩的就是宮主啦，因為會起乩所以就變宮主了。變宮主之後，很多人就信

仰了、就跟著他了，然後他可能發展好就建廟啦，但到後來呢？他的結果或各方面可能都沒有。其實政府應該在信仰自由的框底下，要有一個基礎的規範。但是都沒有，沒有的話就會造成現在，如果講亂的話，其實臺灣的宗教也算蠻亂的。因為有很多人對神的敬仰，他不知道甚麼叫神？但正常像現在有27個宗教，政府又沒有強調這27個宗教要互相那麼的認同，又縱容下面隨便都可以成立。那下面這些民間信仰又沒有強迫她們去歸屬這27個宗教，也就是說那個層次沒有出來。應該這27個宗教，下面再分支。比如說道教，你下面的宮、院、壇；那佛教，你下面的經舍、寺廟這些你要出來。所有你要會歸到這個基礎點，那政府再從這個基礎點去規範，這樣就不會亂。那現在很多人拜了一輩子神，問他你是道教或佛教，他不會回答。甚至有人講他是佛教、又是道教，他是佛道雙修。其實哪有甚麼佛道雙修，你道教你就是道教，佛教就是佛教。所以如果在宗教裏面，現在的政府其實是對這方面沒有正確的認知，我想觀念沒有對。

訪問者：那像說比如您在跟其他宗教的交流過程裏面，您也肯定了其他宗教的價值和優點，那您是否覺得通過這些交流的過程當中您也是可以去學習的？

陳宗主：如果以正確的宗教來講是可以去學習的。像比較完整的佛教、基督教、天主教，這種她們比較完整的宗教都可以去學習。但是一般人說看到宗教就要去學習，很難。因為你根本不知道哪一個宗教是屬於教門的？那一個是屬於民間信仰？反正看到廟就拜，反正看到神就拜。我們不去排斥任何一個宗教，但是認真講說現在外面很多宗教不是宗教。可是一般人認為拜拜就是宗教，有人說拜土地公也把它當作宗教，拜灶神也把它當作宗教，但是那個都不應該在宗教領域。所以說社會的錯誤和不公正，這在靈性上比較沒那麼大的影響。但是如果以人要得到心靈的安住、追求所謂生死之間生命的問題，這個沒有正確的宗教的引導大概就會有錯誤。

訪問者：那麼好比說，當您在和這些正信的宗教或是說在內政部所登記的這27個宗教交流的時候，會不會覺得通過這樣的交流可以讓您對原來

的宗教信仰——玄門真宗，產生更深一層的體認？

陳宗主：會！像我們的宗教，我們常帶著我們的修士（我們的學生稱為修士）去參訪，到佛教去參訪、到天主教去參訪、到一貫道去參訪，我們會正式寫文過去我們會帶人去參訪，請你介紹你的宗教給我們認識，這個去做過對話，這個也算對話的一種，透過彼此交流。這方面在建制比較完整的宗教，其實在很多方面都雷同。只是每一個人的著力點不一樣，每一個神下來的使命不一樣。那現在講對社會有問題的其實講就是民間信仰。沒有規劃，其實他們講的那些東西是沒有根據的。我們接觸很多信眾，他在精神或是生命的體驗上開始需要去追尋的時候，第一次我見面跟他談了以後，他就對生命的感覺或是靈性的感覺有了體驗了，他就趕快想要去追尋，結果大概兩、三個月回來整個人就變了調，為甚麼？因為他是找到一個扶乩的，找到一個不是正信的，他講的裝神弄鬼、說甚麼神來降世的、說是帶甚麼大使命？說現在要怎樣怎樣？他來，一個碩士生吧，就這樣一個過程發生。事前沒有正確的導引，那個來講就是對靈性的傷害。但是這都屬於個人的因緣，所以要對社會整體說造成傷害，臺灣的大概還不至於。甚至還有某部份安定的力量，只是往內層要追尋得到安住啦、歸宿啦、甚至對生命的意義內涵能深入理解的，這是政府要對這幾個宗教應該要規範，甚至要求他們能夠去整合會比較好。

訪問者：因為您剛剛也提到說，在辦全國宗教博覽會時，您發現其實宗教的排他性很強，也就是說每個宗教她都認為她是唯一的、最好的，她有她堅持的、執著的宗教真理在裏面。所以在這種情況之下，您覺不覺得說，在各個宗教之間我們應該制定出一個大家普遍可以共同去認同的、共同去承認的、共同去遵守的道德觀、或是價值觀、或是信念，這方面的一種「全球的倫理規範」或是「全球的倫理宣言」這樣的東西出來？

陳宗主：這個講實在的比較理想化，我們當初做了七年的宗教博覽會，其實也是站在這個立場。我辦宗教博覽會的立場，第一個是希望良幣逐劣

幣。我提供了一個平台、一個博覽。那你願意來的,應該你比較有覺得你自己是正信一點;你不敢來的其實很多東西他就不敢來。那甚至站在平台,通通站出來讓大家來選,那我七年完全免費哦,我弄好了設備、把人帶進來、弄好了宣傳,請你宗教來。剛開始,會品質很差,很多東西都來了。可是她一進來說,哇!別人佈置那麼漂亮我自己怎麼沒有?慢慢的一年、二年就會篩選了,到了七年以後,大的宗教才敢靠近,小的就不敢來了,你再邀她她都不敢來了。所以有良幣逐劣幣的心態,希望好的宗教能夠浮現出來,讓人家選擇;壞的宗教,希望能夠被淘汰。這是第一個。第二個是希望在對話當中,能夠有一個甚麼樣的讓大家可以做的。那在臺灣我覺得我們做了幾年以後,後來我們放棄。放棄就是你要做對話,我覺得也是我們這個宗教面上講應該有可能,但是在這27個宗教能夠在運作的大概不到一半,那有很多就是說已經沒有在運作了。像理教也都沒有了,她也是在這27個宗教裏面,我們講泡沫化了,也都沒有了。這方面的對話其實都不困難,而且我們有在辦活動,像我們最近要辦一個新興宗教的對話,以前是由天帝教辦的,今年輪到我們辦。我們有參與一個組織,全都是新興宗教,然後對話,然後就是用一個主題,然後來談,辦學術會議。我們每一年定一個主題,然後新興宗教邀請過來,然後邀請全國來討論、來對話。但是這個,我覺得都是落於形式啦!因為所謂的宗教其實有很多的利益問題,在宗教講利益,其實在社會上就是利益問題。第一個,自己對自己的宗教不夠信任的呢?很怕帶自己的信眾去參加大的活動。對外面的宗教,其實我們是小宗教,但外面的人認為其實我們是強勢宗教。因為我如果帶著我們的信徒去參與,我們整齊、我們內容通通展現出來,結果下一次叫她來她不來了。在我們辦的很多的學術活動,結果邀請不到人。剛開始第一次她一定會來,來了以後她覺得差我們很多,甚至我們提出問題,她覺得我們提的問題太尖銳了,而且她們沒有辦法回答。例如有一次我問一個經團,她有四百個經生,大的經團,好大,七、八組。那個組學經的人帶了幾個幹部來聽我上課,我問他,你們已經那麼大了,那你們是佛教還是道教?他講不出來。為甚麼?因為他誦過道教的經、也誦過佛教

的經。那我問他說，經是甚麼意思呢？在教義之下才有經嘛！經是這教義的基本嘛！誦這個經你應該是她的教徒啊，你應該皈依她以後你才有資格誦她的經嘛！要不然你憑甚麼誦這個道經、誦這個佛經、又誦甚麼經？然後又拿來賣？我這話講出來他沒辦法接受，所以下一次就不一定會再來。

訪問者：像你們辦這個宗教博覽會，是邀請這27個宗教參加嗎？除了這27個宗教之外，還會邀請其他的宗教嗎？

陳宗主：民間信仰來的就很少。一定都會邀、全面都會邀。包括小宮、小廟全都邀。因為邀來是你敢站出來，那你講出你的道理來。

訪問者：那通過宗教博覽會，會不會試著說，大家可以定出一個每個宗教都可以共同遵守的規範啦、價值啦？有沒有嘗試去做這樣的事情？

陳宗主：有！就像我們有曾經談過環保的問題啦，可是，很難啦！我們也辦過生命教育、防治自殺，宗教是最好的生命守護員。生命教育，教育部有辦一個守門員的培訓，我們也辦。我說，那麼多守護員誰最好？信仰宗教的人是最好的守門員，防治自殺守門員。因為有自殺的人我們有評估，要自殺的人在自殺之前，大概超過七成以上去求過神。所以每一個寺廟如果都建立好，每一個寺廟都是生命教育館。我們要幫她免費建立，她都不願意，因為觀念不一樣，所以我講說現在是觀念問題。我們推展幾件事情都沒辦法成功，第一件事情，現在有很多地方廟都閒置、都老化，因為年輕人都不願去參加嘛！地方廟！以前是一莊一廟嘛，現在也都是啊！我說你這一莊一廟，你都不用出錢，我幫你設書櫃、我們幫你送書，所有書是從哪裡來？全國各宗各派的善書，我們有在做書展，所有你全國各宗各教的書都可以送到我這裏。所以我們宗教博覽會裏面，其中有一件是「全國善書大展」。裏頭的書都來，我通通擺上去給人家拿，只要你願意、你的書是好的，都可以給人家拿，我沒有篩選、沒有說你好不好，我不去做判斷、讓別人去做判斷。所以我每一年博覽會大概有十萬本書給人家拿走。所以我現在有一個倉庫，將近有二十萬本全國各地的善書，他們還會陸續

寄來，我們光那個就花了很多人力。只要你出版善書，你就寄給我，你這個廟拜神，你又不去宣教，你至少擺個書給人家看啦，圖書館啦！我的鐵櫃現在把我弄得亂七八糟，還要我去整理。我固定去整理，大廟哦！你看彰化那個普渡慈航宮，那信眾很多。那很多的大廟，像大甲鎮南宮啦，我們都去設書櫃啊，還幫她整理，一直整理到一、二年之後就累了。因為，對方不重視，她完全不重視。所以我想說觀念很重要。一個寺廟、一個宗教你應該要負的責任是甚麼？你應該要從哪裡著手？都沒有！這個都沒有，你說要來對談？尤其現在很多寺廟都是地方仕紳掌控，比如說她的主任委員是議員啦，都是在名義上著力而已。所以，你說要來尋找一個共同的規範，可以！就像這樣，可是完了就完了。所以我今年到現在還沒有辦。我們主辦2009的，一直在思考要用甚麼樣的主題才有效！

訪問者：所以，您其實也認同大家可以制定出一個全球性的倫理規範，但是，不是那麼容易就是了？

陳宗主：不容易、非常不容易，因為沒有效！

訪問者：我相信對宗主而言，您也覺得宗教之間的對談很重要；但是，如果宗教之間要對談的話，您覺得應該要用甚麼樣的方式來展開會比較好？

陳宗主：其實當初辦這個是最好的。因為宗教博覽會不是只有博覽，把你的東西展示出來，另外我們還有辦演講、辦論壇。我們都設了好幾個舞台，時間排給你，你上去要怎麼講都可以。可是不容易，效果不是很好。而且我還申請到縣政府主辦哦，每一年都縣政府主辦、我們承辦哦。每一年都這樣。

訪問者：但效果還是不好？

陳宗主：非常不好！我們每一年都花一千萬，但是沒有用，所以不容易啊！落於形式。

訪問者：所以，這樣的情況就是說，即使你提供這樣的平台，但其實達到的效果也不是那麼好。那麼，您是否覺得宗教之間的對話應該要和全球性的責任一起聯繫起來？不曉得您的看法如何？

陳宗主：可以啊！但是我覺得這個要政府著手啦！其實我們當初辦這個，我們也曾經跟內政部講，內政部你來主辦，你把她們都召來，來博覽嘛！你來做我來補貼給你。我們也這樣做，你佛教來我們補貼三十萬給你，你來博覽五天我給你三十萬。因為我們的經費是縣政府補助嘛，縣政府補助我就三十萬給你，搭棚架啦、表演節目啦，我們在宗教博覽會這個期間裏面辦甚麼？寺廟經營。就是你寺廟怎麼經營？怎麼整理？怎麼對信眾管理？免費演講，找學者來讓他們去論壇。

訪問者：因為您有很多這方面的經驗嘛！如果是這樣的話，那您覺得更好的方式是甚麼？也就是說宗教對話如果要能達到效果的話，那更好的方式是甚麼？

陳宗主：政府！

訪問者：所以，政府要出面？

陳宗主：對！政府一定要出面。政府出面強烈要求宗教團體，由政府出面來做相關的研討，然後強迫這些宗教要做。

訪問者：就是與會研討之後，然後也要去執行？

陳宗主：對！強迫去做，或是在這宗教研討之後成立一個小組，由宗教裏面自己去執行，至少會有一點點效果啦。例如講說，今年我們就講一句好話，我們的主題是講一句好話。那這一句好話，在這個會議之下去推展。那你參與的人，每一個道場就發幾百張、幾千張，慢慢去形成一個社會上的趨勢，這樣勉強可以啦！現在光講好話各山頭都不一樣啊。今天推展甚麼環保，那我們就重視環保的一句話，然後政府來邀請，開完會後，不是開完會就完了；這些族群定期變為一個小組，然後去執行。

訪問者：那如果是這樣的話，您本身應該是同意跨宗教之間是可以共同合作的，大家一起合作來承擔、來解決全球性的苦難。但是，您是否也同意，通過這樣的合作可以進一步帶來宗教之間的對話？

陳宗主：當然是可以！一定可以！但是如果沒有政府單位出來主導，你要去找到每個宗教？第一個，不容易；第二個，也落於形式；到後來就不了了之。就像這樣（全國宗教博覽會），這一年花一千萬，到後來都落於形式。

訪問者：所以，即使是說今天不是由貴宗教來主辦，而是由其他的宗教來辦，但是如果沒有政府出來參與主導的話，您覺得說到頭來還是落於形式？

陳宗主：都是落於形式。看有沒有人有辦法，但是我們辦很多年了，而且我還請政府介入、用她的名字介入。行文給所有宗教都是雲林縣政府，但是效果非常的不好。因為各個宗教都是自我膨脹很大，她的最好。所以你要宗教出來號召，幾乎是不可能。如果有政府用有點行政權的東西來號召它，這個比較有幾分的可能。因為政府官員來出面、來整合，然後開會當中慢慢去選一個、成立一個小組，然後政府才慢慢站到旁邊成為一個指導單位。這樣可能！但是你要以宗教誰出來號召？都沒有人要理會。

訪問者：所以，以目前臺灣的情況看來是不太可能？

陳宗主：因為我辦了很多年，我這個在這裏花了十幾年的工夫。因為我們領了關聖帝君給我們的使命就是做這件事，我們做很久，但做到後來，我們覺得要慢慢來。實在是不容易。

訪問者：那還會再繼續辦下去嗎？

陳宗主：我們現在也有在辦，但不是著重在宗教的領域上。

訪問者：所以，宗教博覽會基本上會暫停嗎？

陳宗主：會暫停！有打算再辦，但目前暫停。

訪問者：就是因為評估的結果，覺得效果不好？

陳宗主：對！效果不好！我花了七年的時間，然後也因為雲林縣政府願意支持。因為雲林縣政府撥將近一百萬的預算，然後我們也去找台塑啦、還有其他企業單位捐贈，連人事費用湊大概將近一千萬，但是效果不好，因為不容易啦！這件事情要做，其實政府要負很大責任。我們那麼多年來也是一樣，同樣這群教授群，玄門真宗去年邀請各宗教派人來上課，給他上課證明，請他吃午餐、還吃晚餐，通通都有，還有真理大學發的上課證明書哦，都沒有人來。雲林縣政府發的，全國勉強有一百多人來參加。這不是發公文而已，還要一家一家去拜訪，你們派幾個人、你們派幾個人，因為大家都熟嘛！因為辦博覽會拜訪那麼多年了！這樣才有一百多個人。免費的哦！又便當哦！還有大學的證明給你哦！讓你掛起來，拿回去你的廟去經營，讓人家認同你哦，但是還是沒有人來，好話說盡了。雲林縣政府具名公文還勉強一百多人，如果是玄門真宗掛名就很難啦！

訪問者：那您覺得最主要的原因是甚麼？

陳宗主：我覺得就是，第一個，宗教的排他性，因為她覺得我這個宗教為什麼要去你那個教？另外就是，（在上位的觀念不會）她們每一個宗教裡面都認為說，我如果派信眾或我現在的學生到你那裏學，有可能會被拉跑。就是這樣子，門戶之見。不會像我們這樣，我派我們的學生去佛光山短期出家，我的學生去那裡修行，去看看人家怎麼好、怎麼弄，回過頭來到我這裏。如果這樣會被拉走，那就早就走了，早走好了，對不對！我們都是派去，或是我們每一年辦參學，一、二部遊覽車就開去參觀一貫道啦、參觀佛教單位啦，甚至到那邊去做功課，跟著她們早上起來，跟著她們的行程。

訪問者：所以，從這裏也可以看到宗主的心也是很寬。

陳宗主：其實宗教要心寬一點才像宗教。如果通通綁住那不叫宗教，有點
算山寨。怕自己的信眾跑掉，那概念比較不好，但是現在的大概都是這
樣，所謂門戶之見。包括所謂山頭，佛教是講山頭，非常嚴重。比我們想
像的嚴重很多，甚至比政治的，現在所謂藍綠的爭執更嚴重。像一貫道，
我們這邊有一個案例，媳婦跟婆婆不同組，同樣都是一貫道，但是不同
組。婆婆住在三樓、媳婦住在四樓，每一個人一個禮拜有一天，那一天就
要關起來，不准他們上去。同一家人哦！三樓是道場、四樓也是道場，但
是不同組。然後三樓的人在做、四樓就鎖起來；四樓的人在做、三樓就鎖
起來，然後兩個婆媳不講話。所以深入瞭解才知道嚴重性，相當嚴重。

訪問者：接下來，我想再針對「全球責任」這個概念，深入再請教宗
主。就保羅‧尼特的觀點來看，他覺得現在全球人類和生態正面臨這麼
多的苦難，那麼宗教徒本身應該要站出來，能夠為全球的苦難負起責任
來。所以我想說，對玄門真宗而言，面對這些全性球的苦難問題，貴宗
教有沒有甚麼具體的作為是用來解決這些苦難的？

陳宗主：這些事情，剛剛你講的要站出來的問題，這個其實也是一個觀念
問題。現在的宗教，尤其是臺灣的宗教，因為過去有甚麼騙財騙色的那些
問題，造成了現在一般民眾對宗教都有一點點的排他性。所以，他信了宗
教就非常相信，他只要不是相信的他就有排他性。所以，你說站出來這件
事情，其實我們在從宗教博覽會、從作很多事情，包括我們現在在作的這
次「八八水災」的祈願，我們都碰到問題。那問題是甚麼？現在學校超怕
宗教的、公家機關超怕宗教的。你說宗教進去？哦！你不要來，怕你哦！
所以，不單是排他，而且是怕，說你宗教不要來，這種觀點；所以我剛才
講說很多東西都從這個地方出發。所以你剛才講說，我要站出來，我只能
對我們的信眾站出來，你看這個（為「八八水災」祈願傳單）連要進入校
園都不敢。我們做這個，我們有兩種版本。這個版本是有關公，這個學校
我們都不敢進去；我們還有一張把這個通通拿掉，把裏面有講到神的通通
拿掉。拜託學校去祈願，學校都還怕怕的。從這一件事情，就真的是不容

易。

訪問者：那學校和政府機關為甚麼會有這種反應？

陳宗主：主辦者就怕宗教，怕沾上甚麼宗教斂財啦。第一個，宗教的行政單位，就是以他們叫民政處，她是宗教的行政單位，宗教的上屬單位、管理單位，她都怕問題說偏頗那一個宗教。這是第一個。第二個，不是參與宗教的行政單位，沒有管理宗教的，包括社會處啦，她更怕宗教，教育局她更怕宗教。她幾乎是你最好不要碰她。所以，這麼多年來我們就變成是甚麼？要把宗教退到幕後來了。我有一個叫「國際尊親會」，叫一般的社會社團，為了要執行這些使命，所以我的生命教育中心是架在「國際尊親會」上。

訪問者：就是通過社會團體的名議來推展宗教要推展的事務？

陳宗主：對！不是只有我們這樣作，你去看所有的宗教現在都變成這樣子。做什麼功德會啦！慈善會啦！她其實用甚麼教出來就好啦，但是就沒有。所以，這件事情我們願意站出來，可是現在的政府我覺得觀念，或是說政府在推展這件事情，你看保羅這個概念，其實政府如果願意來召集這些宗教來作，這樣才會認真作、才會繼續做下去，要不然幾乎很難。這是第一個。第二個，我們有去承擔這個責任，我們現在準備做的，像這個水災的祈願我們就在作。那作的同時，我們又不得不，不用宗教的立場出面。我們有成立生命教育中心、我們有成立照顧員的培訓。防治暴力啦、防治自殺啦、弱勢的家庭關懷啦這些東西，所以我們不得不成立很多單位，成立尊親會、成立生命教育中心來作。

訪問者：等於是成立其他機構來推展、來做這些事情？

陳宗主：對！所以，防治自殺啦、守門員的培訓啦，都完全不以宗教來做這個事情。例如：我們學生要作推拿師，因為你要接近人、提供服務嘛！這個是請佛光大學的；還有寺廟經營管理，這是真理大學配合；然後就是志工，美和技術學院；還有紅十字會、救國團、張老師。用這樣來作，所

以我們要作的事情，就變成有些不能用宗教，但是要用宗教作的事情只能在宗教裏面作。例如我們在10月23、24、25日三天，要辦一個護國祈安法會，就是為了這次「八八水災」要辦一個大型的祈安法會。可是我們現在將這個企劃書送哪一個縣政府請她們幫我們主辦、當我們的指導，人家都會怕，都說你們作就好了。這個其實不容易啦！

訪問者：那你們在作的這些宗教實踐也好、社會實踐也好，主要的目的是為了甚麼？是為了獲得更多社會大眾的認同？還是為了整個宗教的發展？還是這本來就是你們應該要作的，是教義和教理的實踐？

陳宗主：這其實分內跟外啦！我們辦任何一個活動，第一個應該都不離我們的教義。所以，我在辦這一件事情就是我們教義裏面的本質，我們的教義就是神祇就是要救助眾生嘛！要救贖眾生、要承擔這個社會的苦難、要善盡你這個宗教本來就是要救渡眾生的使命。宗教本來就是要救渡眾生、要救贖眾生、要帶領眾生的。所以，對內來講我們就是在弘揚這個教義。第二個，因為我們有學生、有修士二、三百人；那這樣子我們需要透過活動來培養、培訓這些人。所以，對內來講我們是，任何一個活動或任何一個對社會的幫助、救助活動，我們都在培養內部的人，讓他能更有能力、對社會的貢獻更有技能；那另外也在弘揚教義，讓人家更認識這個宗教。那對外來講就完全以作為社會的一個協助者或是能夠幫助的人出發。像我們有五個道院，每一個道院每個月都是十萬元的平安米救助，這個月是由我們大里道院負責，米發給這附近的22個里。下個月輪到雲林道院，發十萬塊的米給困難的家庭。這個我們每一個道院都在作。

訪問者：所以，等於是說，是為了得到社會對你們有更好的認同、然後內部的培訓、然後教務的發展、然後教義的實踐和弘揚，這些都有？都包含在裏面？

陳宗主：對！所以我常用這樣的概念拜託其他宗教，我說你就趕快做吧，你作有甚麼好處。像宗教博覽會，拜託她們來參加我們的籌備會，我告訴

她們說，你就來作，你一定可以得到你的信眾認同、可以弘揚你們的教義、你可以因為這樣而得到人家更多的支援。所以，任何一件事情都是一體二面的，而在宗教領域裏面這是最好的一件事。

訪問者：那您們在作這種宗教實踐或社會實踐當中，通常是你們自己作？還是會聯合其他宗教一起作？

陳宗主：基本上是我們自己作，但是也聯合，像宗教博覽會都在聯和其他單位作。但因為宗教排他性太大，聯合上其實是不容易。

訪問者：所以，你們大部分還是以自己作為主？

陳宗主：對！我們宗教博覽會是建立一個最好的模式是：我幫你建了個平台，然後你們要怎麼作就給你最大的空間去發展。就是我找攤位給你，你上面的攤位、水電通通都給你了、包括宣傳也給你了，那其他你要怎麼動員啊、怎麼表演啦，我完全放任給你去發展，這是宗教博覽會最大的特色。但是，還是不容易。我們花上幾億都在上面作，但是還是不容易。

訪問者：那您們在作這些宗教實踐或社會實踐的過程裏面，主要是因為教義和經典的教導嗎？也就是說，在貴宗教的教義和經典裏面有很清楚的教導嗎？

陳宗主：對！這是我們一個宗教裏面有一個使命，我不知道其他宗教她們怎麼說？但是我們是有一個使命，我們宗教成立的時候就有三大使命，這三大使命就是：「選賢、拔聖、渡九玄」。「選賢」就是選拔賢良，不是只有人家來相信你就叫賢良，是社會上只要拜關公有成就的人我們就褒揚他。像我們辦志工表揚、模範父親表揚，模範父親表揚一年花一百多萬，就是選賢，讓他在社會上好的人讓人家知道，讓人家有一個模範的楷模。「拔聖」就是讓關公的精神、教育能夠真正的統合起來。不要很多人拜關公，但所作的事情或所弘揚的教義卻不像關公。例如我們有去看一家非常大的廟她是拜關公為主神，可是她在開六合彩的號碼。那我就問他說，關公沒有這精神啊？關公教義不是這樣，你怎麼可以做這事呢？所以我們另

外第二大使命就是要把全世界、全國的關公的教義、文物通通集合起來。以後相信關公的人請你到這裏來，請你來看關公的信仰原來是這樣的，關公的精神在仁、義、禮、智、信，甚麼是仁？甚麼是義？甚麼是禮？甚麼是智？甚麼是信？這樣我們才能問答。還有一個叫「渡九玄」，因為關公強調忠孝，祂其中一個是孝，孝我們有發展一個學術，就是要甚麼才叫孝？跟以前的孝我們有一個落差，那現在你應該做甚麼樣的一個方式？所以按照這三大使命延伸下來，我們就會延伸出全年的工作精神，要做甚麼、做甚麼，就是不離這三大使命。

訪問者：所以，以這使命為中心、以教義跟經典的教導為中心，然後實際去做這些社會實踐和宗教實踐？

陳宗主：對！我們是所作的一切都是不離生活，我們很少說這個來自己修自己就會得道的，我們不做這個。把家裏經營好才會得道啦！不會說太過於神秘的，我們主要不在這裏，我們比較理性的。

訪問者：接下來，那我想再針對「宗教多元」的部份，再深入地請教宗主您。因為保羅・尼特非常肯定宗教的多元性，他認為每個宗教其實都有她的價值和優點，通過不同的宗教之間的交流可以相互學習，同時也能夠進一步對自己原來的宗教信仰產生更深一層的體認。我想宗主您也是有很多機會跟其他的宗教進行交流，因此，能不能請你談談這方面的交流經驗？

陳宗主：因為比較大的宗派她們有她們既定的工作範圍，你要邀她們來作宗教對談其實不容易，因為她們有既定的模式在作。你像佛教、佛光山，我們跟佛光山接觸很多，因為宗教博覽會有很多機會她來參展，像她們都是既定的模式在作，所以，你要叫她能改變啦！這個都不容易。那第二個呢，除了大山頭之外，再一個下階的就要看主事者的觀念。那主事者如果沒有那個觀念，我不用那麼麻煩啦等等，他們把宗教當作信仰拜拜而已，你就不容易說動他。民間信仰，因為她們的主事者幾乎都是地方仕紳，對

宗教的認識根本就沒有深入，稱不上是宗教家、也稱不上是宗教徒，所以他們來管理寺廟，你要去跟他們來談啦、各方面來引導啦、教義啦、來教贖啦、為社會擔負責任，都不容易。我們去切入都不容易。再來就是比較大的、比較正信的教門，比較有像佛光山、佛教啦，要花比較長的時間、甚至你要說服她在原來既有的行程軌道上，再轉出來一部份來做這個工作。所以，剛剛講說，要大家共同有一個的理念來做這個事情，其實會派人來參與，但是這不代表他們會全部來參與。所以我說落入形式。所以我們去談一談，他說那好啊，我動所有教門的力量來跟你參與這個事情，我想不容易。真的不容易，因為她們都有既定的模式在作，所以不容易。所以，如果以現在保羅講的這件事情，這個要很長的時間，來引導所有教門的既定行程都把某部份的力量、甚至每一年度都抽出一個時間性出來或是一個工作主題來做這件事情，要花很長的時間、要花很長的時間。

訪問者：那麼在您跟其他宗教的交流過程當中，您覺得不同的宗教都有哪些價值和優點？

陳宗主：價值和優點，應該這樣講，剛剛講說能能安定人心啦！每一個宗教，不管在怎麼樣的一個宗教，至少都會勸人為善。讓人家心靈能夠達到安定，這個都是安定人心的力量。這個部份大概都不能否認它啦！那另外她們自己既定的行程，她們也在做這個事情，只是主題不一樣、面向不一樣，可是她也在做這個事情。其實像身體的苦難、地球的苦難這些東西，我覺得說不定每個宗教都在作，但只是主題和面向、說詞不一樣，所以我們都很去認同每個宗教她們應該都有自己的價值觀或是可以學習的地方。但是，你說要把她通通拉在一起，這不容易。你說她們有比較獨特的，我想她們所作的一切大概都有她們的特色，但是也都在這個方面。

訪問者：也就是說，可能她作的是同一個事情，但是她的方式和面向不同？

陳宗主：對！面向不同。但是，除了民間信仰啦！民間信仰有很多都是把

錢囤積起來，像很多寺廟都講她們的基金有多少？她們賺多少？那個就很難講啦！真正在作社會面的，大宗教都在作，但是不一樣的角度、不一樣的方式，都值得去嘉許，但是你說要在同一個軌道上作，大概不容易啦！

訪問者：那您在這種交流的經驗當中，是否同意說通過這種交流可以讓您學習，同時，也可以重新讓您對原來的宗教產生更深一層的體認？如果是的話，都有哪些更深一層的體認？

陳宗主：這個部份對我們來講，如果說要以學習來講比較不容易啦！因為，我們的宗教跟一般的宗教比較不一樣，因為我們第一個從創教開始，我們不是從哪裡分裂出來的宗教。有些單位是從道教、或是從民間信仰，就是我上輩子或祖先都是拜神，愈拜愈多，後來我們就變一個團體。我們不是，我們是從無到有。那從無到有會有一個問題就是，我們都是神來講話的。所以，我們的東西去跟別人比較起來，我們的變得比較，不是排他性啦，變成說原來她作的東西跟我們作的是一樣的，但是我們的卻是更完整，因為神的要求會比較多、比較完整。同樣一件事情，我們作一、二、三、四、五，可是別人作起來只有其中的一跟二，但是她這兩件原來是我們五件裏面的一跟二。那一般為甚麼會這樣講？因為人都會把它節省，人的觀念因為很左右所以會把它節省掉，那我們的一切都是依循著神的講話，祂一定會按部就班作，所以，我們作的一切事情到外面去跟人家交流的時候，我們覺得我們的很麻煩。但是我們卻會覺得我們的比較圓滿啦、比較完整。

訪問者：所以，通過跟人家交流之後更能夠肯定我的東西比較圓滿？

陳宗主：對！在肯定的過程中我們跟別人比較不一樣的肯定是，我們原來都不懂啦，那神來講我們會懷疑，那神來講叫我們這樣作一二三四五，這樣對不對？所以我們會參學其實也是這個道理，去看別人，啊！原來她作的就是這兩件事情。就像我們去扶鸞，我們有辦扶鸞展演；我們一展演出來，她們作怎麼隨便亂作、她們作怎麼只有其中的一、二件事情而已，可

是其實不對啊，我們講的是要一二三四五連起來才對啊，我們都會去做這個。所以，這麼多年來我更放心讓我的學生出去學也是這個道理。所以，越通過交流，我們內部的自信更大。我可以這樣講說，別人不敢交流也是因為她們不敢去勇於面對改變自己，或是說對自己的自信心不夠啦。她如果對自己的東西自信心夠的話，她應該可以出來交流。像我們對我們的自信心很夠，我們就儘量讓你去參學。去參學之後他們覺得，我們做得比別人更好。所以，如果說與其他的宗教交流，從我們連續辦了七屆的宗教博覽會，我們能在開會上壓得住籌備會，要開籌備會不容易，你要辦的所以人家都來嘛，不想辦的她也來聽你講，講的好我就來參加嘛。那我可以去掌控這麼大的，包括我們去參加虎尾中元祭，虎尾就跟基隆一樣，七月有一個普渡，整個月都叫普渡月，整個虎尾全街都動了，那我們可以去當主法，我們可以告訴她說你這樣作、那樣作，能夠去掌控。這麼多年來我們是對我們的內部，應該講說我們的神的經驗、神的告訴，同時我們要有自信、反而有自信。像宗教博覽會我可以壓得住那麼多人，你作那個我都懂、那個我都懂，你怎麼作我都可以提供你就表示說我們也從這裏獲得很多，因為我們每次辦宗教博覽會都要開籌備會啊，你要參加的宗教都會來，她會提供她的想法、或是在上面她要求要怎麼作，那我們都可以壓得住。

訪問者：那在貴宗教的教義和經典裏面是否清楚提到貴宗教與其他宗教的關係以及相處的模式？

陳宗主：有！我們的功課一年有分成，古代講說：春耕、夏耘、秋收、冬藏。那春耕就是播種，所以我們春天的時候這一期的功課就是要精進努力。那夏耘，耘就是翻土，那段節日我們就帶著學生，我們去接洽，所以每一年我們都有參學，透過宗教對話、透過宗教參訪，那是夏耘。那秋收我們要開始回來，要閉關。然後冬藏，要修行。

訪問者：所以，出去參訪和參學這是使命嗎？還是這是在教義和經典裏面有很清楚的交代？

陳宗主：對！這是本來就有的，春耕、夏耘、秋收、冬藏，本來就加在這裏面，本來就是這樣。所以參訪不是只有寺廟哦，包括山、川、大地都要去參學。這是我們既定的課程。

訪問者：所以，這已經規定，到玄門真宗來是一定要接受這個洗禮？

陳宗主：對！你看我們現在在做的這個（為八八水災祈願傳單），我們印了20萬份，所有參修者你要負責一箱，一箱是一千張。你要去哪裡？你要去所有寺廟參訪，然後把這東西送出去。所以，他們利用假日，你自己排時間，所以你在我這裏修行，一定要透過這個。你如果自己不夠信心，你讓他飛出去不就反了，應該像很多宗教關起門來不讓他們出去才對。我們不是，你去發這個。透過一個課程、一個執行的使命，然後強迫學生去寺廟參訪、到道場去參學，強迫他們去看。然後，看到不懂、回來問我、回來上課，他為什麼這樣？然後我們為什麼這樣？所以我們是比較開放式的。

訪問者：接下來，想再針對「合作對話」這個部份，深入地請教宗主您。我想宗主您本身應該會同意，通過跨宗教之間的合作能夠共同來解決全球人類和生態的苦難？

陳宗主：這個應該要這樣作。不只同意而已，換句話說，其實跨宗教目前其實也有人在作啦！現在我也參加一個宗教的，我也是那裏的理事，那個統一教，統一教有成立一個超宗派，每一個月還是兩個月開一次會，現在的理事長是張博雅。那是統一教，她是跨宗派的、超宗派的活動的對話啦！我也有去參與，我是裏面的理事。包括天帝教，有辦這個（新興宗教的對話與座談會），這一次我們要主辦。這一個部份其實應該要這樣子作。那我也在思考，現在願意做這些東西的都是小宗派，那些傳統宗教不理你，邀她來也不會來。所以，現在反而新興宗教有這概念，啊老宗教她就自以為她是老大哥嘛！她才不理你呢。

訪問者：所以，通常是說傳統宗教對新宗教她的態度基本上會比較？

陳宗主：對！比較……我講她們叫保守啦！她們比較保守啦！她們就認為說我們過去沒有做這些事，那你現在要做這個，她們不答應。

訪問者：所以，一個是因為是新宗教的關係，還有另外一個是因為她們本身觀念比較保守？

陳宗主：對！我認為是這樣子。因為新興宗教，既然是新興宗教可能會站在說，我就是新的，會比較願意交朋友的感覺、願意走出來的感覺，所以她才會叫作新興宗教，對吧。那傳統宗教就，我的認為是比較保守啦！因為她們之前沒有做那些事嘛，那她們多一事不如少一事啦！

訪問者：那像這種新興宗教的對談，基本上參加的對象都是新興宗教？

陳宗主：對！

訪問者：然後沒有傳統宗教來參加？

陳宗主：沒有！傳統宗教不會理會這個。這個辦很多年了，頂多是傳統宗教裏面，下面一個小支派來參加這樣而已。那個小支派是因為她有企圖心，那其他傳統宗教像甚麼佛教會啦！她們不會來，她們都不會理會。

訪問者：那這種跨宗教的合作，有沒有比較具體的？如果說您同意這種跨宗教的合作可以來解決這種全球苦難，那在貴宗教當中有沒有比較具體的跟其他的宗教之間的合作方案？

陳宗主：合作就是參與這個啊（新興宗教的對話與座談會）！她們每一年舉辦，那今年我們主辦，我就在想一個主題，我今年之所以比較慢辦就是希望跨越過去的主題只是講一講而已，講一講出一本論文這樣，我應該要再成立一個工作委員會，全年度來推展這個主題的時效，包括我們參加臺北跨宗派的也是這樣，我提供一個主題，然後讓大家一起來作。但是我們參加很多，過去的觀念是不容易啦！今年我們試著想要這樣作，但是不容易。因為開會討論，大家都覺得這樣是對啦，但是下去作的話不容易啦！因為有些東西是，她願意來參與這個，她認同你但是她不一定會全力來支

持這個事情。所以不容易啦！

訪問者：所以，大部分是新興宗教和新興宗教之間可以很好的合作？

陳宗主：可以討論、可以認同，但是要去執行還有待考驗。

訪問者：所以，一般就是說我可以同意這樣的觀念，比如說我們一起來合作，來解決？

陳宗主：但是要實際上去實施，大概還不容易啦！因為這有關於她們教義問題、甚至她們內部的問題。有些來參與的人，他作為主事者但他未必有那個能力去作。其實現在外面的宗教家，有些宗教家可能只是某一部份的象徵而已，他對下面的執行或是說統合能力不一定有。

訪問者：只是一個代表？

陳宗主：對！像道教會，比如說道教理事長出來，同意了、簽署了，也沒有用。為甚麼？因為你道教你實際能掌握說，好我現在我同意了我一定叫他們作，下面的人也不一定要理你。

訪問者：那其實只是一個代表而已，並不一定有上下的關係？

陳宗主：對！現在宗教我發現有這樣能力的人不多，更多是一個頭銜，一個頭銜來參加而已。所以，能夠去執行不容易。所以，我們這個要政府出來執行。

訪問者：所以說，這種跨宗教的合作是可以促進宗教之間的瞭解與對話，但是要真正能夠進一步去解決這種苦難的問題還不是那麼容易？

陳宗主：對！它下面的問題點還很多。從各宗教自己內部的統合執行、到這個代表來簽署的意願問題、包括會議上將來整個陸續追蹤的問題都值得考驗。我們也在作個考慮，所以今年輪到我們辦，我們為甚麼會拖很久，本來5月要辦，拖到現在還沒有辦就是一直在規劃這件事情。

訪問者：因為過去辦大都只是停留在對談、會議而已，討論完就沒有了？

陳宗主：對！頂多後來再出版一本小冊子，這個一點效益都沒有。

訪問者：所以，您就在思考，我討論的這個結果、這種結論能不能更具體的去落實？

陳宗主：對！在會議上就能討論出一個具體的工作方案，然後我們就成立一個小組，然後小組以後下去跟迫，能夠到明年再一個會談的時候能夠達到報告，才有那個效益。要不然每一次都請教授來講啊，發發鐘點費就完了，我們每一年都請教授來。

訪問者：那過去辦這種新興宗教的對談、這種座談會，大概都是哪些議題？是比較針對社會性的議題？

陳宗主：都是社會性的議題。

訪問者：針對實際上社會上的一些問題，然後大家提出看法、觀點，但是比較缺乏最後的執行方案出來？

陳宗主：對！去年度就以傳統文化家庭教育的問題對現在的因應來討論，討論就是請宋光宇教授，那討論完就沒了。大家來發表一個交換意見，然後大家對這個都很認同啦，但是就不了了之。所以這真的不容易。

訪問者：例如這次臺灣的「八八水災」，其實我發現很多的宗教團體都在作，但好像都各作各的？

陳宗主：對！完全是各作各的。我們從參與921（大地震），我也是921重建委員會的委員，反正我們一路下來真的是，我也試圖去統合，我們在東勢河濱公園辦了一個很大型的921的法會，希望透過這宗教的儀式統合其他宗教來參與，我們那次參與的宗教有一、兩百個，可是沒有用，實在不容易，真的不容易啊！

訪問者：那這樣的話，您覺得怎樣的跨宗教合作才有可能？

陳宗主：怎樣跨宗教的合作才有可能？我們說真的到現在還沒有找到這個可能。

訪問者：因為，其實你們本身也辦過很多年的宗教博覽會，其實它基本上是一個跨宗教的合作？

陳宗主：對！還有包括我們辦過太多的學術討論會，像扶鸞，我單一個項次要合作都不太可能了，因為扶鸞單一個法藝的學術研討會都不可能，很多單位明明都已經沒落了，我免費培訓你、讓你復興，都不可能，她都怕我嘛！她都怕你進去教她以後這個廟給你吃去，那些問題都來了。另外在上位者有人不積極了，而想要作的人又不一定有著力點，有著力點的又礙於現有的權勢又怕別人介入，又有人礙於他過去的傳統，我過去只有這樣啊、那我現在要這樣做嗎？甚至我們參加博覽會很好玩呢，他要參加博覽會，他們家有擲筊，他的神擲筊有三個筊說好，馬上簽認同書要來參與，結果那天晚上跳乩的人出來說，不行！那不行是甚麼原因呢？那神出來講說，我們是小神，人家那個是大活動我們小神不能去。後來我們這裏的師兄還去等，等他們的神甚麼時候跳乩，下禮拜跳乩我們就去，直接跟神講啊！說我跟你們講好了，你們主任委員也簽署要了啊，那你現在神怎麼可以跳出來說你不要了啊？那神說，不行啦！我們是小孩子、我們是小神，不行啦！這麼大一個人說怕那個乩童。所以我們在宗教對話、宗教拜訪太多這些好笑的事。所以你說，現在在如何要有，我覺得不容易啊！我有在參與一些像基督教，同樣一個基督教都不容易哦！甚麼長老會、浸信會，她們之間要對話、要去作一件事情都不容易。

訪問者：所以，您覺得說其實在臺灣宗這麼開放、自由，但是宗教之間要合作其實也是很難的？

陳宗主：因為政府的框架規劃沒有很完整之下，但是政府可以要求，要求你所有宗教依據那個討論去作，我覺得這樣可能會做啦！但是你說要大家

合作的來作，大家自發性的合作來作，以臺灣現階段來講大概很難。不要講跨宗教，我看只有佛教作，所有宗派都作，以佛光山啦、法鼓山啦、慈濟啦，你看慈濟到的地方，法鼓山、佛光山通通不見人影。有一次博覽會慈濟要進來，聽說佛光山要來，他們全都收掉了。

訪問者：所以說，單一個佛教本身就不容易了？

陳宗主：就不容易了！還要跨宗教，那更不可能。尤其臺灣的民間信仰，強度、活動勝過於宗教。所謂的民間信仰就是，她自稱她自己是道教，她自己可能是民間信仰她不知道。扶乩的、還有那些宮廟的，那個都是歸屬於民間信仰，但是那個要叫她來作一些事情，更難。

訪問者：那在玄門真宗的教義和經典裏面，是否清楚教導怎樣來和其他宗教進行交流、對話與合作？

陳宗主：在我們的經典裏面說要怎麼跟其他宗教交流，應該是沒有。但是我們立教的時候，神是有來規範那個戒規。

訪問者：那戒規是甚麼？

陳宗主：我們的戒規就是要求，「不得和任何宗教排斥，要學習」。

訪問者：所以，基本上你們是以這個作為最高指導原則？

陳宗主：對！我們的戒規。

訪問者：所以，不管是誰來負責都一樣？

陳宗主：對！都要按照這個，因為這是我們內部的戒規、我們教門的戒規。因為這個跟我們的教義有關係，因為我們的教義講「圓融國度」，所謂「圓融」就是涵蓋於各宗各派、要尊重各宗各派。道源本根。所以，所謂「圓融」就是你要包容這一切。所以，我們的教義裏面就是要圓融，比包容還要更高一些、比圓滿還要更高一些。所以叫「圓融國度」。所以，在我們的修行裏面，比如說，佛教他講西方極樂世界，死了的時候就去

西方極樂世界，那我們講就是去圓融國度。一個宗教如果你問她說沒有
國度，那個宗教本身就沒有句點。內政部因為我們才要求成立一個新興宗
教的規範，所以後來有很多宗教要去立教就罵我們，因為我們要求都很完
整。那在我們之前，內政部甚至准一家廟就立教，那個叫黃中。她那個很
離譜，我們去作參訪，那個很離譜，我不知道當初為什麼要讓她立教？當
然我們也不是批評，但是我覺得她們制度不是很完整，還不夠。那我們為
甚麼在立教之後就建立這個，建立一個規範、一個衡量指標，是為甚麼？
是當初張教授來跟我們談的時候，他提出來你要具備甚麼條件的時候，我
們都有了。那我們為甚麼有？因為我們都不知道，我們都是神下來講，你
開始要做甚麼活動，要做甚麼、做甚麼、做甚麼……，我們說為什麼要做
這個？沒有錢啦！沒有錢也要作！我們通通都是沒有錢，祂叫我們也要
作。你要作模範父親表揚、你要作全國志工表揚、你要做志工研習、你要
成立生命教育中心、你要規劃……。祂指示你要作，我們去摸索然後作，
通通作完了，告訴你說，你要申請立教。所以我們這個宗教我們講說，神
的經驗我們比較特殊啦！因為我們都不是從哪一個地方慢慢擴大出來的，
是一開始先找上我，我在讀大學的時候先找上我，然後我不相信，然後又
讀到研究所，然後祂就是不斷的干擾我。我們現在講干擾，其實是祂一直
來要我做這件事情。我跟祂對峙大概十幾年，然後後來講說好了好了，就
順著你，你一直講嘛！然後我也去看精神科啦，精神科也說你沒問題啊！
到後來不得不，好吧！就按照那個方式去作。啊就很快速的成長。因為一
切都按照祂的指示，包括祂跟我們指示的日期啦是甚麼？像我讀企管的，
雖然祂跟我講了，我自己都還不相信，我們都還會去求證。像祂突然之間
會講，我們現在開始要做甚麼事，然後49天之後要做甚麼事，真的嗎？算
日子，真的49天。我們是一直覺得祂在默默中就有一直在主導，所以，我
們從以前到現在我們幾乎都依循這樣在作。

訪問者：最後一個問題想再請教宗主，保羅‧尼特認為，宗教對話應該
有一個最終的目標或是他最終的理想應該是去解決這種全球的人類和生

態的苦難，然後去謀求人類和生態的福祉。所以，我想說您身為一個宗教領袖，不曉得您對人類和生態的未來的看法是甚麼？

陳宗主：這個本來就是我們宗教應該要去承擔的。我覺得一個宗教的存在意義，現在講很多宗教是泡沫化，因為沒有存在。那宗教的存在意義，就是要能夠對社會、對國家、甚至對每一個人、每一個眾生都要擁有剛才講的，從生活的指導、生命的歸屬、包括救贖那些東西都要能承擔起責任，從這樣去推展，到社會、國家、包括世界上的各種災難，其實都應該要有那種胸懷或是那個見解，甚至要有那個願心去承擔、去作。這個是我覺得一個宗教存在的意義。你這個宗教存在的意義如果是純粹自己好、如何壯大自己，我覺得這個宗教存在的意義不大。所以一定是從這方面，以我們來講，我們現在都在做這些事情。比如說我們現在作的生命教育中心、我們在做這個水災啦、包括現在整個在做這個活動，也都在朝著這個方向在作。

訪問者：再次感謝宗主今天撥空接受我的訪問，謝謝！

附錄1-9：中華天帝教總會「宗教對話」深度訪談紀錄（訪談編碼008）

訪問人員：莊政憲

受訪人員：秘書長　詹敏悅女士

訪談時間：2009年9月26日，下午一點。

訪談地點：天帝教總壇天極行宮

　　　　　臺中縣清水鎮吳厝里東山路38-1號

訪問者：秘書長您好，感謝您今天撥空接受我的訪問。當代有一位非常傑出的哲學家、思想家──保羅‧尼特。他本身也是在宗教對話方面有非常深入的研究，同時他自己也參與很多的社會實踐的工作。他提出說，目前整個全球的人類和生態正遭受到各種苦難的威脅，當然他對苦難也作了進一步的詮釋。他提出有四個重大的苦難，第一個是所謂「身體的苦難」，那這種身體的苦難主要是因為人本身由於貧窮所造成的饑餓、疾病……等身體的苦難；第二是「地球的苦難」，就是因為人濫用了地球資源、破壞生態環境所造成的地球的苦難；第三是所謂「靈性或精神的苦難」，是因為很多社會上的錯誤與不公正所造成的傷害而導致的靈性的或精神的苦難；那最後一個是「暴力的苦難」，因為很多的武裝、軍事衝突、戰爭所引起的暴力的苦難。所以，他提到說人類和整個生態目前正面臨了這些全球性的苦難。我想說秘書長您本身也是身為一位宗教領袖，不曉得您對這些苦難（身體的、地球的、靈性的、暴力的苦難）的看法是甚麼？

詹秘書長：首先我要講說，人類到了二十一世紀以來會遭遇到這麼多的天災和人禍，其實都是一個人心所造成，一個貪婪、一個貪欲所造成的。那對於你剛所提出的現在全人類的生態的各種苦難，我的看法是這樣子：對

於身體的苦難，像貧窮啊、疾病啊，其實以天帝教的看法來講，這個都是人心的貪婪所造成的，都是一種因果的累積，那就是累世所造成的以至於這一世。也包括對於整個我們的生態環境、對於地球的破壞，這也是人心的貪婪所造成的，並沒有以一個萬物都是處於和諧這種精神來對待。所以，就是濫墾、濫伐，還有不停地去挖掘上帝所給予我們這個地球的資源，就是濫用無度以至於造成的。至於暴力的苦難也是一樣的，互相爭奪資源，然後以仇恨為出發點所造成的。所以，我們歸結一句，其實應該是來自於人心的貪婪、人心的貪心不足、人心的自私自利、不為別人著想、希望擷取更多的，以至於造成這麼多的苦難跟戰爭所帶來的痛苦。

訪問者：所以，您覺得說這些苦難本身都是因為人心的貪婪所造成的？

詹秘書長：對！其實都是取決於人心。所以，天帝教才會說，「劫由人造、劫由心造」，一定要有人心的改造，一定人心的改造才能。所以，天帝教自稱是一個救劫的宗教、化劫的宗教。那這個劫怎麼救？就是我們從劫往上推，劫是怎麼產生？就是人心，人心的險惡、人心的貪婪。所以，天帝教是復興到，我們不講創立是復興，因為上帝創造這個宇宙以後，就把這個宇宙交給人來管理。那像這麼大一個人類已經面臨到毀滅，這種苦難會歸結到如果說真的人心再貪婪下去，整個人會毀滅。就是由人所發明的這些核子炸彈、核子彈頭，你知道它的毀滅性是非常大的，然後各國一直競爭、一直在逞能，逞自己有製造核彈的這種能。那當人類失去理智的時候，要發射核彈只需要一個按鈕，你看美國有多少彈頭？蘇俄有多少彈頭？它只要一個按鈕下去，全地球的人類都可能死光。那就是從一個「貪」字過來，美國和蘇俄不就是一個「貪」字嗎？對！誰是真正為了世界和平而來造這個？所以，天帝教復興的最主要是要挽救人心，只有從人心下手，我們地球上的人類才能再慢慢回復到上古時候的那種抱道樂德的精神。

訪問者：那對於目前全球所面臨的這麼多的苦難當中，您身為一位宗教領袖，那您覺得應不應該為這些苦難負起責任來？

詹秘書長：當然！天帝教為甚麼會復興？其實我們地球上已經有多少的大宗教？對不對！全世界的佛教、道教、天主教、基督教、甚至伊斯蘭教，你看在臺灣就有這麼多、這麼多宗教，那天帝教復興的目的是為甚麼？它就是為了挽救「三期末劫」，為了挽救「三期末劫」而復興。那一個宗教你能發揮出多少的力量呢？當然天帝教的復興我剛剛講過，我們要從教化人心下手，要從教化人心去感化、去教育他們要道德重整。因為大家現在道德非常的薄弱，道德重整，然後從精神上去重建，就是道德重整、精神重建是我們的一個下手的方式。

訪問者：所以說，應該要怎麼負責的話？就是從教化著手？

詹秘書長：對！從教化！然後現在最主要已經到了危急存亡之秋。真正能夠解救人類，改變這種天地倒懸的這種狀態，我們只有不停的哀求上帝。所以，我們當然要教化人心，然後一方面我們要早晚虔誠的祈禱，然後哀求上帝憐憫世人，給他們一個時間、一個空間。所以，我們天帝教的同奮很重要的一個功課裏面，就是要早晚祈禱，然後哀求上帝。還有一個就是最最重要的利器，就是我們有一個「皇誥」。天帝教的「皇誥」只有二十三個字，就是「慈心哀求、金闕玄穹主、宇宙主宰赦罪大天尊玄穹高上帝」，只有這二十三個字，可是這二十三個字從哪裡來？就是上帝賜下來的，這是因為天帝教要在這個地球上復興，因為我們整個的人類已經到了毀滅浩劫的一個邊緣，那你如何來趕快給他用一個最有利的方式？我們就只有祈求上帝，所以當上帝祂答應祂的天帝教這個最古老的先天天帝教在這個地球上復興的同時，祂賜下一個「皇誥」跟「寶誥」，那就是說，你們早早晚晚除了你們自己要反省、懺悔、自己要改掉內心，然後要祈禱，再來就是要誦誥，就是誦這「皇誥」。那這「皇誥」我想世界上獨一無二，那就是因為天帝教有特別的天命，那上帝賜下這特別的東西，那這是一個可以解救毀滅浩劫的利器，所以這個是我們挽救人類的苦難，也可以說是我們從毀滅邊緣把人類挽救起來的一個很重要的利器。

訪問者：我想說，在面臨這些苦難的時候，那您覺得在這些苦難當中，哪些是因為宗教和宗教之間的衝突所引起的？

詹秘書長：應該最明顯的就是戰爭吧！就是暴力戰爭！所以，這個是天帝教的一個遠程的目標，就是希望能夠做到「宗教大同」，這個是基礎；然後再來是「世界大同」，再來「天人大同」。這三同就是天帝教的遠程目標。

訪問者：宗教大同、世界大同、天人大同？

詹秘書長：對！其實，宗教應該是一個勸人為善、教化人心，我們最基本是這樣子。然後她是有一個信仰，那你根據這個信仰相信自己可以達到一個超脫這個物理世界的一個途徑。但是，現在很多的宗教，她是打著就是說，除了自己之外，別人的都是邪教。當然每個宗教在創教的初期，她為了堅定她們的教徒的信仰，這無可厚非。但是，就是說你以這種自我為中心發展到極致的時候，只有你自己的宗教是正教，別人都是外道、邪教。以這樣的方式，你就變成跟非你本教徒的人就變成對立了。然後這種對立再經過有心人的炒作、挑撥之後，它就變成一種衝突的開始。所以，如果要能夠世界上有和平，就必須：第一，宗教先要宗教大同。你個人有各自的一個信仰，但是我們師尊從他在世的時候，對於所有宗教的看法就是「敬其所異、愛其所同」，他就希望我們都本著他這個精神，對於其他宗教有不同的地方，我們尊敬她；那對於我們可以共同的，我們要儘量的去把它發展出來。因為，其實宗教你要說完全相同？那是不可能，對教義啦甚麼。尤其同一個宗教裏面，你看現在同一個宗教現在戰的最厲害的是伊斯蘭教。她們不但自己打自己的教徒，你看她們所用的這種殺戮的手段、人肉戰車的手段是非常殘忍的。我們連非教徒都很不忍心，何況是你一個有宗教信仰的人，你怎麼可能就說，對自己教內的人是可以升天的，而把別人就是打到地獄裏面去？這種思維是值得商確的。所以，宗教大同是我們終極目標的一個基礎、三同的一個基礎。

訪問者：所以，暴力的苦難很明顯是因為宗教之間的衝突所引起的，那對於其他的，比如說身體的苦難、地球的苦難，還有就是人的精神的或靈性的苦難，您認為它們主要的根源是來自於甚麼？

詹秘書長：對於這種身體的苦難，貧窮啊、饑餓啊、疾病啊，我覺得饑餓和疾病都源肇於貧窮。貧窮是饑餓和疾病的一個基礎，如果你不是貧窮的話，你不會受到饑餓。如果你不是貧窮的話，疾病也不會造成你很大的困擾。我覺得對於身體的苦難，貧窮是一個很大的因素，那貧窮就是肇始於人類的貪婪吧！因為，他為甚麼會貧窮？其實是因為貧富不均的關係。整個我們地球上貧富的差距實在太大了，有錢的人他更有錢，他很容易以錢去製造更多的錢。那其實整個地球的資源就是有限的，當你拿了更多，別的人就更少。那這個也是肇始於一個人心的貪婪。

訪問者：所以，歸根究底就是因為人心的貪婪所引起的？

詹秘書長：對！貧窮的來源我覺得是因為這樣。

訪問者：我相信秘書長您也是跟很多的宗教都有交流的經驗，那麼您是否能認同每一個宗教都有她的價值和優點？

詹秘書長：沒錯！沒錯！這句話是很肯定的。因為每一個宗教，我們講的是正信宗教。當然那種不是正派的、或者是邪教，這個騙財騙色的那我們不把它當作是一個宗教。只要是宗教，你有你的教義、你有你的教儀、規戒、經典。那你看每一個宗教的每一個經典、每一個大師，他無非就是勸人為善、無非就是要以宗教家的那種愛人類的精神擴散出去。所以，從古到今或者是現存在地球上的每一個宗教，我都認為她有存在的必要。因為，我們所謂的「佛渡有緣人」，那有一些宗教她的說法、她的教義可以吸引某一部份的人，那只要這些人就一直跟著這個宗教，然後在為善、然後在修持自己，然後共同為這個國家、為這個社會創造安和樂利的情況，所以每一個宗教都是好的。她吸引、教育被她吸引的那一部份人，所以，我是覺得只要是正信宗教，我都覺得她是好的。

訪問者：那比如說，您在跟其他宗教的這種交流的經驗當中，那一方面也是學習嘛，那一方面就是說，通過這種跟其他宗教的交流能不能讓您對您原來的天帝教信仰產生更深一層的體認？

詹秘書長：是的！沒有錯！因為，我在跟其他宗教的交流當中，我會去瞭解她的教義、瞭解她的義理、然後她們的修持方式、然後她們的規戒等等。那因為瞭解而更相信天帝教在當今的這個世代裏面復興是有她很重大的使命。因為，我剛剛已經講過天帝教是為了人類已經到了毀滅浩劫的邊緣，而復興是為了拯救這個人類的。那其實其他宗教你說，我們幾千年來的這種佛教跟基督宗教他們所發展出來的，一定也有她們在當時的一定要成立、一定要創立的那種使命，但是因為事隔久遠了，所以當時的那個使命說不定已經完成了，可是她的教化可以一直讓二千年來一直有不停的人去信仰她，一定也有她的道理。那我更確信說，因為佛教二千五百多年，基督教二千多年這樣下來，她們的教化延續了二千多年之久，那到了今天會讓我們處在這麼一個危險的邊緣，可見這些教化有不足的地方。我們包括所有二千多年來的這些所有的宗教，那今天人心陷溺到這種地步，所以她的教化應該也有不足的地方。所以在這個時候，天帝教來復興，而且我們二十多年來所瞭解的天帝教的教義、教理、她的規戒、她的修持法門，會讓我覺得說我更深信天帝教真的是在這個世代人們非常重要的一個宗教，所以透過這樣子的交流，我們知己知彼，我更瞭解對方了，也更瞭解自己的重要性。

訪問者：其實宗教本身的排他性也是蠻強的，很多宗教都認為說我的宗教是最好的、我的宗教是唯一的，那不同的宗教有她很強烈的真理觀和價值觀，那您是否也認同說，每一個宗教和宗教之間應該可以制訂出一個大家可以普遍認同的、甚至於能夠共同去遵守的一種價值觀、一種道德觀、或者是一種信念，像這樣的一種「全球性的倫理規範」、或者是「全球性的倫理宣言」出來？不曉得您認不認同？

詹秘書長：如果要從各宗教去制訂出一個東西的話，就是說我們必須拿掉宗教差異性比較大的地方，那一般來講有它困難的地方就是說，每一個的教義、或者是教主、經典，講的可能都不是同一個東西，但是大家的共同點不在於各教她內規的東西，所以我們可以訂的東西是實際上你可以去執行的。好比說我在跟臺灣的宗教界，我們合作的時候我們常常會制訂一個我們可以共同去執行的，好比像我們幾個宗教集合起來，形成一個小組，然後制訂一個如何改善社會風氣、淨化人心，類似這樣的一個工作。那這種就是無關乎各教的教義、教理的，就是我們可以執行出來的。其實我覺得宗教一個很重要的一點就是「愛」，就是「愛」！這個愛沒有任何形式、它也不需要任何義理，然後把這個愛單獨提出來，由這個愛我們來組成一個我們可以工作的那個平台。

訪問者：比如說，「愛」就可以成為所有各個宗教都可以認同的最大公約數？

詹秘書長：對！對！我想這個是最主要的元素吧！在宗教裏面最主要的元素。

訪問者：所以說，如果有這樣普遍的東西，大家普遍上能夠認同、共同遵守的，那您也是認同嗎？

詹秘書長：對！對！對！我們會有很多的，像我們跟天主教的明愛會這個修女會、還有一貫道、還有天德教、還有理教、天理教、軒轅教，我們常常會有一個如果說碰到一個社會上很大的事件，需要我們提出援手，那我們就會共同組織起來，或者不一定是碰到一些危急的時候，好比說我們會有感於社會風氣的敗壞，那我們就會組成一個小組，然後來討論一下可以執行的這種如何改善社會風氣，或者是說拯救地球、節能減碳，我們會有這樣一個臨時組織。

訪問者：我相信您有很多跟其他宗教的交流的經驗，那您覺得說宗教之間的對話應該用甚麼樣的方式來展開是最好的？是不是應該跟全球性的

責任聯繫在一起？

詹秘書長：這方面我們如果說是以宗教對話來講，是稍微比較學術性的意味會比較重一點。那其實在國內的話，因為我在想我們以宗教座談的方式比較多一點，那像在天帝教總會的話，我們從2005年開始就是有一個專屬於新興宗教的對談與座談會，到今年已經是第五年辦了。

訪問者：那是一個座談？那不是一個組織吧？只是一個座談？

詹秘書長：對！那不是一個組織，最早是內政部委託我們辦，所以她那時候就邀請所有的新興宗教的領袖跟她們的教主代表來參加。那我們會制訂一個題目，我們先有一場的專題演講，就是大概國內宗教方面的學者或是教授會有一個專題演講，我們所談論的內容就是大概：宗教與社會責任、然後宗教與家庭、或者是宗教與文化責任，類似這樣子的主題。那今年會在11月28日舉行，所以類似像這樣子的。當然我們宗教方面的聯誼啦、交流的方式是很多，但是我們這個是稍微具有一點學術性又不會太生硬的就是以這樣的方式。至於你剛所提到的跟國外的一些對話關係，其實因為有透過那個「世界宗教徒協會」，還有一個國內的跨宗教組織，就是「中華民國宗教與和平協進會」，透過這兩個組織我們去參加國外的一些宗教的交流、對話。也就是說學術性不能太強，因為學術性太強，其實國內新興宗教很多，我們不諱言，國內的新興宗教當中有很多是沒有辦法參加，你學術性太濃的東西她是沒有辦法參加的。

訪問者：所以，是因為她們的理論基礎不夠的關係？

詹秘書長：對！對！所以國外有透過這兩個去參加。

訪問者：那像您剛所提到的從2005年開始辦的「新興宗教的對談與座談會」，您提到說會跟社會議題、家庭議題聯繫在一起，但是這樣的會議召開會不會只是停留在一種學術的研討會、或只是一些理論而已，有沒有進一步開完會之後，大家形成一個共同的討論結果或者執行的方案，然後進一步去執行？

詹秘書長：這方面大概比較闕如。我們就是透過一個議題，然後就是邀請各宗教，針對這個議題，你這個宗教是怎麼作的？好比說，像我們去年的叫作「宗教與家庭」，然後各宗教就她們這個宗教信仰跟她們的宗教的生活當中，你跟家庭之間的一種協調，或者是說你怎麼把你的宗教帶入家庭？這個家庭是怎樣的來執行信仰的這些儀式等等。

訪問者：所以，等於是說，只是各宗教的經驗交流而已，並不是說各宗教一起來解決、來作甚麼事情？

詹秘書長：對！但是去年有個很好的收穫就是，有很多的宗教把她們如何帶領家庭的那種方式提出來，那每個宗教有所不同。有的宗教是很適合全家，她們一聚會就是全家去，全家一起然後分年齡層，這樣的一個方式提出來，大家也都覺得就是說可以互相瞭解、可以互相採用的方式。

訪問者：所以，通過這個也是互相去學習？

詹秘書長：對！

訪問者：那不曉得秘書長您能不能認同就是說，跨宗教之間的合作，我們一起去承擔社會的責任或是全球的責任，通過這樣的方式我們能夠來解決全球性的苦難問題，然後因為這樣的方式，它可以進一步促進宗教之間的對話？不曉得您能不能認同？

詹秘書長：這個理念當然是能認同。我覺得其實一個宗教要解決的絕對不會是你所在的這塊地方的苦難而已。如果是這樣的話，今天就不會有基督教傳到臺灣、佛教傳到臺灣。別的宗教我不敢講，至少就我瞭解，天帝教是這樣子。所以，你如果說能夠透過宗教對話而能夠有效組織一個可以解決國內、甚至整個地球上的苦難，我非常認同，只是我們需要尋找途徑，需要有更多的努力。因為，如果說一個宗教她自己能作，她不會跟你合作。那你就必須二個、三個以上的宗教，我們都有共同的理念，而且這個要投注很多的心力，所以如果能夠這樣，那當然已經到了世界宗教大同的時候了。我是非常的樂於看見！

訪問者：那我想再針對「全球責任」的部份，再深入地請教秘書長您一些問題。就保羅‧尼特認為，目前全球有這麼多的苦難，身為一位宗教徒應該要站出來呼籲、甚至要為這些苦難負責。那麼您身為一位宗教的領袖、一位宗教的代表，對於這些苦難，就天帝教而言，有沒有比較具體的去解決這些苦難的作為？

詹秘書長：應該是說，我們就是透過我們的弘教、透過我們的祈禱和我們的誦皇誥的方式。因為我們誦誥的迴向文從一開始就是為了全體人類的。所以，如果說你指的是一種實際上去執行出來某一個行為或某一個舉動的話，可能我們並不是說到全世界去做這樣的事情，但是透過我們的光殿，因為我們的教主就是上帝，告訴我們，你只要祈禱、反省、懺悔自己，你自己不再作惡，當然你自己不能再作惡，再作惡的話就增加自己本身的負擔。你自己要先反省、懺悔到心理非常透亮的一種程度，然後你每天反省、懺悔、還要念誥，我們整個念誥祈禱就是到上帝那邊，祂就是去轉化到全世界。所以，我們所誦的皇誥當然也有為國外的戰爭祈禱，就是迴向、直接迴向。那也有為美國的火災直接迴向，然後金融風暴的時候我們念了三個月的皇誥，迴向給全世界的經濟的穩定、金融的穩定。所以，如果說有對全人類關懷的話？我們是透過這樣的方式。

訪問者：通過皇誥，好像通過上帝的力量去解決這些問題？

詹秘書長：對！對！

訪問者：那麼，當天帝教在做這些所謂的宗教實踐或社會實踐的時候，她主要的目的是為了甚麼？是為了贏得社會大眾對天帝教的認同、好感？是為了整個天帝教的發展？還是說它本來就是應該的，就是在天帝教的教義和經典裏有很清楚的教導，本來就是應該要作的，也是你們一個很重要的使命之一？不曉得是屬於那一種？

詹秘書長：其實我們天帝教在臺灣從民國69年（1980年）在臺灣復興，到了明年是30年了。那在這30年當中我們很少去對外面去宣傳天帝教，以

至於，其實我們已經30年了，其實有很多人未聽過這三個字。我們這樣誦誥的祈禱從來就不是為了要博取一些好感、或者是打出我們的知名度，甚至我們教內的同仁都會認為說我們在形象的廣告部份有點太少了。可是因為我們全力就是在救劫，所以天帝教一復興就是為了誦皇誥開始，這是一個使命，就是為了挽救核子毀滅浩劫。然後我們的時代使命第一個就是要「保台護國」，保護臺灣為第一，然後護這個國家。所以我們的迴向文就是以拯救天下蒼生為己任，那個是涵蓋整個全人類的、天下蒼生的事情。所以，那個是我們的一個使命。其實師尊告訴我們一個很重要的，我們在念誥、在為求上帝解救天下蒼生，在念皇誥的那個很重要的一個心理，就是一定「不為己身設想、不求個人福報」。我們從來不會說我念了這個皇誥，能夠祈求上帝讓我生意賺錢、或者讓我事業發達，或者個人的修就，從來不會放在上面的。你只有去拯救天下蒼生、只有天下蒼生、全世界的人類都好了，你才可能好。因為小小的一個臺灣你能多好？對啊！就是說，是不是人家一個飛彈打過來我們就沒有了？所以你不必去求你自己，你求上帝能夠護住這個臺灣，能夠保台護國，能夠把我們這個國護住，這是第一個時代使命。那第二個時代使命就是「兩岸早日和平統一」。因為這個時代是有階段性的，那這個算是我們這個階段性的兩個使命所要達到的。因為你臺灣不救住、臺灣沒有了，你天帝教也沒有了，全人類的苦難就開始了。這個跟政治、跟甚麼完全沒有任何的關聯，這是基於它的重要性。你如果兩岸沒有和平統一、不以和平的方式統一，你打起來了也是一切都沒有了。所以，當然是師尊的高瞻遠矚，他會覺得說，這個是最核心的東西，你這個最核心的東西不護住的話，你求甚麼都沒有用的。你求個人的財富也沒有用的，戰爭一起來你甚麼都沒有了。

訪問者：那天帝教在作這些宗教實踐或社會實踐的過程當中，大部分都是貴宗教自己在作？還是會聯合其他的宗教一起來作？

詹秘書長：一般來講，我們如果說要作一個聯合祈禱或者是聯合祭祖，像每年三月的最後一個禮拜六，就是在這邊辦那個「中華民族海內外同胞聯

合祭祖」。那像類似這樣子的，我們就邀請所有的宗教。而且祭祖不是只有宗親會、同鄉會、還有就是國內比較大的一個國際尊親會、還有獅子會、同濟會，我們會邀請國內的這些重要的團體一起來作，因為祭祖是祭中華民族的祖先，這個不是天帝教的祖先、也不是只有宗教人的祖先，像這個我們會聯合社會上的團體來做。那另外還有我們還會聯合一起作的是「早餐祈禱會」，這個都是邀請所有的宗教的代表。所以，以天帝教來講，我們有我們的使命責任，可是我們也要知道說，天帝教最後要達到的是一定要宗教大同。所以，她辦很多活動的著眼點並不是跟一般宗教一樣，其實我知道有很多宗教自己裏面都有辦祭祖大典，像一貫道她們自己裏面就有一貫道的祭祖大典，裏面就是一貫道的道親。還有另一個就是禪機三仙佛寺每年的元旦都在林口的巨蛋辦很大的祭祖大典。可是她們的祭祖大典就只是她們裏面的人自己辦，雖然很大有四、五萬人。可是天帝教的著眼點、作事情的方式是比較不一樣的。我們會以所有的宗教本來就是一家那種心態，因為所有的宗教本來就是一家，只是你去渡適合你的人，那當我們要一起作事的時候，你本來就是要大家一起來。所以，有很多活動雖是由天帝教主辦，但是是邀請大家一起來合辦。像類似這樣的祈禱會或者是全國的祭祖大典。

訪問者：就您剛才所提到的這些是比較屬於祈禱會或者是祭祖大典，那有沒有比較是屬於社會實踐的部份？

詹秘書長：這個我比較沒有聯合其他宗教。像社會實踐部份的話，我們有幾個輔翼單位，尤其是像我們有個「中華民國紅心字會」，她所作的都是比較社會服務方面的。她是屬於社會服務方面的，還有屬於這種推廣中華文化部份的，我們有一個「極忠文教基金會」，還有我們「中華天帝教總會」。所以，我們有各個功能不同的輔翼單位，我們會去做這樣的事情。所以，對於社會實踐方面，可能我比較不會去聯合其他宗教。

訪問者：也就是說，是通過你們自己本身所設的社會團體或基金會這樣的方式來執行這些社會實踐的工作？

詹秘書長：對！沒有錯！

訪問者：那你們在作這些社會實踐的時候，在天帝教的教義或經典當中是否有很清楚的教導您們要進行這種社會實踐或宗教實踐的工作？

詹秘書長：像我剛剛所提到的我們幾個的輔翼單位，其實都是在我們的教綱裏面。天帝教有一本教綱，裏面有二十八條、然後有二十五宗，它裏面會規定的很清楚。那好比說，像我們會去作這個社會實踐的就是我們另外一個是由弘教系統去作的，不是由輔翼單位去作的，就是定期的天人氣功的義診。它是每一個教院，每一個禮拜或是二個禮拜一次，那是定期的就是會在區鄰里的辦公室、或者是在公園、或是在活動中心，我們都免費幫人家作氣功義診。所謂的氣功義診就是完全不用針藥、手也不會去碰觸病患，我們純粹是以天上的至大至剛的氣來醫治病人，所以這也算是弘教系統本身作的社會服務的方面。那麼我們也會去教靜坐，就是到公司行號，只要你們有這個需要，我們會利用它的六、日，或者中午休息的時間，免費的去教靜坐。因為靜坐在天帝教來講是一個很重要的功課，那我們也很希望說把這個推廣出去，也等於是服務這個社會。

訪問者：所以，您們所做這些都是在教綱裏面有清楚的提到要做這些事情？

詹秘書長：對！要做這些事！

訪問者：那通常在教綱裏面它都是怎麼教導的？

詹秘書長：當然教綱是類似於像一個國家的憲法一樣，它只是作那種原則性的指示，那你怎麼執行可能就是各個教院、各個地區、還有你當地風俗民情的不同、或者像都會地區跟鄉下地區的不同，你自己去斟酌。並沒有說很明白的告訴你很多細節。

訪問者：我想接下來再針對「宗教多元」的部份，想再請教秘書長您。我想您本身也是有多跟其他宗教交流的經驗，可不可以請您分享跟其他

宗教交流之後的體會是甚麼？

詹秘書長：這個當然是體會有很多方面啦，尤其是在國內，我們是新興宗教的交流比較多，當然跟佛教、道教也都有，因為在國內有一個跨宗教組織是「中國宗教徒協會」，那「中國宗教徒協會」裏面就是很多宗教一起。還有一個就是「中華民國宗教與和平協進會」，這是一個世界性的組織，那中華民國是在臺灣成立的一個分會。因為這樣的關係，所以，我們一年兩個會都要開理監事會，所以一年至少有四次碰面的機會。那再加上我們還有其他的一些活動，常常也會碰面。那這麼多年來的一個宗教交流，我是覺得，第一，國內的宗教的資源很明顯的有很大的落差，宗教所得的資源是有很大的落差、有很大的不同。國內的這些固有的宗教是比較難敞開心胸的。因為她們是已經在這裏時間久了，就是她既有的一個勢力範圍。那麼新興宗教一般來講，因為你是比較後期成立的，所以一般來講新興宗教的心胸是比較寬大的、比較敞開的、比較容易能夠接受別人。但是我覺得一般也是就說，如果是以這個各教的教義來講，還是就是會認為自己才是正統，那不會太明顯啦！但多少還是會認為我才是正統。我才是正統，那你們都是閒雜人等。對！我想這個難免，其實從剛剛的談話你就知道，天帝教在這裏復興，然後我們還非常主動的會去跟其他宗教，甚至於去不要說輔導而是去協助吧！協助其他宗教去登記成為一個宗教。天帝教做這樣的事情。但是，從剛剛的談話當中你會知道，我愈去參與這麼多的宗教活動，我愈堅定我自己的信仰是對的。所以你就可以知道，其他人也是。我剛剛說，我們甚至於去輔導一個團體去成立宗教，這是有的，我的心態就是認為，其實每一個宗教一定有你在這個世界上存在的一個必要性，而且你一定有可以吸引到某一些信徒，所以你就有責任去教化這些。因為那個宗教團體她跟一貫道是很相近的，因為我這樣子勸她，我是覺得說，因為她們每一次出來都沒有一個正式的名稱，那我就說你們既然跟一貫道一樣的久，教理都一樣，你如果沒有一個正式的名稱，如何能告訴你的信徒說我們是一個很好的宗教？所以她因為我這樣的告訴她，她說好，

那我回去我們開董事會的時候我提出來。因為我這樣子，所以她們開始積極的去辦。她可能去內政部查到的是第27個宗教──天道。所以我跟她們很熟，那她們每次開會都說要謝謝詹秘書長，若不是你的一句話。所以我會去揣摩師尊的那種胸襟，其實師尊胸襟是很大的，雖然師尊不在了，可是作為他後輩的弟子，我要去揣摩先人他們的那種偉大的胸襟，而不是說你只要把天帝教顧好就好。天帝教在臺灣也不過是30萬人，你再怎麼顧好，每年增加一成好了，33萬人。但是每一個人有他存在的必要，所以我會鼓勵他，然後他去登記了，他成功了。

訪問者：像您剛才提到說，其實每一個所謂正統的或是正信的宗教，都有她存在的必要性、都有她的價值和優點，那可不可以請您更進一步的談一談，在您所交流的這些宗教之中，她們都有哪些價值和優點？

詹秘書長：例如一貫道，她就是用很淺近的，因為她裏面上課完全就是上四書。一個論語，她們只要上一部論語就會把它執行出來，你看她們一貫道的道親，舉止就是非常的溫文有禮、她們非常注重這個實踐，那她的影響力多大？雖然她的教義不是有很深刻的內容，她們佛經也讀、道藏也讀、然後四書也讀，我們覺得這個不像一個宗教，可是她的影響力很大。你看她們真的在臺灣的信徒幾百萬，然後現在發展到澳洲、歐洲，她們成立的那個道場真的是很可怕，那樣的速度。而且她們現在有21組，每一組各自去成立，她們組跟組之間會競爭，那這一組今天到澳洲、明天那一組就到澳洲、後天那一組就到澳洲，21組就全部到澳洲，就全部都是她們的人。所以你說這個宗教，你覺得她沒有甚麼深刻的東西、沒有甚麼深刻的修持，可是她的影響力這麼大。每個人他真的只要讀論語就好，而且真正去實踐，對不對？溫、良、恭、儉、讓，就好了。你論語只要叫他們去執行溫、良、恭、儉、讓，就不得了！真的就不得了！對啊！所以你說，因為天道本來就是跟一貫道是同一支，其實在大陸天道比一貫道更大，只是一貫道到臺灣來，她們發展很快，那也因為一貫道以前就是被禁、被抓，所以害的天道就不敢動。那看她們那個樣子，我們還是不要動好了、

我們還是在地下進行。其實她們祖師爺都一樣。天道你說她畏畏縮縮的在臺灣，然後沒有一個名字，那每次辦活動我們請她，她也不是正式的宗教，所以你就鼓勵她去成立，然後她們現在可以名正言順的就去弘教，然後天道走的都是日本。日本信天道的人很多，這是一個例子。那國內的新興宗教，其他像天理教，天理教她比較特別，她是日本傳進來的。那她們有她們的儀式，其實跟中國的引進的方式、拜佛的方式是完全不一樣的。可是她可以吸引的是那些比較喜歡日本文化的人。因為天理教在日本天理寺的規模非常的大，非常的大，所以她們每年就可以讓自己的信徒，就包飛機到天理寺去朝覲，然後在那邊生活。所以，每一個宗教就是有你的那些人，所以我會鼓勵說，尤其現在有一個玄門真宗，她成立的時候也是都沒有人知道、也是沒有人認識，那因為我知道有這麼一個宗教成立，我就去跟她們的理事長和秘書長談，覺得她們是一個真正是清修，她們把那個物欲降得很低，所以你看她們穿衣服就很普通，衣服都洗到發白了。然後讓我很感動是，為了一個活動，她可以從台中跑到臺北我的辦公室，為了邀請我，跑了好幾趟，然後又送聘書、又送甚麼，目地就是希望你能夠來參加。那她們因為也是一個新興的宗教，認識她們的不多，所以我辦任何一個活動，好比像新興宗教對談，我就請她們過來。因為她們的發跡幾乎就是在台中嘛！台中大里市，就把她介紹到北部去，讓北部的人知道有個新興宗教，她們還可以談一點東西。我會覺得你們是很正信的、是很樸實的、很腳踏實地在作，我就會希望大家都知道那樣一個宗教。所以她們當然對我也會覺得說我有甚麼都會帶著她們一點。其實一個新興宗教要冒出來是很困難的，天帝教是走過這樣的路。所以，我不希望人家變成說，好像被漠視、不被人家看到。她的發展也很快，她們很注重家庭、家庭的方式，然後她還教她們的教徒要記帳，從小就要學會怎樣控制錢、家庭的記帳簿。很奇怪哦！我覺得這很奇怪！她們是規定在她們的教規裏面哦！我覺得這很特別。像去年的座談會，然後每一個都起來報告，在我們的宗教裏面，家裏是一個怎樣的組織，我們怎麼作。她就說我們全家一個禮拜的禮拜五一定要聚在一起，然後全家一定要作帳，這個是我們新興宗教裏面

很少的，像這樣子的，就是因為宗教的交流，我瞭解到，其實一般來講，在宗教，尤其在道方面的修持是淡泊名利嘛、然後安貧樂道嘛！你要守住那個貧哪，因為你不能有太多的物欲啦。但是她就不但把這個錢明白的提出來講，還覺得說你就是要會管錢，你要會管錢你家才不會出事。一個家的用度多少？你要記帳、你要會管錢，家不會出事社會就不會出事，你說這種論調不是也很可愛嗎？對啊！像這些新宗教裏面，在對談當中你會覺得說其實每個都有她的特點。如果她這樣推而廣之，你整個社會大家都不要避談錢，而是正面的去面對，那我怎麼樣的去管理？這是一個很好的事。然後她們有一個每個禮拜五全家一定要聚會，我覺得在當今的新興宗教裏面，我沒有看到有這樣，她把它規定。像基督教你有每個禮拜天你是到教堂去，那家裏的有沒有我不曉得，可是她們規定全家人禮拜五晚上一定要在家聚會，這是很特別的。

訪問者：所以，您透過這種交流，也看到她們價值和優點，然後也是去學習，那通過這樣的過程中也是讓您對原本的宗教信仰產生更深一層的體認？那大概都有哪些體認？

詹秘書長：還是回到天帝教以劫救劫為中心，就是你剛剛聽的二十個字「忠、恕、廉、明、德、正、義、信、忍、公、博、孝、仁、慈、覺、節、儉、真、禮、和」，這二十個字是稱為天帝教的教則，就是人生守則的意思。所以，其實你說我們把這二十個字發揮到極致，這二十個字已經包括五教聖人的教義的精隨在裏面，也包括中華民族五千年文化的精隨都包括在裏面。所以我們每天的反省、懺悔，要怎麼反省？就是用這二十個字。因為我們每個人要進到天帝教來，就是你在歸師的當天，你要選擇這裏面的兩個字當你終生一定要信守的。那師尊講說，你能夠一個字認真的去執行，二十個字是融會貫通，因為二十個字不互相違背嘛！你只要一個字去執行你就融會貫通。所以，回過頭來我就會更去反省，我對我所守的那兩個字我有沒有真正去執行？我有沒有違反、我有沒有認真的去把它執行？我守的兩個字，我是74年（1985年）進來，二十四年前我守的兩個字

是「忍」和「恕」。那你說由這個推而廣之，你說愛家庭，家庭的一個和諧、一個和融，不過就是一個「忍」、一個「恕」嗎？所以這些歸回來，我會認為這二十個字是天帝教的二十個人生守則。但是這二十個字有沒有如何去管理你的金錢？應該有吧！一個「儉」吧！但是「儉」不單指錢，還包括你的行事風格，就是你凡事儉約、凡事不過度，就是喝酒不過度、吃肉不過度、作人不過度，凡事簡約。所以，其實你說回過頭來看就是在這二十個字裏面。

訪問者：那比如說，在跟其他宗教的相處、交流的模式或是關係之中，那在貴宗教的教義和經典裏面是否有清楚的提到？

詹秘書長：沒有！沒有說規定得很細，它就是一個宗教大同。

訪問者：所以，是以宗教大同作為最高的指導原則？

詹秘書長：對！

訪問者：那會不會因為幹部或負責人的不同，而執行出來會有一些差別？

詹秘書長：我想一定會！與時俱進吧！在我還在天帝教總會的這段時間，我有我的方式，我有我對每個宗教的瞭解，就是說她們能夠一起合作的模式，我有我這樣的方式。那當我不在這個位置上的時候，同樣你要去執行宗教大同，或許時代也不同了，每個人的看法也不同，那我想執行出來會有不同。

訪問者：那會不會差很多？會不會有所偏離？

詹秘書長：我想你只要去達到宗教大同的方式，只要達到那個目的，會不會偏差很多，他基本上應該會在我原有的基礎上，繼續再前進、再改進吧！因為，如果說我現有的基礎、我現在每年固定作的一些活動，他如果不是要這樣作的話，那他可能重起爐灶的話，我不曉得他會以甚麼方式？因為天帝教總會她這個窗口是在整個財團法人天帝教首席使者的監督之下

來進行這些的活動，所以我在想並不是總會自己會改變多少？而是說首席使者會不會要她改變多少？否則的話，你在首席使者指導之下的話，我想不會變得太多。

訪問者：那是不是說，這種原則性或者核心其實不會有太大的差別？

詹秘書長：對！

訪問者：我想接下來再針對「合作對話」的部份，想再進一步來請教秘書長。不曉得秘書長您本身是否同意，通過這種跨宗教的合作能夠一起來解決目前全球所面臨的苦難？

詹秘書長：我想這是可以辦得到的！

訪問者：那對天帝教而言，在過去有沒有比較具體的關於跨宗教之間的合作方案？

詹秘書長：可能還沒有！

訪問者：但是，您本身認同這樣的一種想法？

詹秘書長：對！

訪問者：那您本身是否也認同，通過這種跨宗教之間的合作能夠進一步促進宗教之間的對話？

詹秘書長：當然！我覺得！我對你前面所提的問題，因為現在全球能夠做跨宗教的合作，而實際上能夠去解決人類苦難的，好像還沒有一個很具體的東西出來。但是對於這種理論上或是每個宗教提出自己的想法，大概世界上是有一些會議結論的東西或者是一些理論上的東西出來。那我覺得理論上的東西出來，你實際上有那個行動還沒有很具體。就是說，這個大家認同這樣的理念，那你回去以後各自就以這樣的方式、或者是如何去協助貧窮、協助苦難。但是，你說成立一個比較跨國家、跨洲際這樣的一個活動，我覺得還付諸闕如。

訪問者：還是很少就對了，基本上可能是大家都同意這樣一種觀點，但實際上作的合作案件還是很少？不管是在臺灣甚者是在整個世界？

詹秘書長：對！我們曾經在2004年有一個「城市合作會議」。它是在世界宗教博物館舉辦，我是協辦單位，主辦是世界宗教博物館。它以城市為單位去邀請美國、歐洲、澳洲、日本、還有亞洲的其他國家，就全世界水資源的問題來討論。那次會議大概連續開了有三天吧，那就是說像類似這樣的我們針對一個水資源的問題、或針對一個貧窮的問題，我們會有一些全世界各地的人一起來開會，然後達成共識之後你回去各自的國家你怎麼去宣導、你怎麼去執行、自己去實踐。但是，就是沒有一個跨宗教組織，她可以讓大家取得共識之後大家分工來做，我覺得還沒有。就是屬於這種會議還蠻多。

訪問者：就是只是開完會，其實後續的這種follow up、這種執行很少？等於是說OK了，大家有個共識，其實沒有真正去執行。

詹秘書長：對！

訪問者：就好像2005年有南亞海嘯，在臺灣有跨宗教的合作方案，包含天帝教也在裏面？

詹秘書長：對！那個就是我們在2004年的城市合作會議的基礎上，第二年、2005年正好是南亞海嘯，就是這些我們主辦、承辦單位，在臺灣的這一些我們就結合起來，然後每個宗教捐錢，我們去募款，然後有一筆錢，然後我們有了這筆錢之後，我們實際上去勘查場地、然後去幫他們蓋房子，蓋好了房子以後，就請他們住進去。那這個是我和一貫道、靈鳩山、還有天主教的明愛會……等，因為我們先前有這個合作的基礎，這個就是說某一個事件集合起來，而且通常是比較慈善這樣方面的工作。

訪問者：所以，在過去比較具體的合作例子大概就只有這個而已嗎？

詹秘書長：對！因為像這種比較容易作到。就是某一個事件、為了解決某

一個事件。

訪問者：那像通過這種跨宗教之間的合作，能不能帶來或促進宗教之間的對話？

詹秘書長：一般來講，像我們剛剛提到的那個南亞海嘯的案子，它是針對某一個災難，那我們各自就是去合作、然後募款、然後請人家去設計、規劃來解決這樣單件事情。這是以事件，這個就比較、應該說是宗教當中很小的一部份。今天做這個事情，不一定是一個宗教團體，你是一個扶輪社、一個獅子會，也可以做這種事。所以以做這樣解決這種災難的問題，比較沒有辦法去touch到那種核心啦、或者是相異處啦、或者是來作對話之類的。

訪問者：所以說，那個相對來講只是一個很小的事件而已？

詹秘書長：對！就是用宗教裏面一個很小的部份來解決這樣子。我覺得還沒有辦法touch到一個宗教的一個核心價值的問題啦、或是其他的有相異處啦！

訪問者：所以，其實在臺灣來講，這種跨宗教的合作，它能夠促進這種宗教對話的其實還是很少？

詹秘書長：對！

訪問者：那您覺得像「中華民國宗教與和平協進會」，她們常辦這種「宗教和平生活營」，這個您覺得算嗎？

詹秘書長：我覺得算是比較淺層的宗教對話。今年本來要辦，後來因為一貫道取消了，說所有人都跑去救災了。因為宗教和平協進會這一任的理事長是李玉柱、秘書長是蕭家振。在宗教和平生活營裏面，它有一個主題，像去年的主題是「志工」，在前幾年我辦的時候，那一年我辦的主題是「身、心、靈SPAR」。就是每一個宗教你對心靈的修持、你對心靈的看法，你如何提升？那個可以說是淺層的宗教對話。大家可以了解說在於

修持的這方面，你的跟我的有甚麼樣的不同？可是，那個是比較屬於年輕人，其實年輕人比較沒有辦法對自己所信的宗教那麼深的對話，但是就是可以在一個平台上面大家拿出來比較一下、討論一下。

訪問者：所以，其實這種比較深入的對話還是很少？

詹秘書長：比較少，我覺得比較少。

訪問者：那像比如說，過去在臺灣曾經發生的「921大地震」，然後包含這次的「八八水災」，那您覺得說在「921大地震」或者是這次的「八八水災」，有沒有所謂的這種跨宗教之間的合作？一起來解決這些災難的問題？因為我發現這次的「八八水災」，有很多的宗教團體都在作，但是都是各作各的。

詹秘書長：對！我現在的意思就是說本身都是各作各的。在921的時候也是各作各的。

訪問者：那在天帝教的教義或經典裏面，是否有清楚提到要怎麼樣跟其他宗教進行這種對話與合作？

詹秘書長：這方面我想想看，好像不是很明確的提到。

訪問者：就是以您剛才提到的三個使命，就是宗教大同，就變成是一個最高的原則？

詹秘書長：對！就是以「宗教大同」作為最高的原則。

訪問者：那具體的在教義或經典裏面，其實沒有？

詹秘書長：對！其實沒有！

訪問者：那最後一個問題想再請教秘書長就是說，保羅‧尼特提到，宗教對話的一個最終目標、一個理想就是應該要去解決人類和生態的苦難，去謀求整個人類和生態的福祉。所以我想說您本身也是身為天帝教的一位代表的立場，那不曉得您對於人類和生態未來的看法是甚麼？

詹秘書長：我覺得對於整個生態來講，如果說是以宗教的那種力量要來改變、或者來恢復、或者來厚植這個我們所處在的整個生態，我覺得最主要還是去教育、去改變這個人心，就是要「民胞物與」。就是說，我們現在講得比較具體的就是濫墾、濫伐、濫採，就是無限制的從這個空間、這個土地，無限制的去獲取、去挖掘。那你如果有那種民胞物與的精神，然後就是說我剛剛講的那個「儉」字，你凡事有節制，你要知道我們要跟這個環境長久的生活下去，你要愛護它、它才能夠愛護你，這是一個觀念。所以，基本上還是得要教育，人心要改變，以宗教的立場來講的話、以宗教的教育方式來講的話，要看人心能夠改變多少，我們才能爭取多少活下去的時間和空間。

訪問者：所以，關鍵就是能夠去改變人心，然後才能夠對整個人類和生態未來，去實踐這種美好的理想？

詹秘書長：對！我想上帝祂給了我們很多的警示，祂不是馬上要滅亡你所以才給你很多的警示。祂給你很多的警示讓你看到我們的危機在哪裡？也就是說，你還有機會你可以改變。那如果祂要滅亡你的話，其實你看諾亞方舟不是下了七天七夜嗎？那臺灣只下三天就讓南臺灣整個癱瘓，所以，其實就是警告。要給你機會，其實教育你去改變，你要儆醒。有了這些警示，我們要想想它為甚麼會這樣？那我應該要做甚麼改變？當你有了改變的話，整個環境就會改變。所以，我覺得還是在於人心，然後上帝會透過很多的智者、或者是學者、或者是宗教的導師，我們會看到很多的像聖嚴法師、證嚴法師，他們會提出很多讓我們的人心智慧可以產生，曉得我們應該如何的自處、與環境相處，透過這些人心改變，它就可以改變。

訪問者：好的！再次謝謝秘書長今天能夠撥空接受我的訪問！謝謝！

附錄二、當代臺灣新興宗教「社會實踐觀」深度訪談紀錄

附錄2-1：當代臺灣新興宗教「社會實踐觀」深度訪談提綱

　　一、請問貴宗教在臺創教初期是如何面對社會上的苦難問題？是會先考慮發展自己的宗教？還是會想要承擔起社會責任以解決這些苦難的問題？

　　二、請問貴宗教是從何時開始想要或者是從何時開始有能力可以承擔起社會責任？對於貴宗教而言，「承擔社會責任」是貴宗教的主業還是副業？

　　三、請問在貴宗教所承擔的社會責任中，都有哪些具體的實踐作為？（貴宗教都作了哪些社會服務與公益慈善事業？）其實行的方式為何？是通過宗教的名義或者是社會團體的名義？是自己做或者是聯合其他宗教一起執行？

　　四、請問貴宗教之所以能夠發展的關鍵是甚麼？在貴宗教發展的過程中，是如何面對自身的生存問題以及外界，包括：其他宗教、社會大眾和政府的理解與接納的問題？

　　五、請問貴宗教「社會實踐」的動機和目的是甚麼？「承擔社會責任」能否作為貴宗教的基本特徵之一？或者是貴宗教的立教宗旨以及信仰和教義的實踐？抑或只是貴宗教為了生存和發展的策略之一？

　　六、請問通過貴宗教的「社會實踐」所帶來的結果或影響是

甚麼？對於貴宗教自身、信眾、社會大眾和政府又帶來甚麼樣的效益？

附錄2-2：中華民國一貫道總會「社會實踐觀」深度訪談紀錄（訪談編碼009）

訪問人員：莊政憲

受訪人員：秘書長　蕭家振先生

訪談時間：2010年8月20日，上午九點。

訪談地點：中華民國一貫道總會　臺北縣中和市建八路2號11樓

訪問者：請問秘書長，對於一貫道在臺灣創教初期是如何面對社會上的苦難問題？換句話說，是會先考慮發展自己的宗教？還是會想要承擔起社會責任來解決這些苦難的問題？

蕭秘書長：因為我們身在社會上，就會碰到這些社會上的問題，像我們這邊講的苦難問題或是急難救助之類的。在你傳教當中碰到這些，你不能說不理不睬。那不行！所以，開始時本來是以傳教為主，可是當你碰到的時候，基於宗教的立場就是慈悲關懷。比如說：災變時候，我們就會發動群眾大家卷起袖子來。因為傳教就是希望社會安詳、安和樂利，如果社會有災變或苦難發生時，大家若是修道而不理那些，那就是背道而馳，不符合宗教的精神。所以對這些苦難我們是很樂意付出，若是不知道就算了，若是知道就一定會付出。

訪問者：但是在創教初期，由於一貫道是從大陸過來臺灣發展的；剛過來的時候，道親人數還是很有限，但是當時社會上其實存在著許多的社會問題和苦難問題。因此，在這種清況下，對一貫道而言是會先想要發

展道親、傳教？還是會兩者並行？

蕭秘書長：並行！剛剛講過，你要修道、傳教，看到人苦難你說沒那回事，那不可能。所以慈悲心一定會發出來的。因為不管是那個教派，你在傳教或信仰，最大的目的就是要幫助人間，將來看到人苦你說不理他，光講天堂樂園或西方極樂淨土，不符合人性，所以我們都是並行的。

訪問者：但是一開始時道親人數還是很有限？

蕭秘書長：對！那就是盡力而為！比如說，五個人有五個人的力量、十個人有十個人的力量，那就會就不一樣。那現在人多，人多力量又更不一樣，所以視當時的情況而定。

訪問者：所以，一開始在傳教的過程中，其實遇到這些社會上的苦難，也就是會很自然的反射、去幫忙？你就是量力而為？有多少能力就做多少事？

蕭秘書長：對！很自然的反射、去幫忙。其實不光是宗教信徒，一般人都會。你看到一個人發生車禍，你會袖手旁觀？也許有人會袖手旁觀，但大部分的人都會，最起碼他的心會跑到現場去，看看我能不能救他一把。初期的話人少，也許力量比較少，但最起碼那份力量會展現出來。

訪問者：所以，等於是說，從一開始就會有想要去做，然後盡自己可能的能力去承擔這個社會責任？

蕭秘書長：對！

訪問者：那對一貫道來講，去解決社會的苦難、去承擔社會的責任，對一貫道來講是主業還是副業？

蕭秘書長：這個也沒有主業或副業。當然我們剛剛也講過，一貫道的主業當然就是傳道，我們傳道最重要。但我們不能忽視社會週邊的人或社會的一份責任，要承擔社會的某些責任。比如說，一個家庭裏面總要承擔某些社會責任嘛！不能說：不行！我修道人高高在上！

訪問者：等於說，在傳道的過程中，其實你們也有想要去承擔社會責任的心？

蕭秘書長：對！因為這畢竟跟我們是息息相關嘛，你不能獨立於外。

訪問者：但是先前秘書長您曾經提到過一貫道的主軸是在「普傳」而非「普濟」？

蕭秘書長：對！比如說，像臺灣某個慈善團體她是以救濟為主的，所以她是「普濟」的；但傳道當中你不能忽略這些，有需要你還是會過來的。

訪問者：所以是並行的？

蕭秘書長：對！是並行的。

訪問者：接下來想再請教秘書長，對於一貫道在解決社會苦難、承擔的社會責任中，都有哪些比較具體的實踐作為？

蕭秘書長：我來講一個例子，就是我們前臺中縣的理事長，在921地震發生時，就只剩下一個女兒，大太太受傷了，他就請信眾幫忙照顧，他一個人車子騎著就到災區去了。他就是很直接的、很具體的投入災區裏面，後來這事情也有被登在報紙上。他在救災過程中曾碰到一個婦人說，我好可憐、甚麼都沒有了，他說，你可憐，我比你還可憐，他就把他的例子講給婦人聽，結果婦人就不敢再喊可憐了，說我要去幫忙。可見得說，一貫道在各種救災裏面做了很多，我們還有一個特色，比如說便當的菜色種類很多。去年大水災很多大學生去救災，卷起袖子就跟大家一樣，下來時候滿身臭汗、臭泥巴，不要緊，救災第一，投進去了。這都是很多的實例。

訪問者：除了救災之外，還有沒有其他關於「承擔社會責任」的部份？

蕭秘書長：對！我們也有跟內政部申請一個專戶，最近紅十字會臺南那邊有個災區，問我們說：你們願不願意接？我們說好，可以！又提到說小林村要建立一個文化中心，是不是可以，我們說可以，那一百萬就進去了。

訪問者：那麼，在做這些社會實踐的時候，是會通過一貫道宗教的名義還是會通過一貫道成立的社會團體的名義來做？

蕭秘書長：基本上還是用一貫道的名義。

訪問者：那在做的過程中，通常是你們自己做還是會聯合其他宗教或團體一起來做？

蕭秘書長：比如說南亞大海嘯，災變發生時我們道親都有自己下去。另外臺灣這邊的宗教界，比如說靈鳩山宗教博物館，她們也發起過。在國內的話基本上就是用平台的方式大家一起來做。

訪問者：接下來想再請教秘書長，一貫道發展到現在已有一段相當長的歷史，道親人數也已超過百萬，在臺灣也成為僅次於佛教、道教之第三大宗教。那您覺得一貫道之所以能夠發展的關鍵是甚麼？在一貫道發展的過程中，是如何面對自身的生存問題以及外界，包含：其他宗教、社會大眾或政府對一貫道的理解和接納的問題？

蕭秘書長：就我個人來講，接觸一貫道是因為家長帶我進來的。其實父母不是一貫道的道親，那時剛考上高中，父母要我去一貫道學禮貌。親和力各宗教都有，但一貫道卻有不同的地方，同中有異。一貫道確實有很多吸引人的地方，是以中華文化為主軸的教派。平常我們講孝道，相信是有，但比較缺乏，這正是很多家長所關心的。過去老師可以罵學生，現在好像不行了，就覺得為甚麼這樣？人不斷被教育，人有惰性，但中華文化絕對不能漏掉。

訪問者：等於說，一個很重要的發展關鍵就是：一貫道本身一直很強調中華文化，其本身就是符合社會的需求，如此讓一貫道能夠生存下來，並讓外界能夠理解和接納？

蕭秘書長：對！家庭和樂！家庭這個區塊我們很重視。因為這是外界沒辦法做到，我們正好彌補這個區塊。

訪問者：那其他宗教是怎麼看待一貫道？

蕭秘書長：因為早期她們對一貫道不瞭解。就像我們教派一位前輩所講的「敬其所異、愛其所同」。比方說我參加很多教派，基本上我都是讚美她們、不排斥，像其他教派，只要有活動，我知道我們都會參加。像理事長剛被選上中華民國宗教與和平協進會的理事長，換句話說會被她們拱上主要是因為她們也接納我們。她們也發現一貫道其實不壞啊！最近回教也辦一場飲食方面的會議，也邀請我們去。

訪問者：接下來再請教秘書長，對於一貫道的「社會實踐」，她承擔社會責任的動機和目的是甚麼？「承擔社會責任」能否作為一貫道的基本特徵？

蕭秘書長：剛講過，動機倒是沒有。剛講過發生社會問題、發生災變去幫忙是很自然的事。付出就希望你回饋，我們沒有這種想法，為了各宗教等於也是為社會幫忙。我常講一個笑話，全世界交給一貫道也不可能，大家一起來嘛！各有各的使命、各有各的工作，人性的自然流露，那流露完以後，那社會要對我們怎麼看法那是另外一回事。你要看好，你有權利；你要看壞，也在於你，我們不反對。看好我們感謝，如果看不好我們就檢討改進。沒有甚麼，就這樣而已。

訪問者：那麼「承擔社會責任」會不會成為一貫道的基本特徵？也就是說，當人家看到一貫道時就會覺得一貫道就是一個專門在「承擔社會責任」的宗教？

蕭秘書長：這是個有趣的問題，以前我們有些道親說，你看八八水災發生了，我們做那麼多，報紙都沒有。我說不要緊、不要緊，報紙沒有，我們帶他們去災區看看，報紙有沒有，不計較，重點是你盡心了沒有。你盡一份心、一份力就夠了，至於別人怎麼看沒關係。

訪問者：所以，等於說對你們來講你們會盡力去做，至於別人會不會認為一貫道就是專門在做社會公益的、專門在承擔社會責任的，你們不會

太在意？

蕭秘書長：那倒不太計較、不太在意這些，盡力而為嘛！

訪問者：那對一貫道來講，承擔社會責任或解決社會苦難，在一貫道的立教宗旨裏面和教義裏面都有清楚提到嗎？

蕭秘書長：在立教的宗旨裡面應該有：「己溺溺人、己饑饑人」，當別人在那裏哀嚎時我看你也樂不到哪裡去。

訪問者：那這種「社會實踐」會不會也成為一貫道為了生存和發展的一種策略之一？

蕭秘書長：當然啦！社會有需要我們就這麼做，也是功課之一，所以我們平常也在給我們道親加強這一方面的觀念。平常就要做準備，不然到臨時的時候怎麼辦？

訪問者：所以，「社會實踐」也成為去傳道時一個可以切入的地方，也是某種策略？

蕭秘書長：是，一個方式之一。

訪問者：最後一個問題想再請教秘書長，對於一貫道的「社會實踐」所帶來的結果或影響是甚麼？

蕭秘書長：因為剛說過，我們去做社會關懷，我們不求甚麼目的。內政部有一天打電話來說：「總會」你們哪一天到甚麼地方去，我們部長要頒獎給你們。我們問說：為什麼？他說：我們不知道，因為你們做了很多。我說好吧！既然長官肯定我們，我們就虛心的接受，而這對我們信眾多少有些鼓舞的作用。畢竟有些信眾會說，我做那麼多都沒有看到，我說，有！有！不是沒有看到，我們的長官、我們的社會都有看到！

訪問者：所以，對信眾來講這有鼓勵的作用，那對整個社會大眾和政府來講又帶來甚麼樣的效益？

蕭秘書長：當然，往後對於信眾來講，他會更樂意。本來他就很樂意了，如此更能激發他更想去做。那社會大眾也看到一貫道也這樣做的時候，他們除了想到某個團體之外，也會認為有很多事、很多公益也有其他團體在做。那對政府來講，有很多事情一貫道也可以來協助，成為政府可以運用的一個資源。

訪問者：那您覺得通過一貫道做的這些事情，所帶來的最大的影響是甚麼？

蕭秘書長：當然我們最大的目的是希望社會和諧，社會苦難問題減少到最低程度，大家都安居樂業，我相信全世界所有宗教的盼望都是如此。

附錄2-3：耶穌基督後期聖徒教會「社會實踐觀」深度訪談紀錄（訪談編碼010）

訪問人員：莊政憲

受訪人員：中臺北支聯會會長　梁世威先生

訪談時間：2010年8月23日，上午十點。

訪談地點：耶穌基督後期聖徒教會　臺灣服務中心

　　　　　臺北市金華街183巷5號4樓

訪談者：首先想請問會長，對於摩門教在臺灣創立初期是如何面對社會上的苦難問題？換句話說，是會先考慮發展自己的宗教？還是會想要承擔社會責任以解決這些苦難的問題？

梁會長：我們教會差不多是54年前傳到臺灣的，她並不是在臺灣創教，是

從美國傳過來的。所以一開始時是以傳教為主，在開始的一年多一個教友也沒有，那時候一個人要受洗的話要聽26個課程，每個禮拜一個課程，換句話說至少要聽半年的課程才能受洗，所以剛開始的時候都是以傳教為主。那關於社會上的問題，一般來講我們分成兩個部份：一個是叫「福利服務」，這是針對教友；另一方面是「人道援助」，這是針對非教友、一般社會。在教會剛開始初期就是有福利援助這部份，這部份通常是教友用每個月有一天的禁食，禁食兩餐省下來的錢捐獻給教會，由全部的禁食奉獻來幫助教友，在教友困難的時候幫助他們生活。在剛開始時，的確在社會方面我們做的比較少，大概是這樣子。

訪問者：所以，一開始的時候，主要會比較偏重在教友的部份？

梁會長：因為先要有教友，然後才會有力量。等於說社會的苦難問題你要幫助的話，除了錢之外，還需要有人力。沒有教友的話，就沒有人力。

訪問者：那麼，對於摩門教來說，是從何時開始想要或者是從何時開始有能力可以承擔起社會責任？

梁會長：其實在我們教會來講，因為我們教會是把所有的資源全部集中在一起，比如說臺灣發生一些苦難問題的時候，需要有一些救助、需要有一些捐款的時候，我們也是從總會那邊捐款過來。實際上在這方面等到教友有一定規模，我現也說不上大概是甚麼時候，臺灣如果說有風災，我們就會打電話給總會，看臺灣需要甚麼物資，然後捐過來。記得我們所作的像十幾年前我們就有開始向蘭嶼的醫療器材、物資的捐助；最近幾年，不管是921地震或者是八八風災，不管是臺灣本地教友捐贈的物資或者是總會那邊空運過來的物資都有。我們可能不是最先到的，因為我們要將這個資訊層層報上去，需要一段時間。跟美國時差的問題，處理的時間會比較慢，但是我們通常會，比如說開始之後一個計畫做下去的話會做到比較久，很多單位一開始可能會有很多的人力、物力過去，但是過了初期以後就沒有再繼續作。而我們教會是要把整個計畫做到差不多整個援助的事情

結束以後我們才會撤離。

訪問者：所以，可能不是最早進去但卻是最晚撤走？

梁會長：對！是最晚退場。

訪問者：所以，對摩門教來講，等有一定規模和實力之後，才有更多能力來承擔社會責任？

梁會長：對！

訪問者：那麼，對這種「承擔社會責任」來講，在摩門教來看是主業還是副業？

梁會長：我們教會的主要工作還是傳教。在傳教的結果就是當這些人受洗之後，他們成為基督徒、成為耶穌基督的門徒之後，他們就是應該效法耶穌基督所作的事情。耶穌基督在世時談兩條最大的誡命：一條是愛神，另外一條是愛人如己。所以當成為一個教友之後，我們看到社會上有這些現象的時候，在教會方面會用教會組織的力量幫助之外，我們也鼓勵個人，個人他們可以去捐款或參與一些需要救助的事情。一般人其實在受洗之前，他也會有；但受洗之後，他對這方面會更願意投資。

訪問者：接下來想再請問會長，對於摩門教所承擔的社會責任中，都有哪些比較具體的實踐作為？

梁會長：以前來講跟社會上的一些團體有結合。在人道援助，就是對於社會方面的，我們通常都會找一個相關的組織來一起做。比如說，新莊盲人醫院，我們會和她們一起做。我們實際上是救助這些盲人，但我們會跟新莊盲人醫院一起做。我們主要是捐房間裏面的衣櫃和桌椅，但是我們也會讓教友們實際去參與。當這些物資到之前，我們也會讓教友們先去做油漆的工作，這是一個例子。我們也有在其他的機構，像這次八八水災，我們也有和慈濟合作，她們興建大愛村的時候。因為慈濟她們有她們自己的人力，她們並不會用外面的人，這部份是只有捐贈財務方面。但像六龜育幼

院，我們就有教友親自去做，除了捐贈傢俱之外，我們也有教友去幫他們整理。臺東的到最近才結束，也是八八水災之後的一些重建的工作。

訪問者：所以，在「人道援助」方面，通常是會有一些基本的原則？

梁會長：對！基本上，我們希望就是有一個相關的機構一起做，另外就是我們希望教友能夠一起參與實際的工作。

訪問者：為何要找一個機構一起做？

梁會長：一方面是和他們建立關係，另一方面是大家一起做之後，將來有甚麼事情發生大家可以互相都想到可以做支持。有時候可能我們看到有一些社會責任援助的機會，那我們力量不夠的時候，我們也可以請其他的機構來幫忙。

訪問者：所以，在實施的時候，通常都會找一個機構一起來執行。那一方面也是通過這個過程來聯結和建立關係，一起來做社會實踐的工作？

梁會長：對！因為有時候，比如說有一些物資，你捐給這個機構她並不一定需要、她可能用不著，可是她可能知道另外一個機構用得著。所以能夠認識這些機構越多的時候，可以做這些調配。因為大家所知道的這些慈善機構，她們的資金或人力資源方面都比較夠，但是有一些比較小的就需要靠這些一層一層的去把她挖掘出來，能夠真正幫助到一些比較一般社會大眾沒有注意到的。

訪問者：所以說，在做這種「社會實踐」或「承擔社會責任」或是你們所謂的「人道援助」，通常都不會自己做，通常都會找一個合作的夥伴一起來做，然後鼓勵教友們積極來參與？

梁會長：對！然後看到有機會，她們也會來找我們教會。或者是第二年她們還需要援助的時候，她們也會主動來找我們。

訪問者：那摩門教在「承擔社會責任」的時候，通常是用宗教的名義還

是會另外成立一個社團法人的名義來進行這種社會實踐或社會服務？

梁會長：在臺灣來講的話我們就只有一個財團法人的登記，所以任何的活動都是用這個教會的名義來參與。但是在國外部份的話，有些地方教會沒辦法登記，教會會用有一個叫「LDS Charity；後期聖徒慈善協會」，用這樣的機構來做，因為那是限於法令的關係。

訪問者：那在臺灣為什麼沒有成立這樣的慈善協會？

梁會長：因為臺灣本身可以用教會的名義作。

訪問者：就是因為它可以直接用教會的名義，所以不需要再成立這樣的組織？

梁：對！

訪問者：但在其他的地方，可能因為法令的關係或者是需要，會再另外成立這樣的機構？

梁會長：對！臺灣目前有兩個傳教士，就在我們這個辦公室裏面，他們專門負責福利方面的事情，但是還是以教會的名義，以耶穌基督後期聖徒教會的名義出去。

訪問者：接下來想再請教會長，摩門教能發展到現在，因為從1956年就在臺灣設立，那發展的關鍵是甚麼？也就是說在教會發展的過程中，是怎麼面對自身的生存問題以及其他宗教對教會的看法，還有社會大眾以及政府如何去理解和接納的問題？

梁會長：我剛好前兩天聽這邊一個早期在這裏傳教現在又回到臺灣傳教的傳教士講，他說當初在臺灣傳教一年多都沒有人受洗，教會本來就打算要撤離臺灣，可是就在這個動作之前有兩個人受洗，所以後來又決定繼續留下來。所以真正存留下來的就是這個傳教工作能不能繼續推展。臺灣在全世界來講其實是一個宗教蠻自由、蠻寬容的國家，各式各樣的宗教都有。

所以，在臺灣來講，我們教會的發展雖然不是說很快，因為我們總教友人數也不過才差不多約五萬人，但最重要的我覺得能夠存留下來就是因為教友們的信心，由於這個教義他們相信以後，他們願意一直留在教會裏面奉獻，因為在我們教會裏面沒有全職的神職人員，都是由教友們他們利用下班的時間或是相信這個部份他們願意去做。

訪問者：那其他的宗教是怎們看待貴教會？

梁會長：早期的時候還比較多排斥，因為我們教會一般來講不太被基督教的世界所接納。但是最近幾年不管是任何教會，其實大家的寬容度好像是越來越多。像我們教會辦一些活動有請天主教、回教、其他基督教的團體來，她們也會來。這個是社會的多元化以後，我想大家彼此都比較能夠寬容。過去我們也不太敢邀請她們，但現在我們最近辦的一些活動，像「吾愛吾家獎」這些，受獎人員包括各種教會的、包括天主教的神父在裏面，這些其實就是說在臺灣來講真的是蠻好的，宗教之間彼此互相是蠻合作的。

訪問者：所以，這是因為整體的社會環境所帶來的結果，然後一方面也是多元的社會文化，所以帶來宗教之間的寬容。那對於社會大眾又是如何去理解和接納教會？

梁會長：社會大眾，其實因為在臺灣來講，如果你問說你有沒有遇到過兩個騎腳踏車的老外，大部分的人都已經碰到過，以臺灣傳道50幾年來講，很少門沒有被敲到過。一般來講他們對這些年輕傳教士的精神都很佩服，以臺灣來講，摩門教在社會的接受度來講是蠻夠的。他們在街上和別人談話也不會被別人認為是詐騙集團，一般來講都是蠻接受的。這麼多年來，已經在臺灣對大家來講都蠻認識我們教會的。

訪問長：那對政府來講呢？

梁會長：政府來講也沒有很大的問題，因為我們每年辦的活動有一部份的

活動是和政府一起辦。像跟臺北市家庭教育中心，我們每一年幾乎都有和他們合辦「家庭週」的活動。在內政部方面，因為我們是全國性的宗教財團法人，所以常常有甚麼事情都會跟她們請教，或者她們有甚麼事情需要教會幫忙做時，她們也會提出來。因為政府有時候她們也希望透過宗教來讓社會比較祥和一點，所以她們有時候有一些經費，她們也希望辦活動時有一些教會也能一起，不只是一個教會，好幾個教會一起參與進來。

訪問者：所以，一方面貴教會也可以成為政府可以運用的一個資源？

梁會長：對！政府，像家庭教育中心總共才6個人。她們聽說差不多有200個志工，所以她們人數其實蠻少的，一般來講都需要靠這些志工或她們所認識的這些團體來幫忙。

訪問者：所以，等於你們也會參與合辦的立場，或是政府會委託你們？

梁會長：對！有時候她們會說我們有這樣一個活動，你們是不是可不可以幫忙作為一個協辦或承辦的單位。有時候我們也會參與像統一超商好鄰居文教基金會舉辦的「地球清潔日」的活動，很多社會團體她們透過7-ELEVEN來做，社會團體都會選定一個地方來清潔，這已經好幾年了。

訪問者：接下來想請教會長，對於摩門教在進行「社會實踐」或是「承擔社會責任」的動機和目的是甚麼？

梁會長：就是基督的愛。責無旁貸的要去幫助他人。

訪問者：那「承擔社會責任」能否作為貴教會的基本特徵之一？好比說，當人家看到摩門教時就覺得摩門教就是專門在做社會實踐的工作？

梁會長：可能比較不會，我覺得。因為我們參與這些慈善工作或是社會責任方面的事情，沒有一個特別的組織說要去怎麼做，通常是比較算是被動的，不會像有些宗教團體專門是有人道援助的部門或福利服務的部門。在臺灣目前還沒有，像美國就有家庭服務的部份，像受虐兒或是家庭服務的部份。

訪問者：所以，主要還是以傳播福音為主？

梁會長：對！以傳播福音為主。

訪問者：那對於「社會實踐」或是「承擔社會責任」是否也是貴教的立教宗旨以及信仰和教義的實踐？

梁會長：上次我給莊先生教會的信條，最後一條：「任何優美、善良、好名聲，或值得這樣的事我們都追求之」。所以，那是我們的信仰之一，就是任何好的事情、善良的事情我們都會去做。基本上，像剛講的兩條最大的誡命，有一條就是要去愛人。

訪問者：所以，那是你們很自然就會去做的事情？

梁會長：對！

訪問者：那「承擔社會責任」或者進行「社會實踐」是否也是一種為了要生存和發展的一種策略？

梁會長：可能倒不會把它變成是一種策略，如果要講策略也許就是跟其他宗教可以比較打破藩籬的界限，或跟其他宗教建立起合作的關係時可能會用到這個，或是靠這方面的工作。因為一般教會要生存，她要有信徒，另外要有足夠的財力。以我們教會來講我們的財力是靠教友奉獻十分之一，我們的人道服務或福利服務的奉獻是另外的，是在這十分之一之外。在生存方面，沒有這塊，生存不會受到影響。但是發展倒可能會受到影響，因為別人會認為說你是一個封閉的教會。一定會做這方面的事情，一方面是教友自動自發的，因為教會本來就要做這方面的事情，另外一方面就是處在這個社會本來就是要跟團體互動。

訪問者：但是在傳教的過程中，因為摩門教在臺灣來講，算是一個新興宗教。在初期要去傳道時可能會遇到很多的困難，因此，除了傳播福音之外，是否也會通過這種解決社會的問題或承擔社會責任，來幫助教會傳道的事工？會不會有這樣的一種考慮？

梁會長：多少會有，因為我們不曉得當初，雖然我已經是差不多50年的教友，可是當初看到在臺灣做這方面的事情最多就是英文班吧！傳教士大部份是外國人，所以會用英文班一方面給當地的人有機會可以學英文，另外一方面就是可以多認識一些人，有機會把福音傳給他們。在其他國家以目前來講，看起來就是外面世界的人他們看到傳教士，他們雖然做的是慈善事業，可是實際上他們就是要通過他們的榜樣來影響這些人對教會的興趣，在英文、語文方面或者是在教育方面。他們做這些事時並不會要求回報。

訪問者：但是教會在臺灣初期，當時社會環境應該也不是很好，沒有考慮說要用這種方法？

梁會長：沒有！像我們小時候家庭還會拿到美軍發的脫脂奶粉，那時候我們已經是教友了，可是在教會裏面我們並沒有看到教會發物資這方面。幫助教友就是用禁食奉獻來幫助教友的生活，因為我們教會比較強調就是，你成為教友之後，你生活有困難教會會去幫助你，讓你可以吃、住沒有問題。但是這些教友接受幫助之後，同時他們也要學習自立。所以不是說長期的接受幫助，我們甚至不鼓勵給金錢的援助。如果說你有困難時，教會買食物給你，幫你付房租、付醫藥費。事實上可能臺灣人的個性比較不願意接受這樣的援助，所以實際上這方面用的錢不是那麼多，大部分教友困難到真的不行時才會向教會開口。針對教會外面的人我們不是個人援助，我們都是以團體來做。

訪問者：接下來想再請教會長，通過教會的「社會實踐」所帶來的結果或影響是甚麼？

梁會長：這個我想對任何一個宗教都一樣，當做這些事時別人看到的是對整個教會的觀感。當我們實踐耶穌基督的教訓時，我們照著他做的事情去做的時候，我們的光自然而然，接觸的人會覺得這些教友一定有甚麼不一樣，那他們願意來多認識一下教會。小孩子加入教會以後，他的父母會看

到他的改變。這對教會來講，我們是靠這樣子來讓更多的大眾來接受我們教會的教導，成為我們教會的教友。

訪問者：所以，對教會來講就是讓更多人來瞭解、來接觸甚至加入，那通過「社會實踐」對教會本身又帶來甚麼益處？

梁會長：對教友自己本身若在事業上有所成就時，他們更願意做慈善的事情。所以對內來講，他們都有一種將來我有錢時會多做一些慈善的事情；對外的來講，他們所接受的可能就是一些比較實質的援助。因為改變人要比給他一個安定的生活還重要。當一個人態度願意改變的時候，其實我們社會很多人他們不是沒辦法工作，而只是他們對工作的態度有問題。當他態度改變的時候，他的工作、他的生活也會跟著改變。當他們願意改變，其實照顧我自己是我的責任，甚至不只是照顧我自己還要照顧別人的時候，當他們有這種改變的時候，整個社會會跟著改變。

訪問者：您剛剛提到重點是改變人的心態？

梁會長：我們其實就是讓人改變的這種精神。

訪問者：教會去傳道進而改變人的心態，然後通過教會所做的「社會實踐」，她帶來的影響是甚麼樣？

梁會長：使整個社會祥和，我覺得是，會比較好。像我們教會早期的教友，在美國的時候，我們終極目標叫作「合一體制」，所有的教友都把他們所有的財物全部捐出來，然後按照個人所需的再拿去，實施了很短的一段時間，那時的教友還是沒辦法克服這種自身的自私的觀念，後來就是以一種比較低的律法交出十分之一來由教會運用。早期有這樣實施過，可能包括現在的人也沒有辦法完全做到這樣。

訪問者：所以，等於說通過「社會實踐」能夠帶來整個社會更加的和諧、更加的祥和，慢慢通過這樣帶來影響和結果？

梁會長：對！就像在猶他我們教友人數比較多，就像鹽湖城和紐約，這兩

個城市比一下的話，這兩個城市是不一樣的。如果大家都是教友的話，這城市基本上犯罪率都會比較低。

訪問者：那進一步來看，通過貴教會所帶來的影響是甚麼？

梁會長：在臺灣來講，現在很難說出具體有甚麼影響。剛講說我們每年都會辦家庭週，然後我們會推展家庭晚會，每個禮拜一晚上全家人能夠聚在一起做一些活動。我們一直在推薦「吾愛吾家獎」，今年是第七屆，就是表揚一些在社會上推動家庭的價值，而且自己本身也在家庭方面也是蠻好的。我們教會可能最有名的一句話就是：「任何成功都不能彌補家庭的失敗」！可能來講，最大的影響可能是你提到在家庭方面，不只請教友們隨時注意到夫妻相處的時間、父母子女相處的方式，那家庭晚會是一個讓全家人能夠聚在一起的最好的方式。

附錄2-4：中華真佛心宗教會「社會實踐觀」深度訪談紀錄（訪談編碼011）

訪問人員：莊政憲

受訪人員：宗主 陳政淋先生

訪談時間：2010年8月21日，上午十點。

訪談地點：中華真佛心宗教會　桃園縣八德市茄苳路725巷79號

訪問者：首先想請教宗主，真佛心宗在臺創教初期是如何面對臺灣社會的苦難問題？是會先考慮發展自己的宗教？還是會想要承擔起社會責任以解決這些苦難的問題？

陳宗主：這對一般新興宗教來講，她可能沒有像一些原始宗教，像：中臺山、慈濟、法鼓山她們那麼龐大的人力。創教的初期，我們也不叫創教。其實在還沒有宗教之前，這種扶鸞的體系就已經存在於周朝，周文王、武王當時就已經有了，那延續下來一兩千年之後到孔子時代，子路是我們扶鸞來講他是算頭一個，因為他是有經過禮儀。之前在周朝是沒有文明記載，有文明記載是在孔子時代，子路夫子他是正鸞生，過去如果要成為正鸞生一定要狀元以上的資質才有辦法去當這個傳播者。傳播者如果說要對社會的苦難……，現在二十一世紀人類為什麼會有苦難？因為講實在，說苦難的話當時是因為要發展科技。發展科技第一個是會應用到石油，石油一發展出來，相關的我們人類就會有很大的科技進步。但是沒想到這種東西會影響到後來的人類，第一個是地球的暖化。地球的暖化，我們仙佛恩師差不多是在十年前，在《大道演繹》當中就已經跟大家開釋說，不要再運用黑資源。因為石油是一種黑色資源、北方的黑色資源。北方黑色資源一用下來之後就會產生很多地球的暖化、相關的溫室效應，那就造成人類排放二氧化碳，到現在為什麼感覺到人類的災難會越來越多？其實每一個朝代都是有很多災殃，其實科學上並沒有把它很有邏輯系統的呈現出來。我們現在就是說，那你對人類現在的災殃有什麼看法？其實我們有一套完整的治理的方法，我們書本上都已經有交代。第一個，先改用其他的替代能源。例如在臺灣，替代能源可說是已進步到相當龐大。這些書都已經出來，我們都已經著作好了，差不多都已經編輯完成了。等到光復節之後才會全面發行。這裏面有記載整個地球的演繹過程，到現在的生成、未來的對治方法。替代能源是很龐大的能量，包含綠色資源、醫學科技，包含深海水資源、海浪發電……等，包含太多了。連最近的「水合資源」，是在臺灣太平洋那邊，在地底下三千公尺，一種白色晶體；如果開採出來，在整個太平洋沿海深下兩千到三千公尺，它是白色晶體，只要把它開採出來，可以足足運用我們人類地球空間三千年。最近有一個美國的「氫融合」，它也可以運用到三千年。那這些替代能源出來，包括氫氧、空氣都可以用來作發電、都可以來產生動力。還有黑色資源、黑暗物資。「黑暗

物資」是淨化我們人類眾生最基本的原動力。人為什麼會想睡？休息過後便感到輕鬆，為什麼？那是因為黑暗物資。那黑暗物資不是在整個地球空間，而是飄浮在整個宇宙。你可能會覺得說，為何一個宗教的主事者會講這些？不是我們厲害，而是我們仙佛厲害。祂教導，祂把這些通通教導給我們。未來這些黑暗物資會運用在哪裡？會運用在醫學科技。未來人類最害怕的是什麼？最怕未來的生化細菌。那生化細菌要如何傳播給人類世界？地球分為南、北半球；北半球是颶風，南半球是颱風。臺灣今年到目前為止還沒有颱風，對不對？是不是臺灣比較好？福報嗎？沒錯！去年仙佛恩師已經講了，今年上半年福報會比較好，下半年災禍會比較多。氣象預報說，如果八月都沒有颱風的話，那再來的秋颱會很嚴重。這些講真的，我們會怕甚麼？一有颱風、颶風，海水融化，那些生化細菌，融化掉大家感覺都沒事。它會用颱風、颶風把海水裏面的東西帶到哪邊？帶到陸地。帶到陸地還不要緊，怕就是會引起紫外線太強烈的時候，那這些生化細菌就開始蠢蠢欲動。那人類呢？人類到時候會從哪邊？皮膚。生化細菌無法到陸地，生化細菌是靠颱風、颶風把它移到陸地。等到紫外線太強烈的時候，那些生化細菌又開始復活。結果會造成人類未來很大的損傷與摧殘！科技跟不上生化細菌的效率！你看！人類世界從古代到現在，主要一段時間，人類都一定會一段時間滅亡。不是大滅亡，是一部分、局部份滅亡，那就是平衡！那誰死？不知道？我會死嗎？會啊！人都會死嗎？不知道？會啊！一樣會！只是你有沒有意識到未來的生化細菌？那你如果用這樣角度去看的話，我們都有對治的方法，也知道整個來龍去脈，我們就比現在的科學家早了很大段時間，所以外面沒有辦法去瞭解這一些。但是我們足足有這些知識與智慧，我們只是在等待機會，去把未來這些災難有效的解明！

訪問者：所以，在創教初期，貴教的重點是放在發展教會？

陳宗主：發展教會，倒沒有很大的誘因。只是說我們在做我們自己的工作而已。

訪問者：比如說，在您開始成立到現在大概也有十幾年的時間，在成立的過程中，社會上仍是有許多的問題與苦難，那您是用什麼樣的態度來面對？

陳宗主：面對的話，我們在做一個傳播者，我們把這些訊息散播給大家；尤其是我們對全世界有二十幾個國家都有我們的資訊傳播。而且現在更廣泛，只要通過網路的話，那真的是太多太快了。今天仙佛所告訴的，明天幾乎大家都知道了。甚至有一些都不對外公佈，等到一段時間，像我們這本書在三月份就已經完全好了，那我們必須要等到十月之後，繳書才能對外公佈。但是，其實當中它已經有些部份仙佛是容許可以散佈給大家。那所以說，面對這些苦難？悲天憫人！甚麼心態？叫「悲天憫人」！就是這樣子而已。

訪問者：所以，對你們而言就是當面對這些苦難時，你們是有這種心，但是方法上是如何把這些訊息散佈給大家？

陳宗主：對！還有一個就是「亡靈」，甚麼是「亡靈」？就是過往的祖先、親人、冤親債主；「亡靈」可以入學高層次的就讀。你相信嗎？這就是我們「聖務」裏面一個最大的關鍵點。這就是說，人死後一般的宗教裏面會超渡、誦經，那只是一個過渡時期。如果他的靈性比較清淨的，就會跟隨仙佛上去修持。那一般人就是會執著、也會喜好說，這是我的子孫，執著著不走，跑來跑去。如果子孫幫他報名法會，去上課、去聽經聞法，結業後回來了要去哪裡？但是，祖先跟隨著子孫身邊就會產生一種很大的殺傷力，因為他在陰、我們在陽，陰陽當中不能協調時就會產生很大的殺傷力。老天爺就看到這個問題，他在民國八十四年（1995年）時公佈亡靈真正提升入學。以前有所謂「姑娘仔」，臺灣的習俗是這樣子，男孩可以入在「公媽龕」，但女孩不能，也不能入神龕，這很重要！過去有聽過很多冥婚的事件，但現在很少聽到。民國八十四年（1995年）上蒼就開始正式公佈這個條例，民國六十年（1971年）之前就已經有人在做了，

在二十四年之後才是真正的公佈。以前常會聽到已經過往的「姑娘仔」想要嫁人，但現在沒有了。以前「姑娘仔」嫁人後要保佑這一家人的平安無事，否則人家說這「姑娘仔」不靈。對不對！到最後只是入到人家的「公媽龕」而已。如果這家人很好，這「姑娘仔」入到人家家裏作妻子這很好，但如果這一家人為非作歹又怪罪「姑娘仔」，那對「姑娘仔」是不是很不公平？所以，老天爺從民國八十四年（1995年）開始才開啟「姑娘仔」、無嗣的（兄弟出生沒多久便去世的），這些都可以進入無極大道學院。我們悲天憫人嗎？我們不只悲天憫人，我們還告訴你如何提升亡靈？這是全世界沒有的。

訪問者：所以說，在成立的時候，一方面也是在傳播這個資訊、這個教義？

陳宗主：這個是第二年才開始，第一年祂真正立堂的時候，祂只是告訴我們要立個堂。立堂之後，祂才把所有的動作一樣、一樣地告訴我們。做到某一個程度祂才再把下一步的作業程式告訴我們。祂不會一下子統統給你，統統給你怕你消化不了。一段時間之後，你做到了、你達到這個效果了，祂再把這個的其他部分一項一項地逐項告訴你，我們就是這樣子。所以，我們之前剛立堂的話，你說我們不瞭解整個宇宙星系的來龍去脈比現代科學家更超越幾千年的時光，我們講真格的我們不敢這樣想。但是我們現在來的話，你直接告訴我們宇宙星系是甚麼樣？我們就會很清楚的告訴你。祂就是會慢慢把這些事情告訴我們，都是在我們的天書裏面很如實地下凡，祂是要成就自己，廣渡四億佛子，成就這些。再來就是跟外星系借調兩百多萬高科技人才，下到人世間來研究發展。你是否覺得差不多這三十年來，科技真的突飛猛進。祂已經在六十年前開始將這些人才下凡，下到民國八十四年（1995年）為止，把這些高科技人才全部下凡。

訪問者：接下來想再請教宗主，真佛心宗是從什麼時候開始想要去承擔社會責任或從什麼時候有能力去承擔社會責任？

陳宗主：其實我們在第四年，大概在《大道佛心》那本天書出來時，才開始老天爺告訴我們，你未來的使命要怎樣。還有告訴我們，你們對未來所有這些社會責任，那人家做不到的我們必須要去做。當時我覺得說，老天爺交代的有很多人都已經在做了，有很多的宗教家、學術單位他們都已經在做了。那我們為什麼還要作？

訪問者：比如說，包含有哪些東西？

陳宗主：包含說：教育、教化的問題。教育、教化是最大的。祂一直告訴我們說，你未來一定要成立「崇心人文科技大學」，這是百分之一百的、不能耽擱的。那我們原本是應該在民國九十五年（2006年）開始就準備，當時老天爺跟我們講說，錢我幫你準備好了。那我們也去看了很多地，後來政府有一些政策，說學校開放越來越多，但學生越來越少；後來老天爺就把政策改掉，告訴我們說未來時機成熟時，去收購、去買一些學校無法經營的，把她買起來改變名稱。後來想想，哇！這樣的話可以減少將近三、四十億的付出。第一，高教司那邊大學設立就要押12億在那邊，不能動的。那你如果去買一間學校改名稱的話，就不用押這些錢，那如果她還現有設備的話……，後來想想，這樣的話可能比原來新設立的方案還更好。其實現在有很多學校經營不下去，人數少、學校多，還好現在開放陸生要進來了，當然是可以平衡一點啦。相信這個教育、教化的話，我們有很龐大的科技知識。那為甚麼要設立一個宗教大學？那這個人文科技大學她是把我們的仙佛學術概念，經過大學裏面的教授去全部模擬好之後或者是研究好之後再對外去公佈。那這樣的話，是不是經過仙佛恩師祂所直接下化的，就能夠在學術界上面有一個立足之地，這也是我們未來必要作的，就是可能在後面這幾年當中一定會成立的事。

訪問者：除了教化、教育之外，還有什麼？

陳宗主：心靈淨化！教育、教化的話它是普遍性的，那「心靈淨化」的話，講真格的，現在人類為甚麼道德會越來越淪喪？已不知何為三綱、五

常、四維、八德的觀念，都已經沒有了。以前我們都還有讀過《中華文化基本教材》，那現在還有沒有？沒有了！為什麼沒有？政府教育失敗呀！雖然是很蓬勃發展，但人倫道德卻已經沒有了。我們講真的，現在心靈教化做的最好的是誰？淨空法師！他雖然是淨土宗，但是講實在的，在我心目中來講他是一個世界法師。他為甚麼會做的這麼好？第一個，他雖然是佛教，但他沒有任何宗教派別。他說的是佛經，但是他又有其他宗教的平等觀。證嚴法師她是在救急和救窮，但是淨空法師他是從根本的思想教育、思想心靈淨化教育。我們要做的未來，淨空法師都已經幫我們做得好好了、都已經鋪路好了，那我們以後可以看看能不能跟他一起配合，我們就可以成立大學來對世界做心靈淨化。再來就是「生活安定」，每個人你如果福報不足，你就會欠缺金錢，為何會如此？一定是先無德才無福。大家都會祈求甚麼？福德正神嘛！在要求福德正神前你需要先有智慧啊！你沒有智慧你就沒有德行，你沒有德行就沒有福報，沒有福報你就沒有通貨、沒有金錢，你就會很窮。我們也可以成立公基金，大家都有飯吃、人人願意有工作。我們認為說，六十歲就老了，那之後呢？吃飽等死？對社會沒公益。六十歲你還可以做很多事情，直到你要掛掉（去世）那天，大家為你來慶生，期待不要再相會。這就是甚麼？我們對社會公益的話要做到太多、太龐大了。你看，教育、心靈、生活，還有你死後，還可以讓你去讀書、進修，未來還可以代天宣化。就把你生、老、病、死，未來都幫你安頓好了。

訪問者：那麼，對於真佛心宗而言，承擔社會責任是您們的主業還是副業？

陳宗主：我們是把它歸到一個「聖業」！也就是我們必須做的、一定要做的。這是我們本來就應該要做的，而不是講一套做一套。

訪問者：那對於承擔社會責任的部份，以目前而言都有哪些比較具體的作為？

陳宗主：比較具體的，除了「崇心人文科技大學」還沒有落實之外，其他我們都在做了，而且很如實的在做這些事情。例如，教育、教化我們是以書籍來傳播，用電視臺的話我們還沒有那個預算。書籍傳播，這是一個善知識的最主要落實。我們全世界的書籍沒有告訴大家說要多少錢，一般書籍一本要二、三百元，我們還是沿用寄送的方式。慈濟要用買的、佛光山也是，但我們到現在都還是用送的。我們目前是用書來傳播教育。

訪問者：那心靈的部份呢？

陳宗主：這就是心靈的部分，因為教育有很多，只是在做潤身工作。例如，讀完博士之後，你要做甚麼？你是濟世救人、幫助社會或者是你要來賺錢？一定有個目的嘛！如果說你只把它定在做一個傳播工作或傳播善知識，我想傳播善知識我們已經有具備到這個條件，這是一個善知識的傳播、也是心靈的改革、也是心靈的淨化。那你說有心靈的淨化而沒有受益？請問你要做嗎？很現實的，你沒受益的話，請問你的經費從哪裡來？例如，你讀博士你的經費從哪裡來？醫學院讀七、八年出來，他也是希望以後開業做醫生啊！難道不是這樣嗎？但是，不是每一人都能開業，有人福報比較不夠的就只好給人吃頭路（雇用），但生活也很安穩啊！福報大的，樹大、蔭大，他就有辦法開醫院容納這些醫生來為大家服務，只是這個社會的環節環環相扣而已，難道不是嗎？

訪問者：那麼在承擔社會責任時，一般實行的方式為何？通常是用真佛心宗宗教的名義來做？還是用另外成立社會團體的名義來做？

陳宗主：我們是用社團法人，用「社團法人中華真佛心宗教會」的名義去做。我們其實也沒有很強調社團法人，但政府規定你一定要用社團法人。不好意思我們就很少去用她，對政府方面的話一定要用社團法人，但對外的話我們就很少用社團法人。我們就是用「中華真佛心宗教會」這八個字而已。對國家單位我們就是用社團法人，其實說真的，有沒有社團我們也都是在做，只是申請一個你國家可以認可的。現在國稅局又把宗教要全面

督導，現在所有的收據都要經過會計師那邊認定，制度也跟以前完全不一樣，尤其最近這幾年當中，那我們也配合他們這樣。所以我們開任何一張出去的都有憑有據，你都可以報稅。所以，我們這一區塊裏面還是做的蠻肯定的。第一個，我們本身做的很正派、不會歪哥。講真的，對於這一方面的話，我們也比較傾向按照國家法令來做，主要對上蒼負責、對老天爺負責。

訪問者：那麼，你們在做這些社會實踐時，通常是自己做？還是會聯合其他的團體一起做？

陳宗主：我們大都自己做比較多，聯合機會有但是不多。這十幾年來不超過二十次。

訪問者：主要原因是甚麼？

陳宗主：主要原因是，我們做的這些，別人都沒有辦法配合。我們所做的教育、教化，別人就不一定能做得到。我們說心靈改革，別人也不見的做的到，只有淨空法師有辦法做到這一些。其他講真的，像慈濟、法鼓山、中台根本都沒有辦法做到這一些。

訪問者：那麼，真佛心宗有沒有做一些關於社會服務或公益慈善事業這方面的事？

陳宗主：我們經常在做，但是很少出名。大概是會配合一些大學社團她們的運作。就像我們本身有參加臺灣宗教學會，她們大概有甚麼活動就通知我們，而我們就配合她們。例如：講座需要經費支援，會找幾個，大家分攤一點，然後把名字show上去。其實有show上去沒show上去跟我們一點關係都沒有，只是讓大家覺得說你也是一個協辦單位，那我認為這樣也不錯啊！這做法也蠻好的。至於，對貧窮的部份我們也有在做，像每年我們都會有「普施法會」，都會有很大的數量，有些人在國內或國外，普施完之後，這些東西就不拿回去，我們就把它轉給就近的一些教養單位或贍養單位這些。

訪問者：接下來想再請教宗主，真佛心宗到現在已成立十幾年了，那她能夠發展的重要的關鍵是什麼？因為在發展的過程中，第一、她要面對生存的問題；第二是要面對外界，包括：其他宗教或是社會大眾或是政府，要怎麼去理解你們？甚至是接納你們？

陳宗主：這個目前的話，她們都還沒有辦法理解我們。第一個，其他宗教是不可能去理解我們，為甚麼？門戶之見！宗教對宗教很少人願意去瞭解你，就像很少人願意像你這樣來訪問我，除非說他是做論文。不然講實在，宗教對宗教之間，她不可能去瞭解你。因為唯我獨尊的觀念大家都很深。如果說社會大眾，我們不像中台、佛光山或者是慈濟那麼有名，但是你想想淨空法師他有在推介他自己嗎？沒有！但是全世界信仰他的人有多少？很龐大！那對政府的話，她根本就不想瞭解。為甚麼？宗教社團太多了她沒有辦法一一去管，也沒有辦法一一去瞭解，除非說你已經很有名了，她才會想去瞭解你。沒有選票的、沒有政治色彩的她都不願去，這是臺灣的文化，沒有對和錯。我們只是受到政府監督，我們做我們的事情。

訪問者：那您覺得在發展的過程中，之所以能夠繼續生存與發展的關鍵是什麼？

陳宗主：關鍵是不斷的改變自己，改變我們能讓大家都認識我們。你要不斷的改變自己，一個人要成功他必定要不斷地改變自己，讓大家能夠認識他。不斷的推廣自己，讓自己曝光率很多，但是要正面的，不然媒體給你報導都是負面的。第一個你不是很有名的話，一下子就被拉倒。像妙天、清海、盧勝彥、葉教授……，很多像類似這種，不算頂尖的。報導都有正負面，我如果相信你我就報導的很好，但我如果不相信就給你抹黑。真的，我跟你不同的宗教信仰，我給你報導的話會報導怎樣？所以說，我們很怕媒體。你看現在，正面的、好的不去報導，往往是去捉住一些漏洞。雖然是宗教，但人不是十全十美。所以，不要去找媒體，你只要做好自己就可以了。你看哪一個宗教不被媒體報導不良的負面？都有啦！我們最怕就是這一點。

訪問者：接下來想再請教宗主，對真佛心宗而言，在做這些作社會實踐或承擔社會責任的動機和目的是什麼？

陳宗主：除了實踐「崇心文文科技大學」還未落實以外，其他我所講過的這些教育、教化、心靈改造、社會安定、到未來的死亡之後，我們都很如實的在做。為甚麼要這樣做的話？就是為了減少人世間不良氣息的干擾。一個人如果過往時氣場不好的話，就會影響到自己的家人，也會影響到週邊的。如果給他有機會讓他改變、讓他深造、讓他提升，你想想這個氣場會怎樣？這氣場它一定會很溫和。本來是一個比較彷徨無助、或者是孤立無援的人、也是一個很暴力的這種人的話，你給他改造的時候，他會怎麼樣？他會減少社會當中一股不好的氣習而改變成一股很祥和的這種能量，這變成是我們已經在做的事實。既然我們用宗教名項，但我們沒有宗教門牆。真的我們沒有宗教門牆，但是就有很多人來的時候說，你這真佛心宗怎麼是拜佛的？怎麼是拜道的？她本來就是三教融合的。講真格的，基督教是最近這十幾年來我們有接觸到真理大學、輔仁大學，我們才有辦法去用更開闊的心胸去接納她們、去跟她們融合在一起。天主教、基督教都可以跟你融合，惟獨回教，她不會跟你融合。我們一直要跟回教去融合，沒有辦法。你不是她們的人，你連採訪她們都不讓你進去。

訪問者：那承擔社會責任，會不會成為真佛心宗的一個基本特徵？比如說人家一看到真佛心宗就覺得她就是專門在解決社會苦難、專門在承擔社會責任的宗教？

陳宗主：這是我們努力的目標。我們已經做了十幾年了，我們有一個「禪機破迷障」，專門解決眾生的疾苦，你有問題的話都可以來叩問。祂不會告訴你說，只用簽煞就給你改改就好，而是從釜底抽薪去告訴你，你的問題癥結點在哪邊？你去改變之後的話就會形成一個好的結果。這個講實在就像基督教、天主教的告解，告解之後他不見得會告訴你一個真正的方法，但我們是告訴你釜底抽薪的方法。這樣的話我們講實在，社會責任這十幾年來，我們從開堂到現在一直都在做。那無形的提升是從開堂之後的

第二年做到現在。所以說，我們在做甚麼？「教育、教化」我們在做啊、「心靈淨化」我們在做啊、「解答問題」我們也在做、「禪機破迷障」我們都在做了。

訪問者：等於說，一開始就在做，但是對外界來講還沒有辦法完全成為真佛心宗的一個品牌？

陳宗主：這個未來是會！我們也是朝這樣子，只要你做出有成績的話，這個不叫作品牌，這是附屬工作。每個人來的話他的目的跟需求不同，但是有一些人他就有很多的迷障，解不開的話就變成他的心中困擾。那這些心中困擾就會讓自己沒有辦法去突破，鬱悶在心裏面，那我們開闢這個「禪機破迷障」是針對所有的人，心靈的問題一個心靈諮商，那你才能夠解開他的問題。所以，承擔社會責任我們早就在實踐了，從開堂到現在都一直在實踐。

訪問者：所以，也就是說，承擔社會責任就是你們立教的一個宗旨，同時也是信仰跟宗教的實踐？

陳宗主：對！

訪問者：那會不會也成為是真佛心宗為了生存和發展的策略？

陳宗主：只是策略的其中之一而已。人家講說，人總是有苦難、無明、低潮，那你要怎麼去解決？一般我們都會經過所謂的法師或主事者去講解，但是他們不見得會經過人生的酸、甘、鹹、苦、澀，他就沒有那種經驗去務實去教導眾生，他只是告訴你老實念佛啊、不要計較啊。有時候不是計不計較的問題，是你的心理觀念能不能轉化，你觀念不能轉化，你跟他講一堆，是！是！是！回到家甚麼都不是。為甚麼？跟生活沒有任何關聯。因為我們有我們「殊勝」的地方，每一個宗教都有每個宗教「殊勝」的地方，這是佛教才會用到的名詞。我們不是佛教單位的一團，但是我們確實是佛教裏面佛尊下來設立的，就有別一般正統佛教。為甚麼？因為我們開

宗立脈是「燃燈古佛」，他們都是世尊。……那你說宗教在做甚麼？信仰在做甚麼？我們就有別於其他佛教團體。我們不用佛教的正統儀式，但是我們用道教的正統儀式，就是這樣子而已。

訪問者：最後一個問題想再請教宗主，真佛心宗做了這麼多社會實踐，那她帶來什麼樣的結果和影響？

陳宗主：結果是，第一個，我們的智慧提升很多，這是別人沒有的。那我們在創造甚麼？我們在創造德行的啟發，也在感受福報的施予，就有通貨金錢的呈現，再創造祥和的社會，如此而已。散播歡樂、散播愛！因為我們上面的大老闆跟天主教、基督教的天父是同一尊，她們有的我們絕對有，我們有的她們絕對不可能有。我們在學習她們的弘揚精神，怎麼去開發。

訪問者：那麼，做了這麼多的社會實踐、承擔社會責任，對真佛心宗來講又帶來什麼樣的收益？

陳宗主：智慧的成長、德行的闡揚、福報的累積、豐厚的受益。

訪問者：這對信徒也是這樣子？

陳宗主：從上而下都完全一樣。

訪問者：那對一般社會大眾也是一樣？

陳宗主：我們也是一樣，我們也是在散播這些。

訪問者：那對政府來講呢？

陳宗主：對政府的話我們不管，因為政府她自己管她自己的。我們是在幫助政府默默的做這些，那你說政府的話，第一個她不會管到我們，那我們在做的我們也不會說阿讓政府知道我們在做甚麼。你願意來的話我只是把我們的經驗跟心得和你分享，就像你今天來採訪我一樣，我把我們的經驗和心得分享給你。我們在做甚麼？散播歡樂、散播愛！

附錄2-5：彌勒大道總會基金會「社會實踐觀」深度訪談紀錄（訪談編碼012）

訪問人員：莊政憲

受訪人員：院長　汪慈光先生

訪談方式：書面訪談回覆

訪談內容回覆時間：2010年8月30日，下午六點四十五分收到 電子郵件回覆。

訪問者：請問彌勒大道在臺創教初期是如何面對社會上的苦難問題？是會先考慮發展自己的宗教？還是會想要承擔起社會責任以解決這些苦難的問題？

汪院長：彌勒佛的鴻慈大願是實現世界一家，化亂世成大同、人間成淨土、世間成天堂！而面對社會上種種的苦難問題，彌勒大道的態度更是「視眾生苦即我苦」、「視眾生難即我難」，因此多年來積極栽培彌勒弟子涵養淑世利人的胸襟，造就有良心、有道德的彌勒弟子。我們深信唯有實踐做到良心道德的人，方能做出「以我良心喚醒眾生的良心」的利他事實，真實感動人人內心深處，真正帶動社會善良的風氣，才能使人人效法實行，徹底解決社會苦難的根源！最後彌勒佛的鴻慈大願──世界一家，亂世成大同、人間成淨土、世間成天堂，必然能得到大家的肯定和認同！

訪問者：請問彌勒大道是從何時開始想要或者是從何時開始有能力可以承擔起社會責任？對於彌勒大道而言，「承擔社會責任」是貴宗教的主業還是副業？

汪院長：我們是在1997年由王老院長帶領之下，以良心道歌、良心戲劇進入校園和獄所。「承擔社會責任」這是我們的主業，因為這是實踐彌勒佛鴻慈大願的最重要平台！

訪問者：請問在彌勒大道所承擔的社會責任中，都有哪些具體的實踐作

為？其實行的方式為何？是通過宗教的名義或者是社會團體的名義？通常是自己做還是會聯合其他宗教一起執行？

汪院長：從1997年至2005年，我們是以「天恩彌勒佛院」的名義，培訓志工在臺灣、香港、韓國、馬來西亞、泰國、緬甸、印尼等地舉辦大型的良心光明大會，以良心道歌和良心戲劇相互結合，把良心道德文化藉寓教於樂方式推展開來！在1999年至2000年，我們在臺灣各縣市文化中心、演藝廳舉辦了三十幾場大型的良心光明大會。從2006年到現在，以非宗教性的「國際熱愛大自然促進會」的名義，在世界各國中、小學推展熱愛大自然文化──熱愛天、地、人、萬物的文化。也是以寓教於樂的方式，藉大自然之歌、大自然快樂操、大自然之舞，載歌載舞，把歌詞的真義，藉身體的肢體語言表達出來。每一首大自然之歌的歌詞，就是在闡述道德教育、生命教育、品格教育和環保教育！除此之外，本彌勒大道所附設的天恩彌勒佛院，自1988年開始開設真道至理研究班，二十多年來，學員遍及世界各國，歷年來道德教化的成果，已成為穩固社會基層的重要力量。921大地震、南亞海嘯、緬甸大風災、四川地震、八八水災、青海玉樹地震……等急難救助工作，彌勒大道皆不遺餘力地全力救助，不論進入災區救難，或是募集捐款、物資賑災、心靈關懷等各項工作，彌勒大道本著人饑己饑、人溺己溺的精神，在救災的工作上奉獻我們最大的力量。

訪問者：請問彌勒大道之所以能夠發展的關鍵是什麼？在貴宗教的發展過程中，是如何面對自身的生存問題以及外界，包括：其他宗教、社會大眾和政府的理解與接納的問題？

汪院長：「你我一家、地球一家；人人一家，天下一家；彼此一家，世界一家；國籍不同，還是一家。信仰不同，也是一家；種族不同，依然一家；膚色不同，仍然一家；民族不同，統統一家。文化不同，皆是一家；風俗有別，同是一家；習慣不同，不外一家；語言不同，都是一家。文字不同，全是一家；所有人類，原是一家；飛、潛、動、植，本是一家；人類新道德──世界一家」。「世界一家」──這是我們所有彌勒弟子最重要

的核心思想！我們所有彌勒弟子樂此不疲，為助彌勒佛實現「世界一家」的鴻願，奮鬥、付出、犧牲、奉獻終生！我們所有彌勒弟子努力學習彌勒精神——慈心滿懷、慈行遍處、慈容滿面，來實踐共存、共榮、共富、共樂、共靜、共覺、共有、共得、共福、共成的彌勒十共世界。王老院長名訓：「盡心盡力，助人成功，不圖回報，一無我有」，這便是我們彌勒大道能夠一步一步發展的關鍵因素！在這社會上畢竟有一批為了「利他」的理想和抱負，願意無私無我、不求代價、不求回報、不求人知地奮鬥不已的志同道合之士，構成了彌勒大道的中堅信仰者。在彌勒佛的引領之下，以及這一股中堅信仰者的協助下，彌勒大道才能永續生存！那麼外界對我們彌勒信仰能理解、能接納，我們當然很歡迎；如果對我們彌勒信仰不能理解、不能接納，我們也接受！和諧、互助、互動，追求世界一家的目標是我們在過程中始終堅持的做法與理念。

訪問者：請問彌勒大道「社會實踐」或者是「承擔社會責任」的動機和目的是什麼？「承擔社會責任」能否作為貴宗教的基本特徵之一？同時亦是貴宗教的立教宗旨以及信仰和教義的實踐？抑或只是貴宗教為了生存和發展的策略之一？

汪院長：我們彌勒大道「社會實踐」的動機和目的：唯一的動機和目的，就是實現世界一家！所以「承擔社會責任」這是所有彌勒弟子的良心本份事！彌勒佛教導我們，本彌勒大道的宗旨以及信仰和教義的實踐，就是人人要做出「慈——利他」的事實，才能帶來「快樂、逍遙的人生；幸福、美滿的家庭；安寧、和諧的社會；富裕、康樂的國家；光明、太平的世界」。最後讓地球成為至真、至善、至美的大自然樂園。總之，要實現彌勒佛的「世界一家」鴻願，就要從「承擔社會責任」開始。

訪問者：請問通過彌勒大道的「社會實踐」所帶來的結果或影響是什麼？對於貴宗教自身、信眾、社會大眾和政府又帶來什麼樣的效益？

汪院長：本彌勒大道這十幾年的「社會實踐」，從宗教性（1997年至2005

年）到非宗教性（2006年至現在），無論是宗教性的道德文化，還是非宗教性的熱愛大自然文化，皆是以教育下一代為目標。在近百首的良心道歌以及大自然之歌的歌詞裏面，都是在教忠教孝、講仁說義；都是在闡揚熱愛天地、國家、父母、師長，熱愛一切飛潛動植和尊敬一切生命的尊嚴。對下一代從事道德教育、品格教育、生命教育、環保教育、和諧教育，本來就可以寓教於樂，可以如此輕鬆、活潑、快樂的學習。當孩子一面跳大自然之舞、大自然快樂操；一面唱大自然之歌，這些歌詞的真義，不知不覺在孩子的心中潛移默化，慢慢起了不可思議的影響，孩子的氣質改變，言行舉止都改變了！

《感恩之歌》：

感天恩　報天恩，感謝天地萬物造，
日月照　光明遍，風雲雨露生命養，
五穀豐　萬類生，大地無私利眾妙，
載萬物　不辭勞，禮敬天地要做到。

國家恩　國家愛，國泰民安真幸福，
保人民　護家園，生命財產得保障，
父母恩　父母苦，生我育我教導我，
報恩德　心無愧，孝順父母最重要。

感恩師長栽培造，循循善誘費心導，
指引叮嚀多鼓勵，教誨不倦勞苦高，
感恩士農工商教，各行各業多辛勞，
使我生活真方便，食衣住行無煩惱。

感恩天地人萬物，知恩感恩恩當報，
報恩做到即聖賢，人人報恩太平年。

《熱愛大自然頌》：

天地如我們的父母，
全世界六十幾億同胞都是一家人。
天上飛的鳥類、地上跑的或走的動物、水中游的魚類，
都是我們的兄弟姐妹。
一花、一草、一木都是我們大自然家園的家人，
尊重一切生命的尊嚴，
維護自己的生命，也維護他人的生命；
熱愛自己的生命，也熱愛他人的生命；
光輝自己的生命，也光輝他人的生命。
我們一起來建立，
人和大自然和諧的家庭，
人和大自然和諧的社會，
人和大自然和諧的國家，
人和大自然和諧的世界。

《大自然青年進行曲》：

大自然青年！
大自然青年！是快樂的青年，是歡喜的青年。
大自然青年是幸福的青年，

大自然青年是笑容常開的青年。

哈哈哈哈！哈哈哈哈！哈哈哈哈！

時代需要你，歷史需要你，

世界需要你，人類需要你，

國家需要你，社會需要你，

家庭需要你，人人需要你！

我們生活在同一個地球，

共用同一個太陽、月亮、星星。

我們吸同一口空氣，

我們有共同高尚的目標。

大自然青年！大自然青年！

我們一起完成偉大的理想抱負，

助全人類完成至真、至善、至美的大自然樂園，

實現世界一家的歷史使命。

大自然青年！大家一起來！一起來！

前進！再前進！再前進！

　　類似以上三首充滿陽光、希望、信心；充滿感恩一切、熱愛一切生命的歌詞近百首，孩子時時耳濡目染之下，本來忠、孝、仁、義這種很嚴肅的道理，卻可以不著痕跡，輕輕鬆鬆地把其種子深埋在孩子的心中；同時在大自然文化的不斷薰陶之下，孩子終於可以流露出本固有的天真、無邪、善良的氣息，並且展現充滿青春、朝氣、活潑、幸福、快樂的笑容。孝順父母、禮敬師長、友愛兄弟姊妹，也可以在平日生活之中不知不覺表現出來！

　　目前本彌勒大道以跳大自然之舞、大自然快樂操、唱大自然之歌為平台，全力在各國的中小學推廣熱愛大自然文化，成效卓

著，深受校長、主任、老師、學生、家長的歡迎和肯定。其原因之所在，雖然各學校也有道德教育、生命教育、品格教育、環保教育課程，可是因為太制式化、教條化、公式化、刻板化，所以雖然辦了多年，但成效不彰。然而自從我們的熱愛大自然文化教育，進入學校以後，以「寓教於樂」的方式，靜態課程：講解每一首歌詞的真義，以及講解熱愛大自然文化的重要性和對世界人類、對國家、對社會、對家庭、對每一個人的影響；動態課程：跳大自然之舞、跳大自然快樂操、唱大自然之歌，充滿正向、正能量的歌詞，配上優良、動聽的旋律，不斷地跳和唱，孩子的身心靈得到最大的滿足和喜悅！孩子展現出青春、活力，以及展現出充滿幸福、快樂、天真、純潔的笑容，讓校長、老師莫不感動，甚至熱淚盈眶，這才是讓孩子迎向充滿光明、希望與信心的未來！

從過去到現在，十多年來，在臺灣已經有一千多所中、小學接受我們彌勒大道所提供、推廣的道德文化和熱愛大自然文化教育。同時在臺灣的各社區，我們也積極推廣熱愛大自然文化活動，尤其跳大自然快樂操，最受老少歡迎！我們彌勒大道所管理的「國際熱愛大自然促進會總會」是非宗教的公益機構，是大自然之舞、大自然快樂操、大自然之歌的原創者，目前會員國佈滿全世界五大洲二十幾個國家、地區。目前推廣最成功的是印尼，全國有四百多團熱愛大自然青年團。其次在馬來西亞、緬甸也相當成功，在香港、大連、廣州、深圳的中、小學也很受肯定和歡迎！

熱愛大自然文化是促進「世界一家」的最重要平台，藉跳大自然之舞、跳大自然快樂操、唱大自然之歌的助緣，讓我們全世界的下一代都熱愛大自然文化，你、我、他都熱愛大自然文化，一旦我們全世界有了共同文化——熱愛大自然文化，有了共同的思想——利他，那麼實現「世界一家」，並不是夢！

我們全世界六十幾億同胞，大家一起來開創：

人類的新文化——熱愛大自然文化；

人類的新文明——尊重一切生命的文明；

人類的新道德——世界一家的道德；

人類的新價值——以人為本、以人為主、

以人為上的價值。

唯有人類實現這四大維新，人類才能永續生存。

附錄2-6：中國天理教總會「社會實踐觀」 深度訪談紀錄（訪談編碼013）

訪問人員：莊政憲

受訪人員：臺灣傳道廳廳長　三濱善朗先生

翻譯人員：臺灣傳道廳翻譯委員 陳惠卿女士 臺灣傳道廳書記 井手勇先生

訪談時間：2010年8月19日，下午二點。

訪談地點：中國天理教總會　臺北市北安路625號

訪問者：首先想請教廳長，由於廳長是天理教戰後首任（1967年）來臺的傳道廳廳長，因此在廳長就任之後，天理教在臺灣發展的初期是如何面對社會上的苦難問題？是會先考慮發展自身的宗教？還是會想要承擔社會責任以解決社會上的苦難問題？

三濱廳長：對於日本的宗教，天理教應該是第一個被臺灣政府承認的宗教。因為我是日本人，然後天理教的發源地又在日本，所以大家總是認為天理教是日本的宗教，但我本人並不認為天理教是日本的宗教。當時政府發行的宗教冊子或刊物中有八個宗教是被公認的，天理教也成為這八大宗

教之一，這點我感到很難得。雖然當時受到政府的公認，但佈教行動上其實仍然有些限制和壓力。當然這也是礙於當時的政局所致，佈教行動受到限制也是當時候的情況。當時政府對於帶有太濃厚日本色彩的東西當然不會很喜歡。因為當時抗戰剛勝利，臺灣以前是日本統治，受日本教育、受日本影響的人很多，那對當時政府來講這不是他們喜歡看到的一面。所以要把太濃厚的日本色彩消除掉，所以那時候的日語是被禁止的。公共場所完全不准用日語，當然想想那個時候的局勢就是那樣。雖然臺灣當時已經是宗教自由，但對我們來講並不是真的那麼全面性的、開放性的自由。所以當時候是有面臨到一些問題。因為我一直認為天理教不能是代表日本的宗教，所以天理教是日本的宗教對我來講是有一點刺耳。因為當時候的局勢是那樣子，所以天理教在臺灣的佈教上確實遭遇到這些困難。

訪問者：所以，在一開始時因為有這些社會背景、有這些困難，所以天理教在戰後傳道的過程中，相信當時的社會環境應該也是有很多的困難、有很多的苦難問題；因此對天理教而言，在當時主要是以發展自己的教務？還是會想要去解決、去承擔這些社會上的苦難問題？

三濱廳長：剛講的是天理教本身所遇到的苦難。對我來講，天理教的佈教並不一定要日本人去做才行，其實應該是由當地的信者共同來進行，這點一定要建立起來才行。所以那時為了讓更多臺灣人知道天理教，就做教理上的翻譯。所以把力量放在這裏，去克服語言上的困難。因為到臺灣時由於語言上的問題，所以天理教一些重要的原典，像御筆先、教祖傳，都沒有中文的翻譯。教典雖然有，但是還沒有到完成的階段，所以在臺灣佈教的話必須趕快加強這方面的中文翻譯的事情。因為當時我只能用日語佈教，還好當時還有一些受日本教育的，所以我也必須用日語來解釋我們天理教的教義是怎樣。所以當時認為趕快把天理教一些非常重要的基本教義趕快翻譯成書籍，才能有辦法讓更多的臺灣人認識天理教、知道天理教，另外也是讓大家知道天理教並不是只是日本的宗教。

　　對我們天理教的信者來講，還有一點非常重要就是我們必須回到

「原地」，可是那個時候根本不可能開放去日本。一般民眾在當時沒有辦法那麼自由的出入，能夠去的真的很少數，一般大眾大多沒有辦法去，但對天理教的信者來講，回到「原地」那是非常重要的事情。即使是天理教本部出邀請函也是很有限，沒有辦法那麼針對一般大眾。因為回到「原地」那是我們人類的原鄉，回到那邊對我們來講是非常重要的。然後你沒有辦法來完成這件事情的話，這牽涉到你整個以後信仰的層面，你所有的幫助人類、救助人家的事情都牽涉到。所以你若沒有辦法完成這項任務的話你整個信仰的基礎就會很薄弱。所以當初那個時候沒有辦法開放出國，對於我們天理教的信者來講也是蠻大的苦惱。後來臺灣經濟發展迅速，戒嚴法解除，我們就能自由回到「原地」去。這對我們來講是最大的收穫、最大的使命，我們可以回到人類的源泉去。而且像我一樣過來臺灣佈教，得到佈教許可的佈教師也愈來愈多了。所以因為情勢不同，對於天理教來講，那麼多人能夠得到佈教許可，然後來這裏佈教，這也是非常值得感謝的事。怎麼樣能讓天理教的信仰讓大家能夠知道？讓大家能夠喜悅？這點是我最主要的心意。因為我常會接觸到不同領域的人，如果說碰到人我們都能夠把天理教的好處很開放的、很公開的可以向大家介紹，現在已經可以做到這樣，所以是蠻感謝的。

在35、36年前，我當廳長時，羅馬天主教異教徒部門曾到臺灣召集不同的宗教舉辦會議，在輔仁大學召開。因為天理教也是政府公認的宗教，所以天理教也被邀請參加那個會議。在那個會議上，每個宗教都介紹各自宗教的領域，我們的宗教是甚麼？都做些甚麼活動？雖然我當時被邀請，但是不會中文，無法用中文介紹。然後英文日常對話還可以，太專業的無法講。一開始有用英文簡單的介紹，然後遞上我們英文介紹的書。但是來的那5、6個羅馬天主教的代表當中有一個日本人，當時我並不知道。然後那個日本神父站起來說，他不知道臺灣政府可以允許日本的天理教到這裏佈教。然後他告訴我說，沒關係我來替你講給他們聽。然後就由這位日本神父用義大利文講給其他的羅馬天主教的神父聽。所以其他宗教看

到這樣的場面也嚇了一跳。因為對別的宗教來講，天主教官方的代表，是日本神父竟然有辦法知道天理教，而且講給大家聽，那表示天理教還是有她的層次在，是一個可以認定的宗教。所以對別的宗教團來講也嚇了一跳。所以當時我真的很高興。因為我有很多機會可以接觸各種不同層面的人，所以有機會就會出去儘量參加，讓大家知道我們天理教就是這樣的宗教。

訪問者：所以，就是說在戰後，特別是廳長來的時候，主要的重點是放在怎麼樣能夠去發展、讓更多的人去瞭解天理教，然後去翻譯天理教的一些書。因而在面對社會上的這些苦難的問題，比較沒有太多的心力去承擔？

三濱廳長：說真的，當時候就有很多信者，其實在當地有很多老的信者，他們還是儘量在做幫助人的工作。所以他們還是有去做一些屬於幫助人家解除病痛的那些工作，那些信者都有非常認真在做。因為天理教的宗旨就是拯救人類，所以他們的活動並不是個人做，是用天理教的作法來幫助人、來救人。

訪問者：所以，在當時一方面是發展教務讓更多人知道，然後把天理教的教義和原典能夠翻譯出來。然後另一個就是，當時的教徒本身也是非常積極的去實踐，去解決社會上病痛和苦難的問題？

三濱廳長：剛講那個解除病痛的方法也是天理教幫助人的獨特方式，就是「神授之理」。所以他們都有在做，你說個人嘛？但它也是天理教的儀式。我的位階就是希望幫助大家更建立起自信，讓社會的人更加認定天理教，讓大家更有自信、非常光明正大來跟別人講說我是天理教徒，我來幫助你，我可以為社會貢獻一份心力。當時天理大學和中國文化大學有建立姐妹校，中國文化大學有聘請天理大學的老師來這邊教導，那也是表示說我們天理教有受到肯定。所以我就是朝這方面來努力，讓大家更能認識天理教，然後我們的信者也會有自信心說我是天理教徒。

訪問者：那對天理教而言，是從何時開始想要去承擔社會責任，或者是從何時開始有能力可以去承擔社會責任？因為剛剛廳長也提到在早期的時候當然是要去傳播天理教的教義、讓大家都能夠瞭解。但同時一方面也想要去救人、去解決社會的苦難。所以說，是從一開始天理教就想要或從一開始天理教有這能力去承擔這個社會的責任、去解決這個社會的苦難？

三濱廳長：我們天理教靠的就是「神授之理」，沒有「神授之理」就沒有辦法談天理教的發展。一個是「神授之理」、一個是「聖舞」，這兩個是天理教的主要社會責任。天理教的宗旨是拯救人類，所以拜神並不是為了自己的利益，拜神的時候祈禱世界和平，成為康樂生活的世界。所以我們是用祈禱的方式來承擔社會責任，所以我們是以「神授」和「拜神」兩個方式來承擔社會責任，因此我們是從一開始就有了，沒有這個的話也不叫天理教了。

訪問者：所以說，去解決社會的苦難、去承擔社會責任等於是天理教的主業而不是副業？

三濱廳長：對！對天理教信仰的想法來講是主業，別人怎麼看我們不知道，不過我們是為了這個社會、為了世界來祈禱、來救助人。

訪問者：那對天理教而言，她所承擔的社會責任中，都有哪些比較具體的實踐作為？除了「聖舞」和「神授之理」外，還有沒有其他比較具體的實踐作為？

三濱廳長：我們是有一個「救災聖勞隊」，因為規模不大所以跟天理教本部無法相比。但是我們確實有這一組織，遇有災難，水災、風災的時候我們都有出動，我們還是有在作。921大地震的時候成立的，天理教本部是很早就有了，規模很大。921大地震的時候教友本身都想要投入救災的工作，所以臺灣傳道廳就當作一個窗口，我們就到埔里災區那邊從事救災的工作。八八風災的時候我們也有到嘉義民雄那裏去從事救災的工作。

訪問者：所以「救災聖勞隊」現在還在嗎？

三濱廳長：有！我們都有訓練。天理教的信者就是，「聖勞」有很多方式，我們的信者就是抱著來幫助人，透過各種「聖勞」的方式和心態來做一些事。還有一個全體性的活動就是「全教一起聖勞日」。去淨街、淨灘，以各個地方的教會或教區的人為主，然後大家一起做點社會公益的活動。天理教本部是固定在4月29日，因為那是她們的假日，但臺灣這邊跟他們的假日不一樣，所以大部分都是利用禮拜六、日大家方便的時間來做。我們還是叫「全教一起聖勞日」，但是因應各地方方便的時間來做。日本就是固定在4月29日全國一起來做，然後世界各地也都有，就看大家方便的時間，大概都是在四月或五月的時間展開。剛有提到財團法人總會那邊也會有一些賑災金或捐獻，雖然金額不是很大，但是還是都有做一些社會的責任。

訪問者：「救災聖勞隊」主要是針對災區的救災，那「全教聖勞日」主要是做哪些具體的實踐作為？

三濱廳長：就是淨街、淨灘。剛講的天理教本部有一個「救災聖勞隊」之外，還有一個就是天理教海外部設的一個「國際救援互助網」，有幾次臺灣發生災變，他們馬上賑災物品就送過來。

訪問者：那天理教在做這些解決社會苦難或承擔社會責任的時候，通常是直接用天理教的名義還是會另外成立一個社會團體的名義來做？

三濱廳長：都是直接用天理教的名義來做。例如：天理教救災聖勞隊。

訪問者：那天理教在作這些社會實踐的時候，通常是天理教自己做還是會聯合其他的宗教或團體一起做？

三濱廳長：都是我們教會自己做。或許在大家看來我們在社會服務的方面比較欠缺也說不定。在臺灣一般人可能會認為你們天理教好像沒有甚麼社會服務的活動，那其實就是因為我們天理教本部本身是一個非常龐大的體

系，那邊就是從學校、醫療、養老院、孤兒院的設備完全都具備了，所以在日本的話也是非常受到肯定的。那在臺灣我們信者的力量要做到這些還辦不到。

訪問者：接下來再請教廳長，天理教在臺灣能發展到現在，其主要能夠發展的關鍵是甚麼？在發展的過程中如何面對自身的生存問題？以及外界，包括：其他宗教、社會大眾與政府如何去理解和接納的問題？

三濱廳長：其中一個很大的關鍵是到日本天理教本部參訪，然後參訪回來之後，他們都講說天理教真的是一個非常值得肯定的宗教、一個非常正面性的宗教，就是為世界和平在努力、在貢獻的宗教。那或許是因為這樣，所以對於我們本身的立足點很有幫助。

訪問者：等於說，天理教發展的一個重要關鍵是外界，他們到日本的天理教本部參訪之後更加的認同貴教？

三濱廳長：對！還有一點就是不管你有多麼好的教義、多麼高貴的教義，如果你的信者沒有去實踐，沒有讓大家認同說信仰天理教是一件多麼了不起的事情，沒有真正做到這點的話，那個教義也是沒有用。所以，我的立場就是要幫助這些信者建立起讓大家認同，認為天理教是一個很值得敬佩、肯定的宗教。讓信者都能受到社會大眾的肯定，他的為人、他的言行舉止受到社會大眾的肯定。然後去幫助更多的人，讓更多的人身心方面都能夠得救、都能夠得到幫助。提高信者的信仰，讓他確實表裏如一。就像我們剛講的「聖勞日」，「聖勞日」就是我們去淨街、去掃除環境的工作。那你在做，可是你本身又到處亂丟垃圾，那樣子的話就不行了。教祖有一個典範，教祖的典範就是把父母神的教義實踐給大家看。所以就是說，你知道教義然後你要去實踐。像現在環保的問題都很重視，要珍惜物品和資源等等。其實珍惜東西、一點東西都不能浪費，這其實在教祖的時代就已經做到了。教祖在100多年前自己本身就一直在履行珍惜東西、愛惜萬物，現代人講的事情其實在教祖的時代就已經在做了。

訪問者：所以，也就是說對於天理教在臺灣發展的另一個很重要的關鍵就是剛剛廳長所提到的，對於教義的教導在教友身上可以看到他們實踐出來？

三濱廳長：對！所以，天理教發展的關鍵有兩個，第一個是「原地」的參訪，不論是信徒或外界的人。另外一個是實踐，實踐天理教教祖的典範。如果天理教信徒真的實踐的話，自然會影響、吸引人的。所以這是兩個發展的關鍵。

訪問者：那麼，天理教在做這些「社會實踐」或「承擔社會責任」的動機和目的是甚麼？解決社會的苦難、承擔社會責任能否作為天理教的基本特徵之一？也就是說，當人們在看到天理教的時候，是否會認為天理教就是專門在解決社會的苦難、在承擔社會責任的宗教？同時「承擔社會責任」是否也是天理教的立教宗旨以及信仰和教義的實踐？抑或這只是天理教為了生存和發展的策略之一？

三濱廳長：其實天理教比較沒有想說這是我們的策略，去計算會有甚麼發展。而是天理教就是很自然的是以「救人」當做是我們的社會責任。所以說，策略方面比較弱，並不是說刻意這樣做的話天理教會發展，不是這種想法來做，只是純粹的要救人，這是天理教教祖的宗旨。所以做「聖舞」和行使「神授」是最基本的，然後想到教祖那種救人的精神來做的救濟，像救災隊，這並不是策略，是很自然而然的、是發自內心，信仰上我應該這麼做而已。在日本也有很多宗教利用出版書籍來賣、來當做她的財源，我們也出很多書但都不是為了營利來出這些書。其實也蠻多人說你們天理教信者那麼多，一般宗教團體都會想辦法來擴充自己宗教的財庫，但天理教真的沒有那種營利的事業，沒有以這個為目的來營運，完全都沒有。所以很多人疑問為甚麼天理教不做營利的事業？幾乎都沒有事業，人們的印象是這樣子。就像天理醫院，你看她的設施和設備都是一流的，或許一般人會認為一定賺錢賺翻了，沒有，赤字！不可思議，所以有人說你們天理

教真的很不會做生意。臺灣也有些信者或是外國人住院，那醫院說給你打個幾折。其實醫院本身設備也是不斷的更新，各種新的醫療器材也是不斷的出來，都需要去買，所以天理醫院的付出其實沒有甚麼盈餘。或許這也是天理教跟別的宗教完全不一樣的地方，完全都沒有以營利的觀念來營運。二十多年前慈濟功德會有來參觀「憩之家」醫院，因為「憩之家」醫院是很先進的醫院，由宗教團體來辦這樣的醫院，慈濟當時候還沒有現在這麼發達，過來想要參觀，現在她們辦醫院，當時是由我帶領她們參觀。所以跟慈濟的發展比起來我們真的很丟臉，慈濟她們從天理醫院參觀學了不少、從天理教身上學了不少。天理教真的是不會做生意，也不會做行銷，可是比起那些飛黃騰達，我們做得就是說腳踏實地，一步一腳印的來教育出、培養出真的對社會有益的人才。這是我們對這個社會貢獻，確實一個真正的人格可以形成。

訪問者：最後一個問題想再請教廳長，通過天理教的「社會實踐」所帶來的結果或影響是甚麼？對於貴宗教自身、信眾、社會大眾和政府又帶來甚麼樣的效益？

三濱廳長：有更多天理教的信者可以增加的話，彼此的人際關係一定會更融合，我們的社會和平絕對可以慢慢實現，而且進而整個世界可以跨越民族、跨越國家，大家都可以成為一個大家庭。就是我們教祖在立教的時候就有宣誓了，要拯救全人類，這是教祖在立教時候的宣言。所以天理教現在就是朝著這個方向在努力，當更多的人信仰的話，自然會邁向康樂的世界。在現實的世界裏免不了衝突，從個人跟個人、國家跟國家、民族跟民族。那教祖的時代就是說，只要我們把天理教的教義、父母神的教導把它宣揚開來，那些衝突、戰爭絕對可以平息，可以建立一個康樂的生活世界。天理教的一些作為或許不是那麼的醒目，可是我們真的都是腳踏實地，一步一步地往前走。就是說讓更多的人知道天理教的教義就是這樣子，讓更多的人得救、去幫助更多的人。

附錄2-7：統一教臺灣總會「社會實踐觀」 深度訪談紀錄（訪談編碼014）

訪問人員：莊政憲

受訪人員：會長　李恪訓先生

訪談時間：2010年8月18日，上午十點。

訪談地點：統一教臺灣總會　臺北市羅斯福路三段273號4樓之1

訪問者：請問會長，對於統一教在臺創教初期是如何面對社會上的苦難問題？是會先考慮發展自己的宗教？還是會想要承擔起社會責任以解決這些苦難的問題？

李會長：在我們教會創教初期，在臺灣當時的社會的確也存有許多的問題，許多社會不好的現象。當然我們也希望能給予這個社會的苦難付出我們的貢獻。但是因為我們信仰的觀點來看，我們是覺得社會苦難的起因是在於人的問題，也就是說人出了問題。在我們是覺得人犯了罪、犯了淫亂的罪，所以離開了神的旨意，跟神的創造理想背道而馳，所以我們的苦難從此而來。由於我們覺得這些問題是從人的罪開始，從淫亂的罪開始。所以當時我們主要的社會責任是想要來除掉這個社會上，特別是淫亂的問題，因為這是罪的根。當然除了淫亂的問題以外，社會上許多的問題是因為人性被扭曲，所以我們對社會責任的貢獻主要在這兩個方向：一個是要建立聖潔的男女的愛，換句話說，男生和女生都要能持守聖潔，婚前不要有性行為，婚後也不要有外遇，持守住聖潔，男生跟女生都一樣，然後持守聖潔，建立幸福跟圓滿的家庭。持守一個人的聖潔，這是一個人在成長的過程裏面來證明他是一個成熟的、是一個完全的、重要的，能夠主管自己的情欲，所以是以「絕對的愛」來改善當時社會這種淫亂的風氣。我們認為許多的社會的問題是因為人性的扭曲，因為失去愛以後變成恨，所以人心和體分裂以後，變成以物質的欲望做為優先，以物質為優先的功利主

義，倫理道德不顧，追求物質的、現實的利益等等。所以我們是覺得說通過讓人性再一次的提升，這樣來解決當時的社會問題。那這部份我們就通過推動一個「為別人而活」的運動，我們稱這個為「真愛」。事實上「真愛」就是把前面這個「聖潔的愛」跟這「為別人而活的精神」合起來，我們把它統稱為「真愛運動」。所以對當時社會的苦難，明顯的具體作為就是在當時的社會展開真愛的教育、推動真愛的運動，希望能建立真愛的社會。

訪問者：所以，在創教初期，當時會員人數還不是很多，那對於統一教的立場是會先去發展自己的會員、會先去傳道？還是同時想要去承擔社會的責任？

李會長：其實這兩個是一起的。我們傳道也是傳道真愛的內容，也就是能夠把這樣的理想、理念提出來。那認同的人、有心一致的人我們就聚集一起來做，我們是從這樣開始。所以教會發展的同時，也就是對社會的苦難展開救贖的工作。

訪問者：所以，也就是說在發展初期一方面在傳道，一方面其實也是對社會展開救贖的工作。也等於說，從一開始其實這兩個部份就並行在做？

李會長：對！不過也許在一開始的時候比較偏重在理念的傳播，而實際這種社會承擔的工作，像這種實際的工作，可能在日後我們人數夠一定的基台的時候我們會做的比較多。因此開始的時候，我們一般是做理念的傳播，尋求志同道合的人，能夠有共同的信仰，你把它當作是一種傳道也可以。

訪問者：那麼去「承擔社會責任」、去解決社會苦難，對統一教而言是主業還是副業？

李會長：應該不是分主業還是副業來看，我們會覺得說他是共同體的、一樣的、連貫的。我們信仰的實踐或說我們信仰的活動本身也就是在對社會

的責任做一種實踐。比如說我們信仰的活動包含著我們需要禱告啦、要過聖潔的生活啦,不只是我們這樣子,我們也希望周圍的人,也跟我們一樣這麼做。從我們自身開始,當我們在過信仰實踐生活的時候、信仰實踐內容的時候,他基本上也就是在做這種社會的實踐,展開社會的實踐。當然我們的範圍上是從個人開始,直到我們的家庭或是我們的周圍、我們的宗族,一直到我們生活的環境周圍這樣展開,一直到社會,它的次序發展應該有這樣一個過程。但是我想應該不是主業還是副業的問題,它是連貫的。

訪問者:接下來想再請教會長的問題是,在統一教所承擔的社會責任中,都有哪些比較具體的實踐作為?

李會長:當然我們一開始是理念的宣揚傳播,當有一定的會眾的基礎之後,我們在實際的社會活動當中,比如說我們會展開社會倫理道德的規範教育,這個是對年輕人。像我們有成立青年的教育中心、我們有製作演講的錄影帶,有講師跟大家來做說明。大家也可以通過理念的學習當中,大家也知道為甚麼要這樣做。我們也有讓年輕人大家一起可以通過團體生活中來彼此學習人格跟道德的成長。在90年代我們展開全國性的「祝福運動」或是「理想家庭創建運動」,有年輕的認同彼此堅守聖潔的理念,在神面前宣示建立一個相愛、至死不渝的理想家庭。我們也邀請已經結婚建立家庭的已婚夫婦在神的面前彼此決意,從此能夠互相為著對方堅守真愛、白首偕老這樣一個「理想家庭創建運動」,使社會這個聖潔的愛普遍進入每個家庭裡面,為此我們也展開家庭教育,包括父母與子女的相處、親子關係的學習等等家庭教育。其他的話我們也進行,譬如像學術會議,以教授為基礎的學術會議。我們討論,例如:人格、社會風氣、甚至於是國家的整體倫理道德教育的策略、到世界和平的願景。通過學術會議來宣傳,來實際的展開文化藝術活動。我們也邀請國外的藝術團體,韓國的小天使民族兒童舞蹈團、還有環球芭蕾舞蹈團,具有深刻倫理道德及家庭藝術表演。我們也有社會服務,對於失學的或者是弱勢家庭的小孩子的課業

輔導，或者是人格的培養的生活營，我們也會帶著孩子做清潔環境、環保等等社會服務工作。這些以外我們也推動超宗教、超教派運動，雖然我們是新興教派，我們也邀請各種不同的宗教信仰、背景、不同教派，大家一起來貢獻我們的力量，對這個社會能共同的承擔。那對婦女的活動我們也是很積極，來團結婦女的力量，來作為一個家庭的中心來作也是有啦。所以大概在這幾個領域裏面，在過去我們亦有相當的投入。

訪問者：那對於統一教會而言，通常這種承擔社會責任，其實行的方式為何？是會通過統一教宗教的名義？還是會另外成立社會團體的名義來進行？

李會長：都有！因為我們統一教在臺灣有不同的社會活動分工，所以我們成立了一些不同的相關社會團體，那這些不同的社會團體在不同的社會領域來推動我們的理念、我們的影響。那教會當然是以宗教方面、以人的心靈的陶冶這方面做比較多的靈修的活動。那我們有婦女的團體來推動婦女界、有大學生的團體去推動校園的活動、那也有服務的單位推動服務的活動、那也有學術的那我們也有教授學會去推動學術方面、文化藝術方面我們也有文化基金會來推動。所以各不同的領域我們基本上有一些不同的社團在推動。

訪問者：所以，針對不同的領域，是通過統一教宗教的名義或者是通過社會團體的名義一起來推動？

李會長：基本上這些社會團體都是我們統一教的會友他們去成立的，所以雖然是有不同的團體，但她的方向是一樣、目的性也一致，可以說是整體的一起在推動，有宗教面、那也有社會團體面。

訪問者：像有些宗教來講，她基本上都是以宗教的名義來推動，那當時的考慮主要是因為要針對不同的族群、不同的目的性，所以要通過宗教的名義和社會團體的名義一起來推動，是這樣的意思嗎？

李會長：我們希望說能夠讓更多的人可以參與，所以不一定要有宗教認同者也可以參與，所以我們就是有比較多的社會團體一起來推動。

訪問者：但基本上其精神和理念是一致的？

李會長：是一致的！

訪問者：然後方向和目標也是一致的？

李會長：對！

訪問者：那在這種承擔社會責任的過程當中，通常是統一教自己做還是會聯合其他宗教或團體一起來執行？

李會長：有我們自己做的地方，也有大家一起來合作的地方。像我們理想家庭創建運動的祝福典禮、祝福活動的時候，我們為了要讓其成為普遍的社會風氣，所以邀請不同的宗教、不同的民間團體、不同的族群，大家一起來做。所以它是很廣泛的。那像超宗派、超教派運動，我們也是有不同的宗教團體，大家一起來參與、一起來協助。婦女活動也是不分這些宗教的差別，像這樣的話都是有它的普遍性，不一定非要我們這些宗教信仰者來做。但是，比較像宗教方面或靈修活動的話，那當然是比較我們教會在做。

訪問者：所以，這表示說，比較屬於社會性的活動通常都會聯合其他團體或宗教一起來執行？

李會長：對！

訪問者：接下來想再請教會長，統一教之所以能夠發展的關鍵是甚麼？因為統一教在臺創立也有幾十年的時間，她之所以能夠持續發展的關鍵是甚麼？同時，在統一教發展的過程中，她是怎麼去面對自身的生存問題以及外界，包含：其他宗教、社會大眾、政府如何去理解和接納的問題？

李會長：剛開始當然是有很多的困難，從無到有。所以對我們來說我們深深感覺到能夠發展最主要的關鍵就是神的保護和神的帶領。我們覺得來到這個時候了、來到這個時機點了，神要在地上來推動這樣一個神的盼望，我們只是承繼了神的這樣子盼望在地上，盡我們的人事。所以，第一個我們覺得是因為神的帶領。其次是我們自己本身，能夠在我們的人格、家庭、還有世界和平的理念上，得到別人的認同，那我們本身也親自的實踐，像前面提到的持守聖潔以及為別人而活的這樣的精神和態度，所以使周圍的人能夠感動、認同而願意支援，當然也有加入我們的行列裏面的。另外一個就是我們理念的體系是相當完整的，它可以把過去不同的宗教、不同的思想、不同的理念，能夠藉由我們的文鮮明創始人，他所得到神的啟示，對於新真理的解明是非常清楚的。所以我們真理的體系很完整，能夠把過去的思想、哲學、神學、歷史通通能夠給予很清楚的說明。所以當瞭解了這樣的一個思想體系的時候，很多人都得到很大的激勵和感動，受到這真理的吸引的關係。我想這是一個很大的關鍵。

訪問者：那對其他的宗教是如何看待統一教？在剛開始的時候以及在發展的過程當中？

李會長：當然不外是堅持我們的信仰理念，還有忍耐、不放棄，雖然有很多的誤會甚至是攻擊，但是我們仍然是一直一直過著為別人而活的生活，一直持守這樣聖潔的理念，所以也許是因為這樣子，它是合乎天理的法則，所以能夠這樣生存下來。所以對於當時的生存問題，我們也沒有太多求生存的掙扎或者力量，我們就是遇到各種挫折、迫害或是反對的時候，我們就是堅持我們所信仰的內容，然後忍耐這樣子。所以慢慢誤會就澄清了，人家也就慢慢的瞭解。所以在這樣的堅持和忍耐的過程，我們也是一直持續不斷的跟外界溝通，比如說，跟社會、跟別的宗教團體、跟政府做不停的溝通。我們也舉辦了許多的像前面所講的社會責任的活動，向外面來做一種表白一樣。像我們那時候做的純潔運動，告訴大家要持守婚前的聖潔，也是引起很大的迴響。理想家庭創建運動，大家也是覺得是應該

的。像這個就是我們對社會的溝通、我們參與社會的活動，然後跟大家一起來活動。我們也很誠意的為別人付出、為社會付出、也為國家付出。

訪問者：接下來想再請教會長，對於統一教的「社會實踐」，她在社會實踐或承擔社會責任的動機和目的是甚麼？

李會長：說真的，我們就是希望說能夠給人類更美好、幸福的一個未來。這是人類共同的理想、也是神的盼望。就是能夠在這地上建立一個神所盼望的理想的國度、建立神的國度、建立理想世界，建立自由、沒有戰爭、沒有衝突、沒有分裂的一個世界。

訪問者：那對於「承擔社會責任」能否作為統一教的一個基本特徵之一？也就是說當別人看到統一教的時候就會認為統一教就是專門在「承擔社會責任」的宗教？

李會長：當然你要這樣說也是可以，不過它是一個信仰的顯現的結果。我們這樣的特徵還是在於前面，第一個我們真的是在誠心誠意落實、實踐神的盼望和神的理想。第二個，我們真的覺得說彌賽亞已經來了，在我們地上生活的時候，就跟著彌賽亞一起生活、一起成長、一起把罪脫掉、一起得到重生、一起得到復活、一起走向幸福永遠的生命。我們可以說人類所等待的彌賽亞已經來了，我們是覺得說，文鮮明牧師、文鮮明夫婦他們就是彌賽亞，他們是再臨主、他們是人類的真父母。所以人類過去的苦難、過去歷史上的這些疑難或是人類所經歷的這些困難，在彌賽亞來的時候、在再臨主來的時候全部都會解決，所以這是我們比較特殊的地方。所以迎接了彌賽亞、跟隨著彌賽亞在地上具體的來實現、來實踐神的旨意、神的盼望、神的理想，那就是每一個人都是神的孩子，我們都愛每一個人，來實現One Family Under God！天下一家！大家都是神的孩子這樣的理念和理想。所以這樣一個理想，我們實際在社會上責任承擔活動所展現的，比如說我們強調家庭、強調我們個人的聖潔，以及為別人而活的這樣的一個精神。就是能夠建立一個和平的世界或是地上天國，這是最基本的原則。

那就是通過彌賽亞、文牧師來的時候帶給我們這樣的教導產生出來的。

訪問者：所以說，「承擔社會責任」也可以說是統一教的立教宗旨，同時它也是教義和信仰的實踐？

李會長：它是在我們立教的宗旨，在追求神的國度、建立神的國度的同時，在社會上就會有這樣子社會責任的承擔。因為，神的國度它不是虛無的，也不是人死後才去的地方，我們真的覺得人目前在地上就會生活在神的國度，那這問題我們覺得彌賽亞來、再臨主來時都會有辦法得到解決的方法。因此，以這個信仰為中心的時候，這些我們實際上對社會工作的投入，它也是我們的特徵沒有錯。那我們可以說，由內在的神的盼望、神的旨意跟彌賽亞這個內在的這種特殊性，然後發於外在的有我們要具體建立的、展開的社會上各層面的社會承擔的專案、內容。

訪問者：那「承擔社會責任」會不會也是統一教為了生存和發展的策略之一？

李會長：我想我們生存和發展倒不在這個地方，我們教會的宗旨，還有在我們實踐我們信仰的內容，以及我們過著教義所主張的生活的時候的同時，也會帶來我們教會在現實社會上的發展。我們是因為在實踐我們這樣信仰生活的內容，在實踐過程裏她自然就會發展，所以我們倒是沒有為了發展而過這樣的生活，倒不是這樣子。所以我們在過這樣實踐生活的時候，她就有了自然可以引起人們的共鳴，這樣可以吸引志同道合的人、有這樣的理想共識的人，慢慢就有她的基礎和她的影響力。我想我們教會發展的策略不是要來壯大我們的組織，而是強化我們人格的教育、理想家庭的創建。我們真正開始的時候可能滿足很多人的需求吧！所以自然有她的市場和發展。

訪問者：最後一個問題想再請教會長，對於統一教而言，「社會實踐」所帶來的結果或影響是甚麼？

李會長：我當然不能說我們有多麼大的貢獻，而是有許多人來到我們教會的時候，他們真的在信仰上得到很多的滿足、也有很大的復活感。然後通過教會所給予的理想家庭的教育，在他們實際的夫婦的生活、家庭的生活裏面真的有很大的幸福感。所以夫婦之間、家庭之間、親子之間的時候，有著共同的信仰也好、或是有真理的教育也好，讓家庭會更美好、更和諧、更幸福。所以我們的家庭就成為是「祝福家庭」，也有在他們的親族當中、在社會裏面，也是有被人們所歡迎、所羨慕的。因此我們教會的發展過程裏面，像我們過去的十年以來就連續得到政府的優良宗教團體的表揚，當然這也是一個社會的肯定。那也有很多的社會團體，通過一起的活動裏面的時候，彼此也有很好的一種聯繫的網路，為了共同的目標、共同的理想能夠建立起來。我想這也是一個很不錯的一種社會能夠有更多的合作、或是一種互動良好的感覺。

訪問者：那這種「社會實踐」所帶來的結果，對於統一教自身、統一教的信眾、社會大眾和政府又帶來甚麼樣的效益？

李會長：對我們教會自身來看時，我們可以得到社會的認同、更多人的認同，我們對社會的貢獻讓別人也能夠得到一些獲益。我們真的希望說，藉由我們這樣的付出，讓這個世界、讓這個社會能夠更美好、讓每一個人的家庭能夠更幸福。所以對我們的會員也好、對社會大眾也好，讓我們能夠有這樣的一種生活的喜悅、生活的幸福感，我們就會感到很滿足。對於政府方面，當然我們對政府的許多社會工作我們也配合，也會來支援，如果社會需要的話。比如說天災所造成的災難，救災我們也參與，有這需要社會活動的志工我們也參與等等。就是對這個人的心靈的提升、對這種社會的風氣以及家庭的倫理道德的一種發展，最後是對我們整個國家的國力我們有所貢獻。不是說讓我們很滿足，我們還有很多去進步和發展的空間，但是我們也看到她對這些個人、家庭、社會、國家的貢獻，也可以讓我們得到一些激勵，希望我們將來能夠為這些做更多的貢獻，產生更大的效益。

訪問者：所以，對政府而言，也就是說統一教本身的「社會實踐」同時也成為政府可以去運用的一個資源？

李會長：過去我們也是配合政府對社會服務工作的需要，一起來完成一些社會的活動。所以剛剛我也提過，我們也是在過去得到政府的承認，得到優良宗教團體的表揚，在過去差不多連續十年。這也是我們持續對這個社會來奉獻我們自己所得到的一個回饋。

附錄2-8：中華玉線玄門真宗教會「社會實踐觀」　　　　深度訪談紀錄（訪談編碼015）

訪問人員：莊政憲
受訪人員：創教宗主　陳桂興先生
訪談時間：2010年8月26日，下午三點。
訪談地點：中華玉線玄門真宗教會總會　臺中縣大里市中興路一段161號

訪問者：請問宗主，對於玄門真宗在臺創教初期是如何面對社會上的苦難問題？是會先考慮發展自己的宗教？還是會想要承擔起社會責任以解決這些苦難的問題？

陳宗主：玄門真宗比較特殊，玄門真宗的創立不是因為先有宗教，然後再去承擔社會責任。是先想要承擔社會責任、承擔社會的困難才有這個宗教。也就是說玄門真宗不是在其他的民間信仰、其他的宗教衍伸出來的，現在外面很多宗教是原來在道教團體裏面然後慢慢逐漸擴大，然後再分支出來。玄門真宗很特別，是從神蹟上，我們原來不是甚麼宗教，也不在道教、也不在民間信仰上，我們原來都不信神的，我們裏面都是教職、公務人員。但是因為有神蹟的靈驗，然後才由神指示要來成立這個事情。我們

有跟祂對峙一段時間，在對峙的十幾年當中，我們一直在追求你為甚麼要我成立這個玄門真宗？為甚麼要成立這個宗教？那祂才不斷地把這道講述出來。所以這邊講到承擔社會的苦難，我們的神教我們說，因應在未來的社會時局、社會的問題點、社會的苦難點在哪？所以祂必須要來承擔這件事情，必須要來立個教。所以玄門真宗的立教是先要我們去承擔這個社會苦難才必須要立這個教。那我們這些人也因為神的這種大願心、要承擔社會的問題，包括社會時局有甚麼變化，祂將來的變化趨勢會怎麼樣。經過十年的對峙，甚至去驗證祂講的對不對的過程後，我們才立教。所以我們在2004年立教之前，大概有十幾年我們是跟祂對峙、不相信，當然不相信中也在摸索，你為甚麼叫我們立教？所以這十幾年來祂就一直在講，將來社會是甚麼狀況？會有甚麼苦難？要我們去承擔這個責任，要我們去協助這個神來完成這個時局的責任。所以講說，面對社會的苦難，其實我們是先有面對這個社會苦難的願心、計畫或是工作，然後才慢慢形成一個團體，才立教。所以我們是一初期開始就是面對這些問題，而不是先成立宗教，然後說社會有這個問題，我們才去承擔。所以說我們是比較特殊。另外當初來告訴我們時就明顯講出這社會問題都很亂，大家樂的問題、社會正義面的問題、是非不分的問題，然後叫我們要用仁、義、禮、智、信的精神，三綱五常來解決。我們也問祂，你為甚麼要我們立教？祂說：為了社會充滿了混亂，沒有正義、沒有真理、唯利是圖等等，所以站在眾生的立場，我們要導正這個社會、導正這個眾生、救助這個眾生，所以必須要用祂的精神——仁、義、禮、智、信。所以我們立教就是先願意去承擔那個苦難、先看到那個苦難，然後才來促成。所以，仁、義、禮、智、信的精神也就是我們立教的精神。

訪問者：那當初剛開始成立的時候，在人不多的情況下，雖然立教的精神是要去承擔社會的苦難，但是人不多的情況下是會先去發展自己的教友？然後等到教友人數多時，有那能力才會去承擔社會的苦難？

陳宗主：剛開始一直在講那精神及導正人心方面，剛開始是以扶鸞、內部

的宗教儀式、宗教禮節、講人的因果問題，這樣來吸收一些志同道合，甚至是願意為社會責任承擔的人。所以當初會累積很多志同道合的人進來，有一段時間雖然沒有去承擔社會責任，可是在做內部教化。所以那時候就會吸引很多人，大家有志一同的人。以這精神來號召，為社會責任來負責，社會公義的問題、社會亂象的問題、賭博的問題等，所以當初是以那精神來號召。那精神號召到一個規模後，我們就開始向外做這些事情。先印善書，大量印善書勸化人家不能做這些事情。當然開始也做其他的活動。

訪問者：所以，立教是從2004年開始，一直到甚麼時候才開始有這能力可以去承擔社會責任？

陳宗主：我們立教之前大概就有做二十年的準備。前十年是和祂對峙，因為不相信。祂一直通過扶鸞來告訴我們，後來慢慢相信，覺得有道理，後來同意就出來做。用那精神去號召一些人，然後有人之後就有團體，就讓她合法化才變成立教。我們在立教的過程中才知道內政部對立教是有要求的，如果說那時候才按內政部的要求去做，來不及了。在做的十年的過程中，祂交代我們甚麼就做甚麼，包括我們辦宗教博覽會，做甚麼、做甚麼……，我們完全按照祂的方式去做，做到我們申請立教的時候，內政部提出來的規範，其實我們這十年就已經做好了。所以我們很相信我們的神就是說，我們要立教祂早就告訴我們了。

訪問者：那「承擔社會責任」對玄門真宗來講是主業還是副業？

陳宗主：主業！其實對我們來講沒有主業或副業，因為玄門真宗既然是要做這些社會承擔，所以我們宗教就像是天主教和基督教所講的「救贖」兩個字，所以我們的學生他都有一個責任就是「救贖」。所以一開始立教，一開始講的就是三大使命：選賢、拔聖、渡九玄。祂還告訴我們，為了這三大使命的完成，你們要怎麼修？三大功課是甚麼？所以我們的功課是精進：要很精進去努力成就；然後了業：要把自己不好改善；還有報恩：要

抱父母恩、君親師恩。所以，內部有三大功課，那外在有三大使命。所有一切做就是為了要承擔社會責任、承擔社會苦難。所以祂來講這句話說：「之所以有菩薩、之所以有神，是因為眾生的需要」，所以立教的目的就是為眾生承擔，才需要玄門真宗。

訪問者：接下來想再請教宗主，對於玄門真宗所承擔的社會責任中，都有哪些具體的實踐作為？

陳宗主：剛開始聚集的時候，祂要弘揚這個精神就一直叫我們做很多的事情。例如叫我們辦「全國宗教博覽會」，我們辦了七屆。「全國宗教博覽會」就是祂叫我們要改善宗教的良莠，當初用良幣逐劣幣的態度，我們辦一個全國公開式的博覽會，那你好的宗教才敢來，不好的宗教她當然不敢到這裏來。通過「全國宗教博覽會」讓全國的民眾來看看原來宗教有這些東西。所以我們站在要導正宗教風氣的立場上，我們辦了「全國宗教博覽會」。我們為了要讓大家行孝道，我們辦了模範父親、模範母親表揚。那我們為了要鼓勵人家社會服務，我們做全國志工表揚。那這些宗教博覽會、模範父親還有志工表揚這些東西都配合著學校的學術活動，不是只有表面上的表揚，還要求舉辦學術活動。像宗教博覽會我們就辦理宗教的研習活動，像宗教的管理、宗教的問題研習；模範父親就辦理家庭教育的學術活動；志工表揚就辦理志工的研習活動。這些都是我們承擔社會責任的活動。還有成年禮，和縣市政府、學校合作，邀請他們的子女來辦成年禮、來教育小孩。甚至我們有辦全國的繪畫比賽，像這次的八八水災，得獎的作品到災區每一個學校做八八水災的作品展，讓這些災民、學生知道全國這麼多人為你們祈願。完了以後，甚至把這些作品到中部、到其他學校去展覽。重點就在於，今天有玄門真宗我們就是要做這些工作。我們宗教的成立，甚至我們主要的工作業務、我們主要的工作內容都是以這些為主。我們跟一般宗教發展不一樣，像有一些地方廟她發展最後把錢存在自己說我的廟有多少公基金。我們的神不准，我們的神是以，有20塊的捐助你要做25塊，所以我們的教脈是經常在缺錢。經常在為了要做一件事情，

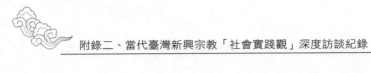

經常在募款、在做活動。所以我們不存錢，我們的神要求我們不可以存款，因為那是眾人發心的錢，你不可以私心。自己教門雖然也是公眾的，自己累積資金這也算是私心。就以目前來講，像我們有在學校做作品展、我們有做宗教學術研究活動，我們有跟教授在做學術研究活動。我們跟台中技術學院合作二個案子，第一是全國大專海報設計比賽，這前幾天才頒獎而已；再來是網頁設計比賽。目的就是提供獎學金給這些學生，透過這樣讓學生知道忠孝節義，仁、義、禮、智、信這些做人處事的道理。所以我們有分宗教面的、社會面的、學校面的，全面在做。

訪問者：那在承擔這些社會責任的時候，其實行的方式是通過玄門真宗宗教的名義？還是會另外成立一個社會團體的名義來進行？通常是自己做還是會聯合其他團體或宗教一起執行？

陳宗主：為了要方便，其實宗教領域裏面有些東西是不方便進入，那我們為了要方便進入，比如像學校她有時候不希望宗教去介入。她即使知道我們是不錯的，可是她是覺得怕被人家講話或是將來有問題，所以我們會有用社團方式進入。所以，以我們教門裏面就有三個：一個叫宗教團體；一個叫社會團體，我們有一個國際尊親會；有一個叫學會，學術團體。所以為了要完成這個事情，我們用三個面。那宗教方面就用宗教儀軌；那社團的部份在做愛心，我們有五個道場：臺北、神岡、大林、彰化、斗南，每一個道場附近都有將近20、30個里，每個里都有發平安米，都有救助人家，做慈善的就是用社團，用尊親會的名義。那到進入學校，就用學會。為了要方便做，也為了給合作單位不要有困難、困擾，像成年禮，就用學術單位與學校配合。學校也比較樂意，但她也理解我們是宗教團體。為了在學術上或為了避免以後的困擾，她們也會要求我們用別的名義和她們合作。所以為了要配合她們的方便，所以有學術單位的名稱、有社團的、有宗教的。那合作的話，我們幾乎很少自己做。我們的用意是把事情做好，我們不介意也不會說只要自己做，我們會邀請很多單位一起做。像成年禮，我們就會邀請學校配合縣政府單位一起。那另外宗教博覽會我們就邀

請所有宗教單位一起做，我們的目的是要把工作的本來意義做好。所以，以把工作做完成為主，所以我們的神很要求、很嚴格，不可以去沽名釣譽、不准你在名譽上著手。所以我們有很多工作是，我們只負責去把它做好，到後來連頒獎我們都不現身。像宗教博覽會，我們連續辦了七屆，每一次的開幕式剪綵我們的人都沒有上去，我們就是把它做好以後，我們當工作人員，然後開幕剪綵我們就是邀請所有宗教一起上去開幕剪綵，那我們的人都退下來。所以我們的教義、戒規，關公的要求很嚴格。像包括成年禮一樣，我們通通幫他做好，錢我們出，場面我們佈置，禮品什麼都是我們做，但是上去頒獎、做主持的都是政府官員、其他的社團，我們就站在旁邊做行政工作這樣。所以我們都是聯合比較多。

訪問者：接下來想再請教宗主，關於玄門真宗之所以能夠發展的關鍵是甚麼？在貴宗教發展的過程中，是如何面對自身的生存問題以及外界，包括：其他宗教、社會大眾以及政府如何看待、理解和接納的問題？

陳宗主：這個是大問題，如果以宗教和政府之間，其實政府都知道很多宗教都在做很多的事。可是因為過去很多宗教事件，那現在政府單位對宗教既愛又怕，所以政府都有意無意跟宗教都保持相當的距離。用這樣來講，你就會覺得說，要做很多事情的時候你會覺得心有餘而力不足。政府是不敢大力支持你，第一個她怕說支援你這個單位而不支援其他單位不公平。那第二個因為過去宗教事件太多，所以她們對宗教我常講說既愛又怕。不只政府這樣，包括其他的行政單位、縣市單位，只要是公家機關大概都是這個概念。包括學校也很擔心有宗教進入。所以要做這方面其實是要在發展上有困難的。如果純粹是宗教去發展，其實是有困難的。所以不得不通過社團和學術單位在社會上能夠，或在發展過程中能夠將觸角往外延伸。但是自己生存條件就有問題，因為你要做很多的事情都要花錢。像我們宗教博覽會，連續七屆，一年就要花七、八百萬。那七、八百萬要從哪裡來？都要勸募來。那變成說我們現在的宗教一年就花在公益上大概三千多萬，一年那麼多的支出，所以我們就透過宗教儀式、宗教的祈福、幫人

家做事那一方面賺回來。所以我們很辛苦是從宗教的付出那方面賺到錢，然後從這個錢去做公益，也就是說我們所做的公益錢都是賺進來的，我們很少讓人家捐助。宗教裏面幫人家禮斗、幫人家制解、幫人家消災、幫人家做法會、幫人家做往生的儀軌，做了這些，所以由裏面的志工、修士一起來做這些工作賺的錢，然後讓自己生存，然後再把這些賺的錢完全從社會面去付出，支持人家獎學金、做社團活動、做一些表揚工作，所以我們的生存是從這樣的方式來運作。那至於讓人家認同，也因為這樣能夠讓人來認同。那我們在推展，比如說一年我們有三、四百萬的善書，印善書，勸人家讀經、行忠孝節義的精神，也都是從宗教儀軌上的收入這方面來付出。

訪問者：那之所以能夠發展的關鍵點是甚麼？

陳宗主：這要分成兩方面，如果說以精神上，就是我們的精神符合現代的社會。除了三大使命之外，我們在做的過程有四大面向：第一是身體健康，我們有教人家怎麼身體健康，所以有很多人來這裏是想要來練功、身體健康；第二個我們講究家庭，家庭經營；再來一個就是事業經營；還有一個是人際關係。所以有四大面向：家庭、事業、人際關係、身體健康。從這些面向裏面去發展，讓人家認同。所以很多人願意來認同、來做這些事。那也從宗教儀軌裏面去得到收入。所以，符合信眾的需求，從身體健康、跟家人經營、讓事業有成、讓人際關係強化，教他們做這些事情，也幫他們解決這些問題。我們有宗教儀軌來幫他們解決這些問題，你家庭有問題我們幫你解決問題，你人際關係有問題你來上課或是我幫你來解決這些問題。因為宗教裏面講究的是救贖眾生嘛，那在救贖的過程中需要人家的支援。我們內部的費用連公益的一年大概要三、四千萬。

訪問者：那在發展的過程中，其他宗教是怎麼看待、理解和接納您們？

陳宗主：其實宗教的排他性很高，讓其他宗教接受其實並不容易。但是以我們來講發展還是很好，就是因為剛好我們的主神就是關公。那關公，佛

教也有在拜、道教也有在拜、那一貫道也在拜、民間信仰拜的更多。所以我們這個宗教，其他宗教對我們的排他性不高，因為他們都在拜這個神。當然我們立教以後是有排他性，因為他們認為是我們要當個主神，以關公為教主，那其他拜關公的對我們也會有排擠。但是我們自己教本身也是很特殊，我們立教的一個戒規是對任何宗教不能有排他、要包容，所以我們會辦宗教博覽會，而且能辦的起來跟別人不一樣。宗教博覽會之前有人辦，但辦不起來，因為排他性太大，人家都不願意服她。但是我們關公就是能辦起來，因為佛教對關公排他性不高，然後其他宗教對關公的排他性也不高，所以這麼多年來碰到宗教的排斥不是說沒有，但是因為我們關公的特質，包括我們在做事的要求。關公要求我們不能有排他的、不能有高傲、要很謙卑。用好像是傳令兵的態度去把事情做好，所以我們從來沒有自大或是要去領導人的心態，只是要把事做好。所以這麼多年來，以我們自己的立場來講，發展的還算是很快而且是受到其他宗教的認同。其實我們是用辛苦去付出，就像我們做一個活動，我一定要親自拜訪再拜訪，然後從不願意接受，到願意接受，到大家願意一起來做。就是以我們要把事情做好的精神為主標，然後不斷的去努力。

訪問者：接下來想再請教宗主，對於玄門真宗的「社會實踐」或「承擔社會責任」的動機和目的是甚麼？

陳宗主：承擔的動機，剛剛我們講說：有眾生才有菩薩。就是說有眾生才需要我們啦！所以我們承擔的動機就是：「救贖」是我們主要的責任。所以我們的三大使命就是：選賢、拔聖、渡九玄，我們之所以成立、今天之所以要有玄門真宗就是，我們就是要幫助人家、我們就是要做這些事情。所以我們就秉持這個精神，我們從來也不為自己內部著想，是我們能做多少事，這個玄門真宗才有成立。這也是當初我們之所以願意大家把公務人員、把其他工作放下來做這件事情。那也吸引現在有那麼多人來跟隨我們的精神。所以，之所以有玄門真宗，就是要做事、就是要承擔社會的責任、承擔眾生的苦。那從承擔社會的責任、承擔眾生的苦來修養，讓自己

成就。所以有二個動機，第一個外在動機是要你去幫助別人，然後願意去做社會的承擔。但是幫助別人承擔，相對的回到內部的修養自己、讓自己承擔。所以有些人沒有熱忱，我們就教他去幫助別人、培養熱忱。所以內部的考核就以這個為考核。你能幫助人多少？你能為社會承擔多少？那你就是我們內部最好的人才。所以用玄門真宗內部的架構，用內部選拔的架構或承擔的架構來做。所以這就是我們的動機和目的。

訪問者：那「承擔社會責任」能不能作為玄門真宗的基本特徵之一？也就是當別人看到玄門真宗時，玄門真宗就是專門在做社會實踐、專門在承擔社會責任？

陳宗主：這個是很重要的一個概念。在宗教的發展裏面，這個是我們有思考過的。像很多人看到佛教，理光頭就是師父。但其他的宗教明顯特徵沒有那麼大的時候，讓人家的認同度或是定位就是一個很大的問題，這在宗教發展裏面是一個很重要的。那我們在這過程當中也有經歷這些問題，都在做這些事情但是我們要誰認同？社會的認同其實要取得普遍性認同不容易。像慈濟的發展就以社會慈善方面讓人家普遍認同。那我們也面對這些問題，我們要用慈善方面讓大家認同呢？還是要用宗教法師的身份讓人家認同呢？這個我們也經歷過這些問題。當然除了神叫我們從這幾個立場去做之外，我們有最大一個特色就是我們有幫人家做祈願，類似天主教、基督教的禱告。所以我們也在這一方面讓社會認同。除了做慈善的、做學術活動的、幫助別人的、社會表揚的等這些部份都在做以外，我們也在要求每一個人都要展現出承擔社會責任，願意幫人家承擔困難、救贖眾生的面向要出來。

訪問者：所以，等於說在「承擔社會責任」這個部份，還沒有辦法成為貴宗教的基本特徵？而是在未來玄門真宗能夠發展出來？

陳宗主：現在已經在發展了。這好比是人的外像，人家看到玄門真宗就知道她在做甚麼，這都在做的過程當中。如果說那一個比較特殊，現在的發

展還沒辦法完成。因為在地方上，每一個道場一定讓地方知道我們有在發平安米、在救助。但這個我們覺得不能代表玄門真宗。那如果說你要做法事的，那法事的部份你要怎們去推展？其實這是一般宗教，除了大宗教以外，其他宗教在發展的立足點和定位的問題，是值得思考的。

訪問者：那「承擔社會責任」是否也是玄門真宗的立教宗旨以及信仰和教義的實踐？

陳宗主：對！我們的教義就是「承擔社會責任」。我們的教義：仁、義、禮、智、信；我們的三大使命：選賢、拔聖、渡九玄。每一件事情都在承擔社會責任。所以，我們教義的實踐就是在承擔社會責任，我們教義的實踐就是在救贖眾生。所有一切修行成就就是要承擔眾生，承擔眾生成就就是修行成就，承擔眾生成就就是教義的成就，承擔眾生成就就是這個教門的成就。但是現在你要讓教門的特色讓大家都承認，我覺得這需要一段時間的努力。像慈濟這樣大家都知道她在做慈善，也是經過很多年的努力。

訪問者：那「承擔社會責任」是否也成為玄門真宗為了要生存和發展的策略之一？

陳宗主：對我們來講也算啦！因為我們講之所以成立是在承擔社會責任，當然在承擔社會責任的工作裏面，也要考慮內部的生存和發展。所以在做每一件事情我們有三大要求：第一、我們做每一個活動的實際效益是甚麼？所謂的實際效益就是：你有沒有救助多少個實際效果？你有沒有把精神發揚的很好？你有沒有因為這樣有善的循環？有人認同？給你支持，能夠變成善的循環？所以在承擔社會責任的過程裏面一定會考慮來跟去的問題，我付出了以後將來的回饋是甚麼？所以也不能只有單一方面去做付出，你要在每一過程中你教化了多少？引渡了多少人？將來有多少人認同你？甚至我有多少收入？所以在佈施的過程中也可能要去思考，因為這樣才能善的循環、才會持續發展。像簡單講，我們發平安米，我們想說：為善不欲人知，我就救助你就好了。可是在一個教育、在一個善的宣導、善

的循環過程中不可以這樣做。我可能會透過一個宣導，我救助你我可能會讓很多人知道，讓別人一起來參與，然後讓它變成一個教化，讓他知道善的循環，因為這樣大家一起來參與，然後也強化我們內部的生存。

訪問者：所以，從這些點來看，它也是會成為玄門真宗發展的策略之一？

陳宗主：對！這麼多年了！當然我們生存發展有二部份，第一是社會責任的承擔；另外則是我們付出的宗教的部份，幫人家制解、幫人家做宗教儀式，這也是發展的其中之一。有人喜歡學法術、有人喜歡來修行的，我們的法術和修行都是要承擔社會責任。

訪問者：最後想再請教宗主，對於玄門真宗的「社會實踐」所帶來的結果和影響是甚麼？

陳宗主：因為我們教門講仁、義、禮、智、信，所以我們希望用關公忠孝節義的精神來帶給社會，包括我們辦很多活動讓人家瞭解，原來做人處事是要這樣。如果以宗教立場來講，其實這幾年我們的發展，我們導正宗教的正信，我們花了很大的精力和時間。因為現在宗教來講有很多的亂象，那包括甚麼叫法？甚麼叫術？宗教的信仰是甚麼？我們在這一方面這幾年對外面或是整個社會、整個宗教界影響很大。所以現在有很多人在抄襲我們的東西，所以也造成我們包括網站很多資料我們都不敢上去，所以我們網站停滯很久。為甚麼？因為我們很多東西上去，其他宗教就抄襲，甚至寄給我們的帖子都是用我們的話，把我們整段話加進去然後寄帖子給我們。所以我們目前也在考慮這些事情。但是對於宗教的影響其實是真的很大，因為我們要求所謂的正信。包括我們有承擔一個活動，由勞委會開班，透過嶺東科技大學辦誦經班的職業培訓，然後發證照以後可以出來執業。學的部份在學校上課，術的部份就到我們這裏上課。然後我們上課時就教他甚麼是誦經班，它真實的道理在哪？將外面講的不正確的觀念把它導正過來，所以影響很大，就把亂象導正過來。至於對社會上，包括我們

到監獄去上課,已經好幾年了,我們也到學校裏面不斷的宣導,來端正社會風氣、改善社會風氣。

訪問者:那麼做了這些「社會實踐」,對於玄門真宗自身、信眾、社會大眾以及政府又帶來甚麼樣的效益?

陳宗主:我們裏面的信眾、修士來這裏修行、參與,是希望成就自己。我們有四個面向:家庭、事業、人際關係、身體健康。那這四個要怎麼成就?就要求他們對外付出、去做社會承擔。為了要讓自己成就,所以去做社會服務、做社會承擔,所以自己成就了,然後我們對社會也有很大的貢獻。當然我們也有幫政府辦的一些宗教培訓、宗教課程,還有包括辦一些學術活動、成年禮,這個都有很大的幫助。甚至協助他們做宗教研習課程,例如寺廟經營,我們跟大學配合,然後由我們來辦。包括辦生命教育,每個院我們有成立一個生命教育中心,幫政府培訓生命教育的守門員,防治自殺。為了要做這些事情,內部是希望透過做這些事情讓內部的人成就,來參與的學員、修士、結緣的,因為付出而成就自己。然後外在讓社會大眾受益,然後也協助政府。對於玄門真宗自己,我們認為我們把這些事情做完就是我們的成就,因為我們的教義、我們的使命就是做這些東西。我們的成就沒有定位在自己賺到錢、自己賺到建設,我們都沒有。因為我們當初的成立就是不為自己打算,募20塊要花25塊。我們如果說有成就的話,就是把這個使命完成的更多,這就是內部的成就,而不是讓自己變得多大,因為我們當初的使命要求就不是這樣。

附錄2-9：中華天帝教總會「社會實踐觀」 深度訪談紀錄（訪談編碼016）

訪問人員：莊政憲

受訪人員：秘書長　詹敏悅女士

訪談時間：2010年8月18日，下午二點。

訪談地點：中華天帝教總會　臺北縣新店市北新路二段155號

訪問者：請問秘書長，天帝教是1980年在臺灣復興。當時的社會環境其實有很多的社會問題和社會苦難的問題，雖然天帝教一開始主要是關注在核武的浩劫以及兩岸之間和平的問題上。那對於臺灣當時的社會環境，天帝教是用什麼樣的心態來面對社會上的苦難問題？特別是當時剛復興，尚屬初創的階段，沒有很多人，因此當時會不會把重點放在傳更多人來相信天帝教？還是會把重點放在去面對這些社會問題？想要去承擔、想要去解決這些社會的苦難問題？

詹秘書長：天帝教剛復興的時候，那時弟子很少。而且我們從以前到現在，一直都沒有花很多的時間來作宣傳。當然渡人是一種我們覺得是因緣成熟，所以天帝教很少辦那種大型的佈道會或者是大型的皈依，很少！從以前到現在就一直很少。天帝教最主要是以解救核子毀滅浩劫為原則而產生的那個使命、那個活動，一直到現在我們都還持續。那最主要是你進來的一個學生、一個教徒，我們就是要他上去念很多的皇誥，尤其是你要進階參加正宗靜坐班的時候，就會硬性要求你在四個月的正宗靜坐班期間，一定要念完四十萬皇誥。一開始進來我們只是鼓勵你多念，但是當你真正想進階參加靜坐班的時候，你就必須念完這麼多。其實從復興就一直是以解救人類這個最大難題為主要，我們很少做宣傳的工作。

訪問者：那麼，這種渡人是隨意的？還是刻意的去傳道？

詹秘書長：沒有！我們沒有刻意的去發傳單、去宣傳，我們只有定期的正宗靜坐班。然後，定期的每一個教院有她們自己靜心靜坐班，不收費然後教社會人士，你也可以不皈依天帝教，沒有關係。只是我們每一個月幾乎會開一個班，如果有需要的話。一般都是信徒介紹信徒，我們也很少去報上登廣告或者是發傳單，只有一次跟公車合作，讓我們在公車貼廣告。基本上我們會定期的去幫人家做氣功治病，氣功也只是去作服務，而不去promote天帝教。我們去作氣功，你覺得很好，你想要進一步的學靜坐，我們才會介紹你來。我們對於去招收很多信徒，這樣子的動作是作的比較少的。基本上就是告訴同奮自己要念誥，而念誥就是救劫，救劫就是救這個國家、救臺灣這個社會。我們認為皇誥的效力，是你念的很多的時候，上帝可以因為你的誠心、因為你的心念、大家哀求的誠心，上帝可以轉圜每一個苦難、每一個災難。所以當臺灣的社會出現一些問題的時候，我們會加緊誦誥。好比說我們平常一天一場，十一點鐘是午課，到了晚上七點是晚課，每天固定只有這兩個。但是當碰到臺灣有重大災難的時候，我們就會加強誦誥，我們從極院那邊會有一道通告過來。哪一天的哪一時刻開始，大家加強誦誥。加強誦誥就是每天增加一場、兩場或者三場，或者甚至於那時候要選總統時，怕說會起暴亂或者是大陸那邊會打過來，我們甚至是二十四小時不停的，一場完了休息五分鐘就換下一場。然後再加上上面給我們的迴向文，就是希望這個皇誥可以迴向兩岸和平，或者迴向對岸不要打過來，或者迴向這次的選總統不要有流血事件。所以，像這樣子對於社會的苦難或社會可能暴發的一些衝突、流血事件，或者是像土石流、地震、911事件、國際衝突……等等。我們就是加強誦誥、加強誦誥，然後不停的誦誥、迴向，讓上帝去解救、轉圜這樣的危機。

訪問者：所以，等於說天帝教在復興之初，她的主要宗旨就是去解決地球上或社會上的一些劫難；因此在臺灣復興之初當面對社會上的苦難問題時，就是通過誦誥來解決？

詹秘書長：對！沒錯！

訪問者：那對天帝教而言，「承擔社會責任」、解決社會的苦難，是天帝教的主業還是副業？

詹秘書長：應該說是，天帝教復興有一個長程、中程、短程具體的設定目標。基本上，我們的遠程目標就是化延核子毀滅浩劫、永保世界和平。現在我們當然希望，第一、希望美蘇不要有核戰；第二、就是希望世界擁有核武的國家都能把核彈銷毀掉；再下一步就希望，如果這個世界上都沒有核武的時候，那時候還是會有衝突啊、還是會有戰爭啊，我們還是得為戰爭……，要到世界上永久沒有戰爭的那個和平的日子，那才是說我們最遠程的目標都達成了。所以這只是一步一步，那這整個的一步一步是我們遠程的目標，對整個我們所在的地球，我們才認為我們承擔的責任才了了。至於中程的目標，因為兩岸一直是我們所關心的。我們的迴向文，從天帝教復興的第一天我們的迴向文就是這個「確保臺灣復興基地」。再來就是這個時代的使命就是「願以此哀求、為天下蒼生、化延毀滅決、大地早回春」，以這為第一要務。臺灣不保，天帝教沒有了；一旦臺灣不保，兩岸一定發生流血衝突。那個時候和平沒有了，連生命都沒有了怎麼可能有和平？所以確保臺灣是第一要務！再來是全球的天下蒼生、全球的毀滅浩劫。通過迴向，累積力量。希望可以通過誦誥、迴向為我們做轉圜，這就是迴向的力量。所以我們每天念皇誥，雖然只有二十三個字，「願以此哀求」慈心哀求是我們對內心的表達。後面這幾個字都是上帝的稱號：「今闕玄穹主宇宙主宰赦罪大天尊玄穹高上帝」。只有上帝才有赦罪的權柄，總共二十三個字，我們每天一直念，念完了後你希望它用在哪裡？這是第一個。再來就是時代使命「化延毀滅決、大地早回春」。再來就是兩岸的，最後要形成一個自由民主的中國。這三樣迴向文是我們每天要念的。還有就是針對社會問題，好比現在兩岸談ECFA，我們的迴向文就是多加的，就是兩岸會談要平等互惠。「兩岸協商、平等互惠、和諧理性、凝聚共識、架構經貿交流機制、開啟和平發展新義」。這個就是我們對於時勢、對於當代、對於社會，我們負起的一個責任。

訪問者：所以，等於說在天帝教復興之初一直到現在，針對社會上這些問題，你們本身是以著很積極的態度去面對、去承擔、去改善、去解決，然後通過這種誦誥的方式。至於說對於社會上的貧窮、疾病、肌餓、暴力等等這些問題，你們又是怎麼去面對？

詹秘書長：好比說，像社會的一些你剛提到的貧窮、單親、暴力、老人、孤苦無依的，我們有一個「中華民國紅心字會」，她是我們天帝教的輔翼單位，也是師尊創的。在她的業務裏面等於就是做這些問題：對於孤苦無依的老人的在宅服務、單親家庭的輔導、還有就是受刑人家屬服務，這在全世界我們是第一個做，也是紅心字會最有名的一個代表作。特別是受刑人家屬，有的時候一個家長被抓進去關了以後，生活就陷入困頓。然後這個家庭所教育出來的小孩又是沿續罪惡的DNA，所以為了要斬斷他們的貧窮跟罪惡，就是你必須要輔導，然後讓他們的小孩能夠受到好的教育、能夠隔離罪惡、貧窮，所以對於這塊我們做的最多。然後還有老人的、單親的、暴力的，等於是社會的比較實際面的、生活比較困頓的，我們就由中華民國紅心字會專門去處理。因為我們設立在臺北市，所以我們服務的範圍在臺北、臺中和高雄。臺中跟高雄由於人力的問題，沒辦法做的這麼週全。其實目前在臺北這個已經擴大到有三、四個據點，市政府的評鑑每年都是第一、二名，類似這樣的慈善機構評鑑。所以對於社會的這些我們是另外有個機構。在天帝教之外我們有四個輔翼單位。一個就我剛講的紅心字會；那一個就是天帝教總會，總會就是做宗教交流這一塊；然後還有一個極忠文教基金會，她本身就是做關於中華文化的這塊。兩岸學術研討，關於道教、關於宗教、關於宗教與學術、宗教與社會的學術研討會。還有兩岸的藝術交流，大陸的電影、京劇團我們邀請。那時候，在臺灣因為京劇沒有表演的地方，所以幾個劇校訓練出來的學生沒地方演出。沒地方演出你自然而然中華文化的東西就會慢慢沒落。那時候很早約八年前，我們就開始引進北京、天津京劇團到臺灣表演，然後介紹臺灣的平劇到大陸去表演。把臺灣所有有關兒童的電影，我們就結合起來然後去大陸演出。

大陸拍片的產量其實是很多的，只是我們都沒有機會看，然後就辦兩岸的兒童電影交流，我們就類似做這樣子，所以這個是文教基金會做的。我們另外還有一個輔翼單位是出版公司，帝教出版社，就是出版一些宗教的東西。還有一個就是宗教哲學研究社，最早是由師尊從宗教哲學研究社開始教學生打坐，才有天帝教後來的這些規模。所以有四個輔翼單位，在不同的領域、不同的區塊，其實做的就是弘揚宗教東西。不一定是天帝教的東西，天帝教所做的就是希望每一個人心胸能夠擴大。像紅心字會所做的這麼多的東西，裏面沒有講到天帝教這三個字；只有每年在募款的時候，才跑到天帝教各教院來募款。其實他們在做的這些在宅服務的工作人員，他們也不是天帝教同仁，因為都是專業的，而他們也沒有一個是天帝教的信徒，當然理事長、秘書長是，其他的像護理師、行政人員、公關，都沒有一個是。我們也沒要求說你一定是要成為天帝教的信徒，你只要根據師尊定下的宗旨去做，這就是輔翼單位比較接近生活面的東西，去解決生活的困難、眼前的困難、社會的困難、社會問題的困難。

訪問者：所以，在承擔社會責任當中，天帝教具體的作為是通過這四個輔翼單位來執行。反而不一定直接用天帝教這個名稱，而是通過這些社會團體來進行？

詹秘書長：對！

訪問者：那等於說，通過這四個社會團體，藉由其本身所具有的宗旨，進一步來開展具體的實踐作為出來？

詹秘書長：對！

訪問者：那另外在承擔這些社會責任時，通常是自己做？還是會結合其他的團體或宗教一起來進行？

詹秘書長：都有！也有自己做，但是我們需要更多人參與的時候，好比說像南亞海嘯，去斯里蘭卡幫他們建造簡便房屋的時候，那時候我們是結合

一貫道、結合靈鳩山、還有結合天主教的明愛會……。所以也有像這樣子的結合其他的宗教，那也有我們自己做的。

訪問者：那如果說是針對臺灣來看呢？因為那些都等於是支持國外的，那如果說以臺灣來看，承擔這些社會責任或做這些社會實踐的時候，在臺灣當地通常是自己做？還是會結合其他團體來做？

詹秘書長：在臺灣也有自己做的。像年終歲末，我們會去清寒的家庭送衣服、送食物，那個我們也會自己做。但是，也是看事件，我們也會結合其他。像以前SARS的時候，那時大家進入極度的恐慌。那時候我們結合了一貫道、天主教還有佛教，那個是「宗教和平協進會」的成員，我們就結合這些宗教去和平醫院。當時和平醫院是被封鎖的，不能進去的。有的醫師一進去之後就被關了出不來了，當時有很多這樣的情形。那時候人與人之間就人心惶惶，大家很恐慌。我們就去和平醫院的對街，給他們寫一些安慰的布條，然後用大聲公（擴音器）向著和平醫院去安慰他們，然後祈禱，為他們祝福、喊話。其他的像地震、風災、土石流，我們也有結合其他宗教，我們自己也有做。像那時土石流，在埔里，我們就第一時間開車進去，當時車子開不進去大家就踩著爛泥，把在菜市場抓來的青菜、米、生力面（速食麵）、衣服等送進去。這個也是有我們自己做的，然後結合其他宗教的我們也有。救助急難的部份、共同祈禱和平等也都是結合。因為你需要大家一起來認同這個工作、需要結合更多力量的時候，我們就會去聯繫其他宗教一起來做。所以，看情形！其實都有。

訪問者：那麼，會不會說比較傾向先自己做？還是會……？

詹秘書長：不一定！因為我說先自己做是因為緊急，我們自己可以馬上去做。比較大的，需要結合大家力量的，我們就希望說很多人一起來做。

訪問者：接下來想再問秘書長，您覺得天帝教從1980年在臺灣復興到現在已近30年的時間，您覺得她能發展的關鍵是什麼？在發展過程中是如何面對自身生存的問題？以及外界如何理解你們，包括其他宗教如何看

待你們？社會大眾及政府如何去理解和接納你們？

詹秘書長：天帝教雖然有她的宗旨、時代使命及遠程目標。這個目標是一種努力的方向，但是以我們本身來講，如何讓信仰的人數增加？本身能夠走的長遠？一定要有一個吸引信徒進來的關鍵。人家不會因為你的使命很大或責任很浩大，人家就來加入你們，而是你如何去吸引他們。所以，一般如果要來加入天帝教，最主要吸引他們的一個是「天人氣功」。氣功可以治病，那你進一步要學氣功或者你要強身，你就要學打坐。所以，一個是打坐、治病。那另外一個比較吸引他們的是青年學生，青年學生他們會認為天帝教的教義是與眾不同。全世界大概只有天帝教一個宗教講說：你信了天帝教你還可以信仰原來的宗教。全世界的宗教都希望你只信她，而且深層的信、不要變動。像很多宗教都，你如果欺師叛祖，你就天打雷劈，因為她不希望你信了這個又去信仰別的。因為很多人已有了宗教信仰，可是他又很想去嘗試一下，那又很怕說我去信了回來以後會被人家當作奸細、當作間諜、會天打雷劈，所以有的人就不敢。或者是他會認為有一點罪惡感，我去聽聽這個宗教，好！就不要回去，因為回去怕被人知道、訕笑、會被人家冠上罪名。所以，我在接觸這個宗教，我就永遠待在這裏就好了，我就不要回去。但是以天帝教來講，所有的宗教無非都是上帝的道，你只要是正信宗教。很多的青年學生會認為這是一個很特別的宗教，信了天帝教我還可以信仰原來宗教。因為，原來宗教，其實每一個宗教，你如果根據她的教義、她的教化，你每一個都可以成聖，因為每一條路都，你只要是正信的、你只要是上帝的道，你每一個可以回到上帝的身邊。像我們在大學的社團的學生他們就會認為說，哇！這樣我就沒有罪惡感！我可以到天帝教來看看你們是什麼？那因為我原來信基督教，那沒關係，你還是回去信你的基督教。像我們的樞機使者，還很多人是某一個公廟的董事，還有人還戴著基督教的戒指，那OK的！也有的是一貫道的，很大的；或是慈濟功德會的，也是地位很高的。那在以我們來講，OK啊！這是你要的，你信了天帝教，你不是說我只信這個然後別的我就

不去瞭解，這樣也沒有辦法去兼顧你的信仰。其實在天帝教，你可以拿很多佛經來印證天帝教的東西，你很多道的東西來印證天帝教的東西，那只是會讓你的信仰更穩固，讓你更確定說我這個道就是上帝的道，沒有錯！所以如何讓社會認同我們而加入我們，而成為我們的發展，第一就是「天人氣功」。因為「天人氣功」很特別，只要師尊給這個治病的法門：就是金光、金針、還有幫人家打氣，我就可以到處去幫人家看病。那這種會引起很多人的好奇，為甚麼也不吃藥，就喝一杯開水。那開水就是我們念念二十字箴言，就能變化水分子的組織，就會變成一種對你有益的東西，由這個我們就會吸引很多人來。來的時候，如果你只參加普通的靜坐，你可以不需要皈師；但是你如果要參加正宗的靜坐，就必須一定要皈師、一定要念很多的皇誥。所以，你要成為我們的信徒，你有一定的門檻。另外就是，天帝教的教義是超前當今的科學技術五百年。就等於我們現在在讀天帝教的教義，很深、很難懂是因為五百年後的科學才會講到這些。那這些科學就能夠解開一切生物界的謎團。生物是怎麼構成？我們現在當然知道是由細胞構成，那細胞之外有個靈魂，那這些靈魂是怎麼進到這個細胞？它是怎麼掌管這個細胞？還有人是怎麼修煉而能夠進出這個肉體？一般來講，天帝教的修持就是可以到達這樣的境界。那這樣的境界那不是神話故事裏面看太多了？神仙這個踩在雲端過來，然後再踩著雲端過去。其實這些都是可以以科學的方式來解析的。你是怎麼修練？修練到甚麼樣的地步？像這些的教義對於喜歡追根究底的青年學子就會很有吸引力。

訪問者：所以，等於說天帝教本身發展的關鍵：一個就是說你能夠幫助別人治病或身體健康，通過天人氣功、通過靜坐，這是一個很重要的關鍵。另一個是她的教義，教義很新穎、先進或是包容性很大，不會有很多的限定。所以，這兩個是天帝教很重要的發展關鍵？

詹秘書長：對！沒有錯！

訪問者：那在發展過程中，其他的宗教是怎麼看待你們的？以及政府是

怎麼看待你們的？是怎麼去理解和接納你們？

詹秘書長：在所有的新興宗教當中，他們會認為天帝教是一個學術性很強的，然後是天帝教裏面的組成份子知識份子比較多。一般來講會進到天帝教是因為想學靜坐。還有就是現在社會的文明病很多，在現代工作壓力、生活壓力之下，很需要一個可以紓解身心的地方，所以這個靜坐就蠻吸引他們的。因為現在這個社會幾乎每個人多少生理都有病痛，然後靜坐跟氣功是一個很吸引他們的，所以他們也可以來。那一般新興宗教來看天帝教就會覺得天帝教是一個生命力很旺盛的宗教。因為我們每年都會辦很多的活動，像祭祖大典、文昌祭，這些都是開放給社會大眾可以參加的，不是只有天帝教的人。因為中華民族的祖先不是只有天帝教的人有，大家都有，那我們就開放給各種姓氏的、各省分的、宗親會、同鄉會，大家都可以來參加。三月份有祭祖大典，還有就是文昌祭，這些都是開放的。還有二月二是龍抬頭，祈求風調雨順。農曆的七月份有秋祭法會，就是超渡，我們超渡也是辦的非常大。再來就是每年都有兩到三場學術研討會，像8月1日我剛辦一場宗教立法論壇，也是邀請個新興宗教來參加。天帝教一年就要辦至少四場學術研討會，因為我們有一個涵靜老人學術研討會，有一個極忠講座，這是我們和北大一起合辦，一年在臺灣、一年在北大，所以一年就至少要辦四場。今年又碰到師尊110歲生日，所以又辦了一場天人實學。像這樣的學術研討會一年就有好多，所以以其他宗教來看，像新興宗教聯誼會，也是天帝教跟一貫道、軒轅教在民國76年（1987年）的時候三個教最先辦起來的。結果辦到現在已經有8、9個教一起聯誼，每半年辦一次聯誼，其實都是天帝教在規劃。所以，其他宗教對我們的看法是我們的活動力很強、我們的組成份子知識水準是比較高的、我們學術方面成就是比較高的。因為我們不只是在做念經、祈禱的工作，因為我們一直在做學理上的一些研究、分析、探討。因為，只有學理上能夠經的起探討的東西，你的信仰才會深固，而不是只是拿香去拜拜、去祈求這樣一個交換式的東西。

　　那政府怎麼看待天帝教？應該說從2005年開始內政部先找我過去，他希望說在這麼多新興宗教裏面，天帝教能夠出來做一個整合。整合甚麼東西？並沒有具體的東西，他只是希望凝聚一個力量。那我說要辦些甚麼東西？我要怎麼整合？他說希望你能辦新宗教的對談或者是新興宗教的座談會。我說我以前沒辦過，你要給我一個方向。你知道新興宗教如果要宗教對話，沒有那麼簡單，其實你必須對自己的宗教跟其他的宗教有某種深度的瞭解，還有宗教的比較你才能對話。所以我就問他說你希望我們辦一個甚麼性質的？如果要對話的話，我覺得第一次就辦對話，覺得太深入而且搞不好就沒有東西可以談。因為並不是每個人對其他宗教都這麼的瞭解。他說好，當時是黃慶生當科長，最後他決定名字就叫「2005新興宗教對談與座談會」，以後每年都要辦，然後就請天帝教來做一個領頭的工作。我從2005、2006、2007、2008、2009我每年都辦，今年2010沒有辦，內政部說今年先辦宗教立法論壇，完了還有時間再辦。八月一日我剛辦完，但今年的新興宗教對談與座談會可能要停一次，明年如果有新的議題，她會希望我再辦新的議題。這就是內政部對天帝教的看法。

訪問者：那麼天帝教在承擔這些社會責任或是作這些社會實踐的動機或目的是甚麼？換句話說，「承擔社會責任」是否能夠成為天帝教的基本特徵之一？或者成為天帝教的招牌？

詹秘書長：應該不會成為天帝教基本特徵！像我剛跟你講的，「承擔社會責任」我們是把它劃撥在紅心字會。所以，紅心字會跟天帝教的關聯不是讓社會人士看起來那麼的聯結在一起。所以，可能知道紅心字會的人可能會比知道天帝教的還要多。天帝教之所以不像慈濟一樣，就是說對於社會發生的一些急難、救助很快就會到現場，是因為我們是把它劃撥在紅心字會的業務裏面。所以，應該說「承擔社會責任」不會那麼明顯的就成為天帝教的招牌或特徵，我想沒有，一般人對天帝教的想法不會認為是那樣的。

訪問者：那天帝教之所以會作這些社會實踐或者承擔社會責任，那您覺得她主要的目的和動機是什麼？是屬於天帝教在一開始立教的宗旨裏面或是在教義裏面有提到這部份，然後您們就應該要去做？

詹秘書長：不在！不在我們的教義當中，也不在我們的宗旨裏面。可以這麼說，其實，宗教人或者一般我們要教化的社會人士都要給他們一種「人饑己饑、人溺己溺」的精神，尤其是宗教人更要發展出這種慈悲心。以天帝教來講，為什麼天帝教要復興？就是不忍人之仁，我沒有辦法看到整個世界毀滅、整個生靈塗炭。我們每一個人都是上帝創造的，對上帝來講都是一個很珍貴的種子。你降生到地球上來，到最後是整個的毀滅掉，那師尊不忍我們被毀滅，所以才要復興天帝教來拯救這些人。同理可證，我們看到人家有難，我們會不忍，這個就是一個宗教人最基本的一個慈悲心，我們說的就是會悲憫人家。所以，看到這種社會有難，一個地區、一個地震、一個土石流；或者小到說一個家庭一個人被抓去關，全家陷入困頓；或者是說一個老人家，無兒無女，就是自己在一個房子裏面，沒有人去幫你打掃、整理，我們都會產生慈悲心。當然，我們只要力量所及，我們只要我們自己知道，我們就應該要去救助，我想這是同樣道理。它並不在我們的教義，也不在我們的宗旨裏面。

訪問者：那在做這些社會實踐或承擔這些社會責任，會不會也成為天帝教在發展過程的一個策略之一？

詹秘書長：我想所有輔翼單位的這些工作，應該不會成為主旨或是成為最主要的工作項目。而是在我們帶頭的宗旨之外，就看你這個社會現況裏面需要甚麼？現在臺灣的社會需要紅心字會作的這些工作，當天帝教發展到美國、發展到歐洲去的時候，她們又必須要視當地的社會狀況而發展出她們需要的那種工作專案。我想這些都是從我們救劫的觀念衍伸出去的一些東西。它不會成為我們最主要的，但是你說它不會，它卻又是維持一個社會安定非常重要的一個力量。所以應該說，是手心和手背的事情，它來輔

助我們天帝教的宗旨的執行。

訪問者：所以，它也是一個自然的過程，但它同時又具有輔助的功效，所以某種程度來講也是一種發展的策略？

詹秘書長：對！我說一下紅心字會成立的緣由。其實紅心字會是在臺灣復會，最早民國三十幾年八年抗戰的時候，天帝教在西安市成立紅心字會，當時因為戰爭時，一個炸彈下來整個街道城市都被炸毀，很多人就是曝屍荒野。當時師尊是天人教教主，看到很多屍體曝屍荒野，很多人受傷了沒有醫治；所以紅心字會當時是施棺、施藥。就是募了很多錢來買棺材，把路邊沒人收拾的屍體送到棺木裏。還有就是募了很多藥，當時炸彈受傷的或是沒得吃的，紅心字會就是從那個時候來的。所以，當時並沒有天帝教這樣的一個組織，就是根據當時的社會狀況而所做的一些活動。那這個活動跟現在不一樣，可是，其實一樣，都是穩定社會的一個力量。但它不會成為天帝教最主要的宗旨，可是它等於是輔導、協助社會安定的力量。

訪問者：最後一個問題想再請教秘書長，天帝教通過這些社會實踐的工作或者承擔社會責任所帶來的結果和影響什麼？對天帝教自身、天帝教的同奮、社會大眾和政府又帶來什麼樣的效益？

詹秘書長：現在紅心字會所做的工作當然得到政府的肯定。本來紅心字會的業務只是做受刑人家屬的服務，包括幫他們請免費律師、幫他們小孩免費補習、幫他們家屬找到工作。本來紅心十字會，因為天帝教的財力、人力有限，只能做這一塊。後來因為我們去標臺北市政府的案子，當時要把成果給她看，然後她評估，後來拿到臺北市政府的老人在宅服務。就是我剛講的，一個老人都沒有親人，當你有病痛時又沒有人去服務，這是臺北市政府給的項目。就是因為這個做的非常的好，所以，後來臺北市政府又委託我們做單親家庭。她每給你一個項目她就會提供一個活動辦公的地方和行政人員等等……。那必須要去招募這個相關的專業人員，好比像心理輔導，這些都需要專業的；單親家庭的或者是受刑人的，都需要心理的輔

導。單親家庭這一塊也做的業績非常好。現在再加上銀髮族的，等於說兒女都必須去上班，然後家裏只剩下一個銀髮族老人，我們就去把他們接來，等到兒女下班後，我們再把他送回去。所以紅心字的業務越來越多，以臺北市政府來講，等於紅心字會所做的工作，幫他們解決了很多的社會問題。像受刑人家屬，他是一個犯罪的食物鏈；鏈子是永遠不停的，你把他抓走了，家裏陷入困頓，小孩不受好的教育，他就重操父親的舊業，而且等於是社會一個很大的負擔。當然我們的能力有限，希望說幫助到每一個人，以我們的能力我們只做了部份，但是政府會肯定我們所做的這一塊。她會希望說如果有更多像類似紅心字會的團體來協助她，對比較邊緣的、弱勢的、你照顧不到的，我們都盡了一臂之力。可見，在臺北市政府來看的話，紅心字會的業務是越做越好。而且她也實際上幫助了那個地區的。單親家庭與受刑人家屬是沒有區域性的，只要電話一打來，我們都會去協助。老人在宅服務，則必須設籍在臺北市，因為涉及到區域經費的問題。尤其是受刑人家屬服務非常受到肯定，最主要是你整個中華民國沒有這樣的一個公益單位在做這一塊，所以政府應該認為紅心字會是一個有效的幫助了一些她們力量照顧不到的地方。

訪問者：也就是說，一方面能帶來社會的穩定；一方面也解決一些社會問題，也幫政府做了這些她們本來應該要做的事情？

詹秘書長：對！它是蠻專業的一塊，政府可能沒有那個餘力去處理，所以她希望有更多的民間機構來做這樣的事情。

訪問者：所以，對天帝教本身因為做了這個，社會大眾或其他外界對天帝教又能更加肯定？

詹秘書長：對！沒錯！

附錄三、當代臺灣新興宗教研究著述資料[178]

附錄3-1：當代臺灣新興宗教中文期刊論文及研討會論文

	篇名	作者	刊名/書名	出版年月
1987年以前	1.日本的新興宗教	張鶴琴	現代學苑	1967.06
	2.日本的新興宗教（上）	松公	自由青年	1973.01
	3.日本的新興宗教（下）	松公	自由青年	1973.03
	4.社會變遷與宗教皈依：一個象徵人類學理論模型的建立	李亦園	中央研究院民族學研究季刊	1983
	5.美國的新宗教	鄭金德	菩提樹	1984
	6.王母娘娘是何方神聖?：從神棍詐欺案談臺灣新興宗教	鄭志明	聯合月刊	1985.02
	7.臺灣民間新興宗教的發展趨勢:遊記類鸞書的宗教分析	鄭志明	臺北文獻	1986.09

---

[178] 資料來源:主要是參考臺灣國家圖書館館藏書目、全國碩博士論文、全國期刊論文等等,以及張家麟,「當代臺灣新興宗教研究趨勢之分析」,一文中的資料整理而成。

	1.臺灣的民間信仰	瞿海源	民國七十八年度中華民國文化發展之評估與展望	1990
	2.記明代新興宗教的幾本寶卷	周紹良	中國文化（風雲時代）	1990.12
	3.日本日蓮系與新興宗教	藍吉富	當代	1991.03
	4.宗教福利服務之初步考察：以「佛光山」、「法鼓山」與「慈濟」為例	王順民	思與言	1994.09
	5.臺灣齋教研究：先天道的源流──兼論其與一貫道的關係	王見川	思與言	1994.09
	6.臺灣本土佛教的傳統與變遷：巖仔的調查研究	林美容	第一屆本土文化學術研討會論文集	1995
1990～1999	7.宗教團體與社會回饋：以靈鷲山無生道場的博物館事業為例	呂理政	寺廟與民間文化研討會論文集（下）	1995
	8.臺灣齋堂總表	林美容	臺灣史料研究	1995
	9.臺灣民間宗教的文化意識	鄭志明	歷史月刊	1995.03
	10.從南部地區的「巖仔」來看臺灣的民間佛教	林美容	思與言	1995.06
	11.臺灣「新興宗教」的名詞界定	鄭志明	臺灣史料研究	1995.08
	12.臺灣「新興宗教」的現象商議	鄭志明	宗教哲學	1995.10
	13.宗教運動的社會基礎：以慈濟功德會為例	林本炫	臺灣佛教學術研討會論文集	1996
1990～1999	14.國家、宗教與社會控制：宗教壓迫論的分析	林本炫	思與言	1996.06
	15.臺灣的「巖仔」與觀音信仰	林美容	臺灣佛教學術研討會論文集	1996

1990～1999	16.宗教建構世界秩序的可能性：以「國際創價學會」為例	陳淑娟	思與言	1996.06
	17.後現代社會與宗教現象	吳寧遠	東方宗教研究	1996.10
	18.一貫道大專學生伙食團之研究：以發一崇德「臺北學界」為例	林榮澤	東方宗教研究	1996.10
	19.中國新興宗教之科學觀	張立德	宗教哲學	1997.01
	20.從新興宗教的失序現象論我國學校實施宗教教育的必要性及其可行性	黃隆民	台中師院學報	1997.06
	21.臺灣新興民間宗教形成的社會意義：宋七力的事件	許時珍	中山人文社會科學期刊	1997.12
	22.文化脈絡中的積功德行為：以臺灣佛教慈濟功德會的參與者為例，兼論助人行為的跨文化研究	丁仁傑	中央研究院民族學研究所集刊	1998.春季
	23.試論新興宗教的起源	宋光宇	歷史月刊	1998.05
	24.日本創價學會及其政黨關係之研析	陳儔美	問題與研究	1998.05
	25.戰後臺灣新興宗教研究：以軒轅教為考察物件	王見川、李世偉	臺灣風雲	1998.09
	26.巫術、宗教與科學的世界圖像：一個宗教社會學的考察	顧忠華	國立政治大學社會學報	1998
	27.新興宗教及傳統宗教現代化的瓶頸	張立德	宗教哲學	1998.10
	28.世界現代化進程與新興宗教運動	鍾國發	宗教哲學	1998.10
	29.臺灣新興宗教團體的世界觀與內在運作邏輯：一些暫時性的看法	丁仁傑	思與言	1998.12

1990～ 1999	30.大陸社會動員的理論探索與建構：「法輪功事件」為例	歐陽新宜	中國大陸研究	1999.01
	31.現代佛教女性的身體語言與性別重建：以慈濟功德會為例	盧蕙馨	中央研究院民族學研究集刊	1999.01
	32.臺灣「新興宗教」的文化特色（上）	鄭志明	宗教哲學	1999.01
	33.臺灣「新興宗教」的文化特色（下）	鄭志明	宗教哲學	1999.04
	34.社會網路在個人宗教信仰變遷中的作用	林本炫	思與言	1999.06
	35.中國新興宗教的生死觀——天帝教生死理論初探	巨克毅	宗教哲學	1999.07
	36.臺灣新興宗教團體簡介-1-	中央研究院新興宗教綜合計畫組	臺灣宗教學會通訊	1999.10
	37.飛碟會陳恒明與末劫明王：一個末啟修辭法的分析	游謙	中外文學	1999.11
	38.國家對宗教的控制與鬆綁：論臺灣的宗教自由	張家麟	人文、社會、跨世紀學術研討會	1999
2000～ 2010	1.臺灣的宗教變遷與社會控制	林本炫	輔仁學志：法/管理學院之部	2000
	2.震災中的新興宗教——以天帝教和創價學會為例	林本炫	臺灣宗教學會通訊	2000.01
	3.為什麼會有新興宗教	宋光宇	文化視窗	2000.02

2000～2010	4.從超個人心理學看天帝教與現代人類精神	劉秋固	宗教哲學	2000.03
	5.新興宗教介紹(5)──賽峇峇	中央研究院新興宗教綜合計畫組	臺灣宗教學會通訊	2000.05
	6.「類似基督宗教在臺灣」──摩門教、耶和華見證人、統一教會之探討	董芳苑	臺灣文獻	2000.09
	7.臺灣地區齋堂的調查與研究	林美容、張崑振	臺灣文獻	2000.09
	8.臺灣新興宗教的救劫運動	鄭志明	宗教哲學	2000.09
	9.新興宗教介紹(6)──超覺靜坐	中央研究院新興宗教綜合計畫組	臺灣宗教學會通訊	2000.09
	10.世紀末，神佛滿天飛？──臺灣的新興宗教風	李光真	光華（中英文國內版）	2000.09
	11.宗教 vs. 科技──新世紀的辯證和想像	劉阿榮	社會文化學報	2000.12
	12.清海教團的興起與發展：對於一個當代臺灣社會變遷中的新興宗教團體的初步介紹	丁仁傑	臺灣宗教研究最新趨勢學術研討會	2000
	13.臺灣新興宗教信徒之態度與行為特徵	瞿海源	宗教與社會變遷──第三期第五次臺灣社會變遷基本調查之研究分析研討會	2001.02

2000～2010	14.舊或新的宗教性？（臺灣宗教場域與宗教性的變遷）	郭文般	宗教與社會變遷——第三期第五次臺灣社會變遷基本調查之研究分析研討會	2001.02
	15.臺灣民眾的宗教流動與地理流動	林本炫	宗教與社會變遷——第三期第五次臺灣社會變遷基本調查之研究分析研討會	2001.02
	16.臺灣宗教行動圖像的初步建構	陳家倫	宗教與社會變遷——第三期第五次臺灣社會變遷基本調查之研究分析研討會	2001.02
	17.自力與他力之間——臺灣民眾宗教態度與實踐間的差距	姚麗香	宗教與社會變遷——第三期第五次臺灣社會變遷基本調查之研究分析研討會	2001.02
	18.塵世的付出、來世的福報——臺灣社會中的宗教捐獻現象	劉怡寧、瞿海源	宗教與社會變遷——第三期第五次臺灣社會變遷基本調查之研究分析研討會	2001.02
	19.臺灣民眾宗教信仰的生死關懷	鄭志明	宗教與社會變遷——第三期第五次臺灣社會變遷基本調查之研究分析研討會	2001.02
	20.傳統術數與學校教育的關係	游謙	宗教與社會變遷——第三期第五次臺灣社會變遷基本調查之研究分析研討會	2001.02

2000～2010	21.改變命運與宗教修行的轉變	陳杏枝	宗教與社會變遷──第三期第五次臺灣社會變遷基本調查之研究分析研討會	2001.02
	22.當代臺灣社會中的宗教浮現：以社會分化過程為焦點所做的初步考察	丁仁傑	臺灣社會研究	2001.03
	23.臺灣新興宗教介紹(8)──世界真光文明教團		臺灣宗教學會通訊	2001.05
	24.新興宗教與宗教自由──法輪功個案	龔立人	輔仁宗教研究	2001.06
	25.臺灣新興宗教的宗教對話	鄭志明	成大宗教與文化學報	2001.12
	26.新的外來宗教	瞿海源	臺灣文獻	2001.12
	27.臺灣氣功的文化現象	鄭志明	新興宗教現象研討會	2002.03
	28.藏傳佛教在臺灣──中新領導者的經驗分析	姚麗香	新興宗教現象研討會	2002.03
	29.臺灣外來新興宗教發展的比較研究	瞿海源、章英華	新興宗教現象研討會	2002.03
	30.靈性權威與修行	鍾秋玉	新興宗教現象研討會	2002.03
	31.新興宗教與主流教派的關係	游謙	新興宗教現象研討會	2002.03
	32.臺灣宗教場域的組成──一個新制度論的觀點	郭文般	新興宗教現象研討會	2002.03
	33.宗教醫療與信仰改變	林本炫、莊豐吉	新興宗教現象研討會	2002.03
	34.加蚋地區公廟神壇──兼論民間信仰與新興宗教的關係	陳杏枝	新興宗教現象研討會	2002.03
	35.新時代運動在臺灣的發展	陳家倫	新興宗教現象研討會	2002.03

	36.解嚴後臺灣新興佛教現象及其特質——以人間佛教為中心的一個考察	楊惠南	新興宗教現象研討會	2002.03
	37.資訊科技與宗教：迷你的社會學想像	王佳煌	新世紀宗教研究	2002.09
	38.臺灣的新興宗教	瞿海源	二十一世紀	2002.10
	39.新興宗教團體與社區研究	陳杏枝	二十一世紀	2002.10
2000～2010	40.社會學有關「新宗教運動」定義的意涵	林本炫	對話與創新——新宗教團體與社會變遷研討會	2003.03
	41.新興宗教與主流教派的關係：比較宗教學的觀點	游謙	對話與創新——新宗教團體與社會變遷研討會	2003.03
	42.現代禪的戒律觀	溫金柯	對話與創新——新宗教團體與社會變遷研討會	2003.03
	43.現代禪教團「象山修行社區」的發展	華敏慧	對話與創新——新宗教團體與社會變遷研討會	2003.03
	44.統一教會的「國際集團結婚式」	李恪訓	對話與創新——新宗教團體與社會變遷研討會	2003.03
	45.從現代社會的反身性論當代基督教會的新興現象	鄒川雄	對話與創新——新宗教團體與社會變遷研討會	2003.03
	46.從宮壇到新興宗教——兩個新興宗教團體信眾之比較	陳杏枝	對話與創新——新宗教團體與社會變遷研討會	2003.03

2000〜2010	47.東馬德教會的發展	鄭志明	對話與創新──新宗教團體與社會變遷研討會	2003.03
	48.各國新興宗教政策之探討	魏千峰	對話與創新──新宗教團體與社會變遷研討會	2003.03
	49.新時代運動在臺灣發展的探討	陳家倫	對話與創新──新宗教團體與社會變遷研討會	2003.03
	50.本土新興宗教的全球化質素──以清海教團為例	趙星光	對話與創新──新宗教團體與社會變遷研討會	2003.03
	51.新興宗教之社會文化經濟──以日本新興宗教在巴西和臺灣為例	姚玉霜	對話與創新──新宗教團體與社會變遷研討會	2003.03
	52.全球化時代的宗教現象	周平	對話與創新──新宗教團體與社會變遷研討會	2003.03
	53.文化綜攝與個人救贖：由「清海無上師世界會」教團的發展觀察臺灣當代宗教與文化變遷的性質與特色	丁仁傑	臺灣社會研究	2003.03
	54.基督教與臺灣新興宗教的對話──以幾個新興宗教團體為例	呂一中	玉山神學院學報	2003.06
	55.全球化的新興宗教現象的理論與探討	范麗珠	理論與政策	2004.01

2000~ 2010	56.宗教信仰有多自由？ ——對中國內地關於「邪教」的立法及其實踐的研究	朱國斌	香港 社會科學學報	2004.03
	57.論宗教商品化與宗教發展——山達基教會個案研究	張家麟	真理大學 人文學報	2004.03
	58.從歷史脈絡談新興宗教與主流教派的關係	游謙	慈濟 通識教育學刊	2004.06
	59.宗教消費商品化：論當代宗教與社會互動關係的質變	趙星光	宗教哲學	2004.06
	60.臺灣新興宗教研究的展望	瞿海源	世界宗教學刊	2004.06
	61.自我宗教的興起：以新時代靈性觀為例	陳家倫	世界宗教學刊	2004.06
	62.新興宗教之法律規範——美、德、日、俄、臺等國制度比較	魏千峰	世界宗教學刊	2004.06
	63.東馬德教會的發展	鄭志明	世界宗教學刊	2004.06
	64.「新興宗教運動」的意義及其社會學意涵	林本炫	世界宗教學刊	2004.06
	65.現代禪的戒律觀	溫金柯	世界宗教學刊	2004.06
	66.「現代禪的戒律觀」對談與回應	陳美華	世界宗教學刊	2004.06
	67.現代禪教團「象山修行社區」的發展	華敏慧	世界宗教學刊	2004.06
	68.統一教會國際集團結婚式——理想家庭祝福大典項目報告	李恪訓	世界宗教學刊	2004.06

2000～2010	69.宗教儀式感受與宗教教義實踐：以鸞堂之扶鸞儀式為焦點	張家麟	臺灣宗教學會2004年年會	2004.07
	70.當代臺灣新興宗教研究趨勢之分析	張家麟	2004海峽兩岸學術研討會論文集	2004.10
	71.新神佛降臨救世：一個本土新興宗教團體的研究	陳杏枝	臺灣宗教研究	2005.04
	72.會靈山現象的社會學考察：去地域化情境中民間信仰的轉化與再連結	丁仁傑	臺灣宗教研究	2005.09
	73.臺灣新興宗教的「正統」與「異端」研究──兼論「彌勒大道」的宗教型態與發展策略	趙建智	臺灣史料研究	2005.12
	74.大學新興/傳統宗教社團學生之宗教態度與行為研究	鍾秋玉	實踐通識論叢	2006.01
	75.進步、認同與宗教救贖取向的入世性轉向：歷史情境中的人間佛教及其行動類型初探	丁仁傑	臺灣社會研究	2006.06
	76.宗教追尋者和非追尋者改宗行為模式的比較：一個新興宗教團體信眾資料的分析	陳杏枝	臺灣宗教研究	2006.12

2000～2010	77.市民社會的浮現或是傳統民間社會的再生產？——以臺灣佛教慈濟功德會的社會實踐模式為焦點	丁仁傑	臺灣社會學刊	2007.06
	78.新興宗教山達基——從湯姆克魯斯的世紀宗教婚禮談起	蘇信瑤	心鏡宗教季刊	2007.09
	79.在啟示中看見經典：以一貫道的經典運用為例與原教旨主義概念相對話	丁仁傑	臺灣社會學	2007.12
	80.風險與信任：以醫治和健康為例探討膜拜團體的社會意義	龔立人	成大宗教與文化學報	2008.06
	81.臺灣本土新興宗教的靈魂觀	陳杏枝	臺灣宗教研究	2008.06
	82.「現世福報」與「了生脫死」的特質——一個臺灣密宗團體之研究	陳杏枝	淡江人文社會學刊	2008.09
	83.站在十字路口的當代佛教	王榮昌	國際文化研究	2008.12
	84.新興宗教尋奇——日本天理教及其在台發展	張家麟、劉興煒	心鏡宗教季刊	2009.06

資料來源：本研究整理

附錄3-2：當代臺灣新興宗教碩博士論文

	論文名稱	作者	學校/系所/碩博	出版年份
1987～1989	大戰後美國政府對宗教團體課稅之研究──兼論統一教在美國之稅務糾紛	劉純仁	淡江大學/美國研究所/碩士	1989
1990～1999	1.臺灣民間宗教之研究：一貫道「發一靈隱」的個案分析	林榮澤	臺灣大學/三民主義研究所/碩士	1991
	2.天理教在臺灣之發展	陳淑湄	中國文化大學/日本研究所/碩士	1992
	3.宗教與世界秩序：國際創價學會的全球化現象	陳淑娟	東吳大學/社會學系/碩士	1994
	4.人間佛教與生活實踐──慈濟現象的社會解析	張維安	清華大學/社會人類所/碩士	1996
	5.科學與宗教：臺灣新興宗教中的知識份子	莊佩琦	臺灣大學/心理學系/碩士	1996
	6.太虛大師近代中國佛教復興運動的理念與實踐（1980-1947）	金思良	中正大學/歷史研究所/碩士	1997
	7.另類社會運動：一貫道的聖凡兼修渡人成全──以寶光建德天一官員義區與天祥聖宮學界區為例	楊弘任	清華大學/社會人類學研究所/碩士	1997
	8.一貫道「發一崇德」的制度化變遷	吳靜宜	臺灣大學/社會學研究所/碩士	1998

1990 ~ 1999	9.新聞論述建構之新興宗教語藝視野——以中國時報、聯合報與自由時報為研究對象	林佩君	輔仁大學/ 大眾傳播學研究所/碩士	1998
	10.一貫道的末劫救贖觀初探	陳信成	輔仁大學/ 宗教學系/碩士	1999
	11.一貫道禮儀實踐研究——以發一崇德組為例	蔡中駿	玄奘人文社會學院/宗教學研究所/碩士	1999
2000 ~ 2010	1.禪修型新興宗教之社會心理學研究	鍾秋玉	政治大學/ 心理學系/博士	2000
	2.臺灣的比丘尼僧團及其不同的生命經驗：一個社會學的個案研究	李雪萍	東海大學/ 社會學系/碩士	2000
	3.高雄文化院的扶鸞儀式研究	林原億	輔仁大學/ 宗教學系/碩士	2000
	4.志願工作者之組織社會化歷程及其關鍵影響因素：以一家宗教慈善組織為例	蔡美蓉	臺灣大學/ 心理學研究所/碩士	2000
	5.臺灣民間佛教「巖仔」信仰之研究	蘇全正	中興大學/ 歷史學系/碩士	2000
	6.日本新宗教在臺灣發展之研究——以「世界真光文明教團」為例	張琳	輔仁大學/ 宗教學系/碩士	2001
	7.民國新興宗教結社——萬國道德會之思維與變遷(1921-1949)	夏明玉	東海大學/ 歷史學系/碩士	2001

2000 ～ 2010	8.慈惠堂的發展與信仰內涵之轉變	胡潔芳	花蓮師範學院/ 鄉土文化研究所/ 碩士	2001
	9.新興宗教奧修在臺灣的發展──以門徒之奧修經驗及消費特性為考察	張芝怡	東海大學/ 社會學系/碩士	2001
	10.臺灣當代在家佛教中的維鬘傳道協會：一個區域性新興教團個案的探討	羅國銘	輔仁大學/ 宗教學系/碩士	2001
	11.新興宗教中知識份子參與靜坐修煉的宗教經驗──以天帝教為例	袁亦霆	政治大學/ 社會學系/碩士	2002
	12.從公民教育觀點初探宗教信仰課題	林文綺	臺灣師範大學/ 公民教育與活動領導學系在職進修碩士班/碩士	2002
	13.母親與祂的兒女──慈惠石壁部堂宗教人的經驗世界	許雅婷	東華大學/ 族群關係與文化研究所/碩士	2002
	14.威權政治對宗教型非營利組織影響之研究──以錫安山與法輪功為例	陳穎川	南華大學/ 非營利事業管理研究所/碩士	2002
	15.天德教在臺灣的發展(1926~2001)	葉惠仁	淡江大學/ 歷史學系/碩士	2002
	16.當神聖與世俗相遇：宗教組織的形成與發展──以靈鷲山佛教教團為例	劉怡寧	臺灣大學/ 社會學研究所/碩士	2002
	17.彌陀慈惠堂乩示活動之研究	蔡志華	臺南師範學院/ 鄉土文化研究所/碩士	2002

2000～2010	18.論新興宗教信徒入教因素及其影響——山達基教會個案研究	陳道容	真理大學/宗教學系碩士班/碩士	2004
	19.日蓮正宗在臺灣之傳播研究——以宜蘭妙照院為例	莊錫賓	佛光人文社會學院/宗教學研究所/碩士	2004
	20.彌勒大道的宗教型態	汪圓善	輔仁大學/宗教學系/碩士	2004
	21.真佛心宗組織、儀式及其教義初探	蔡合綱	真理大學/宗教學系碩士班/碩士	2005
	22.唯心宗禪機山運用文化活動推展弘法事業	張馨方	佛光人文社會學院/藝術學研究所/碩士	2005
	23.密宗瑜伽的修煉——阿南達瑪迦在臺灣之發展歷程與社會實踐	楊偉湘	臺灣大學/社會學研究所/碩士	2005
	24.宗教市場中的新興宗教——以山達基教會為例	許怡真	政治大學/宗教研究所/碩士	2006
	25.宗教政策與新宗教團體發展——以臺灣地區新宗教申請案為焦點	蔡秀菁	真理大學/宗教學系碩士班/碩士	2006
	26.將「佛教創立」視為歷史上的「新興宗教」運動：佛教興起之社會因素研究	賴耀申	華梵大學/東方人文思想研究所/碩士	2007
	27.宗教商品化之探討——以佛乘宗大緣精舍為例	黃俊諭	東海大學/宗教研究所/碩士	2007
	28.從新興宗教的觀點論述基督教地方召會——以高雄縣林園地方召會為例	林枝葉	高雄師範大學/臺灣文化及語言研究所/碩士	2008

資料來源：本研究整理

附錄3-3：當代臺灣新興宗教中文專書及著作文章

	篇名/書名	作者	出版社	出版年份
1987以前	1.《天道勾沈》	宋光宇	臺北：元佑	1983
	2.〈臺灣新興宗教概觀〉，《臺灣民間信仰之認識》	董芳苑	臺北：永望文化公司	1983
	3.〈宗教問題的再剖析〉，《臺灣的社會問題》	李亦園	臺北：巨流圖書公司	1984
	4.〈臺灣新興宗教概觀〉，《認識臺灣民間信仰》	董芳苑	臺北：長青文化	1986
	5.〈探索新興宗教現象及相關問題〉，《中國時報》民國75年2月1日	瞿海源	臺北：中國時報文化事業股份有限公司	1986
1987～1989	1.〈探索新興宗教現象及相關問題〉，《泛濫與匱乏長篇》	瞿海源	臺北：允晨文化公司	1988
	2.〈臺灣社會的功利思想與新興宗教〉，《泛濫與匱乏長篇》	瞿海源	臺北：允晨文化公司	1988
	3.〈解析新興宗教現象〉，《臺灣新興社會運動》	瞿海源	臺北：巨流圖書出版	1989
	4.《人類學與臺灣》	林美容	臺北：稻鄉出版社	1989
1990～1999	1.《臺灣的政教衝突》	林本炫	臺北：稻鄉出版社	1990

1990～1999	2.〈一貫道與政府之關係——從查禁到合法化〉，《宗教與文化》	林本炫	臺北：學生書局出版	1990
	3.《臺灣的宗教與秘密教派》	鄭志明	臺北：台原出版社	1990
	4.《宗教與文化》	鄭志明	臺北：臺灣學生書局	1990
	5.《文化的圖像上——文化發展的人類學探討》	李亦園	臺北：允晨文化公司	1992
	6.《宗教與社會變遷》	林本炫編譯	臺北：巨流圖書公司	1993
	7.《臺灣人的社會與信仰》	林美容	臺北：自立晚報社文化出版部	1993
	8.〈臺灣與中國大陸宗教變遷的比較研究〉，《宗教與社會變遷》	瞿海源	臺北：巨流書圖公司	1993
	9.〈臺灣慈惠堂的考察〉，《民間宗教》第一輯	焦大衛、歐大年（David. K. Jordan & Daniel. L. Overmyer），周育民編譯	臺北：南天書局	1995
	10.《宗教與社會》	宋光宇	臺北：東大圖書公司	1995
	11.〈臺灣「新興宗教」的現象分析〉，《臺灣當代新興宗教》	鄭志明	臺北：靈鷲山般若文教基金會	1996
	12.《臺灣的齋教與鸞堂》	王見川	臺北：南天書局	1996
	13.《探討臺灣民間信仰》	董芳苑	臺北：常民文化出版	1996

1990 ～ 1999	14.《臺灣民間的宗教現象》	鄭志明	臺北： 大道文化事業 有限公司	1996
	15.《高雄縣教派宗教》	林美容、周 益民、王見 川 合著	高雄縣： 高雄縣政府	1997
	16.《天帝教性命雙修道脈傳 承之研究：論呂純陽祖師與涵 靜老人之關係》	梁淑芳	臺北： 帝教出版社	1997
	17.《臺灣新興宗教現象—— 扶乩鸞篇》	鄭志明	嘉義： 南華管理學院	1998
	18.《臺灣當代新興佛教—— 禪教篇》	鄭志明	嘉義： 南華管理學院	1998
	19.《臺灣民間宗教結社》	鄭志明	嘉義： 南華管理學院	1998
	20.《臺中縣新社鄉九莊媽信 仰調查計畫報告書》	林美容	臺中縣： 臺中縣立文化 中心	1999
	21.《臺灣新興宗教現象—— 傳統信仰篇》	鄭志明	嘉義： 南華管理學院	1999
2000 ～ 2010	1.《當代新興宗教—— 修行團體》	鄭志明	嘉義： 南華管理學院	2000
	2.〈解嚴、宗教自由、與宗教 發展〉,《威權體制的變遷： 解嚴後的臺灣》,	瞿海源	臺北： 臺灣史研究所 籌備處出版	2001

2000 ～ 2010	3.〈臺灣歷史重層化過程中的基本宗教行動類型初探——兼論當代臺灣的新興宗教研究〉，《邁向21世紀的臺灣歷史學》	丁仁傑	臺北： 稻鄉出版社	2002
	4.〈山達基——新興宗教運動〉，《宗教論述專輯第五輯——新興宗教篇》	李美足	臺北： 內政部	2003
	5.〈社會學有關「新興宗教運動」定義的意涵〉，《宗教論述專輯第五輯——新興宗教篇》	林本炫	臺北： 內政部	2003
	6.〈新興宗教——個人、社會秩序〉，《宗教論述專輯第五輯——新興宗教篇》	姚玉霜	臺北： 內政部	2003
	7.〈從統一教會的發展省思政府對新興宗教應有的態度〉，《宗教論述專輯第五輯——新興宗教篇》	張全鋒	臺北： 內政部	2003
	8.〈靈驗、悸動與宗教發展——新興宗教山達基個案研究〉，《宗教論述專輯第五輯——新興宗教篇》	張家麟	臺北： 內政部	2003
	9.〈新興宗教與主流教派的關係：比較宗教學的觀點〉，《宗教論述專輯第五輯——新興宗教篇》	游謙	臺北： 內政部	2003
	10.〈世俗化與全球化過程中新興宗教團體的發展與傳佈〉，《宗教論述專輯第五輯——新興宗教篇》	趙星光	臺北： 內政部	2003

	篇名/書名	作者	出版社	出版年份
2000～2010	11.〈泰國德教會的發展〉，《宗教論述專輯第五輯——新興宗教篇》	鄭志明	臺北：內政部	2003
	12.〈新興宗教之法律規範——美、德、日、俄、台等國制度比較〉，《宗教論述專輯第五輯——新興宗教篇》	魏千峰	臺北：內政部	2003
	13.《社會分化與宗教制度變遷：當代臺灣新興宗教現象的社會學考察》	丁仁傑	臺北：聯經出版社	2004
	14.《當代臺灣宗教發展》	張家麟	臺北：文景書局	2005
	15.〈新宗教申請案行政裁量許可權〉，《宗教論述專輯第八輯——宗教法制建立與發展篇》	張家麟	臺北：內政部	2006
	16.《新宗教建立衡量指標之研究》	張家麟	彰化：中華玉線玄門真宗出版	2007

資料來源：本研究整理

附錄四、當代臺灣新興宗教深度訪談照片

一貫道-中華民國一貫道總會　蕭家振秘書長（左）

訪談時間：

2009年9月18日、上午；2010年8月20日、上午

摩門教-財團法人耶穌基督後期聖徒教會

蔡福安會長（左）、梁世威會長（右）

訪談時間：2009年9月18日、下午；2010年8月23日、上午

真佛心宗-中華真佛心宗教會陳政淋宗主（左）

訪談時間：

2009年9月21日、下午；2010年8月21日、上午

彌勒大道-財團法人彌勒大道總會基金會

汪慈光院長（右）

訪談時間：2009年9月23日、下午；2010年8月30日、下午

天理教-中國天理教總會　三濱善朗廳長（右）

訪談時間：

2009年9月24日、上午；2010年8月19日、下午

玄門真宗-中華玉線玄門真宗教會　陳桂興宗主（左）

訪談時間：

2009年9月25日、下午；2010年8月26日、下午

統一教-財團法人統一教臺灣總會　李恪訓會長（左）

訪談時間：

2009年9月24日、下午；2010年8月18日、上午

天帝教-中華天帝教總會　詹敏悅秘書長（右）

訪談時間：

2009年9月26日、下午；2010年8月18日、下午

後記

「宗教信仰與社會責任」、「宗教合作與宗教對話」、「新興宗教與宗教對話」等，這是我所關切的議題；而「全球苦難」、「宗教衝突」、「宗教對話」、「全球責任」等，卻是當今世界面臨的難題。因此，如何將上述概念、議題、領域相互關聯起來？我則試圖通過「當代臺灣新興宗教的實踐觀」作為切入點，以尋求出新的路徑與解答。

　　本書是在博士論文的基礎上修訂完成，由於論文的主題與切入角度深具研究上的新意、價值與重要性，因此本書的書名仍舊維持原有的標題：《新興宗教與宗教對話——以當代臺灣新興宗教的實踐觀為例證》。

　　本書得以付梓，首先，要感謝在北京大學攻讀博士學位期間，指導教授張志剛老師。其深厚的學術涵養，開啟我對學術研究的深度和廣度。凡事精益求精，取法當代宗教學術領域最具前沿和影響力的學者，抓取當前最重要的研究課題，作大、作精、作好。對於學術研究的熱誠與嚴謹學風，深深啟迪著我，也奠定了我將來學術生涯的紮實基礎。尤其是，其對於當代宗教對話理論與發展趨勢的真知灼見——例如：漢斯・昆的「宗教兼容論」與尼特的「宗教實踐論」等概念的提出和解析，實為宗教實踐對話注入一股新的探索意義。也正因如此，「宗教實踐論」的觀點，即構成了本書的核心概念，並藉由當

代臺灣新興宗教的「宗教實踐觀」來進行理論與實踐上的相互檢證和對比，從而探索對於「全球苦難」和「全球責任」的回應與解答。此外，於修課和論文寫作期間，感謝眾多悉心指導的師長們，其分別是：北京大學哲學系、宗教學系原系主任趙敦華教授、孫尚揚教授、徐鳳林教授、吳飛教授、沙宗平教授、李猛教授、鄭安德教授、楊克勤教授、張學智教授等，以及中國人民大學哲學院李秋零教授，還有中國社會科學院世界宗教研究所副所長金澤研究員、高師寧研究員等。特別是在論文完成過程中的每一個環節裡，正因他們不辭辛勞的指導與建議，致使本書得以在兼具理論與實務的情況下，同時兼備深度和廣度。

其次，要感謝真理大學宗教文化與組織管理學系張家麟教授，在論文寫作期間，對於新興宗教相關研究領域和深度訪談的指導，致使本書的研究更加貼近現實性與實踐意義。同時，提供其人脈與關係，使得對新興宗教研究個案領袖們的深度訪談得以在相互信任的基礎上順利完成。

再次，要感謝內政部民政司宗教輔導科黃淑冠科長，提供內政部相關資料與書籍以利本書的研究和撰寫。同時，感謝所有受訪的新興宗教領袖及其助理，在訪談過程中，熱忱接待、傾囊相授，並提供該宗教相關的文獻和參考材料以利本研究的進行。他們分別是：中華民國一貫道總會蕭家振前秘書長（已故）；耶穌基督後期聖徒教會中臺北支聯會梁世威會長、桃園支聯會蔡福安會長；中華真佛心宗教會陳政淋宗主；彌勒大道

總會基金會汪慈光院長、黃慈印師姐；中國天理教總會三濱善
朗廳長、陳惠卿女士、井手勇先生；統一教臺灣總會李恪訓會
長；中華玉線玄門真宗教會陳桂興宗主、柯貞如師姐；中華天
帝教總會詹敏悅秘書長等。由於他們所反饋的智慧結晶與珍貴
意見，著實開啟一道學術界與宗教界，在理論和實踐之間相互
檢證與對話的機會。詳實的深度訪談反饋資料，亦提供了研究
學者在洞悉相關研究議題與領域上的第一手初始資料。

　　本書得以順利出版，實感謝同時擔任臺灣宗教與社會協會
理事長張家麟教授的支持、蔡秀菁秘書長的協助，以及蘭臺出
版社盧瑞琴社長的肯定和張加君、康美珠、林育雯等編輯的努
力下，使得本書能在第一時間與讀者見面。

　　最後，感謝父母對我的栽培；我的妻子淑芬，一路陪伴著
我走來，對我無怨無悔的支持和對家庭的付出；還有我們的三
個孩子：育忠、祐承和幸恩；以及曾經在攻讀博士學位和撰寫
本書期間，協助並支持我的所有親朋好友們，謝謝你們！

　　謹將此書獻給大家！並期許未來致力於搭建起政府、學界
和宗教界對於「全球苦難」與「全球責任」之議題的交流、對
話、合作的平台，以為尋求人類和生態的正義與福祉而共同努
力。

莊政憲

二〇一一年八月於北京

國家圖書館出版品預行編目資料

新興宗教與宗教對話—以當代臺灣新興宗教的實踐觀為例證／莊政憲 著初版-
臺北市：蘭臺出版社 2011.12
15*21公分　含參考書目
ISBN：978-986-623126-1(平裝)
1. 新興宗教　2. 宗教與社會　3. 臺灣
209.33　　　　　　　　100025746

臺灣宗教與社會第一輯 4

《新興宗教與宗教對話》

—以當代臺灣新興宗教的實踐觀為例證

著　　者：莊政憲 著

執行主編：張加君

執行美編：康美珠

封面設計：林育雯

出 版 者：蘭臺出版社

地　　址：臺北市中正區重慶南路1段121號8樓之14

電　　話：(02)2331-1675　傳真：(02)2382-6225

劃撥帳號：18995335　　　戶名：蘭臺出版社

網路書店：http://store.pchome.com.tw/yesbooks/

　　　　　博客來網路書店、華文網路書店、三民書局

E－ma i l：books5w@gmail.com 或 books5w@yahoo.com.tw

總 經 銷：成信文化事業有限公司

香港總代理：香港聯合零售有限公司

地　　址：香港新界大蒲汀麗路36號中華商務印書館大樓

電　　話：(852)2150-2100　傳真：(852)2356-0735

出版日期：2011年12月初版

定　　價：新臺幣680元

ISBN：978-986-623126-1